Asset Securitisation – Anwendbarkeit und Einsatzmöglichkeiten in deutschen Universalkreditinstituten

Schriftenreihe der Stiftung Kreditwirtschaft an der Universität Hohenheim
Herausgegeben von Prof. Dr. Joh. Heinrich von Stein

Band 8

Asset Securitisation – Anwendbarkeit und Einsatzmöglichkeiten in deutschen Universalkreditinstituten

von
Stefan Bund

Fritz Knapp Verlag · Frankfurt am Main

ISBN 3-7819-0648-5
Zugl. Diss.
Universität Hohenheim 2000
D100

Gesamtherstellung: Druck Partner Rübelmann, Hemsbach/Bergstraße
Printed in Germany

Geleitwort des Herausgebers

Anliegen der Schriftenreihe der Stiftung Kreditwirtschaft an der Universität Hohenheim ist es, wissenschaftliche Arbeiten, die zu bank- und finanzwirtschaftlichen Themen von besonderer Bedeutung sind, einem interessierten Fachpublikum zugänglich zu machen. Die veröffentlichten Schriften sollen Informationen und Anregungen geben und den Gedankenaustausch zwischen Theorie und Praxis fördern.

Das hier vorgelegte Buch greift ein Thema auf, das im Zuge strukturellen Wandels auf den Finanzmärkten rasch an Aktualität gewinnt. Kenntnisse und Erfahrungen sind auf dem Gebiet der Verbriefung noch sehr gering. Inwiefern erfüllen die deutschen Kreditinstitute die Voraussetzungen, dieses – in den USA sehr erfolgreiche – Finanzierungsinstrument zu nutzen? Welche Rahmenbedingungen sind dafür erforderlich und welche besondere Bedeutung könnte es für einzelne Institute oder Institutsgruppen gewinnen? Derartige Fragen untersucht der Autor und greift damit eine innovative Entwicklung auf, die wie kaum eine andere die tiefgreifenden Veränderungen bei Struktur und Ausgestaltung des Bankgeschäfts deutlich werden läßt.

In seiner Untersuchung prüft der Autor nach einer detaillierten Beschreibung der Elemente und Prozesse der Asset Securitisation zunächst die Anwendbarkeit dieser Finanzierungstechnik unter rechts- und aufsichtsrechtlichen Gesichtpunkten sowie ihre praktische Einsetzbarkeit. Dabei zeigt er anhand der Analyse ordnungspolitischer, struktureller und betriebswirtschaftlicher Einflussfaktoren, daß die Asset Securitisation auch deutschen Kreditinstituten möglich ist. Unterschiede liegen in der Ausgestaltung zwischen einzelnen Instituten und Institutsgruppen. Die Einsatzmöglichkeiten sind in Abhängigkeit von der Gruppenzugehörigkeit und der individuellen Situation eines Kreditinstitutes verschieden. Einen massiven Aufschwung der Verbriefung bankeigener Forderungen prognostiziert der Autor für den Zeitpunkt, wenn auch in deutschen Kreditinstituten die Notwendigkeit einer wesentlich stärker risiko- und renditeorientierten Geschäftspolitik breit akzeptiert wird.

Durch seine Untersuchung gewinnt der Autor nicht nur wichtige Erkenntnisse für die bankbetriebliche Wissenschaft, er liefert der Bankpraxis auch zahlreiche Informationen und konkrete Hinweise für die Nutzung eines leistungsfähigen neuen Finanzierungsweges.

Ich wünsche dem achten Band der Schriftenreihe der Stiftung Kreditwirtschaft reges Interesse und fruchtbare Wirkung.

Hohenheim, im Februar 2000

Prof. Dr. Joh. Heinr. von Stein

Vorwort des Verfassers

Das Formulieren der letzten Zeilen einer Dissertation, das Vorwort im Rahmen der Veröffentlichung, ist wohl für jeden Autor die schönste und angenehmste Pflicht. Stellt es doch den Abschluß eines meist mehrjährigen Lebensabschnittes dar, welcher den Doktoranden durch zahlreiche wissenschaftliche und persönliche Prüfungen führte. Menschen, die einen auf diesem Weg als gute Freunde oder kompetente Gesprächspartner begleiteten, lernt man dabei besonders schätzen. Glücklich ist dabei jener, welcher auf Persönlichkeiten zurückgreifen kann, die beides gleichermaßen darstellen.

In diesem Sinne möchte ich einer ganzen Reihe von Personen danken. Allen voran Frau Dipl. oec. Gabriele Drexler, die mir durch ihre stete Diskussionsbereitschaft, ihren Fleiß bei der Durchsicht des Manuskripts und ihren Zuspruch in kritischen Situationen eine große Hilfe war. Besonders danken möchte ich auch Herrn Dipl. Volksw. Frank Kutschera für seine disziplinierte Korrektur der Rohfassung und seine fruchtbaren Anregungen sowie Herrn Dr. Stefan Grabowsky, der durch seine manchmal kritischen aber stets konstruktiven Anmerkungen die Arbeit positiv beeinflußt hat.

Wertvoll war auch die Hilfe meiner Freunde und Kollegen an der Universität Hohenheim sowie der zahlreichen Diskussionspartner aus der Praxis; stellvertretend für alle möchte ich Herrn Dr. Arnd Verleger (damals WestLB), Herr Leonhard Uphues (damals CC-Bank AG), Herrn Markus Schaber (Fitch IBCA) sowie Herren Burgart von der statistischen Abteilung der Deutschen Bundesbank nennen. Danken möchte ich auch Herrn Prof. Dr. Joh. Heinr. von Stein für die schönen und erfahrungsreichen Jahre am Lehrstuhl für Kreditwirtschaft sowie für die Betreuung der Arbeit. Ihre Aufnahme in die Schriftenreihe der Stiftung Kreditwirtschaft weiß ich zu schätzen. Ebenso gilt mein Dank Herrn Prof. Dr. Wolfgang Eisele für die Übernahme des Zweitgutachtens.

Von besonderem Wert war für mich der sportliche Ausgleich, um den insbesondere Herr Roland Vogt vom Lauftreff Sillenbuch bemüht war. Ihm gebührt ebenso Dank wie meiner Partnerin Frau Verena Ammann, die mir mit ihrer Liebe stets zur Seite stand.

Gewidmet ist diese Arbeit meinen Eltern, die mich über die vergangenen Jahre in vielfältiger Weise unterstützt haben. Sie gaben mir immer die Freiheit und das Vertrauen, um meinen Weg zu gehen.

Stuttgart, im Januar 2000

Stefan Bund

Inhaltsverzeichnis

Abbildungsverzeichnis

Tabellenverzeichnis

Abkürzungsverzeichnis

ABS	Asset Backed Securities
Abs.	Absatz
abs.	absolut
AktG	Aktiengesetz
AO	Abgabenordnung
Aufl.	Auflage
AuslInvestmG	Gesetz über den Vertrieb ausländischer Investmentanteile
BAKred	Bundesaufsichtsamt für das Kreditwesen
BdB	Bundesverband deutscher Banken
BGB	Bürgerliches Gesetzbuch
BIZ	Bank für internationalen Zahlungsausgleich
bp	Basispunkte (englisch: basis points)
BVKgS	Bankenfachverband für Konsumenten- und gewerbliche Spezialkredite
BVR	Bundesverband der deutschen Volks- und Raiffeisenbanken
CAPM	Capital Asset Pricing Model
CLO	Collateralized Loan Obligation
CP	Commercial Paper(s)
d. h.	das heißt
DB	Deutsche Bank
DCR	Duff & Phelps Credit Rating
DSGV	Deutscher Sparkassen- und Giroverband
durchges.	durchgesehene
e. v. v.	et vice versa (und umgekehrt)
ECU	European Currency Unit
ed.	edited
EK	Eigenkapital
EN	Endnote
erw.	erweitert(e)
EStG	Einkommensteuergesetz
et al.	et alii (und andere)

EURIBOR	Euro interbank offered rate
F.A.Z.	Franfurter Allgemeine Zeitung
FHLMC	Federal Home Loan Mortgage Association
FIBOR	Frankfurt interbank offered rate
FN	Fußnote
FNMA	Federal National Mortgage Association
gem.	gemäß
Ges.	Gesellschaft
GewStDV	Gewerbesteuerdurchführungsverordnung
GewStG	Gewerbesteuergesetz
GmbH	Gesellschaft mit beschränkter Haftung
GmbHG	Gesetz betreffend die Gesellschaften mit beschränkter Haftung
GNMA	Government National Mortgage Association
HGB	Handelsgesetzbuch
Hrsg.	Herausgeber
hrsg.	herausgegeben
HypBankG	Hypothekenbankengesetz
i. d. F.	in der Fassung
i. e. L.	in erster Linie
i. S. v.	im Sinne von
i. V. m.	in Verbindung mit
IO	interest only
Iss.	Issue
Jg.	Jahrgang
KAGG	Gesetz über Kapitalanlagegesellschaften
KStG	Körperschaftsteuergesetz
KWG	Kreditwesengesetz
LIBOR	London interbank offered rate
LoC	Letter of Credit
Ltd.	Limited
max.	maximal
MBS	Mortgage Backed Securities

min.	minimal
Mio.	Millionen
Mrd.	Milliarden
MTN	Medium Term Note
MuSa	Mustersatzung
neubearb.	neubearbeitete
o. J.	ohne Jahr
o. O.	ohne Ort
o. S.	ohne Seite
p. a.	per annum
PKW	Personenkraftwagen
rd.	rund
RechKredV	Verordnung über die Rechnungslegung der Kreditinstitute
RORAC	Return on Risk adjusted Capital
S & P	Standard & Poor's
SLMA	Student Loan Marketing Association
sog.	sogenannte(n/r/s))
sonst.	sonstige(s)
SPV	Special Purpose-Vehikel
stellv.	stellvertretend
TDM	tausend Deutsche Mark
u. a.	unter anderem; und andere
u. U.	unter Umständen
überarb.	überarbeitete
UBS	Union Bank of Switzerland
UstG	Umsatzsteuergesetz
VerbrKrG	Verbraucherkreditgesetz
VerkProspG	Verkaufsprospektgesetz
vgl.	vergleiche
Vol.	Volume
WP	Wirtschaftsprüfung
WSGV	Württembergischer Sparkassen- und Giroverband

ZPO	Zivilprozeßordnung
ZV	Zahlungsverkehr

A Einleitung

1 Der Trend zur Verbriefung bankeigener Forderungen

Die Verbriefung von Forderungen (Asset Securitisation)[1] ist eine Weiterentwicklung der klassischen Verbriefung, welche die Substitution von Kreditfinanzierungen durch Wertpapierfinanzierungen beinhaltet und in Anlehnung an den englischen Ausdruck für Wertpapiere als Securitisation bezeichnet wird.[2] Bei der Asset Securitisation finanziert sich eine Unternehmung jedoch nicht dadurch, daß sie Wertpapiere auf dem Kapitalmarkt begibt, die den Gläubigern einen Anspruch gegenüber der Unternehmung verbriefen, sondern indem sie eigene Forderungen aus ihrer Bilanz an eine speziell zu diesem Zweck gegründete Gesellschaft verkauft, die sich ihrerseits, losgelöst von der Unternehmung, durch die Ausgabe von Wertpapieren (Asset Backed Securities) am Geld- und Kapitalmarkt refinanziert. Im Gegensatz zur klassischen Verbriefung sind bei der Verbriefung von Forderungen somit nicht Schulden sondern Vermögenswerte Gegenstand der Verbriefung. Die Ansprüche der Investoren werden nicht aus dem Cash-flow der Unternehmung, sondern einzig und alleine aus dem Cash-flow der separierten Finanzaktiva bedient.

Die Asset Securitisation bietet einer Unternehmung vielfältige Einsatzmöglichkeiten. Neben der reinen Finanzmittelbeschaffung scheint sie auch dazu geeignet, Ziele wie die Umwandlung vormals illiquider Aktiva in flüssige Mittel, die Verbreiterung der Investorenbasis oder die Verbesserung des Bilanzstrukturmanagements zu unterstützen. Genutzt werden kann diese Finanzierungstechnik von allen Unternehmungen, die über einen Pool von Forderungen verfügen, aus dem aktuell oder künftig ein regelmäßiger Zahlungsstrom zu erwarten ist. Dabei gelten Kreditinstitute als besonders prädestiniert für die Anwendung der Asset Securitisation,[3] machen bei ihnen die Forderungen gegenüber Kunden doch den überwiegenden Teil ihrer Vermögenswerte aus.[4] Aber auch Nichtbanken wie beispielsweise Handelsunternehmungen, Industrieunternehmungen,

---

1 Ein eindeutiger deutscher Begriff hat sich noch nicht herausgebildet [vgl. Früh (1995), S. 105]. So sind sowohl die Bezeichnung Vermögensverbriefung als auch Forderungsverbriefung anzutreffen [vgl. z. B. Benner (1988); Eichholz/Nelgen (1992) im Gegensatz zu z. B. Lerbinger (1987); Mucknauer (1994)]. In der deutschsprachigen Literatur wird oft auch die angloamerikanische Bezeichnung in der englischen (Asset Securitisation) oder amerikanischen (Asset Securitization) Schreibweise verwendet.

2 Vgl. Dombret (1988), S. 21. Zu den Ursachen dieser Entwicklung vgl. stellv. Herrhausen (1987), S. 330ff.; Bühler/Feuchtmüller/Vogel (1987); Grossmann (1990).

3 Vgl. Rittinghaus/Makowka (1997), S. B 8.

4 Ende 1997 waren 76,3 % der Aktiva der deutschen Kreditinstitute Buchforderungen gegenüber Kunden und anderen Kreditinstituten (51,5% und 24,8%). Vgl. Deutsche Bundesbank (1998a), S. 6; eigene Berechnungen.

Leasing- oder Fluggesellschaften können auf die Forderungsverbriefung zurückgreifen.[1]

Die Entwicklung der Asset Securitisation hängt eng mit den Besonderheiten des amerikanischen Bankensystems[2] zusammen und hat ihren Ursprung in der Verbriefung bankeigener Forderungen durch amerikanische Kreditinstitute zu Beginn der siebziger Jahre. Zum Ausgleich von Liquiditätsungleichgewichten zwischen den Kreditinstituten einzelner Bundesstaaten und zum Abbau schlagend gewordener Risiken aus der Fristentransformation wurde in den USA ein Sekundärmarkt für den Handel mit Hypothekenkrediten initiiert, der einen Ausgleich der Kapitalströme und eine Abwälzung des Zinsänderungsrisikos möglich machen sollte.[3] Hypothekendarlehen waren wegen ihres Volumens und ihrer Bekanntheit gut geeignet, die Akzeptanz der neuen Finanzierungsform „Asset Securitisation" und der daraus resultierenden Asset resp. Mortgage Backed Securities zu erhöhen.[4] Staatliche Garantien, eine Standardisierung der zugrundeliegenden Darlehen und die ständige Weiterentwicklung der Transaktionsstrukturen sorgten dafür, daß der Sekundärmarkt für Hypothekenforderungen rasch die notwendige Liquidität erreichte, um den erforderlichen Ausgleich im amerikanischen Bankensystem herzustellen.[5] Heutzutage werden in den USA über 50% aller Hypothekendarlehen zur Finanzierung von Ein- und Mehrfamilienhäusern in Form von Mortgage Backed Securities verbrieft, und Mortgage Backed Securities stellen in den USA die zweitgrößte Gruppe von Anleihen nach den US-Treasuries dar.[6]

---

1 Vgl. hierzu u. a. Benner (1988), S. 403f.; Ocampo (1989), S. 5; Dickler (1991), S. 107; Eichholz/Nelgen (1992), S. 793; Wulfken/Weller (1992), S. 644f.; Arbeitskreis „Finanzierung" (1992), S. 500ff.; Oertle (1993), S. 154; Paul (1994), S. 118ff.; Ohl (1994), S. 21; Früh (1995), S. 105f.

2 Vgl. hierzu stellv. Süchting (1992), S. 242ff.; Baetge (1996), S. 117ff.

3 Vgl. z. B. Cox (1990), S. 3; Paul (1994), S. 121ff.; Ohl (1994), S. 23ff.; Fabozzi/Modigliani (1996), S. 609; Bär (1997), S. 361ff.; Deutsche Bundesbank (1997b), S. 58.

4 Zu den Bezeichnungen Asset- und Mortgage Backed Securities vgl. Abschnitt B 4.3.2.

5 Vgl. Arbeitskreis „Finanzierung" (1992), S. 499. Wesentlich trugen dazu die staatliche Government Mortgage Association (GNMA) sowie die halbstaatlichen Federal National Mortgage Administration (FNMA) und Federal Home Loan Mortgage Corporation (FHLMC) bei. Ihre Aufgabe ist, durch die Garantie von mit Hypothekenforderungen unterlegten Wertpapieren (Mortgage Backed Securities) bzw. durch die eigene Ausgabe solcher Wertpapiere einen liquiden und transparenten Sekundärmarkt für Hypothekenforderungen zu schaffen. Vgl. Chinloy (1995), S. 174 ff.; Laternser (1997), S. 323ff.; o. V. (1997q), S. 28.

6 Vgl. Cantor/Demsetz (1993), S. 29; Jeanneau (1996), S. 46; Paul/Fehr (1996b), S. 404.

Jahr	MBS	ABS (ohne MBS)	gesamt
1990	196,3	42,1	238,4
1991	296,2	50,1	346,3
1992	465,4	50,9	516,3
1993	552,8	59,3	612,1
1994	302,7	75,0	377,7
1995	118,3	106,9	225,2
1996	186,7	149,7	336,4
1997	347,0	179,0	526,0
1998	388,2	186,4	574,6

Tabelle 1: Volumen emittierter forderungsunterlegter Anleihen am US-Inlandsmarkt (in Mrd. US-$)[1]

Der Kreis der verbrieften Forderungsarten weitete sich seit Mitte der achtziger Jahre kontinuierlich aus, nachdem Strukturen entwickelt wurden, bei welchen die staatlichen Garantien durch private Sicherungsleistungen ersetzt werden können.[2] Aus den Portfolios der Kreditinstitute wurden zunehmend auch Konsumenten- und Investitionskredite verbrieft. Neben Bankforderungen waren aber auch Leasingforderungen, Handelsforderungen sowie „exotisch“ anmutende Forderungen wie Lizenz- und Patenteinnahmen, Schulgelder oder die Mitgliedsbeiträge für Gesundheitsclubs Gegenstand der Asset Securitisation.[3] Einen weiteren Aufschwung erfuhr die Verbriefung bankeigener Forderungen im Jahre 1992, als die Empfehlungen des Baseler Ausschusses für eine risikobezogene Eigenkapitalbemessung von der amerikanischen Bankenaufsicht in geltendes Recht umgewandelt wurden. Um die neuen, strengeren Anforderungen bei der Unterlegung von Risikoaktiva mit Eigenkapital zu erfüllen, bedienten sich die amerikanischen Kreditinstitute in besonderem Maße der Forderungsverbriefung, um das Volumen der risikotragenden Aktiva im Verhältnis zum Eigenkapital zu reduzieren.[4] Folglich kam es 1992 und 1993 zu einem deutlichen Anstieg des verbrieften Forderungsvolumens, dessen Niveau in den Folgejahren jedoch nicht gehalten wurde (vgl. Tabelle 1).

Mit einer geringen zeitlichen Verzögerung wurde die Verbriefung von Forderungen auch in Europa als Finanzierungstechnik angewendet. Zwischen den einzelnen europäi-

---

1 Vgl. Jeanneau (1996), S. 48; J.P. Morgan Securities (1998), S. 9; Humpert (1998), S. B 6; Merrill Lynch (1999), S. 1; Asset Backed Alert (1999), S. 7; eigene Berechnungen.

2 Vgl. Rosenthal/Ocampo (1988), S. 40f.

3 Vgl. Paul (1994), S. 125; Kleindienst/Fritz (1996), S. B 14; Bär (1997), S. 379.

4 Vgl. Dewulf-Verstraeten (1992), S. 300; Baums (1992), S. 5; Baums (1993), S. 3; Deutsche Bundesbank (1997b), S. 59.

schen Ländern gab es jedoch ein starkes Gefälle bei den Emissionsvolumina verbriefter Forderungen, und das Volumen des gesamten europäischen Marktes beträgt nach wie vor nur einen Bruchteil des amerikanischen Marktes (vgl. Tabelle 2).[1] Lediglich Großbritannien und Frankreich erreichten in den letzten zehn Jahren ein nennenswertes Emissionsvolumen. Dennoch ist die Bedeutung der Verbriefung bankeigener Forderungen auch in diesen beiden Ländern hinter den Erwartungen zurückgeblieben.[2]

Land	Emissionsvolumen (Mrd. US-$)
Großbritannien	81,3
Frankreich	37,0
Spanien	10,2
Deutschland	9,1
Niederlande	6,1
Italien	4,9
Belgien	4,9

Tabelle 2: Volumen öffentlich plazierter Asset Backed-Emissionen ausgewählter europäischer Länder (1987-1998)[3]

In Deutschland fristete die Asset Securitisation bis Mitte 1997 lediglich ein Schattendasein, da ihre wichtigsten Träger, die Kreditinstitute, bis dahin kaum Transaktionen durchgeführt hatten, bei welchen sie ihre eigenen Forderungen verbrieften. Lediglich zwei Transaktionen deutscher Kreditinstitute wurden bekannt. Bei der ersten Transaktion im Dezember 1990 verbriefte die KKB Bank AG[4] Konsumentenkredite in Höhe von 230 Mio. DM über die Zweckgesellschaft Consumer Loan Finance No. 1 Ltd. mit Sitz auf den Cayman Islands. Bei der zweiten Transaktion im April 1995 handelte es sich um die Verbriefung von nachrangigen Hypothekendarlehen der Rheinischen Hypothekenbank AG (Rheinhyp) in Höhe von 522 Mio. DM über die holländische German Mortgage Securities B.V. (GEMS). Dabei stellten beide Transaktionen Maßnahmen dar, um bestimmte bankaufsichtsrechtliche Risikonormen zu erfüllen. Die KKB Bank AG war ebenso wie ihre Muttergesellschaft, die Citibank AG, nicht in der Lage, die zum damaligen Zeitpunkt verschärften Eigenmittelanforderungen zu erfüllen. Die

---

1 Vgl. Jeanneau (1996), S. 48.

2 Vgl. hierzu Quéré (1990), S. 265; Oertle (1993), S. 154; Everling (1993), S. 85; Paul (1994), S. 213; Bordeaux-Groult/von Dryander (1995), S. 185; Thompson (1995), S. 76 und S. 111; Jeanneau (1996), S. 49; Couret (1996), S. 71.

3 Vgl. Bär (1997), S. 445ff.; DG Bank (1998), o. S.; Merrill Lynch (1999), S. 1; Dresdner Kleinwort Benson (1999), S. 26; eigene Berechnungen.

4 Heute Citibank Privatkunden AG.

Rheinhyp führte die Transaktion durch, da sie mit ihrem Volumen nachrangiger Darlehen an die Obergrenze des § 5 HypBankG stieß. Bei der Transaktion der KKB Bank AG legte das BAKred dem Institut im Vorfeld der Transaktion nahe, von der geplanten Verbriefung Abstand zu nehmen. Diesem Wunsch entsprach die KKB Bank AG nicht, verzichtete jedoch darauf, eine weitere in Vorbereitung befindliche Asset Backed-Transaktion durchzuführen. Bei der Transaktion der Rheinhyp fand im Vorfeld keine Konsultation des BAKreds statt; dieses sah sich nach Bekanntwerden der Verbriefung veranlaßt, eine Sonderprüfung der Rheinhyp vorzunehmen.[1]

Nach der zweiten Asset Backed-Transaktion eines deutschen Kreditinstitutes wurde der Ruf nach einer aufsichtsrechtlichen Regelung für die Verbriefung bankeigener Forderungen seitens der Kreditwirtschaft immer lauter, da die fehlende Rechtssicherheit die Durchführung geplanter Transaktionen behinderte und somit den Wettbewerb mit ausländischen Kreditinstituten hemmte.[2] Nach rund zweijährigen Verhandlungen mit Vertretern der Kreditwirtschaft gab das BAKred in seinem Rundschreiben 4/97 im Mai 1997 die Anforderungen an die außerbilanzielle Verbriefung von Kreditforderungen bekannt. Hierdurch wurde die bis dahin als Hemmschuh wirkende rechtliche Unsicherheit[3] beseitigt und das Feld für eine Verbreitung der Verbriefung bankeigener Forderungen in Deutschland bereitet. In Folge der revidierten aufsichtsrechtlichen Lage wurde in der Literatur ein Aufschwung der Verbriefung bankeigener Forderungen prognostiziert.[4]

2 Problemstellung und Zielsetzung der Arbeit

Die Bedeutung, welche die Verbriefung bankeigener Forderungen erreichen kann, hängt nicht nur von der Existenz eines aufsichtsrechtlichen Rahmens ab. So wurde z. B. in Großbritannien und Frankreich deutlich, daß die Schaffung regulativer Rahmenbedingungen alleine noch nicht den Erfolg der Verbriefung bankeigener Forderungen ausmacht. Trotz des seit längerem vorhandenen Rechtsrahmens erfuhr diese Finanzie-

---

1 Zur Darstellung der beiden Transaktionen vgl. Schneider/Eichholz/Ohl (1992), S. 1453f.; Arbeitskreis „Finanzierung“ (1992), S. 525f.; German Mortgage Backed Securities B.V. (1995), S. 1ff.; Adlung (1995), S. 546; Paul/Fehr (1996b), S. 405f.; Koberstein-Windpassinger (1997), S. 2f.; o. V. (1997aa), S. 1; o. V. (1997ag), S. 3; Willburger (1997), S. 132ff.; Deutsche Bundesbank (1997b), S. 59.

2 Vgl. Peters (1995), S. 753; Deutsche Bundesbank (1997b), S. 57; Koberstein-Windpassinger (1997), S. 4.

3 Vgl. Möller (1997), S. 88; Shiels (1997), S. 719.

4 Vgl. z. B. Weber-Schwidrowski/Engel (1996), S. 18; Langstaff/Fritz (1996), S. 13; Möller (1997), S. 89; Rittinghaus/Makowka (1997), S. B8; Levedag/Drew (1997), S. B9; Sengera (1997), S. 1; Coym (1997), S. B4.

rungstechnik in beiden Ländern nicht den erwarteten Aufschwung, da ihre Anwendung entweder mit technischen Schwierigkeiten behaftet war oder die ökonomische Notwendigkeit für ihren Einsatz fehlte.[1] Wichtiges Kriterium für den Umfang und den Erfolg der Verbriefung bankeigener Forderungen ist deshalb auch, ob die Asset Securitisation von den Kreditinstituten angewendet werden kann und welche Bedeutung ihre unterschiedlichen Einsatzmöglichkeiten für die einzelnen Kreditinstitute erlangen können.

Die Anwendbarkeit der Verbriefung bankeigener Forderungen hängt dabei von mehreren Faktoren ab. Zum einen muß der formelle Rahmen so gestaltet sein, daß er zwar einen zuverlässiges Gerüst für die Durchführung solcher Transaktionen vorgibt, die Verbriefung bankeigener Forderungen jedoch nicht be- oder verhindert. Zum anderen müssen die Objekte der Verbriefung, also die zu verbriefenden Kredite, bestimmte materielle Anforderungen erfüllen, um für die Verbriefung geeignet zu sein. Schließlich stellt die Durchführung einer Asset Backed-Transaktion hohe technische und organisatorische Anforderungen an das Kreditinstitut selbst, so daß die Anwendbarkeit dieser Finanzierungstechnik auch davon abhängt, ob ein Kreditinstitut diesen Anforderungen gerecht wird.

Nur wenn die Frage nach der Anwendbarkeit positiv beantwortet werden kann, erhalten auch die unterschiedlichen Einsatzmöglichkeiten der Verbriefung bankeigener Forderungen eine praktische Relevanz. Je nachdem, welche Bedeutung die einzelnen Einsatzmöglichkeiten der Forderungsverbriefung für ein Kreditinstitut haben, wird die Entscheidung für oder gegen den Einsatz der Verbriefung bankeigener Forderungen fallen. Nachdem das aufsichtsrechtliche Vakuum durch die Bekanntgabe des Rundschreibens 4/97 des BAKred aufgefüllt wurde, hängt die Entwicklung der Verbriefung bankeigener Forderungen in Deutschland somit von der Anwendbarkeit dieser Finanzierungstechnik und ihrer Beurteilung durch deutsche Kreditinstitute ab.

In verschiedenen Monographien im deutschsprachigen Raum, die durchweg vor der Bekanntgabe des aufsichtsrechtlichen Rahmens durch das BAKred erschienen sind, wurde die Forderungsverbriefung bereits thematisiert. Neben der ausführlichen Deskription der Entwicklungslinien und der Funktionsweise der Asset Securitisation wurden hierbei schwerpunktmäßig die rechtlichen Aspekte der Anwendung sowie Vor- und Nachteile, die sich theoretisch durch diese neue Finanzierungstechnik ergeben, diskutiert.[2] Eine detaillierte Untersuchung darüber, ob die Verbriefung bankeigener Forderungen von deutschen Kreditinstituten angewendet werden kann, und welche Bedeutung die einzelnen Einsatzmöglichkeiten der Asset Securitisation für deutsche Kreditinstitut haben können, fehlt bislang jedoch noch.

---

1 Vgl. Everling (1993), S. 85; Thompson (1995), S. 76 und S. 111; Jeanneau (1996), S. 49.

2 Vgl. Paul (1994); Ohl (1994); Gögler (1996); Willburger (1997); Bär (1997).

Ziel dieser Arbeit ist es, dieses Defizit auszugleichen. Hierbei stellt sich das Problem, daß die deutsche Bankenlandschaft durch eine starke Heterogenität gekennzeichnet ist. So existieren neben mehreren Universalbankgruppen noch eine Reihe von Spezialinstitutsgruppen, die sich sowohl in ihrer Geschäftsstruktur als auch in ihrer Rechtsform unterscheiden.[1] Für die Untersuchung des Erfahrungsgegenstandes „deutsche Kreditinstitute" bedeutet dies ein erhebliches Maß an Komplexität, weshalb es angemessen scheint, die Gruppe der betrachteten Kreditinstitute einzugrenzen. Da die Verbriefung bankeigener Forderungen am Aktivgeschäft eines Kreditinstituts anknüpft, ist es sinnvoll, eine Eingrenzung im Hinblick auf die Aktivgeschäftsstruktur vorzunehmen. Eine ähnliche Struktur weisen die Institute des Universalbankensektors auf. Da auch die Universalbanken noch eine vergleichsweise hohe Heterogenität aufweisen, soll die Untersuchung exemplarisch auf diejenigen Institutsgruppen beschränkt werden, die eine vergleichbare Geschäftsstruktur aufweisen und im Kreditgeschäft in einer intensiven Wettbewerbsbeziehung stehen.[2] Zweifelsohne sind dies die Primärinstitute des Sparkassen- und Genossenschaftssektors sowie die Großbanken, die Regionalbanken und die sonstigen Kreditbanken.[3] Durch die Eingrenzung der Untersuchung auf diese Institutsgruppen kann ein großer Teil aller deutschen Universalkreditinstitute erfaßt werden.[4] Gleichzeitig weisen diese vier Institutsgruppen zum Teil unterschiedliche Zielsetzungen ihres geschäftspolitischen Handelns auf, was im Hinblick auf die Bedeutung bestimmter Einsatzmöglichkeiten der Verbriefung bankeigener Forderungen von erheblicher Relevanz sein kann. Trotz dieser Eingrenzung soll die Untersuchung so aufgebaut werden, daß die grundsätzliche Vorgehensweise auch auf andere Institutsgruppen angewendet werden kann.

Nach der Darlegung der Problemstellung und der Eingrenzung des Erfahrungsgegenstandes lassen sich somit zwei zentrale Fragenkomplexe für die Untersuchung identifizieren:

a) Kann die Finanzierungstechnik „Verbriefung bankeigener Forderungen" von deutschen Universalkreditinstituten angewendet werden?

---

1 Zur Klassifikation und Systematik des deutschen Geschäftsbankensektors vgl. Scheidl (1993), S. 216ff.

2 Die Einteilung der Kreditinstitute in die einzelnen Gruppen soll hierbei anhand des Verzeichnisses der Kreditinstitute der Deutschen Bundesbank erfolgen.

3 Die Zweigstellen ausländischer Institute und die Privatbankiers spielen aufgrund ihres spezialisierten Geschäftsgebietes und ihres geringen Marktanteils nur eine untergeordnete Rolle. Vgl. Scheidl (1993), S. 219ff.

4 Die vier Institutsgruppen Sparkassen, Kreditgenossenschaften, Großbanken sowie Regionalbanken und sonstige Kreditbanken vereinten Ende 1997 einen Anteil von 68% der Bilanzsumme aller deutschen Universalkreditinstitute auf sich. Vgl. Deutsche Bundesbank (1998a), S. 9ff.; eigene Berechnungen.

b) Welche Bedeutung haben die unterschiedlichen Einsatzmöglichkeiten der Verbriefung bankeigener Forderungen für die deutschen Universalkreditinstitute?

3 Methodisches Vorgehen

Der Untersuchungsansatz dieser Arbeit orientiert sich an einer pragmatischen Ausrichtung der Bankbetriebslehre als Handlungswissenschaft,[1] in deren Zentrum eine Betrachtung der Mittel-Ziel-Beziehung steht.[2] Dieser Leitlinie folgend wird ein operationalistisches Forschungskonzept gewählt. Der Schwerpunkt liegt hierbei auf einer analytischen Vorgehensweise, deren Ziel es ist, Prognosen über den künftigen Einsatz der Verbriefung bankeigener Forderungen in deutschen Universalkreditinstituten zu erstellen und, wenn möglich, in konkrete Handlungsempfehlungen zu überführen.

Die verwendete Forschungsmethodik basiert auf zwei Elementen. Zum einen ist dies die Auswertung vorhandener Literatur, zum anderen die Analyse empirischen Materials. Die Evaluierung der Literatur dient der einführenden Deskription der Asset Securitisation, der Erarbeitung der Anforderungen, welche mit ihrer Anwendung verbunden sind, und der theoretischen Ableitung der Einsatzmöglichkeiten der Asset Securitisation. Des weiteren wird auch dort auf die Literatur zurückgegriffen, wo durch deduktive Schlüsse ein Erkenntnisgewinn im Hinblick auf das Untersuchungsziel möglich ist. Daneben werden die Erkenntnisse aus der Literatur durch die Auswertung von empirischem Material fundiert und, wenn analytisch erforderlich, ergänzt. Die hierzu notwendigen Daten wurden sowohl durch die Auswertung vorhandener Statistiken (z. B. Monatsberichte der Deutschen Bundesbank) als auch durch die individuelle Verdichtung bestehenden Datenmaterials durch die Deutsche Bundesbank gewonnen. Daneben wird der Erkenntniswert der Untersuchung an verschiedenen Stellen durch die Ergebnisse strukturierter Fachinterviews gestützt, die der Verfasser mit zahlreichen Experten aus der Bankpraxis geführt hat.

4 Gang der Untersuchung

Entsprechend den zuvor formulierten Leitlinien weist die Arbeit zwei Untersuchungsblöcke auf. Zunächst gilt es jedoch, die Grundlagen der Forderungsverbriefung in Kreditinstituten darzustellen (Kapitel B), um die Untersuchung auf einem fachlich einheitlichen Fundament aufzubauen. Nach der Erläuterung von Struktur und Ablauf der Verbriefung bankeigener Forderungen werden die einzelnen Beteiligten und ihre Funktionen vorgestellt, die Bonitätsverbesserung der verbrieften Kreditforderungen als ein prä-

---

[1] Vgl. von Stein/Bund (1997), S. 390f.

[2] Vgl. hierzu Heinen (1969), S. 209; Ulrich/Hill (1979), S. 179.

gendes Element der Asset Securitisation erläutert und eine Systematisierung der Verbriefung bankeigener Forderungen vorgenommen.

Der erste Untersuchungskomplex (Kapitel C) wird der Klärung der Frage gewidmet sein, ob die Technik der Asset Securitisation von den deutschen Universalkreditinstituten angewendet werden kann. Neben der Beachtung der formellen Rahmenbedingungen wird die Beantwortung dieser Frage vor allem davon abhängen, in welchem Umfang die Kreditarten bzw. Kreditportfolios und die Universalkreditinstitute selbst die formulierten materiellen Anforderungen erfüllen. Interessant dürfte hierbei sein, ob sich Unterschiede zwischen den betrachteten Institutsgruppen identifizieren lassen.

Die Beurteilung der Einsatzmöglichkeiten der Verbriefung bankeigener Forderungen schließt sich als zweiter Untersuchungskomplex an (Kapitel D). Es sollen, einer sinnvollen Struktur folgend, die einzelnen Einsatzmöglichkeiten jeweils theoretisch erarbeitet und dann mit der Situation der ausgewählten Kreditinstitutsgruppen abgeglichen werden. So wird es möglich sein, die Einsatzmöglichkeiten der Verbriefung bankeigener Forderungen bei deutschen Universalkreditinstituten allgemein oder gegebenenfalls individuell für die einzelnen Institutsgruppen zu beurteilen. Unter Umständen relativieren die anschließend beleuchteten Risiken dieser Finanzierungstechniken die bis dahin gewonnenen Erkenntnisse, sie sind vor einer abschließenden Beurteilung der Einsatzmöglichkeiten jedoch unbedingt zu beachten.

Die Reflexion der wichtigsten Erkenntnisse und eine darauf aufbauende Einschätzung der Perspektiven der Verbriefung bankeigener Forderungen schließen die Arbeit ab (Kapitel 5).

B Grundlagen der Forderungsverbriefung in Kreditinstituten

1 Struktur und Ablauf der Verbriefung bankeigener Forderungen

Für die Finanzierung durch die Verbriefung von Forderungen existiert bislang noch keine allgemein anerkannte Definition.[1] Diese kann jedoch aus der Definition des Ergebnisses dieser Verbriefung, den Asset Backed Securities, abgeleitet werden. Das BAKred beispielsweise definiert Asset Backed Securities wie folgt: „Unter dem Begriff Asset Backed Securities sind Wertpapiere oder Schuldscheine zu verstehen, die Zahlungsansprüche gegen eine ausschließlich dem Zweck der Asset Backed-Transaktion dienenden Zweckgesellschaft zum Gegenstand haben. Die Zahlungsansprüche werden durch einen Bestand unverbriefter Forderungen („assets") gedeckt („backed"), die auf die Zweckgesellschaft übertragen werden und im wesentlichen den Inhabern der Asset Backed Securities (Investoren) als Haftungsgrundlage zur Verfügung stehen."[2] Entsprechend dieser Festlegung kann die Finanzierung durch die Verbriefung von Forderungen als eine Finanzierungstechnik definiert werden, bei der eine Unternehmung einen Pool von Forderungen an eine Zweckgesellschaft verkauft, die sich wiederum über die Ausgabe von Wertpapieren refinanziert. Die zur Bedienung der Ansprüche der Investoren notwendigen Mittel resultieren aus dem Cash-flow der an die Zweckgesellschaft verkauften Forderungen.

Die vereinfachte Struktur einer Forderungsverbriefung stellt sich wie folgt dar:

---

1 Vgl. Paul (1993), S. 848; Bär (1997), S. 34. Zu den verschiedenen Definitions- und Erklärungsansätzen vgl. z. B. Benner (1988), S. 403f.; Arbeitskreis „Finanzierung" (1992), S. 495f.; Wulfken/Weller (1992b), S. 644; Böhmer (1996), S. 17; Kleindienst/Fritz (1996), S. B 14; Takke (1997), S. 8.

2 Bundesaufsichtsamt für das Kreditwesen (1997a), S. 1.

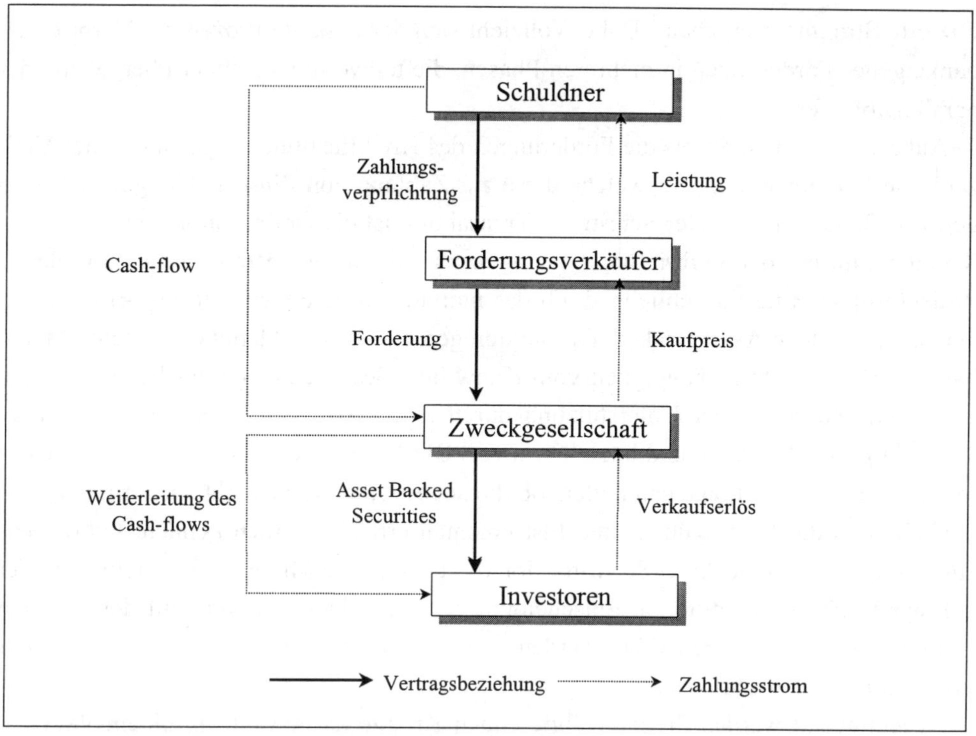

Abbildung 1: Grundstruktur der Forderungsverbriefung

Voraussetzung für die Forderungsverbriefung ist, daß die zu verbriefenden Forderungen eindeutig identifizierbar und separierbar sind. Nur so können sie an die Zweckgesellschaft verkauft und rechtlich verselbständigt werden. Diese Forderungen und eventuelle mit ihnen verbundene Sicherheiten dienen als Unterlage für die zur Refinanzierung der Zweckgesellschaft ausgegebenen Wertpapiere. Eine weitere Voraussetzung ist, daß die verwendeten Forderungen einen regelmäßigen Zahlungsstrom liefern, um daraus die Zins- und Tilgungsansprüche der Investoren zu bedienen. Im Gegensatz zur klassischen Verbriefung hängt die Bewertung der Wertpapiere somit nicht mehr von der Bonität des Emittenten, sondern nur von der Ertragskraft und Werthaltigkeit der zugrundeliegenden Forderungen ab.

In der Praxis stellt sich die Durchführung einer Verbriefung bankeigener Forderungen jedoch wesentlich komplexer als die vorgestellte Grundstruktur dar. Neben dem Kreditinstitut als Verkäufer der Forderungen (englisch: Originator), der Zweckgesellschaft als Käufer der Forderungen und den Investoren als Käufer der von der Zweckgesellschaft emittierten Wertpapiere, sind noch eine Reihe weiterer Beteiligter in die Transaktion involviert. Je nach Art der Transaktion können sich unterschiedlich komplizierte Strukturen ergeben.[1] Dabei vollzieht sich der gesamte Prozeß der Verbriefung bankeigener Forderungen in mehreren Phasen, die teilweise ineinander übergehen oder parallel ablaufen.

Ausgangspunkt sind stets die Forderungen des Kreditinstitutes gegenüber einer Vielzahl von Kreditnehmern, für welche diese zur Zahlung von Zins- und Tilgungsleistungen verpflichtet sind. Erster Schritt der Transaktion ist die Definition der Ziele, die das Kreditinstitut mit der Verbriefung bankeigener Forderungen anstrebt. Eine zu bildende Projektgruppe eruiert anschließend, ob das individuelle Kreditinstitut den Anforderungen an eine solche Asset Backed-Transaktion gerecht wird und leitet daraus eine Machbarkeitsstudie ab. In Abhängigkeit vom Know-how des Kreditinstitutes bedient es sich ab diesem Zeitpunkt der Unterstützung durch einen Arrangeur[2], welcher die spätere Transaktion strukturieren und begleiten wird.[3] Die Machbarkeitsstudie muß unter anderem die Klärung der Frage beinhalten, ob die angestrebten Ziele nicht auch mit anderen, einfacheren oder kostengünstigeren Instrumenten erreicht werden können. Führt diese zum Ergebnis, daß die Asset Securitisation das geeignetste Mittel zur Unterstützung der definierten Ziele ist, sollte die Entscheidung über ihre Durchführung auf der obersten Unternehmungsebene getroffen werden, um so die notwendige Unterstützung der Transaktion zu gewährleisten.

Anschließend werden die zu verbriefenden Kredite ausgewählt, in einem Pool zusammengefaßt und analysiert. Gleichzeitig muß die Art der Refinanzierung festgelegt werden, da sie die Struktur der Transaktion ganz wesentlich beeinflußt. Mit Unterstützung des Arrangeurs wird die Abtretung vorbereitet, der Ablauf für die Verwaltung und Überwachung definiert sowie die DV-technische Unterstützung für die gesamte Transaktion installiert. In dieser Phase erfolgt auch die sorgfältige Dokumentation aller Abläufe bei und der Beziehungen zwischen den beteiligten Parteien, da das Gerüst der Transaktion letztlich aus einer Vielzahl von Verträgen zwischen den einzelnen Beteiligten besteht.

Die eigentliche Asset Securitisation ist dann der Verkauf des ausgewählten Forderungspools mitsamt den daran haftenden Sicherheiten mit bilanzbefreiender Wirkung an die Zweckgesellschaft und deren anschließende Verbriefung (vgl. Abbildung 2).[4]

---

1 Vgl. Wulfken/Weller (1992b), S. 644.

2 Dies ist in der Regel ein anderes Kreditinstitut, z. B. eine Investmentbank.

3 Der Bedarf für eine externe Unterstützung dürfte vor allem bei der erstmaligen Durchführung einer Transaktion groß sein.

4 Die bilanzbefreiende Wirkung ist einer der wesentlichen Aspekte dieser Untersuchung, da eine Reihe der mit einer Asset Backed-Transaktion verbundenen Ziele und Möglichkeiten bei Kreditinstituten unmittelbar mit dieser Bilanzbefreiung verbunden sind. Grundsätzlich ist auch eine bilanzunwirksame Verbriefung bankeigener Forderungen möglich, auf sie soll in dieser Arbeit

Der Originator erhält hierfür im Gegenzug den vereinbarten Kaufpreis. Mit der Übertragung der Forderungen an die Zweckgesellschaft werden diese rechtlich verselbständigt und damit vom allgemeinen Geschäfts- und Managementrisiko des Originators losgelöst.[1] Die Übertragung der Forderungen ist als regreßloser Forderungsverkauf ausgestaltet, was bedeutet, daß der Forderungsverkäufer lediglich für den Bestand der Forderungen haftet, nicht aber für die aus ihnen resultierenden Risiken.[2] Für das Kreditinstitut stellt der Kaufpreis den Mittelzufluß dar, welchen es in Form eines Kredites oder einer Kundeneinlage bei einer traditionellen Finanzierung erhalten hätte.

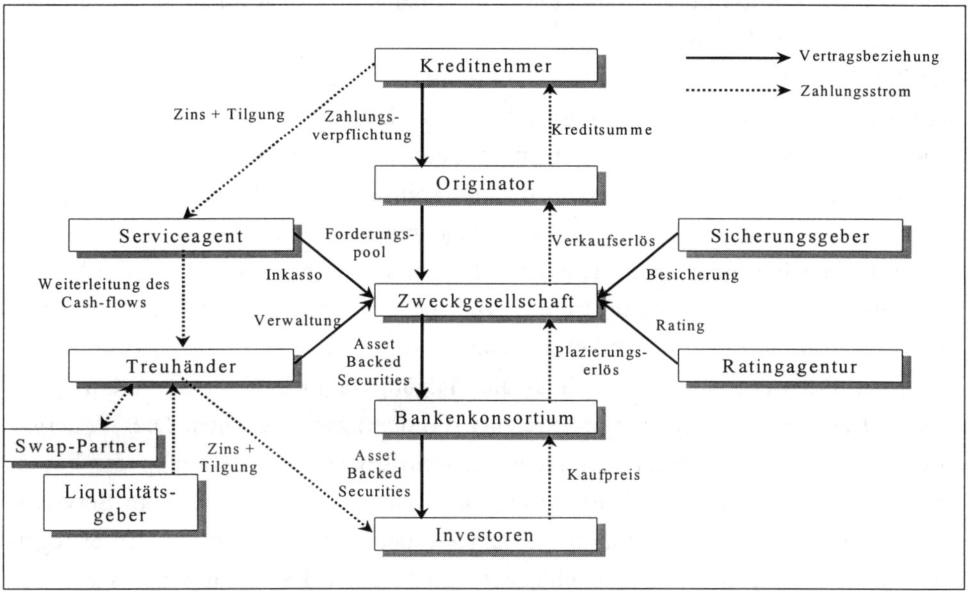

Abbildung 2: Grundstruktur einer Verbriefung bankeigener Forderungen[3]

Zur Refinanzierung der gekauften Forderungen begibt die Zweckgesellschaft Asset Backed Securities oder Asset Backed Commercial Papers,[1] die über ein Bankenkonsor-

---

jedoch nicht näher eingegangen werden. Zu den Anforderungen an eine bilanzbefreiende Verbriefung bankeigener Forderungen vgl. Abschnitt C.

1 Vgl. Bär (1997), S. 28.

2 In der englischsprachigen Literatur wird im Zusammenhang mit der Regreßlosigkeit immer von der Notwendigkeit eines „true sale" gesprochen, um die Forderungen von der Bonität des Originators loszulösen und aus seinem potentiellen Konkursgut zu entfernen. Vgl. hierzu z. B. Schwarcz (1993), S. 28ff.; Schwarcz (1997), S. 1290.

3 Vgl. z. B. Benner (1988), S. 403f.; Ocampo (1989), S. 5; Arbeitskreis „Finanzierung" (1992), S. 500ff.; Paul (1994), S. 130f.; Ohl (1994), S. 21f.; Früh (1995), S. 105f.; Eisenächer (1996), S. 21f.; Weber-Schwidrowski/Engel (1996), S. 18; Bär (1997), S. 90; Willburger (1997), S. 1f.; Rittinghaus/Makowka (1997), S. B 8.

tium privat oder öffentlich am Geld- und Kapitalmarkt plaziert werden,[2] wobei der Forderungspool als Haftungsmasse dient. Um eine reibungslose Plazierung der Wertpapiere zu unterstützen, sollte die Emission schon im Vorfeld durch ein wirkungsvolles Marketing begleitet worden sein. Die Zweckgesellschaft verfügt aus Kostengründen weder über Betriebsmittel noch - neben der Geschäftsführung - Mitarbeiter und ist nur mit vergleichsweise wenig Eigenkapital ausgestattet. Deshalb werden die Asset Backed Securities zur Bonitätsverbesserung mit Sicherungsleistungen des Originators oder einer anderen Partei ausgestattet. Ratingagenturen prüfen die zugrundeliegenden Forderungen sowie die gesamte Emissionsstruktur und machen durch ihr Ratingurteil die Bonität der Emission für die Investoren transparent.

Die Zeitdauer der Transaktion von der Formulierung der Ziele bis zur Emission der Asset Backed Securities kann von unterschiedlicher Länge sein. Sie hängt von den daten- und prozeßtechnischen Voraussetzungen beim Originator und von dessen Erfahrung bei der Strukturierung einer Asset Backed-Transaktion ab. Je nachdem, wie diese Parameter ausgeprägt sind, wird von den Arrangeuren eine Dauer von einem Monat bis zu einem halben Jahr oder länger angegeben. Während sie bei der erstmaligen Durchführung einer Transaktion eher im Bereich von sechs bis zwölf Monaten liegen dürfte, können Folgetransaktionen wesentlich schneller durchgeführt werden.[3]

Nach der Emission werden die Zins- und Tilgungszahlungen für die Wertpapiere durch die Cash-flow-Ströme der abgetretenen Forderungen beglichen. Die Weiterleitung dieser Zahlungsströme auf ein Treuhandkonto sowie die Verwaltung der Forderungen werden nicht von der Zweckgesellschaft selbst, sondern von einem Serviceagenten übernommen. Zur Information der anderen beteiligten Parteien erstellt er regelmäßig einen Report, in dem die wichtigsten Kenngrößen des Kreditpools wie bspw. Zahlungsausfälle und -rückstände dokumentiert werden. In die zwischen dem Serviceagenten und den Investoren fließenden Zahlungsströme ist ein Treuhänder eingeschaltet. Er fungiert als Hauptzahlstelle, strukturiert die aus den Krediten resultierenden Zahlungen und bedient aus ihnen die Wertpapiere entsprechend ihrer Ausstattung und ihrem Rechtscharakter. Daneben verwaltet er als Sachwalter der Investoren die übertragenen Forderungen treuhänderisch. Die Investoren der von der Zweckgesellschaft ausgegebe-

---

1 Bei einer Fristigkeit von unter einem Jahr ist die Bezeichnung Asset Backed Commercial Paper üblich. Für sie gilt, falls nichts anderes ausgeführt wird, das zu den Asset Backed Securities Gesagte.

2 Bei Asset Backed Commercial Papers erfolgt die Plazierung über einen CP-Händler. Selten wird zur Refinanzierung auch ein Kredit aufgenommen.

3 Vgl. z. B. Uphues/Verleger (1997), S. 11; Humpert (1998), S. B 6. Als Extrembeispiel für eine besonders lange Zeitdauer kann die Verbriefung von Leasingforderungen durch die Volkswagen Leasing GmbH angeführt werden, wo die Vorbereitungszeit insgesamt sieben Jahre betrug. Vgl. o. V. (1996f), S. 30; Kleindienst/Fritz (1996), S. B 14.

nen Asset Backed Securities erwerben entweder Miteigentum an oder einen Zahlungsanspruch gegenüber der Zweckgesellschaft. Sie finanzieren letztlich den Kauf der Forderungen und damit den Originator.[1]

2 Beteiligte und deren Funktionen

2.1 Originator – Verkäufer der gebündelten Forderungen

Der Originator ist die auslösende Partei bei einer Asset Securitisation. Er verkauft die gebündelten Forderungen an die Zweckgesellschaft, um Aktiva zu monetarisieren und dadurch seine Handlungsflexibilität zu erhöhen. In der Regel ist der Originator identisch mit der Unternehmung, welche die Forderungen generiert hat. Allerdings treten auch Unternehmungen als Originatoren auf, die Forderungen speziell für eine spätere Verbriefung aufkaufen.[2]

Da der Originator aufgrund der gesammelten Informationen und der vorhandenen Infrastruktur die einzelnen Kreditnehmer am besten überwachen und betreuen kann, übernimmt er in der Regel auch nach der Abtretung die Verwaltung der einzelnen Kreditengagements in der Rolle des Serviceagenten. Um den Informationsinteressen der anderen beteiligten Parteien, insbesondere des Treuhänders und der Ratingagenturen, Rechnung zu tragen, muß er dabei regelmäßig Berichte erstellen, aus denen die einzelnen Leistungscharakteristiken des abgetretenen Kreditpools, wie pünktliche bzw. verspätete Zahlungen und Ausfälle, hervorgehen.[3] Dem Originator stehen am Ende der Transaktion alle überschüssigen Cash-flows zu, die nicht zur Deckung der Ansprüche der Investoren und der Kosten der Transaktion benötigt wurden.

Den Aussagen zahlreicher Quellen zufolge können sich für ein Kreditinstitut als Originator aus der Verbriefung seiner eigenen Forderungen eine Reihe von Vorteilen ergeben.[1] So können die Asset Backed Securities durch die Abtrennung der Forderungen vom allgemeinen Unternehmungsrisiko des Kreditinstitutes mit einem besseren Rating als das Kreditinstitut selbst ausgestattet sein, wodurch sich für dieses die Kosten der Fremdfinanzierung senken lassen. Durch den regreßlosen Verkauf von Forderungen

1 Vgl. Oertle (1993), S. 157.

2 Vgl. o. V. (1997d), S. 48.

3 Vgl. Bär (1997), S. 92.

4 Vgl. hierzu Rittinghaus/Scheel (1993), S. 476; Weber-Schwidrowski/Engel (1996), S. 18; Rittinghaus/ Makowka/Hellmann (1997), S. 135; Möller (1997), S. 86; Willburger (1997), S. 9f. Die ausführliche Behandlung dieser Aspekte erfolgt in Abschnitt D.

wird Eigenkapital freigesetzt und der Grundsatz I entlastet,[1] so daß Raum für Neuinvestitionen geschaffen wird, ohne das Eigenkapital zusätzlich erhöhen zu müssen. Der Einsatz des Eigenkapitals kann effizienter gestaltet und die Eigenkapitalkosten gesenkt werden. Des weiteren unterstützt der gezielte Verkauf von Kreditforderungen ein aktives Bilanzstrukturmanagement, wodurch sich ökonomische Meßgrößen wie die Eigenkapitalquote, die Eigenkapitalrentabilität oder die Liquiditätskennzahlen ebenso positiv beeinflussen lassen, wie bestimmte aufsichtsrechtliche Strukturkennzahlen. Durch die emittierten Asset Backed Securities können neue Investorenkreise angesprochen werden, was zu einer Diversifizierung der Finanzierungsquellen beiträgt. Die Verbriefung ihrer eigenen Forderungen kann von Kreditinstituten auch dazu eingesetzt werden, die Struktur des Kreditportfolios zu steuern und die aus ihm resultierenden Erfolgs- und Liquiditätsrisiken zu senken, indem mit dem Kreditgeschäft verbundene Risiken separiert und weitergereicht werden. Daneben werden noch eine Reihe weiterer Vorteile genannt, so daß insgesamt der Eindruck entsteht, daß es sich bei der Verbriefung bankeigener Forderungen um ein Finanzierungsinstrument handelt, das die geschäftspolitischen Handlungsmöglichkeiten deutscher Universalkreditinstitute ganz erheblich erweitert.[2]

2.2 Zweckgesellschaft – Käufer der gebündelten Forderungen

Die Zweckgesellschaft (Special Purpose-Vehikel) tritt als Käufer der gebündelten Forderungen des Originators auf und finanziert diesen Kauf meist durch die Ausgabe von Wertpapieren, die sie den Investoren auf eigenen Namen und auf eigene Rechnung am Kapitalmarkt anbietet.[3] Als neuer Eigentümer der Forderungen und Emittent der Wertpapiere kommt ihr innerhalb der Asset Backed-Transaktion eine tragende Rolle mit mehreren Aufgaben zu. Schon im Vorfeld der eigentlichen Transaktion muß sie die Voruntersuchung und Beurteilung der zur Verbriefung angebotenen Forderungen durchführen sowie den Ablauf der Transaktion planen. Des weiteren strukturiert sie die operationalen Details, wie zum Beispiel die Zahlungsstruktur und die Ausfallversicherungen.[4] Das laufende Zahlungsstrommanagement, also die Abstimmung der eingehen-

---

1 Vgl. Rittinghaus/Makowka/Hellmann (1997), S. 134. Der Regreßlosigkeit kommt gerade bei der Verbriefung bankeigener Forderungen eine besondere Bedeutung zu, da mit ihr die Grundsatz I-Entlastung steht und fällt. Vgl. hierzu Abschnitt C 1.1.2.

2 An dieser Stelle wurde bewußt eine eher kritische Formulierung verwendet, da eine fundierte Beurteilung der Möglichkeiten für deutsche Universalkreditinstitute erst auf der Basis der Untersuchungsergebnisse der Abschnitte C und D erfolgen kann.

3 Vgl. Bryan (1988), S. 19; Oertle (1993), S. 155. Zu den Möglichkeiten der Finanzierung der Zweckgesellschaft vgl. unten in diesem Abschnitt.

4 Vgl. Ocampo (1989), S. 6.

den Zins- und Tilgungsleistungen der Kreditschuldner mit den Zahlungen an die Investoren, obliegt ebenfalls der Zweckgesellschaft.

Die Bezeichnung Zweckgesellschaft verdeutlicht, daß die Funktion der Gesellschaft auf den Kauf der Forderungen und die Verbriefung derselben zum Zweck der Refinanzierung beschränkt ist.[1] Da die Zweckgesellschaft weder über Betriebsmittel noch Mitarbeiter verfügt, übernimmt sie die oben beschriebenen Aufgaben nicht selbst, sondern gibt sie an einen oder mehrere Dritte (Arrangeur, Serviceagent, Bankenkonsortium) ab. Dadurch wird erreicht, daß die angekauften Forderungen vollumfänglich der Bedienung und als rechtlich selbständige Haftungsmasse der Absicherung der Ansprüche der Investoren zur Verfügung stehen.[2] Damit die wirtschaftliche Entwicklung des forderungsveräußernden Kreditinstitutes keinen Einfluß mehr auf die Risikosituation der verkauften Forderungen und der Zweckgesellschaft hat, muß neben der rechtlichen Trennung der Forderungen vom Originator auch gewährleistet sein, daß die Zweckgesellschaft rechtlich und wirtschaftlich vom Originator unabhängig ist.[3] Im speziellen Fall der Kreditinstitute haben auch diese selbst ein Interesse an der rechtlichen und wirtschaftlichen Selbständigkeit der Zweckgesellschaft, um nicht durch eine Konsolidierungspflicht den Effekt der Bilanz- und Eigenkapitalentlastung wieder aufzuheben.[4]

Die Zweckgesellschaft kann durch eine der in den Prozeß involvierten Parteien oder durch einen Außenstehenden gegründet werden, der Gründer (Sponsor) erhält dafür eine Vergütung. Häufig wird die Gründung von einem Kreditinstitut oder einem Wirtschaftsprüfer vorgenommen. Im Falle der Verbriefung bankeigener Forderungen ist die Gründung durch ein Kreditinstitut zur Vermeidung einer eventuell entstehenden Konsolidierungspflicht nicht angeraten. Aber auch bei anderen Originatoren werden die Mehrheitsanteile zur Vermeidung einer Konsolidierungs- oder Steuerpflicht oft an gemeinnützige Stiftungen übertragen.[5] In den USA fungieren unter anderem auch Univer-

---

1 So ist z. B. gemäß der Gründungsurkunde der Zweck der Volkswagen Car Lease No. 1 Limited „ ... der Erwerb und die Finanzierung von Forderungen und damit verbundene Rechte der Volkswagen Leasing GmbH und durch die Begebung von Schuldverschreibungen Mittel aufzunehmen, um solche Forderungen ... zu erwerben und zu finanzieren ...“. Volkswagen Car Lease No. 1 Limited (1996), S. 32.

2 Vgl. Eicholz/Nelgen (1992), S. 795; Früh (1995), S. 107; Willburger (1997), S. 14.

3 Vgl. Rosenthal/Ocampo (1988), S. 47; Eicholz/Nelgen (1992), S. 796; Früh (1995), S. 107; Bordeaux-Groult/von Dryander (1995), S. 204. In der englischsprachigen Literatur wird diese Anforderung als „bankruptcy remote“ bezeichnet. Vgl. Schwarcz (1993), S. 16ff.; Schwarcz (1997), S. 1290.

4 Vgl. hierzu Baums (1992), S. 13; Baums (1993), S. 6; Früh (1995), S. 107. Welche Anforderungen hierfür speziell bei deutschen Kreditinstitute erfüllt sein müssen, ist Gegenstand der Ausführungen in Abschnitt C 1.1.

5 Vgl. Möller (1997), S. 87; Bär (1997), S. 39.

sitäten gegen ein Entgelt in dieser Funktion. Da die Zweckgesellschaft somit vielfach keinem der an der Transaktion Beteiligten als Tochter zugeordnet werden kann, wird sie auch als „Waisengesellschaft" bezeichnet.[1]

Für die Refinanzierung der gekauften Forderungen stehen der Zweckgesellschaft verschiedene Alternativen zur Verfügung. Möglich sind die öffentliche Plazierung von Anleihen, den Asset Backed Securities, am internationalen Kapitalmarkt, die private Plazierung der Wertpapiere bei einem begrenzten Kreis institutioneller Investoren, die Emission von Commercial Papers, die Aufnahme von Bankkrediten oder auch eine Kombination der genannten Möglichkeiten. Die Art der Refinanzierung der Zweckgesellschaft hat Einfluß auf die Struktur und die Kosten der Transaktion. Die Wahl einer Refinanzierungsalternative hängt dabei von der Art, dem Volumen und der Fristigkeit der unterliegenden Forderungen ab. Für die Finanzierung von langfristigen Aktiva bietet sich die Emission von Anleihen an, zur Finanzierung kurzfristiger Aktiva oder kleinere Portfolios ist eine Finanzierung über Commercial Papers geeignet.[2] Refinanziert sich die Zweckgesellschaft über die Aufnahme von Bankkrediten, so stellt sich bei einer Asset Backed-Transaktion mit bankeigenen Forderungen das Problem, daß insgesamt keine Entlastung von einer vorgeschriebenen Eigenkapitalunterlegung, sondern lediglich deren Verschiebung von einem Kreditinstitut zum anderen erfolgt.

Im Hinblick auf die Zahl der Originatoren lassen sich ein Single Seller-Vehikel oder ein Multi Seller-Vehikel unterscheiden. Bei einem Single Seller-Vehikel werden nur Forderungen verbrieft, die einmalig oder revolvierend von einem Originator stammen. Hingegen kauft eine Zweckgesellschaft in der Gestalt eines Multi Seller-Vehikels Forderungsbestände verschiedener Originatoren auf. Die Art der Zweckgesellschaft hat wesentlichen Einfluß auf die Gestaltungsmöglichkeiten einer Asset Backed-Transaktion. Auf sie wird deshalb in Abschnitt B 4.3.1 ausführlicher eingegangen.

2.3 Investoren – Käufer der verbrieften Forderungen

Der Investor erwirbt das Endprodukt der Verbriefung, die Asset Backed Securities. Für ihn stehen bei seiner Anlageentscheidung Kriterien wie die Sicherheit und Transparenz der Anlage, die Marktliquidität, ein seinen Bedürfnissen angepaßtes Risiko-/Renditeprofil und die Möglichkeiten zur Diversifizierung seines Portfolios im Vordergrund. Asset Backed Securities können hierbei aus mehreren Gründen eine interessante Alternative zu traditionellen Anleihen darstellen:

---

1 Vgl. Küppers (1997), S. 3.

2 Vgl. hierzu auch Rittinghaus/Makowka/Hellmann (1997), S. 136.

- Die Bonität aller Asset Backed-Emissionen wird durch das Rating einer oder mehrerer unabhängiger Ratingagenturen beurteilt.[1] Um die Marktgängigkeit der Emissionen zu erhöhen, sind sie in der Regel so strukturiert, daß sie mit einem hervorragenden Rating ausgestattet werden können (AAA/Aaa).[2]
- Asset Backed Securities weisen eine im Vergleich zu Wertpapieren gleichen Ratings höhere Verzinsung auf, da der Markt noch nicht dieselbe Liquidität wie z. B. bei Bankschuldverschreibungen aufweist und der Investor mit dem Produkt Asset Backed Securities noch nicht so vertraut ist.3 Deshalb verlangt er bei einem vergleichbaren Risiko eine um 10-25 Basispunkte höhere Rendite.4 Allerdings ist der Renditeabstand in den vergangenen Jahren aufgrund der Standardisierung und der gestiegenen Nachfrage nach Asset Backed Securities deutlich gesunken,5 auch wenn sich die Spreads im Herbst 1998 im Zuge der Russlandkrise vorübergehend deutlich ausgeweitet haben.
- Asset Backed Securities stellen eine Erweiterung der Anlagemöglichkeiten des Investors und somit die Chance zur Diversifizierung seines Portfolios dar.[6] Vielen Investoren war es bisher nicht möglich, in Kreditforderungen zu investieren. Durch das Zusammenführen von Einzelforderungen unterschiedlicher demographischer, geographischer und branchenmäßiger Herkunft erfolgt bereits im Kreditpool eine Risikodiversifikation. Der Investor kann also ein schon diversifiziertes Wertpapier erwerben und somit das Risiko seiner Investition senken.
- Der Investor unterliegt nicht mehr dem Risiko des Konkurses des Originators, da die zugrundeliegenden Kredite von diesem an die Zweckgesellschaft verkauft wur-

---

1 Gemäß Auskunft eines Vertreters der Ratingagentur Moody's. Vgl. hierzu auch Kroll (1993a), S. 760.

2 Über 90% aller ausstehenden Asset Backed-Emissionen sind AAA/Aaa geratet. Vgl. Salomon Brothers (1997), o. S.; o. V. (1997b), S. 21.

3 Vgl. Knipp (1996), S. 40. Die Höhe des Spread ist abhängig von der Komplexität der Emission und der Liquidität des Marktes in der unterliegenden Forderungsart. Vgl. hierzu auch Aber (1988), S. 10.

4 So betrug der Spread der AAA gerateten ABS-Emission der Citibank Credit Card Mastertrust I zu einer vergleichbaren Bundesanleihe 25 Basispunkte. Vgl. o. V. (1997p), S. 3; o. V. (1997n), S. 21.

5 Vgl. Arora/Leszczynski (1996), S. 44; o. V. (1997n), S. 21.

6 Vgl. Chadha (1998), S. 307.

den.[1] Die Gefahr von Zahlungsverzögerungen durch ein langwieriges Konkursverfahren oder des teilweisen Forderungsverlustes scheidet für den Investor somit aus.[2]

- Asset Backed Securities sind durch die Vielzahl der eingebauten Sicherungselemente weitgehend von den Risiken der unterliegenden Kredite befreit und weisen gegenüber traditionellen Schuldverschreibungen einen höheren Grad an Anlegersicherheit auf. So wird regelmäßig auf die hervorragende Bonität von Asset Backed Securities und darauf, daß noch kein Fall einer notleidenden Asset Backed-Emission bekannt geworden ist, verwiesen.[3]

Daß Asset Backed Securities als Anlageinstrument akzeptiert sind, zeigt die Investorenstruktur am amerikanischen Markt, dem größten Markt für forderungsunterlegte Wertpapiere. Neben Anlagegesellschaften treten dort Banken, Versicherungen und zunehmend Privatkunden als Investoren auf. In Europa zählen sogar supranationale oder staatliche Stellen wie Notenbanken zum Investorenkreis.[4] Die Verteilung der Anteile unter den Investoren geht aus folgender Tabelle hervor:

Europa		USA	
Investorentyp	Anteil (in %)	Investorentyp	Anteil (in %)
Banken	39	Anlagegesellschaften	41
Multi Seller-Vehikel	16	Banken	18
Anlagegesellschaften	15	Privatkunden	11
Versicherungen	9	Versicherungen	8
supranat./staatliche Stellen	9	Unternehmungen	6
Pensionsfonds	3	Kreditgenossenschaften	6
Unternehmungen	3	Investmentfonds	4
sonstige	6	sonstige	6

Tabelle 3: Die wichtigsten ABS-Investoren in Europa und den USA (1997)[5]

---

1 Auch der Konkurs der Zweckgesellschaft ist aufgrund ihrer „konkursfesten" Konstruktion praktisch ausgeschlossen. Vgl. hierzu Abschnitt B 3.1.

2 Diesem Argument könnte entgegen gehalten werden, daß auch traditionelle Forderungen gegenüber Kreditinstituten in Deutschland durch die Einlagensicherungssysteme geschützt sind und ein Konkurs des Schuldnerinstituts deshalb nicht zu einem Ausfall führt. Allerdings ist die Einlagensicherung zumindest bei den privaten Banken von der Höhe her begrenzt (max. 30% des haftenden Eigenkapital); andere Kreditinstitute als Gläubiger sind von der Einlagensicherung jedoch ausgeschlossen. Bei den Sparkassen und Genossenschaftsbanken gelten solche Einschränkungen nicht, hier wird auch primär ein Institutsschutz bzw. ein indirekter Einlegerschutz betrieben. Vgl. hierzu z. B. Grundmann (1992), S. 1134ff.; Baetge (1996), S. 110ff.

3 Vgl. Oertle (1993), S. 171; Bär (1997), S. 253; Merrill Lynch & Co. (1998), S. 14.

4 Vgl. o. V. (1997n), S. 21.

5 Vgl. Merrill Lynch & Co. (1998), S. 15.

Der amerikanische Markt für Asset Backed Securities ist in zwei Arten von Wertpapieren geteilt. Forderungsverbriefungen aus Automobilkrediten oder Kreditkartenforderungen werden wie standardisierte Produkte gehandelt, es existiert eine hohe Liquidität und ein geringer Spread. Bei neueren und weniger standardisierten Forderungsarten ist das Spektrum der Anleger kleiner und die Marktliquidität geringer; die Wertpapiere werden mit einem höheren Aufschlag gehandelt. Die Dauer, innerhalb derer eine Forderungsart eher den unstandardisierten Produkten zugeordnet wird, hängt von der Anzahl der Emissionen und vom Marktvolumen ab, allgemein kann jedoch davon ausgegangen werden, daß eine Forderungsart nach zirka zwei Jahren als marktgängig von den Investoren akzeptiert wird.[1] Mit zunehmender Entwicklung des Marktes für Asset Backed Securities zeichnet sich eine Veränderung der Anlegerwünsche hin zu längeren Laufzeiten und einer variablen Verzinsung ab.[2] So nahm der Anteil der variabel verzinsten Asset Backed Securities von 0% im Jahre 1987 auf über 50 % im Jahre 1996 zu (vgl. Abbildung 3).

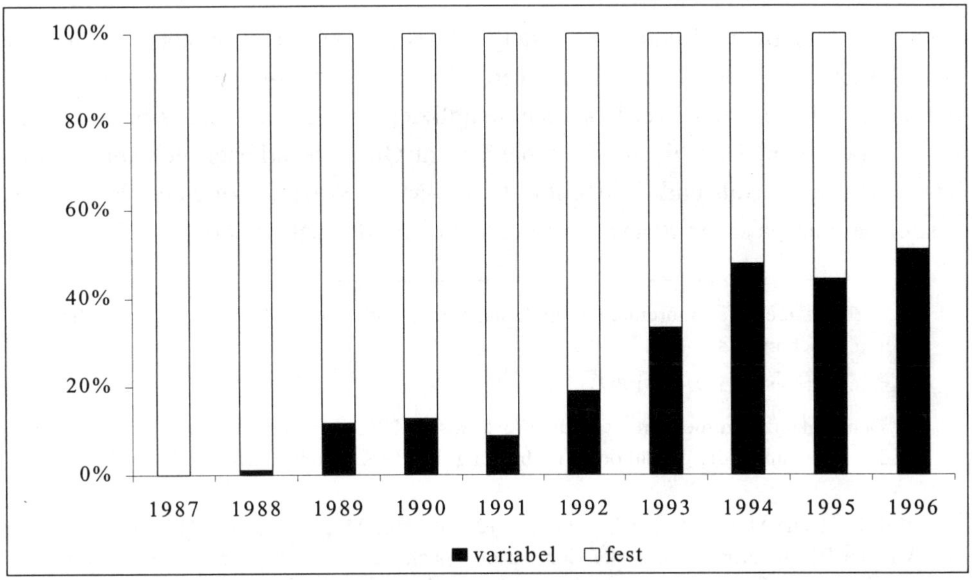

Abbildung 3: Verteilung zwischen fixen und variabel verzinslichen Asset Backed Securities[3]

Durch Bankforderungen unterlegte Wertpapiere werden meist mit Blick auf bestimmte Anlegergruppen aufgelegt und so strukturiert,[1] daß sie die Interessen der Käufer mög-

1 Vgl. Anderson (1995) S. 40.

2 Vgl. Anderson (1995), S. 40.

3 Vgl. Salomon Brothers Inc (1997), o. S.

lichst genau treffen. Hierbei unterliegen Ausgestaltungsmerkmale wie die Art der Forderungen, die Währung, die Zinsbindung, die Höhe und die Form der Sicherung sowie die Rückzahlungsmodalitäten der Modulation.[2]

Für einige Investoren ist bei ihrer Anlageentscheidung auch der Anrechnungsgrad bei der notwendigen Unterlegung der Asset Backed Securities mit Eigenmitteln von Bedeutung.[3] Asset Backed Securities erfahren in Deutschland zur Zeit noch die volle Anrechnung auf die risikotragenden Aktiva eines Kreditinstitutes und sind somit gegenüber Bankschuldverschreibungen oder Pfandbriefen, die je nach Herkunft mit 0%, 10% oder 20% anrechnungspflichtig sind, im Nachteil.[4] Lediglich Mortgage Backed Securities, deren Erfüllung von den amerikanischen quasi-staatlichen Agenturen geschuldet oder gewährleistet wird, unterliegen einer Anrechnung zu 0% bzw. 20%.[5] Allerdings ist im Zuge der Harmonisierung der Bankenaufsicht in Europa mit einer Senkung der Anrechnungsfaktoren auf das von der Europäischen Union bzw. von der Bank für Internationalen Zahlungsausgleich vorgeschlagene und in manchen Ländern bereits umgesetzte Niveau zu rechnen.[6]

Für die Zukunft wird eine weiter steigende Nachfrage der Investoren nach Asset Backed Securities, vor allem nach solchen mit einem erstklassigen Rating, prognostiziert. Hierfür lassen sich zwei Ursachen identifizieren. Zum einen ist es bei Unternehmungs- aber auch bei einigen Staatsanleihen zu Qualitätsverlusten gekommen. Zum anderen hat die Fiskal- und Geldpolitik der EU-Mitgliedsländer zu einem historischen Zinstief bei europäischen Staatsanleihen geführt. Beides hat zur Folge, daß ein Nach-

---

1 Deshalb ist auch die Einordnung in die Gruppe der „strukturierten Finanzierung“ möglich. Vgl. hierzu Abschnitt B 4.1.

2 Vgl. hierzu Levedag/Drew (1997), S. B 9.

3 In Deutschland sind dies Kreditinstitute (§ 1 Abs. I KWG), Finanzinstitute (§ 1 Abs. II KWG) und Unternehmen, die gemäß der Entscheidung des BAKred den Vorschriften des KWG unterliegen.

4 Vgl. Deutsche Morgan Grenfell (1997), S. 12; Deutsche Morgan Grenfell (1998), S. 4. Auf die von der BIZ unterbreiteten Diskussionsanstöße, nach welchen u. a. Asset Backed Securities mit einem Rating von A-/A3 oder besser mit einem deutlich reduzierten Gewichtungsfaktor anzurechnen sind, kann in dieser Arbeit nicht eingegangen werden; ihre Veröffentlichung erfolgte einige Monate nach Abschluß der Untersuchungen.

5 Vgl. Bundesaufsichtsamt für das Kreditwesen (1996). Demnach unterliegen Mortgage Backed Securities der GNMA einer Anrechnung bei den risikotragenden Aktiva mit 0%, Mortgage Bakked Securities der Institutionen FNMA; FHLMC und SLMA müssen mit 20% bei den risikotragenden Aktiva angerechnet werden.

6 So wurde von der Europäischen Union vorgeschlagen, Asset Backed Securities im Trading Book einer 20%igen Anrechnung zu unterwerfen. Die BIZ schlägt darüber hinaus vor, auch die nicht von den amerikanischen Agenturen garantierten Mortgage Backed Securities nur einer 50% Anrechnung zu unterwerfen. Vgl. hierzu Deutsche Morgan Grenfell (1997), S. 12; Bär (1997), S. 95; Merrill Lynch & Co. (1998), S. 12; Dresdner Kleinwort Benson (1999), S. 30.

frageüberschuß nach Zinstiteln entstanden ist, die bei einer erstklassigen Bonität einen höheren Zinsspread als vergleichbare Staatsanleihen erbringen. Vor diesem Hintergrund wird die Bonität der einzelnen Emissionen immer wichtiger. In Zukunft dürfte deshalb eine verstärkte Tendenz zu beobachten sein, sich über ein möglichst gutes Rating der Asset Backed-Emission von der Masse der Wettbewerber abzusetzen.[1]

2.4 Ratingagenturen

Eine wichtige Anforderung der Investoren ist die Transparenz der mit den Wertpapieren übernommenen Risiken. Da den Asset Backed Securities jedoch ein großer Forderungspool zugrunde liegt, die Strukturen sehr komplex sind und kaum eine Transaktion einer anderen gleicht, ist es für die Investoren sehr schwierig, die Qualität einer Asset Backed-Emission zu beurteilen. Neben den notwendigen Daten mangelt es den Investoren meist auch an Zeit und Know-how, um eine fundierte Analyse selbständig durchführen zu können. Zum Ausgleich der daraus resultierenden Informationsasymmetrie verlangen sie regelmäßig die Beurteilung einer Emission durch eine oder mehrere der großen Ratingagenturen,[2] so daß ein solches Rating für die Absetzbarkeit der Asset Backed Securities praktisch unerläßlich ist.[3] Deshalb werden neben allen öffentlich plazierten Asset Backed Securities in aller Regel auch die privat plazierten Emissionen durch die Ratingagenturen beurteilt.[4]

Die Ratingagenturen treffen Aussagen über die wirtschaftliche Fähigkeit und rechtliche Bindung eines Emittenten zur termingerechten Erfüllung seiner Zins- und Tilgungsverpflichtungen. Sie

- geben Auskunft über den Grad des Schutzes, den ein Investor gegenüber einer möglichen Zahlungsstörung erwarten kann,
- beurteilen die relative Bonität von Schuldverschreibungen und deren Emittenten und
- tragen so zu einer Erhöhung der Transparenz auf den Kapitalmärkten bei.[5]

---

1 Vgl. Schweizer Börse (1997), S. 1; o. V. (1997a), S. 26; o. V. (1997ad), S. 43; Schweizer Börse (1998), S. 14; Naughton (1998), S. 14.

2 Namentlich sind dies die Agenturen Moody's Investors Service (Moody's), Standard & Poor's (S & P), Fitch/IBCA und Duff & Phelps Credit Rating (DCR). Die Tendenz geht hierbei zu einer Bewertung durch mehr als zwei Agenturen.

3 Vgl. Dickler (1991), S. 109; Berndsen (1991), S. 191; Ohl (1994), S. 195f.; Berblinger (1996), S. 23f.; Schwarcz (1997), S. 1290; Altrock/Rieso (1997), S. 13. Bei einigen institutionellen Investoren, insbesondere in den USA, ist ein bestimmtes Ratingniveau (Investmentqualität) und damit automatisch ein Rating in den Anlagerichtlinien vorgeschrieben.

4 Vgl. Aber (1987), S. 26; Anderson (1995), S. 42.

5 Vgl. Scholz (1998), o. S.

Da die Qualität der Asset Backed Securities nicht nur von der Bonität des unterliegenden Kreditpools, sondern auch von der rechtlichen und ablauftechnischen Struktur der Transaktion abhängt, ist die gesamte Transaktion Gegenstand der Beurteilung durch die Ratingagenturen. Das Ratingurteil ist von entscheidender Bedeutung für den Preis bzw. die Absetzbarkeit der Emission und somit für den gesamten Erfolg einer Transaktion.[1]

Die Ratingsymbole für Asset Backed Securities unterscheiden sich nicht von den üblichen, auch für andere Schuldtitel verwendeten Symbolen. Die einzelnen Ratingagenturen verwenden hierbei nur leicht unterschiedliche Symbole (vgl. Abbildung 4), was auf eine internationale Standardisierung schließen läßt.[2]

S & P	**Moody's**	**Fitch/ IBCA**	**DCR**	**Ratingdefinition/Beurteilung**
				Langfristiges Emissionsrating
				Investmentqualität
AAA	Aaa	AAA	AAA	erstklassige Fähigkeit zur vertragsgerechten Erfüllung der Zahlungsverpflichtungen, Rückzahlung gilt auch bei negativen äußeren Umständen als sicher
AA	Aa	AA	AA	sehr gute Fähigkeit zur vertragsgerechten Erfüllung der Zahlungsverpflichtungen, Anfälligkeit bei negativen äußeren Umständen unwahrscheinlich
A	A	A	A	gute Fähigkeit zur vertragsgerechten Erfüllung der Zahlungsverpflichtungen, Anfälligkeit bei negativen äußeren Umständen möglich
BBB	Baa	BBB	BBB	Wahrscheinlichkeit vertragsgerechter Erfüllung der Zahlungsverpflichtungen hoch, jedoch mangelnde Immunität gegen negative äußere Umstände
				Spekulativer Bereich
BB B	Ba B	BB B	BB B	z. Zt. vertragsgerechte Erfüllung der Zahlungsverpflichtungen, künftige Erfüllung aber unsicher
CCC CC C	Caa Ca C	CCC CC C	CCC	nicht vertragsgerechte Erfüllung der Zahlungsverpflichtungen sehr wahrscheinlich, z. T. in Zahlungsverzug
D	---	DD DD D	DDD	in Zahlungsverzug

---

1 Vgl. hierzu Arbeitskreis „Finanzierung" (1992), S. 496; Kroll (1993a), S. 760; Paul (1994), S. 169ff.; Ohl (1994), S. 204; Schulte (1995), S. 153f.; Herrmann (1996), S. 240; Ritting-haus/Makowka/Hellmann (1997), S. 136. Obwohl der Originator selbst nicht Gegenstand des Ratingurteils ist, kann das Rating der Asset Backed-Transaktion Rückwirkungen auf die Beurteilung der Bonität des Originators durch den Kapitalmarkt haben. Vgl. Sampson (1997), o. S.

2 Vgl. Bär (1997), S. 238.

- Fortsetzung der Tabelle von Seite 24 -

Kurzfristiges Emissionsrating				
A-1	Prime-1	F1	D-1	sehr gute Fähigkeit zur vertragsgerechten Erfüllung der Zahlungsverpflichtungen
A-2	Prime-2	F2	D-2	gute Fähigkeit zur vertragsgerechten Erfüllung der Zahlungsverpflichtungen
A-3	Prime-3	F3	D-3	befriedigende/angemessene Fähigkeit zur vertragsgerechten Erfüllung der Zahlungsverpflichtungen
B C D	Not Prime	B C D	D-4 D-5	spekulatives Investment, das von einer noch vertragsgerechten Bedienung bis hin zum Zahlungsausfall reicht

Abbildung 4: Ratingsymbole für Asset Backed Securities und Asset Backed Commercial Papers[1]

Strukturierte Finanzierungen wie die Verbriefung von bankeigenen Forderungen zeichnen sich dadurch aus, daß der Originator das Ratingniveau mitbestimmen kann. Durch eine entsprechende Auswahl und Zusammensetzung der Kredite sowie den Umfang der enthaltenen Sicherungsleistungen kann die Transaktion so strukturiert werden, daß die Emission das gewünschte Rating erhält. Der Ratingprozeß läuft hierbei nach einem iterativen Verfahren ab, in dem der Arrangeur die Struktur der Transaktion mit den Ratingagenturen abstimmt und den Anforderungen für das angestrebte Rating anpaßt.[2]

Obwohl zwischen dem Vorgehen beim Rating jeder individuellen Transaktion als auch zwischen den einzelnen Ratingagenturen selbst Unterschiede bestehen, erstreckt sich der Ratingprozeß stets nach einem ähnlichen Muster über mehrere Stufen hinweg (vgl. Abbildung 5).[3] Zunächst wird bei einem Treffen mit der Ratingagentur die beabsichtigte Transaktion dargestellt. Die Ratingagentur benennt daraufhin die zur Durchführung des Ratings benötigten Informationen. Anschließend führt sie eine Due Diligence-Prüfung durch. Gegenstand der Due Diligence-Prüfung ist die historische, aktuelle und erwartete Leistungsfähigkeit des Originators. Hierbei generiert die Ratingagentur Informationen über die Unternehmungsentwicklung, das Wettbewerbsumfeld und die Marktposition des Originators. Hierzu läßt sie sich auch die Geschäftsstrategie

1 Teilweise nehmen die Ratingagenturen noch eine weitere Differenzierung in den einzelnen Klassen vor (S & P, Fitch/IBCA, DCR: +/-; Moody's: 1, 2, 3). Quelle: Unterlagen der Ratingagenturen; Berblinger (1996), S. 92ff.

2 Vgl. Ohl (1994), S. 204; Bär (1997), S. 240f.

3 Der Ratingprozeß bei Asset Backed-Transaktion wurde bereits in anderen Quellen dargestellt. Er soll in dieser Arbeit deshalb nur kurz skizziert werden. Für ein ausführliche Darstellung vgl. z. B. Marsland-Shaw/Selzer (1990), S. 131ff.; Hourican (1990a), S. 23ff.; Ohl (1994), S. 191ff.; Bär (1997), S. 229ff. und die dort zu findenden Verweise auf weitere Quellen.

und die Marketingaktivitäten aufzeigen. Zur Beurteilung der Qualität der Kreditgenerierung und -verwaltung analysiert sie die Kunden- bzw. Kreditnehmerstruktur, den Kreditvergabeprozeß und die dabei angewandten Methoden sowie die Kreditverwaltung mit dem Inkasso- und Mahnwesen.[1] Wichtiger Gegenstand der Due Diligence-Prüfung ist auch die Beurteilung der Leistungsfähigkeit der EDV- und Informationssysteme. Das kooperative Mitwirken des Emittenten respektive des Originators kann den mit dieser Prüfungsphase verbundenen Aufwand deutlich verringern.

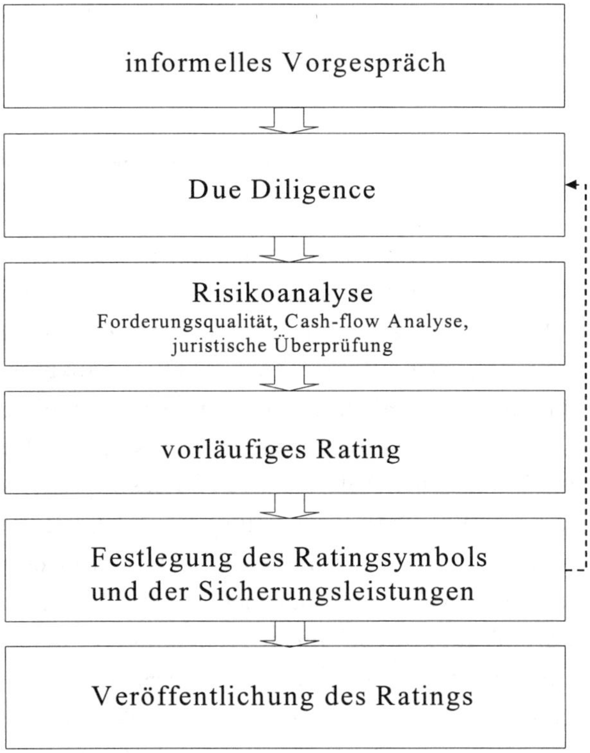

Abbildung 5: Ratingprozeß bei der Verbriefung bankeigener Forderungen

Darauf aufbauend erfolgt die Risikoanalyse der Transaktion. Hierzu werden die Risikostruktur des zu verbriefenden Forderungspools, die Mechanismen zur Weiterleitung der Cash-flows der Forderungen und die rechtliche Struktur der Konstruktion analysiert.[2] Die Risikostruktur des Forderungspools bestimmt sich aus der Qualität und Zusammensetzung der verkauften Forderungen. Als Kriterien ihrer Beurteilung werden die Kre-

---

1 Vgl. Levedag/Drew (1997), S. B 9.

2 Vgl. Hourican (1990a), S. 23; Marsland-Shaw/Selzer (1990), S. 135; Arbeitskreis „Finanzierung" (1992), S. 507; Scholz (1998), o. S.

ditwürdigkeit der Schuldner, die Verfahren bei der Bonitätsprüfung und Kreditvergabe des Kreditinstitutes, der Diversifikationsgrad im Kreditpool (demographische, geographische und branchenmäßige Diversifizierung der Kreditnehmer), die historische Ausfall- und Verzugsrate der ausgewählten Kredite, die Art und Qualität eventuell vorhandener Sicherheiten, die Restlaufzeit der Kredite, die absolute Höhe der Forderungen und natürlich der erzielte Zinssatz herangezogen. Hierbei ist die Quantität und Qualität der zur Verfügung stehenden Informationen von besonderer Bedeutung für ein exaktes Ratingurteil. Von den Ratingagenturen wird deshalb regelmäßig eine historische Datenbasis verlangt, die zumindest einen Kreditzyklus (durchschnittliche Laufzeit) der zu verbriefenden Forderungsart abdeckt.[1] Problematisch kann sich diese Anforderung bei Kreditarten mit langen Laufzeiten – wie beispielsweise Hypothekenforderungen – gestalten. Ein eventuelles Datendefizit kann jedoch dergestalt ausgeglichen werden, daß zum Ausgleich der bestehenden Prognoseunsicherheit zu Beginn der Transaktion relativ hohe Sicherungsleistungen in die Transaktion eingebaut werden, die im weiteren Verlauf und mit der zunehmender Verfügbarkeit von Daten wieder schrittweise gesenkt werden können.[2]

Die Untersuchung der Cash-flow-Mechanismen ist notwendig, um die Fähigkeit der Zweckgesellschaft zur ordnungsgemäßen Bedienung der Investoren beurteilen zu können. Hierbei werden die Auswirkungen der Veränderung von wichtigen Einflußfaktoren auf die Zins- und Tilgungszahlungen der verbrieften Kredite analysiert.[3] Die Ratingagentur nimmt eine Sensitivitätsanalyse[4] der Cash-flow-Annahmen vor, um die Auswirkungen der Veränderungen auf die Qualität des Kreditpools und seine Cash-flow zu bestimmen. In der Konstruktion berücksichtigte Liquiditätshilfen und Sicherungslinien werden hier ebenfalls einbezogen. Um ein erstklassiges Rating zu erhalten, muß die Emission so strukturiert sein, daß auch unter ungünstigen Bedingungen eine jederzeit vertragsgerechte Bedienung der Investoren gewährleistet ist.[5]

Die rechtliche Prüfung soll sicherstellen, daß die zur Unterlegung der Asset Backed Securities herangezogenen Forderungen den Investoren zweifelsfrei zur Sicherung ihrer Ansprüche zur Verfügung stehen. Hierzu wird die Konkursfestigkeit der Zweckgesellschaft und ihre Abschirmung gegenüber einem Konkurs des Originators oder des

---

1 Vgl. Anderson (1995), S. 42.

2 Vgl. Arora/Leszczynski (1996), S. 45.

3 Solche Veränderungen können z. B. ein Anstieg des Zinsniveaus oder eine signifikante Verschlechterung der gesamtwirtschaftlichen Lage sein.

4 Die Sensitivitätsanalyse dient der Ermittlung von Ergebnisabweichungen bei der Veränderung unsicherer Erwartungsdaten. Zur Sensitivitätsanalyse vgl. z. B. Franke/Hax (1994), S. 245 ff.

5 Bei ungünstigen Bedingungen wird vom Drei- bis Fünffachen der historischen Ausfallrate der verbrieften Kreditforderungen ausgegangen. Vgl. Bär (1997), S. 247.

Serviceagenten geprüft. Die Ausgestaltung der Vertragsdokumente, die Analyse der rechtlichen Aspekte, die sich durch die Einbeziehung von in der Regel mehreren Rechtskreisen ergeben und die Konformität mit aufsichtsrechtlichen Bestimmungen sind weitere Punkte der rechtlichen Prüfung.[1]

Die Ergebnisse dieser Untersuchungen bilden die Grundlage für die Beratungen des Ratingkomitees, die sich in einem Ratinggutachten niederschlagen. Darin legt die Ratingagentur die für das gewünschte Rating erforderliche Transaktionsstruktur und den Umfang an zusätzlichen Sicherungsleistungen fest.[2] Gegebenenfalls kommt es zu einer Anpassungen einzelner Elemente der Transaktion, damit diese nach nochmaliger Prüfung das angestrebte Ratingniveau erreicht. Das Rating wird in einem Ratingbrief bekanntgegeben. Im weiteren Verlauf unterliegt die Transaktion der ständigen Überwachung durch die Ratingagentur.[3]

Manche Ratingagenturen wie z. B. Standard & Poor's verfolgen beim Rating von strukturierten Finanzierungen den „Weak Link-Ansatz", der besagt, daß die ganze Transaktion nur so stark sein kann, wie das schwächste darin enthaltene Element.[4] „Schwach" in diesem Sinne sind zunächst einmal diejenigen Parteien, die nicht mit einem Rating versehen sind. Aber auch andere Parteien, die über ein Rating verfügen, können das schwache Element in der Kette darstellen. Um die Bedeutung dieser schwachen Elemente auf ein Minimum zu reduzieren, müssen die übrigen Parteien und die einbezogenen Sicherungsleistungen so gut und umfassend sein, daß das von den schwachen Elementen ausgehende Risiko unbedeutend ist bzw. abgedeckt wird und die Zahlungsfähigkeit für die Asset Backed Securities jederzeit in vollem Umfang gewährleistet ist.[5] Unabhängig vom jeweiligen Prüfungsansatz kommt der Bonität der an der Transaktion beteiligten Parteien generell eine große Bedeutung zu, weshalb ihnen auch die besondere Aufmerksamkeit der Ratingagenturen zuteil wird.[6] So prüfen sie z. B. die Fähigkeit des Serviceagenten, seinen Aufgaben im Rahmen der Forderungsverwaltung über die gesamte Laufzeit der Transaktion sach- und termingerecht nachzukommen, da hiervon die Stetigkeit des Cash-flows und somit die Renditen der Investoren beeinflußt

---

1 Vgl. Scholz (1998), o. S.

2 Wünscht der Originator beispielsweise ein AAA-Rating, so untersuchen die Ratingagenturen, ob die Transaktion alle zum Erhalt eines erstklassigen Ratings notwendigen Voraussetzungen erfüllt. Vgl. Ohl (1994), S. 204.

3 Vgl. Berndsen (1991), S. 191; Bär (1997), S. 252ff.; Sampson (1997), o. S.

4 Moody's hingegen legt besonderen Wert auf den erwarteten Ausfall eines Kreditpools und die zu seiner Abwehr eingebauten Sicherungsmechanismen. Vgl. Scholz (1998), o. S.

5 Vgl. Marshland-Shaw/Selzer (1990), S. 131f.; Ohl (1994), S. 208; Anderson (1995), S. 42.

6 Vgl. Hourican (1990a), S. 31; Moody's Investors Service (1996), S. 68ff.

werden.[1] Gegenstand der Überprüfung des Serviceagenten ist seine Eignung für die Übernahme der Forderungsverwaltung. Insbesondere die Kompetenz und Erfahrung der mit der Aufgabe betreuten Mitarbeiter, die Leistungsfähigkeit des EDV-Systems und die Reputation eines Kreditinstitutes bei der Kreditadministration und -überwachung unterliegen hierbei einer intensiven Untersuchung. Werden die Anforderungen der Ratingagentur nicht erfüllt, muß der Serviceagent Nachbesserungen vornehmen, unter Umständen wird auch ein Backup Servicer verlangt.[2] Ebenso wie der Serviceagent wird auch der Treuhänder beurteilt. Besondere Bedeutung kommt schließlich einem externen Sicherungsgeber zu, dessen Bonitätsverschlechterung sich negativ auf die Beurteilung einer Asset Backed-Transaktion auswirken kann. Die schwächere Bonität eines Sicherungsgebers kann jedoch durch einen größeren Besicherungsumfang ausgeglichen werden.[3]

Die Senior-Tranchen der bis Ende 1998 bekannt gewordenen Asset Backed-Emissionen, die mit Kreditforderungen deutscher Banken unterlegt sind, erhielten bisher durchweg ein gutes bis sehr gutes Ratingurteil.

Emittent	Tranche	Rating			
		S & P	Moody's	Fitch/IBCA	DCR
Consumer Loan Finance	-	-	Aa1	-	-
GEMS	A-1	-	Aaa	-	-
HAUS 1998-1	A-1	AAA	Aaa	AAA	AAA
CORE 1998-1	A-1a	AAA	Aaa	-	-
	A-2a	AAA	Aaa	-	-

Tabelle 4: Rating ausgewählter Asset Backed-Emissionen, die mit Forderungen deutscher Kreditinstitute unterlegt sind[4]

---

1 Da bei Kreditinstituten der Originator wohl immer auch Serviceagent ist, wird diese Prüfung mit der Beurteilung des Originators zusammenfallen. Vgl. Hourican (1990a), S. 31.

2 Vgl. Reich/Sewright (1989), S. 406; Ohl (1994), S. 45.

3 Vgl. Ohl (1994), S. 227. Als Drittbesicherer treten vielfach Banken auf. Der zunehmende Mangel an Instituten mit einer hervorragenden Bonität und die damit verbundenen Probleme bei ihrem Einsatz als Drittbesicherer haben dazu geführt, daß die Bedeutung der externen Sicherungsgeber in der Vergangenheit deutlich gesunken ist. Vgl. hierzu Zimmermann (1995), S. 149ff.; Bär (1997), S. 223f. Vgl. hierzu auch die Ausführungen in Abschnitt B 3.3.

4 Die Darstellung enthält nur die Seniortranchen der Emissionen. Diese machen in der Regel 90% oder mehr des Emissionsvolumens aus. Vgl. Adlung (1995), S. 548; Willburger (1997), S. 140, Deutsche Bank (1998a), S. 133; Deutsche Bank (1998d), S. 64.

2.5 Serviceagent und Treuhänder

Der Serviceagent übernimmt für die Zweckgesellschaft das Inkasso und die Verwaltung der Forderungen und leitet die eingehenden Zahlungen an den Treuhänder weiter. Diese Aufgabe wird in der Regel vom Originator übernommen,[1] da dieser aufgrund der bestehenden Kundenbeziehung einen Informationsvorsprung gegenüber anderen potentiellen Serviceagenten hat, und bei ihm die für die Verwaltung der verbrieften Forderungen notwendige Infrastruktur und die entsprechenden EDV-Kapazitäten meist schon vorhanden sind.[2] Im hier betrachteten Fall von Kreditinstituten als Originatoren dürfte der daraus resultierende wirtschaftliche Vorteil aufgrund der im Bankgeschäft vorhandenen Informationsasymmetrie und der besonderen Anforderungen an die Verwaltung von Kreditforderungen besonders groß sein. Für die Stabilität der Transaktion und somit für das Rating ist es sogar wichtig, daß die Forderungsverwaltung beim Kreditinstitut verbleibt. Dadurch kann die Bedingung, daß die bei der Prognose des Zahlungsstroms des verbrieften Kreditpools zugrunde gelegte Kredit- und Inkassopolitik auch auf die abgetretenen Forderungen angewendet wird, besser erfüllt werden.[3] Kreditkündigungen, Stundungen, Prolongationen oder Verwertung von Sicherheiten müssen nach dem gleichen Maßstab wie vor der Verbriefung vorgenommen werden.[4] Des weiteren wird so sichergestellt, daß die Bank-Kunde-Beziehung aufrechterhalten wird und der Kreditnehmer sich nicht plötzlich einem unbekannten Gläubiger gegenübersieht.[5] Für die Übernahme des Kreditinkassos kann im Geschäftsbesorgungsvertrag eine Kommission (Servicefee) für den Originator vereinbart werden, so daß für ihn die Verbriefung seiner eigenen Forderungen mit dem Nutzen einer zusätzlichen Provisionseinnahme verbunden ist.[6] Um über die Entwicklung des verwalteten Kreditpools und die Erfüllung seiner Aufgaben Rechenschaft abzulegen, muß der Serviceagent regelmäßig umfangreiche Reports an die Zweckgesellschaft und die Investoren liefern. In ihnen hat er über die

---

1 Vgl. Hourican (1990a), S. 31. Zum Teil wird diese Übernahme sogar vom Käufer der Forderungen explizit verlangt. Vgl. Bavaria Securitisation Limited (1998), S. 8.

2 Vgl. Benner (1988), S. 407; Ohl (1994), S. 43; Früh (1995), S. 105f.; Böhmer (1996), S. 22.

3 Vgl. Buerger (1991), S. 22; Adlung (1995), S. 548; Rittinghaus/Makowka/Hellmann (1997), S. 135; Häuselmann (1997), S. 7. Zu den Risiken, die sich aus einer Verschlechterung der Kreditadministration ergeben, vgl. Abschnitt D 5.

4 Vgl. GEMS German Mortgage Securities B.V. (1995), S. 24.

5 Gemäß den Forderungen des BAKred darf aus der Verbriefung bankeigener Forderungen keine Schlechterstellung des Schuldners, wie sie bei einem Wechsel der Inkassostelle auftreten könnte, resultieren. Vgl. Bundesaufsichtsamt für das Kreditwesen (1997a), S. 1. Vgl. hierzu auch Schneider/Eichholz/Ohl (1992), S. 1456; Früh (1995), S. 108.

6 Zusätzlich kann hierbei eine zinsvolatile und somit risikobehaftete Einnahmequelle in eine auf Zinsschwankungen unsensible Einnahmequelle umgeformt werden.

eingegangenen Zahlungen sowie über bestehende Zahlungsverzüge und entstandene Ausfälle differenziert nach Regionen, Kunden oder Branchen zu berichten.[1]

Bei der Verbriefung von Forderungen in einer Zweckgesellschaft, die von mehreren Kreditinstituten Darlehen angekauft hat, wird die Forderungsverwaltung vom jeweiligen Originator für die von ihm abgegebenen Kredite übernommen. Denkbar wäre aber auch die Einigung auf einen Master Servicer, der in Vertretung der Originatoren die Kreditverwaltung übernimmt.[2] Da ein solcher Master Servicer jedoch Einblick in das Kreditportfolio und andere Internas der übrigen Originatoren erhält, scheint diese Möglichkeit wohl nur bei einer gemeinsamen Forderungsabtretung von Instituten der gleichen Gruppe wahrscheinlich.[3]

Für den Fall, daß das ursprünglich als Serviceagent fungierende Kreditinstitut wegen einer Schieflage oder mangelnder Sorgfalt beim Forderungseinzug durch den Treuhänder abberufen werden muß, kann zu Beginn der Transaktion ein Backup Servicer bestellt werden.[4] Bei der Verbriefung bankeigener Forderungen deutscher Kreditinstitute ist es obligatorisch, daß es sich beim Backup Servicer um ein inländisches Kreditinstitut oder ein nach Maßgabe der EG-Bankenrichtlinie beaufsichtigtes Institut mit Sitz in einem EG-Land oder in einem anderen Vertragsstaat des Abkommens über den Europäischen Wirtschaftsraum handelt.[5] Das Backup Servicing kann somit die Dienstleistungspalette einer leistungsstarken Bank mit einer guten Reputation zusätzlich erweitern. Im Gegensatz zu Verbriefungen aus anderen Branchen gibt es in Europa zur Zeit jedoch noch keinen solchen Backup Servicer für Asset Backed-Transaktionen von Kreditinstituten.[6] Große europäische Institute planen jedoch, diese Dienstleistung künftig anzubieten.[7]

Bei einer Asset Backed-Transaktion ist es üblich, daß die abgetretenen Vermögenswerte und die dafür bestellten Sicherheiten nach einer „logischen Sekunde“ bei der Zweckgesellschaft auf einen Treuhänder übertragen werden. Dieser überprüft im Auftrag des Käufers und der Emissionsbanken durch eine Zufallsauswahl den Bestand der

---

1 Vgl. Ohl (1994), S. 44; Bär (1997), S. 93.

2 Vgl. Securities and Exchange Commission (1992), S. 29.

3 So könnte z. B. das Servicing bei einem Pool, der von verschiedenen Sparkassen oder Genossenschaftsbanken gespeist wird, von einem übergeordneten Institut in der Organisation übernommen werden.

4 Zum Teil wird auch die Bezeichnung Standby Servicer verwendet. Vgl. z. B. Reich/Sewright (1989), S. 407; Küppers (1997), S. 11.

5 Vgl. Bundesaufsichtsamt für das Kreditwesen (1997a), S. 1.

6 Für Asset Backed-Transaktionen aus Handelsforderungen bietet z. B. die Bertelsmann Financial Services Ltd. ein Backup Servicing an.

7 Gemäß Auskunft eines Bankenvertreters.

verkauften Forderungen.[1] Der Treuhänder stellt das Bindeglied zwischen der Zweckgesellschaft, dem Serviceagent und den Investoren dar. Er übernimmt die Weiterleitung der Zahlungsströme für die Zweckgesellschaft und fungiert als Sachwalter der Investoren. Durch die Sicherungsübertragung der Forderungen in das Treuhandvermögen ist gewährleistet, daß die Vermögenswerte bei einem Konkurs der Zweckgesellschaft vor dem Zugriff anderer Konkursgläubiger gesichert und somit für die Investoren verwertbar sind. Des weiteren obliegt dem Treuhänder die Überwachung der vorgegebenen Gesamtkonstruktion, des Cash-flows der Kreditforderungen und die Bedienung der Zins- und Tilgungsansprüche der Investoren; gegebenenfalls wird bei Cash-flow-Defiziten auf seine Veranlassung hin eine Sicherungszusage in Anspruch genommen.[2] Beim Eintreten vorher festgelegter Ereignisse (z. B. einer bestimmten Quote von Zahlungsausfällen) oder im Falle des Konkurses der Zweckgesellschaft obliegt dem Treuhänder auch die Verwertung der Kredite und damit verbundener Sicherheiten sowie die vorzeitige Tilgung der Asset Backed-Emission. Ferner hat er im Auftrag der Investoren die Rechenschaftsberichte des Serviceagenten auf Vollständigkeit und Richtigkeit zu überprüfen.[3]

Die Rolle des Treuhänders wird meist von einer großen Wirtschaftsprüfungs- oder Treuhandgesellschaft übernommen; stellenweise fungieren auch andere Kreditinstitute als Treuhänder. Die Einschätzung des Treuhänders durch die Ratingagentur hat Einfluß auf die Bewertung der Transaktion, weshalb er über eine gute Bonität und das zur Übernahme dieser Aufgabe notwendige Know-how verfügen sollte. Dieses weist er regelmäßig durch die reibungslose Abwicklung gleicher oder ähnlicher Transaktionen nach.

2.6 Weitere Beteiligte

Neben den angesprochenen Hauptakteuren sind regelmäßig noch weitere Gruppen an der Verbriefung bankeigener Forderungen beteiligt. Ihr Involvement hängt dabei von der Art der zu verbriefenden Kreditforderungen und der Komplexität der realisierten Transaktionsstruktur ab. Die bedeutendste Rolle kommt hierbei dem Arrangeur zu, der in die laufende Abwicklung und Überwachung der Transaktion eingebunden ist.[4] Bei ihm handelt es sich in der Regel um eine Investmentbank oder die Investmentabteilung

---

1 Vgl. Adlung (1995), S. 548.

2 Vgl. Reich/Sewright (1989), S. 414.

3 Vgl. Paul (1994), S. 164; Bär (1997), S. 96.

4 Vgl. Rittinghaus/Makowka/Hellmann (1997), S. 134; Sengera (1997), S. 1.

einer Universalbank.[1] Wenn der Originator über das notwendige Know-how und die entsprechenden Ressourcen verfügt, kann die Rolle des Arrangeurs auch von ihm selbst übernommen werden.[2] Der Arrangeur übernimmt den aktiven Managementpart bei der Verbriefung, seine Aufgabe ist es, die Asset Backed-Transaktion an die jeweilige Struktur der Forderungen sowie an die Bedürfnisse des Forderungsverkäufers und der Investoren anzupassen.[3] Des weiteren koordiniert er die Kontakte des Originators mit der Zweckgesellschaft, berät bei der Auswahl des zu verkaufenden Kreditpools und führt die statistische Analyse dieses Pools durch. In der Regel ist der Arrangeur auch Mitglied des Plazierungskonsortiums.[4] Die Auswahl des Arrangeurs wird von der Gruppenzugehörigkeit sowie der rechtlichen und/oder finanziellen Verflechtung eines Kreditinstitutes bestimmt. Besteht eine starke Bindung an ein als Arrangeur in Frage kommendes Institut, so ist die Position des Originators bei der Auswahl des Arrangeurs und den Preisverhandlungen mit ihm schwächer als die eines unabhängigen Institutes.

Weitere Beteiligte sind ein oder mehrere Sicherungsgeber, die eine Garantie in bestimmter Höhe zugunsten der Investoren leisten und eine Liquiditätsbank, die der Zweckgesellschaft flüssige Mittel zur Verfügung stellt, falls aufgrund eines unstetigen Cash-flows aus den Krediten ein Liquiditätsengpaß beim Zins- und Tilgungsdienst für die begebenen Wertpapiere entsteht. Daneben treten in Abhängigkeit von der Ausgestaltung der verbrieften Kreditart Swap-Partner auf, welche die Zahlungsströme der unterliegenden Kredite und der emittierten Wertpapiere aufeinander abstimmen oder in eine gewünschte Valuta tauschen.[5]

Aufgrund der Komplexität einer Asset Backed-Transaktion, bei der es sich letztlich um ein dichtes Netz von Vertragsbeziehungen zahlreicher in- und ausländischer Parteien handelt, kommt auch Rechtsanwälten eine besondere Bedeutung zu. Sie werden benötigt, um rechtliche oder regulatorische Konstruktionen, die z. B. zu einer Konsolidierungspflicht der Zweckgesellschaft bei einer der beteiligten Parteien oder unerwünschten Steuerwirkungen führen können, zu identifizieren und sie so zu gestalten,

---

1 Vgl. Früh (1995), S. 105f.; Anderson (1995), S. 42.

2 Vgl. Reich/Sewright (1989), S. 410. So war z. B. die Deutsche Bank AG bei der Verbriefung eigener Hypothekenforderungen (HAUS 1998-1 Transaktion) und eigener Firmenkundenkredite (CORE 1998-1 Transaktion) auch Arrangeur. Vgl. hierzu auch die Ausführungen im Anhang.

3 Vgl. Rittinghaus/Scheel (1993), S. 475

4 Bei der Übernahme des Underwriting tritt eine Grundsatz I-Entlastung jedoch erst ein, wenn die Asset Backed Securities vollständig am Markt abgesetzt sind oder die Underwriting-Verpflichtung erloschen ist. Vgl. Bundesaufsichtsamt für das Kreditwesen (1997b), o. S.

5 Vgl. GEMS German Mortgage Securities B.V. (1994), S. 28f.; Paul/Fehr (1996), S. 406.

daß sie die Wirkung der Verbriefung nicht oder in der gewünschten Weise beeinflussen.[1]

3 Bonitätsverbesserung der verbrieften Kreditforderungen

Grundgedanke der Verbriefung bankeigener Forderungen war die rechtliche Verselbständigung eines Pools von Krediten, um diesen – getrennt von der Bonität des Kreditinstitutes, das die Kredite ursprünglich vergeben hat – über den Geld- und Kapitalmarkt zu refinanzieren. Diese Trennung wird durch die Übertragung der Kredite an eine rechtlich selbständige und vom Originator unabhängige Zweckgesellschaft ermöglicht. Entscheidend für die Bonitätsbeurteilung durch den Investor respektive die Ratingagenturen ist dann nicht mehr die Bonität des Originators, sondern nur noch die Qualität der unterliegenden Kredite und die Strukturierung der Asset Backed-Transaktion.

Um eine hohe Akzeptanz der Emission auf dem Geld- und Kapitalmarkt sicherzustellen müssen die emittierten Asset Backed Securities mit einem erstklassigen Rating ausgestattet sein.[2] Die der Befriedigung der Zahlungsansprüche der Investoren dienenden Kreditforderungen und die daraus resultierenden Cash-flows reichen jedoch regelmäßig nicht aus, um der Asset Backed-Transaktion das gewünschte Rating hervorragender Güte zuteil werden zu lassen. Deshalb verlangen die Ratingagenturen, daß die Asset Backed-Emission zusätzlich abgesichert wird, um so das Risiko einer Nichtbedienung der Wertpapiere für die Investoren so klein wie möglich zu halten.[3] Konkret müssen die Investoren davor geschützt werden, daß schlagend werdende Kreditrisiken des unterliegenden Forderungspools oder der Konkurs eines der Hauptbeteiligten der Transaktion (Originator, Zweckgesellschaft oder Serviceagent) die korrekte Bedienung ihrer Ansprüche gefährden.

Die erste Maßnahme der beteiligten Parteien zur Sicherung der Investoren gegen die Verlustrisiken einer Asset Backed-Emission ist die sorgfältige Konstruktion und Abwicklung der gesamten Asset Backed-Transaktion. Da es sich bei den Initiatoren und Hauptbeteiligten in der Regel um große und namhafte Institutionen handelt, deren Ruf bei den Investoren schon durch eine einzige fehlgeschlagene Transaktion großen Schaden nehmen könnte, sollten sie stets bemüht sein, eine Asset Backed-Transaktion sorg-

---

1 Die Bedeutung von Rechtsanwälten ist auch daran zu erkennen, daß sie bei Konferenzen zur Forderungsverbriefung oft Veranstalter sind oder zumindest zu den Hauptrednern gehören. Die rechtlichen Aspekte der Forderungsverbriefung waren auch schon Gegenstand mehrerer Monographien und Sammelwerke. Stellvertretend seien hier Baums/Wymeersch (1996) und Willburger (1997) genannt.

2 Vgl. Abschnitt B 2.3.

3 Vgl. Carlstrom/Samolyk (1993), S. 29; Willburger (1997), S. 50f.

fältig zu planen, vorzubereiten und durchzuführen.[1] Darüber hinaus wird die erforderliche Bonität bei Asset Backed-Transaktionen regelmäßig durch drei Schritte erreicht:

a) Durch die Sicherung der Transaktion gegen einen Konkurs des Originators, der Zweckgesellschaft oder des Serviceagenten,
b) durch die Verteilung der aus den unterliegenden Forderungen resultierenden Kreditrisiken auf verschiedene Parteien und
c) durch die Erhöhung der Bonität der verbrieften Kreditforderungen mittels zusätzlicher Sicherungsleistungen.

Das Maß an abzudeckendem Risiko sowie der von den Anlegern geforderte Grad an Sicherheit bestimmt dabei die notwendigen Sicherungsmaßnahmen und Sicherungskosten.[2] Grundsätzlich ist es möglich, jede Emission, unabhängig von der Qualität der unterliegenden Forderungen, durch entsprechende Sicherungsleistungen so aufzuwerten, daß sie ein AAA-Rating erhält. Letztlich bleibt dies immer eine Frage der mit dieser Qualitätsverbesserung verbundenen Kosten.

3.1 Sicherung gegen Sanierungs- und Konkursrisiken

Ein mögliches Risiko bei der Verbriefung bankeigener Forderungen ist das Ausbleiben der Zahlungen an die Investoren wegen des Konkurses oder der Insolvenz einer jener Parteien, die in den Cash-flow-Strom involviert sind.[3] Da dieses Risiko auch in die Bonitätsbeurteilung einer Transaktion durch die Ratingagenturen eingeht, muß die Transaktion so strukturiert sein, daß ein solches Ereignis die vertragsgerechte Erfüllung der Wertpapiere nicht gefährdet.[4] Die hierfür erforderlichen Vorkehrungen müssen vor allem bei den drei Hauptbeteiligten der Transaktion, also dem Originator, der Zweckgesellschaft und dem Serviceagenten getroffen werden:

- Um den Investor vor negativen Wirkungen eines möglichen Konkurses des Originators zu schützen, darf nach der Übertragung der Kreditforderungen kein Vorgang beim Originator mehr Einfluß auf die Zweckgesellschaft als neuen Forderungsinhaber haben. Um dies zu gewährleisten, muß die Abtretung des Kreditpools durch den Originator an die Zweckgesellschaft einen „echten" Verkauf darstellen.[5] Hat die

---

1 Vgl. Deutsche Bundesbank (1997b), S. 61f.; o. V. (1997u), S. 21. Vgl. hierzu auch Abschnitt D 5.

2 Vgl. hierzu auch Brewer/Iseley (1990), S. 129; Carlstrom/Samolyk (1993), S. 34.

3 Sanierung und Konkurs sind hier gleichzusetzen, da sie dieselben Auswirkungen auf eine Asset Backed-Transaktion haben können. Vgl. Willburger (1997), S. 62f.

4 Vgl. Marsland-Shaw/Selzer (1990), S. 137.

5 Echter Verkauf bedeutet hier, daß sich für den Verkäufer weder Rechte noch Pflichten aus den Forderungen ergeben. Vgl. hierzu Rosenthal/Ocampo (1988), S. 42ff. Zu den Anforderungen an

Zweckgesellschaft die Kredite einmal gekauft, so entspricht ihre Stellung der eines Barkäufers, d. h. eine Insolvenz des Verkäufers tangiert sie nicht mehr.[1] Darüber hinaus verlangen die Ratingagenturen, daß die Zweckgesellschaft einen rechtswirksamen Titel an den Kreditforderungen erworben hat.[2]

- Im Gegensatz zum Originator steht bei der Zweckgesellschaft nicht die Abschottung gegen einen Konkurs im Vordergrund, vielmehr soll bei ihr wegen der direkten Schuldnerposition gegenüber den Investoren ein Konkurs gänzlich ausgeschlossen werden. Durch die Beschränkung, ausschließlich Geschäfte zum Zwecke einer bestimmten Forderungsverbriefung zu tätigen, wird vermieden, daß die Zweckgesellschaft für Verbindlichkeiten in Konkurs geraten kann, die nicht im Zusammenhang mit einer bestimmten Verbriefungstransaktion stehen; der Konkurs der Zweckgesellschaft ist praktisch ausgeschlossen.[3] Um die Ansprüche der Investoren zu sichern, wird zudem von den Ratingagenturen verlangt, daß die Unabhängigkeit der Zweckgesellschaft von einem Konkurs des Originators in einem Rechtsgutachten dokumentiert wird.[4] Des weiteren verlangen sie, daß die Forderungen unmittelbar nach dem Kauf in das Treuhandvermögen des Treuhänders übertragen werden. Diese Sicherungsübertragung ermöglicht es, die Vermögenswerte auch bei einem möglichen Konkurs des Vehikels zu verwerten, ohne daß andere Konkursgläubiger auf die Vermögenswerte zugreifen können. Sollte sich trotz der beschränkten Geschäftsmöglichkeiten dennoch eine Situation der Zahlungsunfähigkeit als Konkursgrund ergeben, sind die Investoren dadurch geschützt, daß die Wertpapiere durch die unterlegten Forderungen gesichert sind und sie sich in der Position eines pfandgesicherten, privilegierten Gläubigers befinden.[5] Durch die Stellung als Treuhandvermögen sind die Ansprüche der Investoren auch bei einem Konkurs des Treuhänders geschützt.[6]
- Wie bereits oben dargestellt, ist es unter pragmatischen und ökonomischen Gesichtspunkten sinnvoll, daß die Kreditadministration beim Originator verbleibt. In seiner Rolle als Serviceagent leitet er die von ihm eingezogenen Zins- und Tilgungszahlungen meist am selben Tag an die Zweckgesellschaft bzw. den Treuhänder weiter; von

---

die Kreditabtretung zur Qualifikation als echten Verkauf bei deutschen Kreditinstitute vgl. Abschnitt C 1.1.3.

1 Vgl. Willburger (1997), S. 66.

2 Vgl. Bär (1997), S. 110.

3 Vgl. Willburger (1997), S. 70.

4 Zu den Anforderungen an die Unabhängigkeit der Zweckgesellschaft vgl. auch Abschnitt C 1.2.

5 Vgl. Oertle (1993), S. 158.

6 Vgl. Adlung (1995), S. 548; Willburger (1997), S. 72.

einem Konkurs betroffen können somit lediglich jene Zahlungen sein, die am Tag der Konkurseröffnung eingehen.[1] Für den Fall eines Konkurses des Serviceagenten muß eine Vorkehrung dafür getroffen werden, daß der Pool der verbrieften Forderungen sowie die im Bestand befindlichen Zahlungen nicht in die Konkursmasse fallen, sondern identifiziert und zugunsten der Zweckgesellschaft ausgesondert werden können.[2] Unmittelbar mit der Konkurseröffnung muß der Backup Servicer die Forderungsverwaltung übernehmen und den Kreditnehmern angezeigt werden, daß sie nicht mehr mit schuldbefreiender Wirkung an den bisherigen Serviceagenten leisten können (§ 407 Abs. 1 BGB).

3.2 Verteilung der Kreditrisiken auf verschiedene Parteien

Aus den zur Unterlegung der Asset Backed Securities dienenden Krediten resultiert für die Investoren sowohl ein Ausfall- als auch ein Liquiditätsrisiko.[3] Das Ausfallrisiko entsteht dadurch, daß die Schuldner der verbrieften Kredite die vereinbarten Zahlungen nicht leisten können oder wollen, was letztlich zu einem Zahlungsausfall bei den Investoren führen kann. Das Liquiditätsrisiko besteht darin, daß die Kreditschuldner ihre Zahlungen zu spät leisten, so daß der Cash-flow des verbrieften Kreditpools nicht für eine termingerechte Erfüllung der Ansprüche der Investoren ausreicht.[4] Entsprechend ihrer Höhe können die Zahlungsausfälle und -verzögerungen in Normalrisiken und Katastrophenrisiken eingeteilt werden. Die Normalrisiken stellen eine Größe dar, die auf der Basis von Vergangenheitswerten vom Kreditgeber ermittelt und von diesem auch erwartet wird; sie spiegeln sich in den kalkulierten Standardrisikokosten wider. Die Katastrophenrisiken hingegen beinhalten die Gefahr, daß die tatsächlichen Zahlungsausfälle und -verzögerungen eines Kreditportfolios die für die Vergangenheit ermittelten Werte um ein Vielfaches übersteigen.[5]

---

1 Vgl. Willburger (1997), S. 66.

2 Vgl. Aber (1988), S. 10; Oertle (1993), S. 158; Willburger (1997), S. 66. Vgl. hierzu auch Abschnitt C 2.1.1.

3 Das aus den Krediten resultierende Marktrisiko kann bei der Asset Securitisation ebenso wie bei einer bilanzwirksamen Finanzierung durch Zins- oder Währungsswaps abgesichert werden. Ihre Behandlung erfordert deshalb keine nähere Betrachtung. Zu Swap-Geschäften vgl. ausführlich Erne (1992), S. 13ff.

4 Ein besonderes Liquiditätsrisiko entsteht bei revolvierenden Strukturen, wenn die zur Bedienung der Investoren nötigen Mittel nicht durch die Ausgabe neuer Wertpapiere generiert werden können. Zu revolvierenden Strukturen vgl. Abschnitt 4.3, zu den damit verbundenen Liquiditätsrisiken vgl. Abschnitt D 5sowie Paul (1994), S. 146; Bär (1997), S. 197.

5 In der englischsprachigen Literatur werden hierfür auch die Begriffe „expected loss“ und „unexpected loss“ verwendet. Vgl. Rosenthal/Ocampo (1988), S. 10; Paul (1994), S. 155.

Um für die emittierten Asset Backed Securities ein hervorragendes Rating zu erreichen, muß die Transaktion so strukturiert sein, daß dem Investor nur noch ein geringes Risiko aus den unterliegenden Krediten entsteht. Ein wesentlicher Aspekt bei der Verbriefung bankeigener Forderungen ist nun, daß die aus dem verbrieften Pool resultierenden Kreditrisiken aufgeteilt und von denjenigen Parteien übernommen werden, die zu ihrer Handhabung am besten in der Lage sind. Hierbei wird der erste Teil des Risikos bis zur Höhe des erwarteten bzw. normalen Risikos in Form einer Primärsicherung regelmäßig vom Originator getragen, da er durch seine bereits vorhandene Kundenbeziehung und die Übernahme des Servicing diese Normalrisiken am effizientesten handhaben und abdecken kann.[1] Darüber hinaus wird durch den Originator oder eine andere Partei eine Sicherungsleistung für den Fall erbracht, daß die tatsächlichen Ausfälle des Kreditportfolios die erwarteten Ausfälle übersteigen.[2] Die Höhe dieser Sicherung richtet sich dabei nach der Qualität der verbrieften Kredite. Üblich ist eine Besicherung in Höhe des Fünf- bis Zehnfachen der erwarteten Ausfallquote, im Extremfall kann die Besicherung aber bis zu 100% des ausstehenden Kreditvolumens betragen.[3] Der weder vom Originator noch von den anderen Sicherungsgebern übernommene Teil des Kreditrisikos verbleibt beim Käufer der Asset Backed Securities. Durch die bis zu diesem Punkt geleisteten Sicherheiten ist für ihn ein Verlust aus einem schlagend werdenden Kreditrisiko jedoch sehr unwahrscheinlich.[4]

3.3 Bonitätsverbesserung durch zusätzliche Sicherungsleistungen

Um der Asset Backed-Transaktion die notwendige Qualität und das gewünschte Rating zu verleihen, sind neben der konkursfesten Konstruktion noch weitere, substantielle Si-

---

1 Vgl. Chadha (1998), S. 303; Masters (1998), S. 12. Ein Grund für die Verpflichtung, dieses Primärrisiko selbst zu übernehmen ist auch, daß so dem Problem des Moral Hazard vorgebeugt werden kann. Da Ausfälle im Pool zunächst zu Lasten des Kreditinstitutes gehen, wird dies bemüht sein, eine Verschlechterung der Kreditbetreuung zu verhindern. Vgl. hierzu auch Henke/Burghof/Rudolph (1998), S, 18.

2 Vgl. Brewer/Iseley (1990), S. 128; Dickler (1991), S. 115; Arbeitskreis „Finanzierung“ (1992), S. 497; Levedag/Drew (1997), S. B 9; Chadha (1998), S. 303. Der vom Originator übernommene Teil der Sicherungsleistung soll im weiteren Verlauf der Arbeit als Primärsicherung bezeichnet werden. Zur Problematik, die sich hieraus für eine bilanzentlastende Abtretung der Kredite bei deutschen Kreditinstituten ergibt, vgl. Abschnitt C 1.1.3.

3 Vgl. Barmat (1990a), S. 11; Berndsen (1991), S. 192; Dupler et al. (1991), S. 324; Monroe (1992), S. 66; Schöck (1992), S. 11; Ohl (1994), S. 86; Paul (1994), S. 155; Bär (1997), S. 205.

4 Vgl. Rosenthal/Ocampo (1988), S. 9f. Zum Verlustrisiko bei Asset Backed Securities vgl. auch Abschnitt B 2.3.

Bundesland	Anzahl der Kreditverträge (abs.)	Anzahl der Kreditverträge (%)
Baden-Württemberg	6.195	14,09
Bayern	5.582	12,70
Rheinland-Pfalz	4.387	9,98
Hessen	4.559	10,38
Nordrhein-Westfalen	5.829	13,26
Hamburg	1.262	2,87
Bremen	978	2,22
Schleswig-Holstein	2.063	4,69
Mecklenburg-Vorpommern	1.278	2,91
Sachsen	1.998	4,55
Saarland	904	2,06
Thüringen	1.223	2,78
Niedersachsen	3.270	7,44
Sachsen-Anhalt	1.967	4,47
Brandenburg	1.459	3,32
Berlin	1.002	2,28
Summe	43.956	100,00

Tabelle 11: Beispiel für die geographische Verteilung selektierter Kredite

Zur Gewinnung dieser Daten ist eine leistungsfähige EDV-Ausstattung beim Originator nötig, weshalb die Verbriefung bankeigener Forderungen auch als „product of technology“[1] bezeichnet werden kann. Wie die Praxis gezeigt hat, können sich hier im Gegensatz zur Kennzeichnung und Separierung deutlich größere Probleme für die EDV von Kreditinstituten ergeben.[2] Die vorhandenen EDV-Systeme sind primär auf die Verwaltung bestehender Kredite ausgerichtet, weniger auf die Sammlung und Aufbereitung historischer Daten. Deshalb wird die Durchführung einer Asset Backed-Transaktion in vielen Kreditinstituten auch zu einer notwendigen Anpassung der EDV-Ausstattung und EDV-Struktur führen.[3] Zwar entschärft sich diese Problematik durch das rasante Tempo bei der Entwicklung neuer elektronischer Informationssysteme,[4] gleichzeitig

1 Dugan (1990), S. 100.

2 In den USA ist das EDV-System einer als Originator auftretenden Bank deshalb schon Gegenstand der Prüfung durch die Bankenaufsicht. Vgl. de Senerpont Domis (1997), S. 2. Vgl. auch Wulfken (1993), S. 369; Kroll (1993b), S. 91.

3 Vgl. o. V. (1989), S. 14; Hölzle/Kuhn (1997), S. 21; Humpert (1998), S. B 6.

4 Vgl. Beshouri/Nigro (1995), S. 14.

steigen damit jedoch die Kosten für eine solche Ausstattung in eine Höhe, die vor allem für kleinere Institute ein Finanzierungsproblem darstellen kann. Positiv vermerkt werden muß allerdings, daß der mit einer Verbriefung bankeigener Forderungen verbundene Anpassungsaufwand auch dem internen Informationssystem und somit insgesamt der Unternehmungsführung des Kreditinstitutes zugute kommt.

Die Rolle eines Serviceagenten erfordert ebenfalls eine spezifische Verarbeitung der Kreditdaten durch den Originator. Die daraus resultierenden Anforderungen lassen sich nach dem zeitlichen Aspekt in anfängliche, tägliche und monatliche Anforderungen einteilen. Für die separate Verwaltung des verbrieften Forderungspools müssen sämtliche Vorgänge im Zusammenhang mit diesem Pool von Anfang an isoliert abgewickelt und dokumentiert werden können. Zur Vermeidung von Zahlungsverzögerungen aufgrund einer unklaren Zuordnung der Gelder (commingling risk) müssen eingehende Zins- und Tilgungszahlungen bis zu ihrer Weiterleitung getrennt und auf separaten Konten verbucht werden.[1] Zu jedem Zeitpunkt der Transaktion muß gewährleistet sein, daß sich die Geldströme des verbrieften Forderungspools nicht mit den bankeigenen Geldströmen vermischen. Die wichtigsten Daten des verbrieften Pools von Kreditforderungen (ordnungsgemäße Zins- und Tilgungszahlungen, Verzögerungen, Ausfälle, vorzeitige Rückzahlungen) sollten einmal monatlich ausgewertet werden können, um mit entsprechenden Berichten an die einzelnen Interessengruppen (Sicherungsgeber, Ratingagenturen, Treuhänder, Investoren) deren Interessenbedürfnissen Rechnung zu tragen.[2] Die Verbuchung der Zahlungsströme muß taggleich erfolgen, damit im Falle der Insolvenz des Kreditinstitutes gewährleistet ist, daß Gelder des verbrieften Pools nicht in seinem Zahlungsverkehr stecken und der Konkursmasse zugeschlagen werden. Da die Software von Banken speziell auf die Verbuchung von Zahlungsströmen ausgelegt ist, dürfte die technische Realisierung der Kreditverwaltung und Verbuchung eingehender und ausgehender Zahlungen jedoch mit relativ wenig Problemen verbunden sein. Schwieriger gestaltet sich vermutlich die organisatorische Trennung der Rechnungskreise, welche eine Art Zweikreissystem erforderlich macht. Gute Voraussetzungen hierfür sollten bei jenen Kreditinstituten anzutreffen sein, bei denen die Verbuchung und Verwaltung von Krediten im Auftrag Dritter (z. B. Treuhandkredite, Förderkredite bestimmter Institutionen und Programme) bereits eine größere Bedeutung hat.[3]

Daneben sollte das EDV-System des Kreditinstitutes auch bestimmte Anforderungen bezüglich seiner technischen Ausgestaltung erfüllen. Als erstes wäre hier der Schutz der

---

1 Vgl. hierzu auch Mortag (1997), S. 13; Bär (1997), S. 177.

2 Vgl. Lewtan/Fink/Johnson (1990), S. 121; Comptroller of the Currency (1997a), S. 33f.

3 Einige Kreditinstitute bieten hierfür eine spezielle Software zur Betreuung an, so z. B. die HypoVereinsbank mit ihrem SESAM-Programm. Vgl. Mortag (1997), S. 14.

Daten und Abläufe vor einem möglichen Absturz des Computersystems zu nennen. Dies kann z. B. durch den Aufbau eines Spiegelsystems erfolgen, auf dem sämtliche Vorfälle parallel abgebildet werden und auf das im Notfall zurückgegriffen werden kann.[1] Um eine eventuell notwendige Übernahme des Servicing durch den Backup Servicer reibungslos zu gestalten,[2] ist es von Vorteil, wenn das Kreditinstitut mit einer in der Kreditwirtschaft eingeführten Software arbeitet.[3] Schließlich sollte die verwendete Software auch eine ausreichende Gestaltungsflexibilität aufweisen, um sie an veränderte Strukturen oder an zu Beginn der Transaktion unvorhersehbare Ereignisse anpassen zu können.

2.2.3 Projektorganisation und Mitarbeiter

Vor der Durchführung einer Forderungsverbriefung muß das Kreditinstitut einen Projektplan erstellen, in dem die Leitlinien der Transaktion vorgegeben sind. Darin muß festgelegt werden, wie die bestehenden Prozesse anzupassen sind, wie der Erfolg der Transaktion gemessen werden kann, und welche internen und externen Parteien bei der Transaktion mitwirken.[4] Aus den verschiedenen an einer Verbriefung beteiligten Bereichen müssen Projektmitarbeiter bereitgestellt werden, die unter der Leitung eines verantwortlichen „Securitisation Managers“ die Transaktion vorbereiten und durchführen. Angesprochen sind hier regelmäßig die Bereiche Vorstand, Controlling, Treasury, Rechnungswesen, EDV, Marktbereich und Rechtsabteilung.[5] Eine solche bereichsübergreifende Zusammensetzung der Projektgruppe begünstigt die Informationsgewinnung und ermöglicht es, die verschiedenen Einschätzungen der Chancen und Risiken einer Asset Backed-Transaktion für das Kreditinstitut möglichst vollständig zu erfassen.[6] Wenn die Mitglieder der Projektgruppe noch nicht über das notwendige Know-how verfügen, muß zunächst eine Schulung erfolgen. Regelmäßig wird diese Projektgruppe auch durch externe Berater oder neu eingestellte Fachkräfte ergänzt.[7] Gemeinsam ermitteln sie die technischen und organisatorischen Möglichkeiten sowie den notwendi-

---

1 Vgl. hierzu auch Comptroller of the Currency (1997a), S. 47.

2 Zur Funktion eines Backup Servicers vgl. Abschnitt B 2.5.

3 Für die Asset Securitisation von Nichtbanken findet z. B. das Modul R/3 der Firma SAP Anwendung, das auch im Bankbereich zunehmende Verbreitung findet. Vgl. Wittek (1997).

4 Vgl. Comptroller of the Currency (1997a), S. 31f.

5 Vgl. Paul (1994), S. 280f.; Uphues/Verleger (1997), o. S.; Comptroller of the Currency (1997a), S. 32.

6 Vgl. Paul (1994), S. 282.

7 Unabhängig vom vorhandenen Know-how werden auch Ratingagenturen und spezialisierte Rechtsanwälte oder Wirtschaftsprüfer hinzugezogen.

gen Anpassungsbedarf für die Durchführung der Asset Backed-Transaktion. Die Rechtsabteilung prüft die rechtlichen Aspekte der Forderungsverbriefung und der Marktbereich schätzt die Einsatzmöglichkeiten der gewonnenen Liquidität ab. Dem Vorstand obliegt schließlich die Entscheidung über die Durchführung der Transaktion.

Der Securitisation Manager sollte über ausreichend Autorität verfügen, um die erforderlichen Maßnahmen zu kommunizieren und zu implementieren. Als Projektverantwortlicher überwacht er die Asset Backed-Transaktion über die gesamte Laufzeit und berichtet regelmäßig an den Vorstand.[1] Bei Bedarf wird er bei der Wahrnehmung seiner Aufgaben vom Arrangeur unterstützt.

3 Abgleich der Anforderungen mit der Situation in deutschen Kreditinstituten

3.1 Analyse der zur Verfügung stehenden Kreditarten und Kreditportfolios deutscher Universalkreditinstitute

Um zu ermitteln, in welchem Maße sich die in den Kreditportfolios der deutschen Universalkreditinstitute vorhandenen Kreditarten für die Verbriefung eignen und wie die geeigneten Kreditarten sich auf die betrachteten Institutsgruppen verteilen, soll nachfolgend eine Analyse anhand der in Abschnitt C 2.1 erarbeiteten Kriterien erfolgen. Die vorzunehmende Differenzierung der Kreditarten im ersten Schritt der Analyse muß sich daran orientieren, in welchem Umfang die erforderlichen Daten für die anschließende Betrachtung von Volumen und Struktur dieser Kreditarten in den einzelnen Institutsgruppen verfügbar sind. Deshalb wird für diese Arbeit auf die maximale Differenzierung zurückgegriffen, die auf der Basis öffentlich zugänglicher Daten der Deutschen Bundesbank möglich ist.[2]

Die Untersuchung der Kreditarten und -portfolios erfolgt demgemäß in den Abschnitten

- Kredite an Kreditinstitute,
- Kredite an wirtschaftlich unselbständige und sonst. Privatpersonen sowie
- Kredite an Unternehmen und wirtschaftlich selbständige Privatpersonen.[3]

---

1 Comptroller of the Currency (1997b), S. 3; Comptroller of the Currency (1997a), S. 32.

2 Öffentlich zugänglich soll hier nicht bedeuten, daß die Daten veröffentlicht werden, sondern daß sie dem Autor auf Anfrage ohne einen Sperrvermerk zur Verfügung gestellt wurden.

3 Kredite an Organisationen ohne Erwerbszweck werden nachfolgend nicht untersucht, da sie mit einem Anteil von lediglich 0,46% (Ende 1997) am gesamten Kreditvolumen der betrachteten Institutsgruppen vergleichsweise unbedeutend sind. Vgl. Deutsche Bundesbank (1998a), verschiedene Seiten; eigene Berechnungen.

Innerhalb der einzelnen Abschnitte sollen weitere Unterteilungen vorgenommen werden, wenn dies auf der Basis der Daten der Deutschen Bundesbank möglich ist und den Erkenntniswert der Untersuchung erhöhen kann.

3.1.1 Eignung der Kreditarten

3.1.1.1 Kredite an Kreditinstitute

Kredite an Kreditinstitute[1] hatten Ende 1997 einen Anteil von rund 16% des gesamten Kreditvolumens der betrachteten Bankengruppen.[2] Sie resultieren primär aus der monetären Verflechtung zwischen einzelnen Banken und stellen bei Universalkreditinstituten im wesentlichen Geldmarktgeschäfte dar. Eine mögliche Ursache für eine Forderung gegenüber einem anderen Kreditinstitut ist ein debitorischer Saldo eines Konto bei einer Korrespondenzbank, über welches der Zahlungsverkehr abgewickelt wird. Neben einem solchen „technisch“ bedingten Kredit kann die Interbankbeziehung aber auch einen echten Kreditcharakter haben, wenn kurzfristige bzw. festterminierte liquide Mittel bei anderen Banken in Form von Tages- oder Termingeldern angelegt werden.[3]

Kredite an Kreditinstitute, die infolge des Zahlungsverkehrs zustande kommen (Zahlungsverkehrsalden), eignen sich nicht für die Verbriefung. Zwar könnten solche Forderungen rechtlich und organisatorisch separiert werden, die täglich schwankenden und unverzinsten Salden, die von einer Forderung in eine Verbindlichkeit umschlagen können, machen die Ableitung und Prognose eines Zahlungsstroms jedoch unmöglich. Die Prüfung weiterer Kriterien ist somit nicht erforderlich.

Tagesgelder werden mit einer eintägigen Laufzeit über Nacht gewährt und sind am nächsten Geschäftstag zurückzuzahlen. De facto werden sie jedoch bis auf weiteres gewährt und täglich um einen weiteren Tag prolongiert.[4] Zwar entstehen bei den Tagesgeldern regelmäßige Kapitalflüsse aus den Zinserträgen, eine Prognose des Zahlungsstroms ist wegen unvorhersehbarer Schwankungen im Liquiditätsbedarf der Banken jedoch kaum möglich. Somit sind auch Tagesgelder für die Verbriefung ungeeignet.

Termingelder zwischen Kreditinstituten haben eine Standardlaufzeit von ein bis zwölf Monate, ihre Verzinsung richtet sich ab dem 4.1.1999 nach dem EURIBOR für die entsprechenden Laufzeiten. Im Zeitraum von Januar 1997 bis Dezember 1997 be-

---

1 Ohne Wechseldiskontkredite, Treuhandkredite, börsenfähige Geldmarktpapiere und Wertpapiere von Kreditinstituten. Sie sind auch nicht Gegenstand der weiteren Ausführungen.

2 Die genauen Anteile betrugen: Großbanken 24,16%, Regionalbanken und sonst. Kreditbanken 21,90%, Sparkassen 8,61%, Kreditgenossenschaften 13,13%. Vgl. Deutsche Bundesbank (1998a), verschiedene Seiten; eigene Berechnungen.

3 Vgl. Büschgen (1998), S. 342f.

4 Vgl. Mainert (1993), S. 1194; Ashauer (1993), S. 507.

wegten sich diese Zinssätze für den damals noch angewandten FIBOR zwischen 3,11% für Monatsgelder und 4,11% für Zwölfmonatsgelder.[1] Im Gegensatz zu den Tagesgeldern erfüllen die Termingelder die Anforderung eines prognostizierbaren Zahlungsstroms durch die in Höhe und Fälligkeit feststehenden Zins- und Tilgungszahlungen, die rechtliche und organisatorische Trennung der Termingelder ist theoretisch ebenfalls möglich. Generell sind sie deshalb für die Verbriefung geeignet. Auch die begünstigenden Merkmale Homogenität (einheitliche und standardisierte Vertragsabwicklung, relativ homogene Schuldner), Kenntnis von historischen Zeitreihen sowie niedrige Quote von Ausfällen und Verzögerungen ist bei dieser Forderungsart wegen der besonderen Anforderungen an die Teilnehmer des Interbankenmarktes erfüllt.[2] Aufgrund der Bonität der Marktteilnehmer dürfte das Fehlen der gewünschten geographischen Streuung ohne Bedeutung sein. Diese Bonität ist jedoch gleichzeitig Ursache der sehr niedrigen Zinsen für solche Forderungen, so daß die Verbriefung von Terminforderungen gegenüber anderen Kreditinstituten wohl nur über einen Kaufpreisabschlag finanziert werden kann. Grundsätzlich sind sie somit zwar für eine Verbriefung geeignet; vor dem Hintergrund des „Anlagecharakters" dieser Forderungen gegenüber Kreditinstitute scheint ihre Verbriefung jedoch kaum erstrebenswert.[3] Sie sollen deshalb bei den in Abschnitt C 3.1.2 folgenden Volumensbetrachtungen nicht mehr berücksichtigt werden.

Somit sind die klassischen Arten von Forderungen gegenüber Kreditinstituten für die Verbriefung ungeeignet. Nachfolgende Tabelle stellt dieses Ergebnis nochmals im Überblick dar:

---

1 Vgl. Deutsche Bundesbank (1998c), S. 44*.

2 Zu den Anforderungen an die Marktteilnehmer vgl. z. B. Peters (1993), S. 739f.

3 Eine andere Sichtweise kann sich hier für Institute wie z. B. Landesbanken ergeben, die ein aktives Kreditgeschäft mit Kreditinstitute betreiben.

Anforderung	ZV-Salden	Tagesgelder	Termingelder
Ableitbarkeit eines Zahlungsstroms	bedingt erfüllt	erfüllt	erfüllt
Prognostizierbarkeit eines Zahlungsstroms	nicht erfüllt	nicht erfüllt	erfüllt
Separation möglich (rechtlich/organisatorisch)	erfüllt	erfüllt	erfüllt
Homogen, standardisiert und zahlreich	-	-	erfüllt
Historische Datenreihen	-	-	erfüllt
Niedrige Quote von Ausfällen/Verzögerungen	-	-	erfüllt
Regionale und demographische Streuung	-	-	ohne Bedeutung
Besicherung	-	-	ohne Bedeutung
Ausreichender Zinsertrag	-	-	Kaufpreisabschlag
Eignung für Verbriefung	ungeeignet	ungeeignet	geeignet

Tabelle 12: Eignung von Krediten an Kreditinstitute für die Verbriefung

3.1.1.2 Kredite an wirtschaftlich unselbständige und sonstige Privatpersonen

Der Anteil der Kredite an wirtschaftlich unselbständige und sonstige Privatpersonen am gesamten Kreditvolumen hat in den letzten 20 Jahren deutlich zugenommen[1] und lag Ende 1997 bei den betrachteten Institutsgruppen bei 24,44%.[2] In der offiziellen Statistik der Deutschen Bundesbank werden diese Kredite in die Segmente Wohnungsbaukredite, Ratenkredite, Debetsalden auf Lohn-, Gehalts-, Renten- und Pensionskonten (im folgenden Debetsalden auf Girokonten) und sonstige Kredite unterteilt. Die Rubrik Wohnungsbaukredite kann durch die Bundesbank zusätzlich in die Segmente Wohnungsbaukredite mit und ohne grundpfandrechtliche Sicherung aufgespalten werden.

3.1.1.2.1 Wohnungsbaukredite

Wohnungsbaukredite sind Kredite mit einer langfristigen, das heißt vier Jahre oder längeren Laufzeit. In Abhängigkeit von ihrer Besicherung können sie in Hypothekarkredite auf Wohngrundstücke (Realkredite) und sonstige Kredite für den Wohnungsbau (Personenkredite) unterschieden werden.[3] Bei Hypothekendarlehen auf Wohngrundstücke wurden zugunsten des Kreditinstitutes Grundpfandrechte an Immobilien bestellt, die 60% des Beleihungswertes der Immobilie nicht übersteigen (§§ 11 und 12 Abs. 1

---

1 Vgl. Deutsche Bundesbank (1996a), S. 49ff.

2 Nur inländische Kreditnehmer. Die genauen Anteile betrugen: Großbanken 15,61%, Regionalbanken und sonst. Kreditbanken 19,07%, Sparkassen 28,73%, Kreditgenossenschaften 30,96%. Vgl. Deutsche Bundesbank (1998a), verschiedene Seiten; eigene Berechnungen.

3 Vgl. Eichwald (1993), S. 445.

und 2 HypBankG).[1] Sie dienen der Finanzierung von Grund- und Wohneigentumserwerb oder einem Bauvorhaben, die Rückzahlung erfolgt in der Regel in Form gleichbleibender Jahresraten (Annuitäten).[2] Die Annuitäten liefern einen regelmäßigen Zahlungsstrom aus Zins und Tilgung, der auf Basis der Kreditakten früherer Darlehen und durch die vertragliche Fixierung von Höhe und Zeitpunkt der Zahlungen hinreichend prognostizierbar ist. Die Hypothekendarlehen sind anhand des jeweiligen Kreditvertrags einzeln nachweisbar und können rechtlich vom Portfolio des Kreditinstitutes separiert werden. Schwierig gestaltet sich die Separation des Kredites lediglich dann, wenn ein Hypothekarkredit bis 60% des Beleihungswertes und ein Personalkredit bis 80% des Beleihungswertes in einem Kreditvertrag mit gleichen Konditionen gewährt wurden. Während die buchhalterische Trennung der beiden Risikoaktiva-Elemente heutzutage kein Problem mehr darstellt, ist die rechtliche Absonderung des 60%-Teils des Kreditvertrags komplexer. In der Praxis wird in solchen Fällen auf eine Teilabtretung zurückgegriffen. Im Hinblick auf eine spätere Verbriefung sind bei neuen Kreditvereinbarungen getrennte Verträge für Hypothekar- und Personalkredit zu empfehlen; dies läßt sich z. B. im Rahmen einer Konditionenstaffelung für den Gesamtkredit leicht realisieren. Die Möglichkeit der organisatorischen Trennung hängt von der individuellen Situation eines jeden Kreditinstitutes ab, sollte aber eine für alle Institute technisch lösbare Aufgabe sein. Somit erfüllen Hypothekarkredite auf Wohngrundstücke an Privatpersonen die generellen Anforderungen an die Verbriefbarkeit, ihre praktische Eignung hängt nunmehr von der Erfüllung der begünstigenden Merkmale ab. Das Gros der Kredite wird auf der Basis einheitlicher Verträge und standardisierter Kreditprüfungs- und -vergabeverfahren gewährt,[3] eine Differenzierung erfolgt lediglich bei der Laufzeit und dem Zinssatz. Dies erleichtert die Prognose des Zahlungsstroms mit statistisch-mathematischen Verfahren. Die langen Laufzeiten der Hypothekendarlehen und die Höhe des Engagements gegenüber einem einzelnen Kunden bedingen regelmäßig, daß bei ihnen vergleichsweise viele Daten zur Erstellung von Zeitreihen über Zahlungsausfälle und -verzögerungen vorliegen. Daß die Quote der Zahlungsausfälle beim Realkredit an Privatpersonen sehr niedrig ist, wird durch eine Untersuchung des Verbandes

1 Wegen der Akzessorietät der Hypothek wird als Grundpfandrecht regelmäßig eine Grundschuld herangezogen. Dennoch ist in der Praxis statt Realdarlehen die Bezeichnung Hypothekendarlehen üblich.

2 Vgl. Büschgen (1998), S. 330.

3 Vgl. Bär (1997), S. 191. Die Einheitlichkeit bezieht sich hier auf ein einzelnes Kreditinstitut. Zwischen den einzelnen Instituten können sich wegen der vorhandenen Vertragsfreiheit deutliche Unterschiede ergeben. Im Gegensatz zu Deutschland ist der Vorgang der Darlehensgewährung in den USA, wo über 50% der Hypothekendarlehen verbrieft werden, zwar komplizierter, zwischen den einzelnen Instituten jedoch standardisierter, um so ihre Eignung für die Verbriefung zu erhöhen. Vgl. hierzu Lee (1991), S. 149f.

deutscher Hypothekenbanken bestätigt. So lag die Abschreibungsquote[1] von Realkrediten für Wohnungsbauzwecke an Privatpersonen im Zeitraum von 1977 bis 1991 lediglich bei 0,046%, das heißt von 1000 DM Kreditsumme sind letztlich nur 46 Pfennig ausgefallen.[2] Die Deutsche Bank beziffert die Ausfälle bei der privaten Eigenheimfinanzierung auf weit unter 0,1%.[3] Konservative Vertragsbedingungen verringern zusätzlich das Auftreten von Kreditausfällen.[4] Die hohe Sicherheit dieser Kreditart spiegelt sich auch im Grundsatz I des BAKred wieder, der für Darlehen an Privatpersonen, die durch Grundpfandrechte auf Wohneigentum mit einem Beleihungsauslauf von maximal 60% gesichert sind, eine Reduktion der Anrechnung auf die Risikoaktiva um 50% zuläßt.[5] Die in Deutschland übliche Vorfälligkeitsentschädigung,[6] die bei einer vorzeitigen Tilgung eines Teils oder des gesamten Darlehens fällig wird, trägt zusätzlich zur Stabilität des Zahlungsstroms bei.[7] Inwiefern die regionale und demographische Streuung der Schuldner der Realkredite gegeben ist, hängt vom Geschäftsgebiet und der individuellen Portfoliostruktur eines Kreditinstitutes ab. Hinsichtlich der demographischen Streuung kann unterstellt werden, daß diese ähnlich breit ist wie die Wohnungs- und Hauseigentümerstruktur im Geschäftsgebiet des betrachteten Kreditinstitutes. Durch die grundpfandrechtliche Absicherung auf Grundstücke und Gebäude bringt diese Kreditart eine marktgängige Sicherheit höchster Güte in den Forderungspool ein,[8] wobei sich allerdings der Übertrag der Grundschulden problematisch gestalten könnte. Bei einer Briefgrundschuld erfolgt der Übertrag durch einfache Abtretung und Übergabe des Grundschuldbriefes ohne daß Eintragungskosten entstehen oder die Abtretung

---

1 Die Abschreibungsquote ist das Verhältnis zwischen dem gesamten Kreditvolumen und dem Ausfall, der nach Verwertung des Grundpfandrechts entsteht.

2 Hierbei muß jedoch berücksichtigt werden, daß in diesem Zeitrum keine ernsthaften Konjunkturrückschläge zu verzeichnen waren. Vgl. Weber (1992), S. 543; Dübel/Pfeiffer (1996), S. 112.

3 Vgl. o. V. (1998a), S. 28.

4 Vgl. Dübel/Pfeiffer (1996), S. 132.

5 Vgl. § 13 Abs. 4 Nr. 1 des Grundsatzes I i. d. F. vom 1.10.1998.

6 Diese ergibt sich indirekt aus § 609a BGB, der bei Festzinsdarlehen bis maximal zehn Jahre an natürliche Personen ein Kündigungsrecht ausschließt, soweit das Darlehen grundpfandrechtlich gesichert ist. Bei Änderung oder vorzeitiger Auflösung des Darlehensvertrages müssen Schuldner und Gläubiger deshalb eine entsprechende Vereinbarung treffen. Vgl. hierzu Fleischer (1994), S. 25. Bei längeren Laufzeiten mit Festzinsvereinbarung wird der Zinssatz spätestens nach zehn Jahren neu verhandelt, hier ist dann auch eine „straffreie“ Rückzahlung des Darlehens möglich. Über die Quote vorzeitiger Rückzahlungen bei solchen Zinsverhandlungen sind jedoch keine Daten verfügbar. Vgl. Deutsche Morgan Grenfell (1998), S. 19.

7 Vgl. Deutsche Morgan Grenfell (1998), S. 19.

8 Vgl. Güde (1995), S. 295.

im Grundbuch sichtbar ist.[1] Bei der Buchgrundschuld hingegen ist für die Abtretung die Eintragung in das Grundbuch erforderlich. Um die Kosten der Abtretung der Kredite gering zu halten sollte deshalb vereinbart werden, daß die Buchgrundschuld erst dann übertragen wird, wenn die Bonität des Originators sich um ein bestimmtes Maß verschlechtert. Auf jeden Fall ist die Qualität des Sicherungsgutes Grundpfandrecht so hoch einzuschätzen, daß die mit einer Buchgrundschuld verbundenen Probleme von geringerer Bedeutung sind.

Die Zinsen, die 1997 für neu abgeschlossene Realkredite auf Wohngrundstücke erzielt wurden, lagen im Durchschnitt aller deutschen Kreditinstitute bei einer fünfjährigen Zinsfestschreibung zwischen 5,43% und 6,59%, bei einer zehnjährigen Zinsfestschreibung wurden zwischen 6,42% und 7,13% erzielt.[2] Als Referenzzinssatz für aus solchen Krediten resultierende Mortgage Backed Securities kann der Zinssatz für Hypothekenpfandbriefe herangezogen werden, die den europäischen Markt für mit Grundschulden gedeckte Wertpapiere dominieren.[3] Die Emissionsrendite von Hypothekenpfandbriefen mit einer Laufzeit von vier Jahren lag Ende 1997 bei 4,85%.[4] Auf LIBOR-Basis wurden 1997 für Hypothekenpfandbriefe LIBOR minus 2-4 Basispunkte gezahlt.[5] Bei dieser Referenz muß jedoch berücksichtigt werden, daß die gesteigerten Volumina bei der Emission von Hypothekenpfandbriefen, die Auflegung der „Jumbos" und internationale Marketingaktivitäten der deutschen Hypothekenbanken die Akzeptanz des Pfandbriefs bei ausländischen Investoren in den letzten Jahren stark verbessert und die Liquidität des Pfandbriefmarktes deutlich erhöht haben.[6] Dies führte zu geringeren Renditeforderungen der Pfandbriefinvestoren. Da diese Bedingungen für deutsche Mortgage Backed Securities noch nicht gegeben sind, müssen die Emittenten den Investoren einen Renditeaufschlag zahlen, um sie als Anleger in diesem Wertpapiersegment zu gewinnen.[7] So wird z. B. die erste, mit AAA geratete Tranche der Mortgage Backed

---

1 Vgl. Murfeld (1997), S. 118.

2 Vgl. Deutsche Bundesbank (1998b), S. 45*. Die Zinsen für Realdarlehen bewegten sich 1997 auf dem niedrigsten Niveau seit 1990.

3 Zur Abgrenzung der Asset Backed Securities von Hypothekenpfandbriefen vgl. Abschnitt B 4.2.

4 Quelle: Frankfurter Allgemeine Zeitung, F.A.Z.-Renten-Rendite (erscheint werktäglich). Die hier als Referenz gewählte Laufzeit von vier Jahren entspricht fast der durchschnittlichen Laufzeit, welche die MBS-Emission der HAUS 1998-1 Ltd. im April 1998 hatte (4,1 Jahre). Vgl. o. V. (1998a), S. 28; o. V. (1998c), S. 4. Vgl. auch die Ausführungen im Anhang.

5 Vgl. Deutsche Morgan Grenfell (1998), S. 11.

6 So betrug das Emissionsvolumen der deutschen Hypothekenbanken in Hypothekenpfandbriefen 1997 über 70 Mrd. DM. Quelle: Verband Deutscher Hypothekenbanken. Vgl. hierzu auch Munsberg (1996), S. 33ff.

7 Hinzu kommt, daß der Pfandbrief in Deutschland bei Anlegern, die den Regelungen des Grundsatz I unterliegen, einen besonderen Status einnimmt, da er nur mit 10% auf die risikotragende

Securities der HAUS 1998-1 Ltd. mit LIBOR plus 17 Basispunkte verzinst.[1] Bei durchschnittlichen Transaktionskosten von 20-50 Basispunkten p. a. wird deutlich,[2] daß der Zinsertrag nur knapp zum Ausgleich der Kosten der Verbriefung ausreicht und die Marge unter Umständen durch einen Kaufpreisabschlag aufgebessert werden muß.

Die sonstigen Kredite für den Wohnungsbau (Personenkredite) sind in der Regel ebenfalls grundpfandrechtlich gesichert, ihr Beleihungsauslauf übersteigt aber 60%. Vielfach setzt sich ein Wohnungsbaukredit aus einem Realkredit bis 60% und einem Personenkredit bis 80% oder 90% des Beleihungswertes zusammen. Der formell bedeutendste Unterschied zwischen einem Realkredit und einem Personenkredit zur Wohnungsbaufinanzierung liegt darin, daß Personenkredite der vollen Anrechnung auf die risikotragende Aktiva eines Kreditinstitutes nach Grundsatz I unterliegen. Ebenso wie bei den Realkrediten liefern die Annuitäten einen regelmäßigen Kapitalfluß aus Zins und Tilgung, der auf Basis der vertraglich fixierten Zahlungsmodalitäten, der Auswertung vergangener Zins- und Tilgungszahlungen und durch die Regelung einer Vorfälligkeitsentschädigung hinreichend prognostiziert werden kann.[3] Bei der rechtlichen und organisatorischen Abtrennung dieser Kreditart gilt ebenfalls das zum Realkredit Gesagte, der Gesamtkredit sollte zur besseren rechtlichen Abtrennung der zu verbriefenden Kredite aus mindestens zwei Teilverträgen bestehen. Die Kreditverträge weisen durch die standardisierte Prüfung und Abwicklung ein hohes Maß an Homogenität auf. Ob zur Erstellung von Zeitreihen über Zahlungsausfälle und -verzögerungen ausreichend historische Daten vorliegen, hängt auch davon ab, wie lange ein Kreditinstitut die Vergabe von Personenkrediten zur Wohnungsbaufinanzierung schon betreibt. Die betrachteten Institutsgruppen sind jedoch alle seit mehr als 25 Jahren in diesem Kreditsegment tätig,[4] mithin gelten auch hier die Ausführungen, die zum Realkredit getroffen wurden. Zwei Gründe, die sich gegenseitig negativ beeinflussen, sprechen theoretisch dafür, daß die Quote der Zahlungsausfälle und -verzögerungen beim Personenkredit höher liegt als beim Realkredit. Erstens deutet die Inanspruchnahme eines Kredites bis oder über 80% des Beleihungswertes auf eine relativ schwache Vermö-

---

Aktiva anzurechnen ist. Hingegen werden Asset Backed Securities (unabhängig von den unterliegenden Vermögenswerten) zu 100% auf die Risikoaktiva angerechnet. Es ist jedoch zu erwarten, daß die geforderte Eigenkapitalunterlegung besonders gut gerateter Asset Backed Securities schon in wenigen Jahren deutlich reduziert wird und der Anrechnungsgrad für Mortgage Backed Securities ab Juli 2000 auf 50% sinkt. Vgl. Deutsche Morgan Grenfell (1998), S. 11; Dresdner Kleinwort Benson (1999), S. 30.

1 Vgl. z. B. Deutsche Bank AG (1998), S. 1; Duff & Phelps Credit Rating (1998b), S. 1.

2 Vgl. Paul/Fehr (1996b), S. 405; Deutsche Morgan Grenfell (1998), S. 20. Die exakten Kosten hängen von der Transaktionsstruktur und vom Emissionsvolumen ab.

3 Vgl. hierzu auch Deutsche Morgan Grenfell (1998), S. 19.

4 Vgl. Güde (1995), S. 289.

genssituation des Kreditnehmers hin. Ursache hierfür kann ein geringes Einkommen oder der hohe finanzielle Bedarf des Kreditnehmers für andere Zwecke sein. Zweitens birgt die aus einer höheren Beleihung resultierende Belastung die Gefahr, daß der Kreditnehmer in finanziellen Engpassituationen wie Arbeitslosigkeit und Krankheit eher nicht mehr zur vertragsgerechten Erfüllung seiner Verpflichtungen in der Lage ist. Somit sollte die Wahrscheinlichkeit von Zahlungsverzögerungen und -ausfällen bei nachrangigen Grundpfandrechten höher sein als bei erstrangigen.[1] Die regionale Streuung ist ebenso wie bei den Realkrediten vom Geschäftsgebiet des Kreditinstitutes abhängig. Die demographische Streuung ist jedoch tendenziell schlechter, da die Notwendigkeit der Kreditnehmer, eine Finanzierung über 60% des Beleihungswertes in Anspruch zu nehmen, ein Hinweis für eine schlechtere Einkommens- und Vermögenssituation sein kann. Somit kommt es in dieser Kreditart zu einer Konzentration des bonitätsmäßig schlechteren Teils der Grundgesamtheit Wohnungsbaukreditnehmer. Da die nachrangige Realsicherheit mit einem Beleihungsauslauf über 60% auf dasselbe marktgängige Sicherungsgut (Grundstücke und Gebäude) wie die erstrangige Grundschuld bis 60% des Beleihungswertes zurückgreift, ist sie im Hinblick auf die Verwertbarkeit positiv zu beurteilen. Allerdings steigt das Risiko, daß bei einer allfälligen Verwertung der Sicherheit der Verwertungserlös nicht zur Befriedigung der Ansprüche des Gläubigers ausreicht, trotz konservativer Auslegung der Wertermittlungsverfahren[2] mit zunehmendem Beleihungsauslauf.[3] Deshalb ist bei Personenkrediten für Wohnungsbauzwecke mit grundpfandrechtlicher Sicherung mit einem größeren Sicherungsbedarf bei der Verbriefung zu kalkulieren. Für die Übertragung des Grundpfandrechts gilt das beim Hypothekendarlehen Gesagte. Die Festlegung der Zinsen für solche Personenkredite wird von Institut zu Institut unterschiedlich gehandhabt,[4] insgesamt läßt sich aber ein tendenziell höherer Zins als beim Realkredit ausmachen, so daß sich ein ausrei-

---

1 Bei der Prüfung des Kreditpools der HAUS 1998-1 Ltd. Transaktion konnte für das Kreditportfolio der Deutsche Bank AG jedoch keine Korrelation zwischen der Ausfallrate und dem Beleihungsauslauf eines Wohnungsbaukredites festgestellt werden. Vgl. Deutsche Bank AG (1998), S. 59. Dennoch legten die Ratingagenturen eine solche Korrelation bei ihrem Urteil zu Grunde. Vgl. Fitch/IBCA (1998c), S. 2.

2 In der Regel wird bei privat genutzten Wohnungen auf den Substanz- oder Sachwert zurückgegriffen.

3 Die Immobilienkrise der 80er Jahre machte deutlich, daß auch Einfamilienhäuser und Eigentumswohnungen einem hohen Wertverlust unterliegen können. Vgl. hierzu Güde (1995), S. 134; Dübel/Pfeiffer (1996), S. 113f.

4 Während einige Institute denselben Zinssatz wie bei Realkrediten berechnen, verlangen andere Institute einen um bis zu 0,7% höheren Zinssatz. Eine dritte Gruppe wiederum berechnet einen Aufschlag auf den gesamten Wohnungsbaukredit, der sich zwischen 0,2% und 0,3% bewegt. Quelle: FMH-Finanzberatung (1998).

chender Zinsertrag zur Deckung der Kosten der Verbriefung ergibt.[1] Nach der Überprüfung der Kreditart Wohnungsbaukredite an Privatpersonen mit grundpfandrechtlicher Sicherung über 60% kann somit festgestellt werden, daß diese Kreditart gut für die Verbriefung geeignet ist.[2]

3.1.1.2.2 Ratenkredite

Die zweitgrößte Kreditart bei den wirtschaftlich unselbständigen und sonstigen Privatpersonen stellen die Ratenkredite dar. Ihr Volumen betrug Ende 1997 bei den betrachteten Institutsgruppen rund 188 Mrd. DM.[3] Der Nennbetrag für Ratenkredite wird durch § 3 Abs. 1 VerbrKrG auf mindestens 400 DM und auf maximal 100.000 DM festgesetzt, üblich sind Laufzeiten von 6-72 Monaten, teilweise wird auch eine siebenjährige Laufzeit angeboten.[4] Des weiteren zeichnen sich Ratenkredite durch folgende Merkmale aus:[5]

- Die Abwicklung ist weitgehend standardisiert, indem Laufzeit, Kredithöhe und Kreditkosten bei den einzelnen Instituten normiert sind,
- auf den Kreditbetrag wird eine einmalige Bearbeitungsgebühr in Höhe von 2-4% erhoben,
- die Zinsen werden monatlich auf den ursprünglichen oder jährlich auf den ausstehenden Kreditbetrag berechnet, und
- die Tilgung erfolgt in gleichen monatlichen Raten nach einem Tilgungsplan.

Von Ratenkrediten läßt sich aus den Zins- und Tilgungszahlungen ein eindeutig identifizierbarer Zahlungsstrom ableiten. Die Prognostizierbarkeit des Zahlungsstroms wird durch die vertraglich festgelegten monatlichen Raten nach einem Tilgungsplan unterstützt, wodurch sich das Maß an Unsicherheit über seinen künftigen Verlauf reduziert. Die Erbringung eines Einzelnachweises und die rechtliche Trennung ist durch die Fixierung eines jeden Ratenkredites durch einen separaten Kreditvertrag problemlos. Die generellen Anforderungen werden somit vom Ratenkredit erfüllt.

---

1 Daß dieser Zinsertrag ausreichend für eine Verbriefung ist, haben die Transaktionen der Rheinhyp AG im Jahre 1995 und der Deutsche Bank AG im Jahre 1998 gezeigt. Vgl. z. B. GEMS German Mortgage Securities B.V. (1995); Paul/Fehr (1996b). Bei der HAUS 1998-1 Ltd. Transaktion der Deutsche Bank AG betrug der Durchschnittszins des abgetretenen Kreditpools 6,85%, was einen Spread zum damaligen LIBOR von 3,35% bedeutete. Vgl. Duff & Phelps Credit Rating (1998), S. 3.

2 Mortgage Backed Securities in den USA und Großbritannien sind typischerweise mit Hypothekenforderungen mit einem Beleihungswert von 80% unterlegt. Vgl. Hagger (1998), S. 172.

3 Vgl. Deutsche Bundesbank (1998a), verschiedene Seiten; eigene Berechnungen.

4 Vgl. Büschgen (1998), S. 334f.

5 Vgl. Eichwald (1993), S. 420f.; Kranz (1994), S. 27; Adrian/Heidorn (1996), S. 476f.

Die Gewährung von Ratenkrediten erfolgt in der Regel auf der Basis einer standardisierten Kreditfähigkeitsprüfung und -vergabeentscheidung. Die Standardisierung begünstigt die Homogenität und somit die Verbriefbarkeit dieser Kreditart. Die Informationsverarbeitungsverfahren, die beim Ratenkredit eingesetzt werden, liefern beim Abschluß und über die gesamte Laufzeit eine Fülle von Basisinformationen für die quantitative Beurteilung der Qualität von Einzeldarlehen, Darlehensgruppen und des gesamten Ratenkreditbestandes.[1] Die durchschnittliche Laufzeit eines Ratenkredites von 50 Monaten (1996) gewährleistet zusätzlich, daß das Zahlenmaterial zur Erstellung von Zeitreihen über Zahlungsausfälle, Zahlungsverzögerungen und vorzeitige Tilgungen auch über einen historisch ausreichenden Zeitraum in notwendigem Maße vorliegt, zumal dieses Geschäft seit Mitte der 70er Jahre in deutschen Kreditinstituten zunehmend an Bedeutung gewonnen hat.[2] Die externe Beurteilung der Quote der Ausfälle und Verzögerungen bei Ratenkrediten gestaltet sich schwierig, da diese Daten von den Kreditinstituten als sehr sensibel betrachtet werden.[3] Lediglich empirische Untersuchungen aus den 80er Jahren geben Aufschluß über die möglichen Ausfall- bzw. Abschreibungsraten bei Konsumentenkrediten. So ermittelten *Holscheck/Hörmann/Daviter* eine mittlere Abschreibungsquote bei Ratenkrediten von 0,6%, mit Werten von 0,4% für Sparkassen, 0,5% für Genossenschaftsbanken, Großbanken und andere Kreditbanken sowie 1,5% für Teilzahlungsbanken.[4] Die Abschreibungsquoten der einzelnen Kreditinstitute streuten zwischen unter 0,2% und über 2% mit den niedrigsten Werten bei den Sparkassen und den höchsten Werten bei den Teilzahlungsbanken. Die Ausfallquote lag im Durchschnitt aller Kreditinstitute bei 0,68%. Neuere Untersuchungen schätzen die Abschreibungsquote bei Ratenkrediten auf durchschnittlich 1% mit der Möglichkeit erheblicher Schwankungen.[5] Konkrete Zahlen liegen lediglich für zweckgebundene Kfz-Ratenkredite vor; die Abschreibungsquote einer Automobilbank in den Jahren 1987 bis 1991 betrug durchschnittlich 0,16%.[6] Die geringe Zinselastizität der Ratenkreditnach-

---

1 Vgl. Gumbart (1995), S. 305.

2 Vgl. Wagner (1989), S. 525; Sieweck (1996), S. 473.

3 Gespräche des Autors mit Vertretern der Verbände der untersuchten Institutsgruppen ergaben, daß Daten hierzu entweder gar nicht an die Verbände weitergeleitet werden oder auch dort der strengen Geheimhaltung unterliegen.

4 Vgl. Holzscheck/Hörmann/Daviter (1982), S. 229f. Die Abschreibungsquote bezieht sich auf das Volumen, die Ausfallquote auf die Stückzahl der Ratenkredite.

5 Vgl. Prognos AG (1993), S. 47; Ohl (1993), S. 144. Diese Richtgröße wurde im Gespräch mit einem Vertreter des Bankenfachverbandes für Konsumenten- und gewerbliche Spezialkredite bestätigt.

6 Ursache für diese vergleichsweise niedrige Quote dürfte die Statuswirkung des Automobils und die sehr gute Verwertbarkeit dieses Sicherungsgutes sein. Vgl. Ohl (1993), S. 145.

frage deutet auf eine niedrige Quote vorzeitiger Rückzahlungen als Reaktion auf ein Absinken des Zinsniveaus hin.[1] Die geographische Verteilung der Kreditnehmer hängt wiederum vom Geschäftsgebiet des betrachteten Kreditinstitutes ab. Die demographische Verteilung der Ratenkredite kann anhand einer empirischen Untersuchung der Verschuldung privater Haushalte skizziert werden. Demnach ergibt sich für ein hypothetisches Portfolio „Konsumentenkredite“ folgende Verteilung der Kreditnehmer:

Alter (in Jahren)					
unter 25	25 bis unter 35	35 bis unter 45	45 bis unter 55	55 bis unter 65	65 und älter
3,6%	39,0%	30,0%	19,6%	6,9%	0,9%
Haushaltseinkommen (in DM)					
unter 1.800	1.800 - 2.499	2.500 - 3.499	3.500 - 4.499	4.500 und mehr	
26,3%	24,2%	24,7%	13,1%	11,7%	
Berufsstand					
Landwirte, Gewerbetreibende	Beamte	Angestellte	Arbeiter	Arbeitslose	sonstige
6,8%	7,9%	29,3%	32,6%	7,4%	16%

Tabelle 13: Hypothetisches Portfolio „Konsumentenkredite“[2]

Bei der Altersverteilung ist zu erkennen, daß sich rund 96% der Kreditnehmer in einer Lebensphase befinden, in der ein regelmäßiges Einkommen vorhanden sein sollte, was sich positiv auf die Cash-flow-Stabilität auswirkt. Des weiteren zeigt die Tabelle ein Schwergewicht der Kreditnehmer aus dem unteren und mittleren Einkommensbereich. Bei den Berufsgruppen ist eine Konzentration bei den Arbeitern und Angestellten zu erkennen. Insgesamt wird jedoch deutlich, daß die Kreditnehmer der Kreditart Konsumentenkredite eine demographische Streuung aufweisen, welche die notwendige Diversifizierung im Portfolio unterstützt, zumal die relativ geringen Einzelkreditvolumina die Streuung erleichtern. Ratenkredite werden in aller Regel nur gegen Sicherheiten vergeben. Vielfach findet sogar eine mehrfache Besicherung statt, wobei die Sicherungsdichte mit ansteigender Kredithöhe zunimmt. Die meisten Kredite werden über eine Lohn- und Gehaltsabtretung gesichert (78%), weit verbreitet sind auch die Sicherungs-

---

1 Vgl. Sieweck (1996), S. 474.

2 Basisjahr 1988. Der Erhebung liegt eine empirische Stichprobe in Nordrhein-Westfalen zugrunde. Vgl. Prognos (1993), S. 47ff. Es kann unterstellt werden, daß sich keine signifikanten Unterschiede zum restlichen Bundesgebiet ergeben. Durch die Entwicklung auf dem Arbeitsmarkt scheint jedoch eine tendenzielle Zunahme der Rubrik „Arbeitslose“ wahrscheinlich. In den Kategorien Alter und Berufsstand zeigen die Werte große Ähnlichkeit mit der demographischen Struktur des Portfolios „Laufzeitdarlehen“ der Sparkasse Bonn im Jahre 1993. Vgl. Kranz (1994), S. 28f. Vgl. hierzu auch Bizer (1992), S. 100f.

übereignung (33%) und Bürgschaften (19%).[1] Während die Verwertung der Lohn- und Gehaltsabtretung sowie der Bürgschaft beim Ausfall des Kreditschuldners mit formellen oder materiellen Problemen behaftet sein kann,[2] ist die Verwertung einer dinglichen Sicherheit dann unproblematisch, wenn das Gut bewertbar und marktgängig ist. Besonders geeignet sind hier private Gebrauchsgüter wie zum Beispiel Kraftfahrzeuge oder Boote, für die es einen liquiden Sekundärmarkt gibt.[3]

Auch wenn die Zinsen für Ratenkredite dem allgemeinen Trend folgend in den letzten Jahren deutlich gesunken sind, zeichnete sich diese Kreditart stets durch eine vergleichsweise hohe Verzinsung aus. Ihre Zinssätze bewegten sich 1997 zwischen 9,11% und 12,97%.[4] Konsumentenkredite werden meist in Asset Backed Commercial Papers oder in variabel verzinslichen Asset Backed Securities verbrieft, weshalb der LIBOR eine sinnvolle Benchmark zur Ermittlung der Zinskosten darstellt. 1997 lag der DM-LIBOR für 12 Monate durchschnittlich bei 3,556%.[5] Abzüglich dieses Referenzsatzes verbleibt je nach Höhe des Kundenzinses zur Deckung aller Kosten der Transaktion und des notwendigen Aufschlags ein Spread von 5,5-9,4%. Die Höhe des Spread gibt hier zwar keine eindeutige Auskunft darüber, welche Ratenkredite am besten verbrieft werden können,[6] aber selbst nach Abzug der durchschnittlichen Transaktionskosten einer Asset Backed Commercial Paper-Transaktion von 30-50 Basispunkten verbleibt noch eine Marge,[7] mit der die Verbriefung auch nach Bezahlung der notwendigen Sicherungsleistungen kostendeckend durchgeführt werden kann. Zusammenfassend kann somit festgehalten werden, daß Ratenkredite deutscher Universalkreditinstitute sehr gut für die Verbriefung geeignet sind, weil sie eine hohe Standardisierung und Homogenität aufweisen, die Volatilität des Zahlungsstroms und die Ausfälle gering sind, sie über ei-

---

1 Vgl. Holzscheck/Hörmann/Daviter (1982), S. 230f.

2 Sowohl bei der Bürgschaft als auch bei der Lohn- und Gehaltsabtretung gestaltet sich die Verbriefung alleine schon dadurch schwieriger, daß bei der Sicherung Drittparteien involviert sind. Bei der Lohn- und Gehaltsabtretung beschränkt sich das Recht nur auf den pfändbaren Teil (§ 400 BGB). Zudem kann die Abtretung durch eine Vereinbarung mit dem Arbeitgeber oder durch eine Betriebsvereinbarung ausgeschlossen sein, oder die Forderung wurde schon anderweitig abgetreten.

3 Vgl. Ohl (1994), S. 146; Paul (1994), S. 190.

4 Bei Ratenkrediten von 10.000 DM bis 30.000 DM mit einer Laufzeit von 36 bis 60 Monate. Vgl. Deutsche Bundesbank (1998b), S. 45*.

5 Quelle: Bloomberg L.P.

6 Je höher der Zinssatz eines Kredites, desto eher gerät er in Verzug. Vgl. Holzscheck/Hörmann/Daviter (1982), S. 279.

7 Aufgrund der Vielzahl der möglichen Strukturen können die Transaktionskosten stark schwanken. Die hier angegebene Bandbreite stützt sich auf Gespräche mit Originatoren und anderen Transaktionsbeteiligten.

nen ausreichenden Zinsertrag verfügen, vielfach mit einer gut zu be- und verwertenden Sicherheit unterlegt sind und durch die relativ geringen Kreditsummen sowie die breite demographische Streuung die Diversifikation im Kreditpool erleichtern.

3.1.1.2.3 Dispositionskredite

Der Dispositionskredit gehört mittlerweile bei allen Kreditinstituten zum Standardangebot im Konsumentenkreditgeschäft. Er ist der Form nach ein Kontokorrentkredit für den privaten Kunden, bei dem die Initiative in der Regel vom Kreditinstitut ausgeht, indem es dem Kunden eine Kreditlinie in Höhe von ein bis fünf Netto-Monatsgehältern auf sein Lohn-, Gehalts- oder Rentenkonto einräumt. Der Dispositionskredit wird ohne Sicherheiten gewährt, Voraussetzung ist lediglich eine einwandfreie Bonität und ein stabiler Haben-Umsatz.[1] Formell ist der Dispositionskredit von kurzfristigem Charakter, er kann jederzeit mit einer gesetzlichen Frist von drei Monaten gekündigt werden (§ 609 Abs. II BGB). Faktisch werden jedoch durch fortwährende Prolongation auch mittel- und langfristige Laufzeiten erreicht.[2] Der Dispositionskredit hat mit Einführung bzw. Forcierung des kartengebundenen Zahlungsverkehrs (Electronic Cash, Kreditkarte) zunehmend an Bedeutung gewonnen, da die Inanspruchnahme des Kreditrahmens anonym und unkompliziert erfolgt. Sein Volumen betrug Ende 1997 bei den betrachteten Kreditinstituten 40,8 Mrd. DM.[3] Die Rückführung des Dispositionskredites erfolgt in freier Weise ohne vertragliche Festlegung regelmäßig über eingehende Haben-Umsätze.

Der auf Dispositionskredite erhobene Zins gewährleistet, daß sich von dieser Kreditart ein eindeutig identifizierbarer Zahlungsstrom ableiten läßt. Im Rahmen des periodisch vorgeschriebenen Rechnungsabschlusses (§ 355 II BGB) sind die Zinszahlungen mindestens einmal im Jahr, meist jedoch quartals- oder monatsmäßig fällig.[4] Die Prognostizierbarkeit dieses Zahlungsstroms muß jedoch differenziert beurteilt werden. Einerseits ist der Kreditnehmer bei der Tilgung des Dispositionskredites völlig flexibel, die Regelmäßigkeit eingehender Tilgungszahlungen ist rechtlich nicht untermauert. Zudem wickelt der Kreditnehmer in der Regel seinen kompletten Zahlungsverkehr über

---

1 Vgl. Falter (1997), S. 130; Büschgen (1998), S. 335f.

2 Vgl. Bretzger (1991), S. 11; Eichwald (1993), S. 423.

3 Vgl. Deutsche Bundesbank (1998a), verschiedene Seiten; eigene Berechnungen. Die Deutsche Bundesbank erhebt den Dispositionskredit nicht gesondert. Die von den Kreditinstituten gemeldeten Debetsalden auf Lohn-, Gehalts-, Renten- und Pensionskonten sind jedoch praktisch identisch mit den Dispositionskrediten, obwohl sicherlich auch ein Teil dieser Debetsalden auf ungenehmigte Kontoüberziehungen zurückzuführen ist. Vgl. Holzscheck/Hörmann/Daviter (1982), S. 76.

4 Vgl. Bretzger (1991), S. 10.

dieses Konto ab, was die Prognostizierbarkeit des Zahlungsstroms zusätzlich erschwert. Da Grundlage für die Einräumung des Dispositionskredites jedoch der regelmäßige Haben-Umsatz (z. B. in Form der monatlichen Lohn- und Gehaltszahlungen) ist, der zudem über einen bestimmten Zeitraum vor der Kreditgewährung beobachtet wurde,[1] kann davon ausgegangen werden, daß der Zahlungsstrom für Zins- und Tilgung bei Dispositionskrediten ausreichend prognostiziert werden kann. Die rechtliche Trennung der Dispositionskredite gestaltet sich problemlos, indem die in Anspruch genommenen Dispositionskredite eines Girokontenkreises bis zu einer bestimmten Kreditlinie abgetreten werden. Hierbei wird davon ausgegangen, daß die Girokonteninhaber ihren Dispositionskredit mit den regelmäßigen Haben-Umsätzen revolvierend tilgen und wieder neu in Anspruch nehmen. Schwieriger gestaltet sich die organisatorische Trennung der Dispositionskredite. Bei den oft sehr zahlreichen Umsätzen auf dem Girokonto besteht die Gefahr, daß Zins- und Tilgungszahlungen mit den beim Originator verbleibenden Ansprüchen vermischt werden. Ein praktisches Beispiel hierfür sind u. a. Scheckeinreichungen, deren Eingang in der Regel sofort, aber vorbehaltlich der Einlösung durch das bezogene Kreditinstitut verbucht wird. In Problemfällen kann dies dazu führen, daß sich die Abklärung der juristischen Zugehörigkeit der Zahlungen erschwert und sich der Zugriff auf dieselben verzögert (commingling risk).[2] Grundsätzlich sollte aber auch die organisatorische Abtrennung möglich sein.

Das die Verbriefung begünstigende Merkmal einer hohen Homogenität der Kreditforderungen wird vom Dispositionskredit ebenfalls erfüllt. Als Produkt des standardisierten Mengengeschäfts erfolgt die Gewährung eines Dispositionskredites auf der Basis einheitlicher Beurteilungsverfahren. Vielfach wird er dem Kunden vollautomatisch eingeräumt, der Kreditvertrag kommt schriftfrei durch konkludente Handlung (Inanspruchnahme der Kreditlinie) des Kreditnehmers zustande.[3] Die Verwaltung erfolgt ebenfalls standardisiert im Rahmen der Abrechnung des Girokontos. Informationen über Verzüge, Stundungen und Prolongationen sowie vorzeitige oder außerordentliche Rückzahlungen können beim Dispositionskredit nur bedingt vorliegen, da bestimmte Zahlungszeitpunkte bei dieser Kreditart nicht vertraglich festgelegt sind. Zur Erstellung von Zeitreihen über das Rückzahlungsverhalten eines durchschnittlichen Kreditnehmers liefert das Girokonto dennoch eine Vielzahl von Informationen, da jede Kontobewegung taggleich oder nur mit geringer Verzögerung erfaßt wird. Die sich dabei verändernden Kontodaten können auf zahlungsstromrelevante Gesichtspunkte überprüft wer-

---

1 Vgl. Eichwald (1993), S. 473; Büschgen (1998), S. 335.

2 Vgl. Bär (1997), S. 177.

3 Vgl. Regerbis (1991), S. 18; Falter (1997), S. 130.

den. Ihre permanente Speicherung gewährleistet darüber hinaus, daß sowohl aktuelle wie historische Daten verfügbar sind.[1]

Die Abschreibungsquote des Dispositionskredites kann aus denselben Gründen wie beim Ratenkredit nur näherungsweise ermittelt werden. Nach Angaben der Hermes Kreditversicherungs-AG[2] beträgt das Ausfallrisiko eines Dispositionskredites rund ein Drittel des Ausfallrisikos beim Ratenkredit.[3] Bei einer Ausfallrate von 0,68% beim Ratenkredit beläuft sich die Ausfallrate beim Dispositionskredit somit auf rund 0,23%.[4] Dispositionskredite werden in der Regel blanko vergeben, so daß ein Ausfall des Kreditnehmers nicht durch die Verwertung von Sicherheiten abgefedert werden kann. Dies deutet darauf hin, daß der Abschreibungsbetrag eines ausgefallenen Dispositionskredites im Verhältnis zum durchschnittlichen Volumen eines Dispositionskredites höher ist als das Verhältnis des Abschreibungsbetrages eines Ratenkredites zum durchschnittlichen Volumen eines Ratenkredites. Die niedrige Ausfallrate und die relativ hohe Abschreibung bei einem ausgefallenen Dispositionskredit neutralisieren sich also teilweise, so daß bei Dispositionskrediten eine Abschreibungsrate von 0,5% bis 1% als realistische Größe angesehen werden kann.[5] Über 98% der westdeutschen Haushalte besitzen ein Girokonto, auf 66% von ihnen wurde ein Dispositionskredit durch das kontoführende Kreditinstitut eingeräumt.[6] Die Demographie der Kreditnehmer streut über alle Einkommens- und Altersklassen sowie Berufsgruppen, es lassen sich jedoch folgende Schwerpunkte feststellen:

- Die Wahrscheinlichkeit, daß ein Dispositionskredit eingeräumt wird, erhöht sich mit steigendem Einkommen,
- Angestellte und Arbeiter nutzen den Dispositionskredit häufiger als Beamte und Selbständige,
- mit steigendem Alter sinkt die Inanspruchnahme eines Dispositionskredites.[7]

---

1 Vgl. Bretzger (1991), S. 13; Pauluhn (1992), S. 122.

2 Die Hermes Kreditversicherungs-AG versicherte 1995 18 Mio. Konsumentenkredite von 1.400 deutschen Kreditinstituten mit einem Volumen von rund acht Milliarden DM. Vgl. Kersten/Enders (1996), S. 10.

3 Vgl. Kersten/Enders (1996), S. 11.

4 Vgl. Abschnitt C 3.1.1.2.2. Die Bonitätsprüfungsverfahren bei Dispositionskrediten wurden in den letzten Jahren kontinuierlich verbessert, weshalb diese Rate tendenziell eher sinkt. Vgl. Kersten/Enders (1996), S. 11.

5 Vgl. hierzu auch Ohl (1994), S. 150.

6 Vgl. Pauluhn (1992), S. 122.

7 Vgl. Holzscheck/Hörmann/Daviter (1982), S. 77f. 1997 waren nur 5% der Schuldner bei der Beantragung eines Dispositionskredites älter als 55 Jahre. Quelle: Hermes Kreditversicherungs-AG.

Durch seine breite Streuung ist der Dispositionskredit von allen Kreditarten deutscher Kreditinstitute derjenige, bei dem die erforderliche demographische Heterogenität bei der Bildung eines Pools für die Verbriefung am einfachsten zu erreichen ist. Die fehlende Besicherung schmälert die Attraktivität dieser Kreditart für die Verbriefung, da sie den Einbau zusätzlicher, kostentragender Sicherungselemente in die Transaktion erfordert. Der durchschnittliche Zinssatz für Dispositionskredite deutscher Kreditinstitute lag 1997 bei 11,22% mit einer Streubreite von 9,75% bis 12,25%.[1] Bei einem Zinssatz von 3,556% (DM-LIBOR für zwölf Monate) als Vergleichsmaßstab ergibt sich ein Überschuß von 6,2% bis 8,69%, um alle Kosten der Transaktion und den Investorenspread zu decken.

Wie auch bei der Verbriefung von Kreditkartenforderungen üblich, müßten die einzelnen Dispositionskredite revolvierend angekauft werden, um eine bestimmte Laufzeit der Emission darzustellen.[2] Dispositionssalden haben jedoch eine wesentlich höhere Umschlaghäufigkeit als z. B. Kreditkartensalden, da über das Girokonto auch alle Haben-Umsätze des Kunden gebucht werden, was den Sollsaldo und somit das Kreditvolumen sehr volatil macht. Ihr revolvierender Ankauf ist technisch zwar möglich, er ist jedoch auch mit einem sehr großen Aufwand verbunden, der die Transaktionskosten signifikant erhöhen würde. Insgesamt muß deshalb festgestellt werden, daß sich Dispositionskredite aufgrund bestimmter Eigenschaften (homogen, große Datenbasis, breite Streuung) zwar für die Verbriefung anbieten, sich wegen der fehlenden Besicherung, den Schwierigkeiten bei der Prognose des Zahlungsstroms und wegen des hohen Strukturierungsaufwandes jedoch nur bedingt eignen.[3]

3.1.1.2.4 Nichtratenkredite

In der Rubrik Nichtratenkredite finden sich alle Darlehen an wirtschaftlich unselbständige und sonstige Privatpersonen, die nicht Ratenkredite im engeren Sinne sind und die nicht für den Wohnungsbau verwendet werden. Hierzu gehören ebenso Kredite, die in einer Summe rückzahlbar sind, wie genehmigte oder ungenehmigte Überziehungen von laufenden Konten bzw. eingeräumten Kreditlinien. Einzig die oben untersuchten Dispositionskredite werden als Unterposition nochmals separat ausgewiesen. Die Nichtratenkredite stellen somit eine Sammelposition dar, deren Untersuchung im Hinblick auf die Eignung zur Verbriefung aufgrund der Heterogenität der zusammengefaßten Kreditar-

---

1 Vgl. Deutsche Bundesbank (1998b), S. 45*.

2 Zum revolvierenden Forderungsankauf vgl. Abschnitt B 4.3.2.

3 Aufgrund der Komplexität solcher revolvierender Transaktionen hat sie das BAKred von der generellen Grundsatz I-Entlastung bei der Verbriefung bankeigener Forderungen vorläufig ausgenommen. Vgl. Bundesaufsichtsamt für das Kreditwesen (1998).

ten nur wenig Sinn macht. Aus diesem Grund soll lediglich zu einer der hier enthaltenen Kreditarten, den Debetsalden auf Kreditkartenkonten (Kreditkartenforderungen), ausführlich Stellung genommen werden.

Amerikanische Kreditinstitute räumen ihren Privatkunden praktisch keine Kreditlinien auf ihren Girokonten ein. Im Gegensatz dazu gewähren die Kreditkartenanbieter vielfach eine solche Überziehungsmöglichkeit, indem sie dem Kunden einen Kredit auf seinem Kreditkartenkonto einräumen, den dieser durch Zahlungen mit seiner Kreditkarte in Anspruch nehmen und in flexiblen monatlichen Raten zurückzahlen kann.[1] Wie zahlreiche Transaktionen aus den USA gezeigt haben, eignen sich diese Forderungen sehr gut für eine Verbriefung in Asset Backed Securities.[2] In Deutschland ist diese Kreditart jedoch nur von untergeordneter Bedeutung, da hier die meisten Kreditkarten nicht als Kreditkarte, sondern als Chargekarte oder Debitkarte ausgelegt sind. Während bei der Debitkarte die Beträge direkt und unmittelbar vom Girokonto des Karteninhabers abgebucht werden, wird bei der Chargekarte der Rechnungsbetrag bis zu einem bestimmten Abrechnungstag (in der Regel einmal pro Monat) zinslos gestundet und dann dem Girokonto des Karteninhabers belastet. In beiden Fällen wird die fehlende Liquidität bei der Belastung durch eine Überziehung des Girokontos des Karteninhabers ausgeglichen, die Kreditgewährung erfolgt also durch den Dispositionskredit.[3] Die Zinssätze für Kreditkartenkredite liegen in Deutschland über dem Zinssatz für Dispositionskredite, sie sind jedoch deutlich niedriger als in den USA, wo der Erfolg der Verbriefung dieser Kreditart vor allem auf dem hohen Zinssatz beruht.[4] Zwar werden in Deutschland Karten mit Kreditfunktion von verschiedenen Anbietern angeboten,[5] der Anteil der tatsächlich in Anspruch genommenen Kredite ist aber nach wie vor sehr gering, da die Inanspruchnahme eines Dispositionskredites die preiswertere und unkompliziertere Alternative darstellt.[6] Somit entsteht bei den deutschen Banken bzw. Kreditkartengesellschaften nur ein kleiner Bedarf zur Refinanzierung solcher Forderungen,

---

1 Bei diesen Kreditkarten im eigentlichen Sinne muß in der Regel ein Zins bezahlt werden, der bis zu 20% betragen kann. Vgl. Schöchle (1992), S. 15; Bär (1997), S. 405.

2 In der Vergangenheit stellten die verbrieften Kreditkartenforderungen stets die zweitgrößte Klasse von Asset Backed Securities nach den Mortgage Backed Securities dar. Vgl. J.P. Morgan Securities (1998), S. 1f.

3 Vgl. Schöchle (1992), S. 16f.

4 Vgl. Schöchle (1992), S. 334; Ohl (1994), S. 148; o. V. (1998f), S. 24f.

5 Die bedeutendsten Anbieter mit reinen Kreditkarten sind Barclay's, Bayerische Landesbank (Cobranding mit HuK-Versicherung), Berliner Bank (Cobranding mit ADAC), BHW Bank, Berliner Sparkasse, Citibank, Quelle Bank, Santander Direct und American Express. Vgl. hierzu auch o. V. (1998f), S. 24f.

6 Vgl. Pauluhn (1992), S. 122.

die Volumina erreichen die für eine Verbriefung sinnvolle Größe nicht. Kreditkartenforderungen werden deshalb im weiteren Verlauf nicht mehr behandelt.[1]

Die nachfolgende Tabelle faßt die Analyse der Kredite an wirtschaftlich unselbständige und sonstige Privatpersonen der deutschen Universalkreditinstitute im Hinblick auf die Eignung zur Verbriefung nochmals im Überblick zusammen:

1 Vgl. hierzu auch Levedag/Drew (1997), S. B 9.

Anforderung	Wohnungsbaukredite mit grundpfandrechtl. Sicherung bis 60%	sonstige Wohnungsbaukredite (i. d. R. mit grundpfandrechtl. Sicherung über 60%)	Ratenkredite	Dispositionskredite
Ableitbarkeit eines Zahlungsstroms	aus Zins- und Tilgungszahlungen	aus Zins- und Tilgungszahlungen	aus Zins- und Tilgungszahlungen	aus Zinszahlungen
Prognostizierbarkeit eines Zahlungsstroms	vertraglich fixiert	vertraglich fixiert	vertraglich fixiert	bedingt möglich auf Basis regelmäßiger Zahlungsströme in der Vergangenheit
Separation möglich (rechtlich/organisatorisch)	möglich, unter Umständen über Teilabtretung	möglich, unter Umständen über Teilabtretung	durch separate Kreditverträge problemlos	rechtlich problemlos, aber hoher organisatorischer Aufwand
homogen, standardisiert und zahlreich	Produkt des standardisierten Mengengeschäfts	Produkt des standardisierten Mengengeschäfts	Produkt des standardisierten Mengengeschäfts mit hohem Automatisierungsgrad	Produkt des standardisierten Mengengeschäfts mit hohem Automatisierungsgrad
historische Datenreihe	lange Laufzeit und hohe Einzelengagements liefern ausreichende Datenbasis	lange Laufzeit und hohe Einzelengagements liefern ausreichende Datenbasis	traditionelles Geschäft, Vielzahl einzelner Kreditnehmer liefern ausreichend Daten	Girokonto liefert Vielzahl von historischen Informationen
niedrige Quote von Ausfällen/Verzögerungen	sehr niedrige Quote durch konservative Vertragsbestimmungen und Sicherungsgüter	niedrige Quote durch konservative Vertragsbestimmungen und Sicherungsgüter	Quote in Relation zu Zinssatz niedrig	wegen grundsätzlicher Funktion des Dispositionskredites schwierig zu ermitteln
regionale und demographische Streuung	entsprechend der Struktur der Wohnungs- und Hauseigentümer	wie bei Hypothekendarlehen, aber durchschnittlich schlechterer Bonität der Kreditnehmer	breite Streuung über alle demographischen Klassen	breite Streuung über alle demographischen Klassen
Besicherung	marktgängiges Sicherungsgut höchster Güte	marktgängiges Sicherungsgut, kaum Gefahr der Wertminderung	hoher Anteil bewertbarer und marktgängiger Sicherheiten	unbesichert
ausreichender Zinsertrag	u. U. mit Kaufpreisabschlag	ausreichend	hohe Marge gewährleistet Deckung aller Kosten	hohen Zinsen stehen hohe Transaktionskosten gegenüber
Eignung für Verbriefung	geeignet	gut geeignet	sehr gut geeignet	bedingt geeignet

Tabelle 14: Eignung von Krediten an wirtschaftlich unselbständige und sonstige Privatpersonen für die Verbriefung

3.1.1.3 Kredite an Unternehmen und wirtschaftlich selbständige Privatpersonen

3.1.1.3.1 Besondere Problematik: Heterogenität der Kreditarten und Kreditnehmer

Der Anteil der Kredite an Unternehmen[1] und wirtschaftlich selbständige Privatpersonen[2] (nachfolgend Firmenkundenkredite) betrug Ende 1997 rund 34,5% am gesamten Kreditvolumen der betrachteten Institutsgruppen.[3] Die Kreditarten für Firmenkunden lassen sich unter anderem nach der Fristigkeit unterscheiden, wobei die Fristigkeit des Kreditvertrags in der Regel aus der Nutzungs- oder Verbrauchszeit des finanzierten Gutes hervorgeht. Materiell wird vielfach in die drei Gruppen Produktiv-, Produktionsmittel- oder Investitionskredite unterteilt. Innerhalb der Gruppen gibt es wiederum zahlreiche Ausgestaltungsvarianten wie z. B. den Kontokorrentkredit, den Wechselkredit, den Anschaffungskredit, den Revolving-Kredit usw.[4] Die Gewährung und Abwicklung dieser Kreditarten basiert meist auf speziell auf den Kreditnehmer zugeschnittenen Finanz- und Tilgungsplänen. In der Statistik der Bundesbank werden Unternehmen und wirtschaftlich selbständige Privatpersonen separat erfaßt und die Kredite innerhalb der Klassen nach der Laufzeit differenziert. Zudem wird für Unternehmen und wirtschaftlich selbständige Privatpersonen das Volumen der an sie gewährten Wohnungsbaukredite ausgewiesen. Darüber hinaus liefert die Systematik der Deutschen Bundesbank jedoch keine weitere Unterteilung in einzelne Kreditarten, weshalb zunächst die Eignung der Firmenkundenkredite im allgemeinen untersucht werden soll.

Bei allen Krediten an Unternehmen und wirtschaftlich selbständige Privatpersonen läßt sich ein eindeutig identifizierbarer und beständiger Zahlungsstrom aus den jeweiligen Krediten ableiten. Die Prognose dieses Zahlungsstroms ist im Firmenkreditgeschäft ebenfalls grundsätzlich möglich: Mit Ausnahme des Kontokorrentkredites sind bei allen Kreditarten die Zins- und Tilgungszahlungen in Höhe und Fälligkeit vertraglich festgelegt, so daß für diese Kreditarten eine klar definierte Soll-Zahlungsstruktur festgelegt werden kann. Der rechtlichen Separation der Kredite steht ebenfalls nichts entgegen, da auch bei gewerblichen Kunden die Abtretung der Darlehensforderungen im Normalfall nicht ausgeschlossen ist. Allerdings stellt sich gerade bei Unternehmungskrediten das

---

1 Bei der weiteren Betrachtung dieser Kreditart wird in Anlehnung an die Terminologie der Deutschen Bundesbank der Begriff „Unternehmen" verwendet.

2 Zu dieser Kreditnehmergruppe gehören private und öffentliche Unternehmen sowie wirtschaftlich Selbständige wie Handwerker, Gewerbetreibende, freiberuflich Tätige, Landwirte, Rentiers und Privatiers. Vgl. Deutsche Bundesbank (1996b), S. 6f.

3 Die genauen Anteile betrugen: Großbanken 42,28%, Regionalbanken und sonst. Kreditbanken 37,49%, Sparkassen 30,46%, Kreditgenossenschaften 31,39%. Vgl. Deutsche Bundesbank (1998a), verschiedene Seiten; eigene Berechnungen.

4 Vgl. Falter (1997), S. 460ff.

Problem, daß das einzelne Darlehen oft Teil eines Gesamtengagements ist, und die Daten und Bewegungen auf den einzelnen Konten eines Kreditnehmers stark miteinander verflochten sind. Die Abtrennung einzelner Konten bringt somit insbesondere im internen Rechnungswesen Verrechnungsprobleme mit sich. Bei der entsprechenden Ausgestaltung des Rechnungswesens und der EDV sollte dieses Problem jedoch ebenso wie die formelle Trennung der Firmenkundenkredite vom restlichen Kreditportfolio des Kreditinstitutes zu bewältigen sein. Ist dies der Fall, so erfüllen Firmenkundenkredite alle generellen Anforderungen an die Verbriefbarkeit, sie sind somit grundsätzlich für eine Verbriefung geeignet.

Die Kredite an Unternehmen und wirtschaftlich selbständige Privatpersonen weisen eine relativ große Heterogenität auf.[1] Die Bandbreite der Kreditsummen reicht von wenigen 1000 DM bis vielen Millionen DM, der Durchschnittsbetrag eines einzelnen Kredites liegt um ein Vielfaches höher und die Anzahl der Kreditnehmer ist kleiner als bei Krediten an wirtschaftlich unselbständige Privatpersonen.[2] Die Kreditverträge werden meist individuell ausgehandelt und den speziellen Bedürfnissen des gewerblichen Kreditnehmers angepaßt. Bei derselben Kreditart variiert die Laufzeit in einer großen Bandbreite, die Konditionen sind von Kredit zu Kredit unterschiedlich und die Zahlungsströme sind auf die individuellen Bedürfnisse des einzelnen Kreditnehmers zugeschnitten.[3] Dies erhöht den individuellen Verwaltungsaufwand je Firmenkundenkredit. Die wirtschaftliche Leistungsfähigkeit wird bei allen Kreditnehmern durchgängig auf der Grundlage von Informationen über die wirtschaftliche Situation, das Management, das Markt- bzw. Branchenumfeld und die Zukunftsperspektiven beurteilt.[4] Hierzu werden in zunehmendem Maße standardisierte, objektive Verfahren wie die Kontodatenanalyse und die Bilanzanalyse verwendet, die vor allem die leicht quantifizierbaren Daten auswerten. Die Komplexität der Kreditwürdigkeitsanalyse bei den weichen Faktoren wie z. B. der Leistungsfähigkeit der Unternehmungsleitung erschweren jedoch eine weitere Standardisierung und Objektivierung der Kreditwürdigkeitsprüfung in diesem Geschäftsfeld, so daß die Beurteilung der Bonität bei Firmenkunden immer noch stark von der subjektiven Einschätzung des Entscheidungsträgers abhängt. Dasselbe gilt auch für die Verfahren der Kreditüberwachung. Hinzu kommt, daß die Bewertung ein-

1 Vgl. Henke/Burghof/Rudolph (1998), S. 16.

2 Vgl. Kopff/Lent (1989), S. 34; Bär (1997), S. 191.

3 Vgl. Pavel (1986), S. 25; Silver/Axilrod (1989), S. 18; Atzwanger (1993a), S. 463; Tesher et al. (1996), S. 20.

4 Vgl. z. B. Falter (1997), S. 467.

zelner Kriterien unter kreditnehmerspezifischen Gesichtspunkten variieren kann.[1] Der Umgang mit säumigen Schuldnern und die einzuleitenden Maßnahmen bei einem Zahlungsverzug sind bei Firmenkundenkrediten weniger standardisiert und werden oft von Fall zu Fall individuell festgelegt. Die Forderung nach einem Pool aus vielen einheitlichen Kreditverträgen, die nach objektiven und standardisierten Verfahren vergeben und betreut wurden, wird somit von Krediten an Unternehmen und wirtschaftlich Selbständige kaum erfüllt. Aufgrund der fehlenden Homogenität ist eine Untersuchung auf der Basis der historischen Performance eines repräsentativen Querschnitts des Kreditpools mit mathematisch-statistischen Verfahren nicht möglich, vielmehr muß die Bonität eines jeden Schuldners im Pool einzeln beurteilt werden.[2]

Für die hier betrachteten deutschen Universalkreditinstitute scheitert die Einzelanalyse jedoch am Konflikt zwischen den Interessen der Kreditinstitute und den Bedingungen, die das BAKred an eine Grundsatz I-entlastende Verbriefung bankeigener Forderungen stellt. Im Rundschreiben 4/97 zur Veräußerung von Kundenforderungen legt es fest, daß es zur Wahrung des Bankgeheimnisses grundsätzlich erforderlich ist, daß der Forderungsschuldner in die Weitergabe seiner persönlichen Daten im Falle einer Forderungsabtretung ausdrücklich einwilligt.[3] Dies bedeutet, daß das Kreditinstitut die Forderungsabtretung gegenüber seinem Kreditnehmer (auch bei juristischen Personen) anzeigen müßte, was die Kreditinstitute jedoch aus Kosten- und aus Imagegründen vermeiden möchten.[4] Die Identität des Kreditnehmers ist für die Beurteilung seiner Bonität jedoch von größter Bedeutung, ohne sie kann die Einzelprüfung der abgetretenen Kredite nicht durchgeführt werden.

Auf historische Zeitreihen zur Prognose des Zahlungsstroms kann bei Firmenkunden nur bedingt zurückgegriffen werden. Der Zahlungsstrom der gewerblichen Kreditnehmer wird von unterschiedlichen Einflußfaktoren determiniert und schwankt stärker als bei privaten Kreditnehmern. Durch die Heterogenität der Firmenkundenkredite ist die Datenbasis, auf die zur Beurteilung dieser Kreditart zurückgegriffen werden muß, wesentlich breiter als bei Privatkundenkrediten. Vielen Kreditinstituten fehlen jedoch noch systematisch gewonnene Erfahrungswerte, die entsprechenden Zeitreihen müssen erst noch generiert werden.[5] Da die vielen Kombinationsmöglichkeiten der Gestaltungsvariablen Fristigkeit, Besicherung, Verzinsung, Währung und Inanspruchnahme in der

---

1 So müssen zum Beispiel die Kriterien bei einem Kredit an einen Firmengründer anders bewertet werden wie bei einem Kredit an eine Unternehmung mit langer Firmenhistorie.

2 Vgl. Atzwanger (1993a), S. 465; Ohl (1994), S. 130f.

3 Vgl. Bundesaufsichtsamt für das Kreditwesen (1997a).

4 Vgl. Wulfken (1993), S. 367.

5 Vgl. Bär (1997), S. 171.

Vergangenheit zunehmend zur aktiven Produktgestaltung genutzt wurden,[1] können auch vorhandene historische Zeitreihen nur bedingt zur Risiko-Evaluation des Kreditpools verwendet werden. Statt dessen ist eine Prüfung jedes Einzelkredites und eine ständige Überwachung des Engagements erforderlich,[2] um eine zuverlässige Vorhersage über das Zinszahlungs- und Tilgungsverhalten treffen zu können.[3] Wie oben beschrieben steht dies jedoch im Widerspruch zu der damit verbundenen Offenlegung der Abtretung gegenüber dem Kreditnehmer.

Auch die externe Ermittlung von Verzugs- und Abschreibungsquoten in den einzelnen Kreditarten des Firmenkreditgeschäfts gestaltet sich schwierig, da die genauen Daten für die einzelnen Kreditarten den Instituten häufig selbst nicht bekannt sind.[4] Lediglich für den gewerblichen Realkredit liegt eine empirisch ermittelte Abschreibungsquote von durchschnittlich 0,054% vor.[5] Für eine Asset Backed-Transaktion mit Firmenkundenkrediten bedeutet das Fehlen dieser Informationen, daß von den Investoren eine höhere Risikomarge respektive von den Ratingagenturen höhere Sicherungsleistungen verlangt werden, was die Verbriefung zusätzlich verteuert. Als Orientierungsgröße kann die Wertberichtigungsquote auf das gesamte Kreditvolumen an Unternehmen und wirtschaftlich Selbständige dienen. Erfahrungsgemäß bewegt sich diese bei den meisten Instituten in einer Größenordnung von 0,3% bis 0,6% des betrachteten Kreditvolumens,[6] wobei die Quote in Ausnahmefällen vor allem auch nach oben abweichen kann.[7] Für ein differenziertes Urteil über die einzelnen Kreditarten ist diese Größe jedoch zu pauschal.

---

1 Vgl. Juncker/Rüschen (1991), S. 696.

2 Vgl. Kopff/Lent (1989), S. 34; Gold/Schlueter (1993), S. 154; Paul (1994), S. 194; Ohl (1994), S. 130f.; Deshouri/Nigro (1995), S. 2f.

3 Dies drückt sich auch in der täglichen Geschäftspraxis aus, wenn Firmenkunden ihrem Kreditinstitut immer wieder Unterlagen einreichen müssen, die ihre wirtschaftliche Lage und ihre Fähigkeit zur Bedienung der Zins- und Tilgungsansprüche verdeutlichen sollen.

4 Vgl. hierzu auch Bär (1997), S. 174. Diese Tatsache wurde auch im persönlichen Gespräch mit Mitarbeitern des Asset Backed-Teams der West LB am 18.5.1998 bestätigt.

5 Vgl. Weber (1992), S. 543; Dübel/Pfeiffer (1996), S. 112. Hierbei ist zu berücksichtigen, daß diese Quote aus einer Stichprobe von 26 Hypothekenbanken ermittelt wurde. Wegen der besonderen Bedeutung dieser Kreditart für die Hypothekenbanken kann ihnen auf diesem Feld eine tendenziell höhere Kompetenz zugeschrieben werden. Die Abschreibungsquote bei den betrachteten Institutsgruppen dürfte eher höher liegen.

6 Aussage eines Unternehmenskreditspezialisten.

7 So mußte z. B. die Sparkasse Mannheim 1996 2,65% ihres Geschäftsvolumens aufgrund von Schieflagen im Bauträgerbereich abschreiben. Bezogen auf das Kreditvolumen an Unternehmen und wirtschaftlich Selbständige muß die Abschreibungsquote sogar um ein Vielfaches höher liegen. Vgl. o. V. (1997o), S. 20.

Die Bedeutung des Risikos der vorzeitigen Rückzahlung dürfte in Deutschland bei Firmenkundenkrediten ebenso wie bei den Krediten an wirtschaftlich unselbständige Kreditnehmer gering sein. Zwar scheinen Firmenkundenkredite wegen ihres größeren Volumens und des Einflusses der Zinskosten auf die Ertragslage der Firmenkunden eher von vorzeitigen Rückzahlungen bei einem sinkenden Zinsniveau betroffen als Kredite an Privatpersonen,[1] in der Praxis wird jedoch regelmäßig festgelegt, daß vorzeitige, vertragsabweichende Rückzahlungen des Kreditnehmers nicht möglich sind. Wird in Ausnahmefällen eine vertragskonträre Rückzahlung eingeräumt, so muß regelmäßig ein Ausgleich geleistet werden. Im Falle von für die Verbriefung abgetretenen Krediten sollte das Kreditinstitut zur Stabilisierung des Zahlungsstroms auf eine Vorfälligkeitsentschädigung bestehen.[2]

Wegen der relativ großen Einzelforderungen im Firmenkreditgeschäft ist die Zahl der in einem Forderungspool für die Verbriefung zusammengefaßten Kredite kleiner als z. B. bei Konsumentenkrediten. Dadurch gestaltet sich die Risikostreuung innerhalb des Pools schwieriger[3] und der Ausfall eines einzelnen Kredites hat eine größere Auswirkung auf den Zahlungsstrom des Pools. Bei regional beschränkten Kreditinstituten ist die geographische Diversifikation schon durch die Größe des Geschäftsgebietes limitiert.[4] Gleichzeitig wirkt sich ein regionaler Branchenschwerpunkt, der sich in der Struktur des Kreditportfolios widerspiegelt, nachteilig auf die Diversifikationsmöglichkeiten aus.

Die Sicherheiten, die zur Unterlegung von Firmenkundenkrediten herangezogen werden, sind vielfältig. Zum Teil sind Firmenkundenkredite ungesichert, zum Teil gesichert, oft jedoch mit unterschiedlichen Sicherheiten.[5] Die am häufigsten verwendeten Sicherheiten sind Grundpfandrechte, Bürgschaften, die Abtretung von Forderungen und die Sicherungsübereignung.[6] Der Rückgriff auf diese Sicherheiten im Rahmen einer Asset Backed-Transaktion ist meist nicht unproblematisch. Bei der Bürgschaft ändert ein Übergang der gesicherten Forderung auf einen neuen Gläubiger zwar nichts an der Wirksamkeit,[7] da für Änderungen im Bürgschaftsvertrag jedoch regelmäßig die Schrift-

---

1 Vgl. Silver/Axilrod (1989), S. 19.

2 Bei der ersten deutschen Asset Backed-Transaktion mit Firmenkundenkrediten unterliegen alle in den Pool eingebrachten Darlehen einer Vorfälligkeitsentschädigung. Vgl. Deutsche Bank (1998b), S. 3 und die Ausführungen im Anhang.

3 Zu einer gegenteiligen Meinung vgl. unten in diesem Abschnitt.

4 Vgl. Schulte-Kemper (1990), S. 542.

5 Vgl. Silver/Axilrod (1989), S. 19.

6 Vgl. hierzu z. B. Falter (1997), S. 460ff.

7 In den Bürgschaftsverträgen wird auf diese Tatsache häufig entsprechend hingewiesen. Vgl. Scholz/Lwowski (1994), S. 332.

form vereinbart ist, entsteht mit dem Forderungsübergang ein zusätzlicher Verwaltungsaufwand.[1] Grundpfandrechte auf Gewerbeimmobilien und sicherungsübereignete Maschinen sind schwer zu bewerten und oftmals nicht zu verwerten, da sie auf den speziellen Bedarf des Kreditnehmers zugeschnitten sind und deshalb nur auf eine sehr begrenzte Nachfrage treffen.[2] Insgesamt muß deshalb festgestellt werden, daß die im Firmenkreditgeschäft gängigen Sicherheiten nur bedingt zur Unterlegung der abgetretenen Finanzaktiva geeignet sind, da sowohl ihre Übertragung als auch ihre Be- und Verwertung mit Problemen verbunden sein kann.

Die Risiko- und Ertragsspanne ist bei Firmenkundenkrediten aufgrund der größeren Verhandlungsmacht der gewerblichen Kreditnehmer im allgemeinen kleiner als bei Krediten an Privatpersonen. Wegen des scharfen Wettbewerbs kann bei gewerblichen Kunden schlechterer Bonität ein Risikoaufschlag nicht immer in dem Maße realisiert werden, wie er bei Privatkunden möglich ist, teilweise stehen die erzielbaren Margen in keinem sinnvollen Verhältnis mehr zu den eingegangenen Risiken.[3] Gleichzeitig führen die genannten Probleme bei der Informationsgewinnung und Sicherheitenstellung dazu, daß die Einschätzung des Zahlungsstroms und der mit den Darlehen verbundenen Risiken für die Investoren erschwert wird, weshalb sie zum Ausgleich für das übernommene Risiko entweder zusätzliche Sicherungsleistungen oder eine höhere Zinsprämie verlangen.[4] Die Marge, die zur Deckung der Kosten einer Verbriefung verbleibt, steht somit sowohl von seiten des Originators als auch von seiten des Investors unter Druck. Die Zinssätze für langfristige Festzinskredite an Unternehmen und Selbständige bewegten sich 1997 zwischen 5,41% und 8,75%.[5] Im gleichen Zeitraum lag der DM-LIBOR bei 3,556%.[6] Die Kosten der Transaktion sind aufgrund des beschriebenen Aufwands für die Forderungspoolanalyse und die zu stellenden Sicherungsleistungen höher als bei der Verbriefung von Krediten privater Kreditnehmer, so daß die zur Dek-

---

1 Zudem bedingt die Einbindung der Bürgschaft in die Transaktion, daß die Bonität des Bürgen von den Ratingagenturen geprüft werden muß.

2 Vgl. Pavel (1986), S. 29; Silver/Axilrod (1989), S. 19; Kopff/Lent (1989), S. 34; Schulte-Kemper (1990), S. 543; Atzwanger (1993a), S. 463; Betsch et al. (1997), S. 151. *Benthien* weist darauf hin, daß gerade im Firmenkreditgeschäft die Qualität eines Sicherungsgutes eng mit der Bonität des Schuldners verknüpft ist und deshalb bei einer notwendigen Verwertung nur bedingt liquidiert werden kann, da z. B. ein Betriebsgrundstück nicht für andere Zwecke genutzt werden kann oder die fertigen Waren unverkäuflich sind. Vgl. Benthien (1993), S. 309.

3 Vgl. Kopff/Lent (1989), S. 32ff; o. V. (1996g), S. 14; Currie (1998a), S. 124.

4 Vgl. Beshouri/Nigro (1995), S. 2f.

5 Vgl. Deutsche Bundesbank (1998b), S. 45*.

6 Quelle: Bloomberg L.P.

kung der Kosten verbleibende Marge bei der Verbriefung von Firmenkundenkrediten im Vergleich zu den anderen Kreditarten eher gering ist.

Wie deutlich wurde, gestaltet sich die Verbriefung von Firmenkundenkrediten grundsätzlich wesentlich komplexer und teurer als die Verbriefung von Darlehen privater Kreditnehmer, da eine zuverlässige Prognose über den künftigen Zahlungsstrom der verbrieften Finanzaktiva wegen deren Heterogenität meist nur durch eine aufwendige Einzelanalyse gewonnen werden kann. Eine solche Einzelanalyse ist zudem mit der Aufdeckung der Abtretung gegenüber dem Kreditnehmer verbunden; ein Umstand, welchen die Kreditinstitute bei der Verbriefung ihrer eigenen Forderungen in der Regel vermeiden möchten. Tabelle 15 faßt die einzelnen Erkenntnisse zusammen:

Anforderung	Kredite an Unternehmen und wirtschaftlich selbständige Privatpersonen
Ableitbarkeit eines Zahlungsstroms	aus Zins- und Tilgungszahlungen
Prognostizierbarkeit eines Zahlungsstroms	vertraglich fixiert bzw. bedingt möglich auf Grundlage regelmäßiger Zahlungsströme in der Vergangenheit
Separation möglich (rechlich/organisatorisch)	rechtliche Abtrennung i. d. R. problemlos, Kalkulation auf Basis von Kundengesamtengagement bedingt aber hohen Aufwand
homogen, standardisiert und zahlreich	wegen Heterogenität Einzelprüfung der Kreditnehmer notwendig
historische Datenreihen	wegen fehlender Datenreihen Einzelprüfung der Kreditnehmer notwendig
niedrige Quote von Ausfällen/Verzögerungen	Daten über Ausfälle und Verzögerungen in den einzelnen Kreditarten häufig nicht bekannt, deshalb Erfordernis höherer Sicherungsleistung oder Verzinsung
regionale und demographische Streuung	große Einzelvolumina und geringe Anzahl der Kredite im Pool erschweren Diversifizierung
Besicherung	zum Teil ohne Sicherheit, Übertragung sowie Be- und Verwertbarkeit vorhandener Sicherheiten schwierig
ausreichender Zinsertrag	hohen Transaktions- und Sicherungskosten stehen vergleichsweise niedrige Zinserträge gegenüber, u. U. Kaufpreisabschlag erforderlich
sonstiges	notwendige Einzelprüfung erfordert Offenlegung der Abtretung gegenüber Kreditnehmer
Eignung für Verbriefung	bedingt geeignet

Tabelle 15: Eignung von Krediten an Unternehmen und wirtschaftlich selbständige Privatpersonen für die Verbriefung

Nur wenige Kreditarten und Kreditnehmer weisen eine Homogenität auf, die es zuläßt, den künftigen Zahlungsstrom mit Hilfe statistischer Verfahren abzuleiten. Eine mögliche Kreditart, die über die notwendige Homogenität verfügt, stellen die Hypothekenkredite für den gewerblichen Wohnungsbau dar.[1] Sie werden alle für denselben Verwendungszweck gewährt und sollten somit auch nach denselben Prüfungsverfahren beurteilt und vergeben worden sein. Mit den Grundpfandrechten auf die erstellten Wohnimmobilien sind sie durch ein bewertbares Sicherungsgut unterlegt, für dessen Verwertung ein liquider Sekundärmarkt zur Verfügung steht.[2] Da die Kredite an gewerbliche Kreditnehmer eine durchschnittlich höhere Darlehenssumme aufweisen, sollte der zu verbriefende Kreditpool größer sein als bei wirtschaftlich unselbständigen Kreditnehmern, um eine ausreichende Streuung zu erreichen. Ebenfalls für die Verbriefung geeignet können Firmenkundenkredite sein, wenn es gelingt, einen Pool mit relativ homogenen Darlehensnehmern zu bilden.[3] Eine solche homogene Gruppe stellen z. B. Franchisenehmer (Portas, Eismann, Body Shop, Pit Stop, McDonald's etc.) oder Vertragshändler (z. B. der Automobilmarken) dar.[4] Der Zahlungsstrom der Kredite an solche Kreditnehmer unterliegt weitgehend den gleichen Einflußfaktoren, was seine Prognose erleichtert.[5] Zudem wird durch den Franchise- bzw. Vertragsgeber bereits bei der Auswahl der Partner eine Selektion im Hinblick auf bestimmte Kriterien vorgenommen, so daß die Kreditnehmer auch bezüglich ihrer persönlichen Fähigkeiten und Eigenschaften eine gewisse Homogenität aufweisen. Ein praktisches Beispiel hierfür ist die Verbriefung von Krediten an Betreiber einer Fast Food-Kette in den USA im Jahre 1988, als die Citibank einen Pool mit Krediten an McDonald's-Franchisenehmer verbriefte.[6] Die bei solchen Kreditpools vernachlässigte Diversifizierung der Kreditnehmer kann zumindest teilweise dadurch ausgeglichen werden, daß der Anteil eines einzelnen

---

1 Solche Darlehen waren auch im Darlehenspool bei der Mortgage Backed-Transaktion der Rheinhyp enthalten Vgl. GEMS (1995), S. 10f.

2 Hierbei soll darauf hingewiesen werden, daß bei dieser Kreditart besondere Sorgfalt bei der Objektprüfung erforderlich ist, da mit den Marktchancen des Objektes sowohl die Fähigkeit des Schuldners zur Bedienung seiner Verpflichtungen als auch die Verwertbarkeit des Sicherungsgutes steht und fällt.

3 Vgl. hierzu auch Kopff/Lent (1989), S. 34. Ein Beispiel hierfür stellt die Verbriefung von Projektfinanzierungen der Credit Suisse First Boston durch die Zweckgesellschaft Project Finance Corporation I dar. Diese begab im März 1998 Asset Backed Securities im Wert von 617 Mio. US-$, die durch Kredite an 41 Kraftwerksbetreiber in den USA unterlegt waren. Vgl. Dambach (1998), S. 437ff.; Fitch/IBCA (1998b).

4 Zur Kreditbeurteilung von Gründungsvorhaben mit Franchisesystemen vgl. Egger (1996), S. 14ff.

5 Zur Beurteilung von Krediten an Franchisenehmer vgl. Fitch Investors Service (1996).

6 Vgl. Yacik (1988), S. 2; Silver/Axilrod (1989), S. 17; Atzwanger (1993a), S. 461.

Kreditnehmers einen bestimmten Anteil am Gesamtvolumen nicht übersteigen darf (z. B. 2%). Außerdem muß zwischen den einzelnen Kreditnehmern, auch wenn sie relativ homogen sind, nicht notwendigerweise eine Ausfallkorrelation bestehen, wenn ein Teil der Kreditnehmermerkmale ausreichend streut.[1] Trotzdem ist damit zu rechnen, daß sich die Struktur eines solchen Kreditpools in den zu stellenden Sicherungsleistungen bzw. in der Investorenprämie niederschlägt.[2]

3.1.1.3.2 Lösungsansätze

Wie im vorangegangen Abschnitt deutlich wurde, ist bei der Verbriefung von Firmenkundenkrediten insbesondere die statistische Ableitung des künftigen Zahlungsstroms auf der Basis historischer Kreditinformationen schwierig, da die einzelnen Engagements nicht über die erforderliche Homogenität verfügen. Die deshalb notwendige Einzelanalyse erhöht den Prüfungsaufwand erheblich und bedingt eine Aufdeckung der Abtretung gegenüber dem Kreditnehmer, welche vom Originator jedoch vermieden werden möchte. Um diese, die Verbriefung von Firmenkundenkrediten in deutschen Universalkreditinstituten hemmende Einzelanalyse zu umgehen, lassen sich unterschiedliche Lösungsansätze identifizieren:[3]

- *Verbriefung von Krediten extern beurteilter Kreditnehmer*
  Bei diesem Lösungsansatz werden lediglich Kredite von solchen Kreditnehmern für die Verbriefung herangezogen, deren Bonität bereits durch externe und unabhängige Institutionen wie Ratingagenturen beurteilt wurde.[4] Durch den Rückgriff auf ihr Urteil kann die notwendige Bonitätstransparenz der Darlehen im Pool geschaffen werden. Das Rating der im Pool zusammengefaßten Schuldner bildet dann die Grundlage für die Ermittlung der Bonität des Darlehenspools,[5] ohne eine aufwendige Einzelanalyse durchführen zu müssen.[6] Das Rating der Schuldner muß hierzu nicht zwingend von der Agentur erstellt worden sein, welche die Transaktion beur-

---

1 So wurde im oben genannten Fall der Verbriefung von Krediten gegenüber Kraftwerksbetreibern das Klumpenrisiko durch eine breite geographische Streuung innerhalb der USA gesenkt. Vgl. Dambach (1998), S. 439.

2 Vgl. Fitch/IBCA (1998b), S. 3.

3 Auf den in den USA vorgenommenen Versuch, die Verbriefbarkeit von Firmenkundenkrediten durch staatliche Regelungsmaßnahmen zu verbessern, soll hier nicht eingegangen werden. Vgl. hierzu Rappaport/Wyatt (1993), S. 215ff.

4 Vgl. zum Rating und zu Ratingagenturen ausführlich Berblinger (1996).

5 Unter Umständen kann hierzu auch auf das Emittentenrating einer Muttergesellschaft oder verbundenen Unternehmung zurückgegriffen werden.

6 Vgl. hierzu Silver/Axilrod (1989), S. 20; Atzwanger (1993a), S. 462; Standard & Poor's (1998c), S. 25.

teilt.

Neben anderen Aspekten für die geratete Unternehmung wie Zugang zu den internationalen Finanzmärkten und Kostensenkung bei der Emission von Schuldverschreibungen hat das Rating auch eine Wirkung bei der Aufnahme von Bankdarlehen. Durch die Möglichkeit, sich an den internationalen Kapitalmärkten zu finanzieren, haben die Unternehmungen vor allem bei einem guten Rating eine Verhandlungsposition gegenüber den lokalen Kreditinstituten, die es ihnen ermöglicht, relativ niedrige Kreditzinsen durchzusetzen.[1] Kredite an solche Unternehmungen haben deshalb oft eine so geringe Risiko- und Ertragsspanne, daß die mit ihnen verbundenen Kosten nicht oder kaum gedeckt werden können. Die zur Deckung der Transaktions- und Sicherungskosten der Verbriefung verbleibende Marge ist deshalb sehr gering. Wegen der durch das Rating bereits geschaffenen Transparenz eines Kreditpools, der ständigen Überwachung der Bonität durch die Ratingagenturen und der anerkannten Qualität eines Ratings bei den institutionellen Anlegern dürften die Transaktionskosten im Vergleich zu anderen Kreditarten jedoch sehr klein sein. Insbesondere bei großen Forderungspools im Bereich über 1 Mrd. DM dürfte die Verbriefung solcher Kredite auch ökonomisch sinnvoll durchführbar sein. Diese Vorgehensweise bei der Verbriefung von Firmenkundenkrediten ist vor allem in den USA anzutreffen.

- *Rückgriff auf bestehende Kreditbeurteilungssysteme zur Poolbewertung*
  Voraussetzung für die Bildung eines Pools mit Krediten gerateter Unternehmungen ist, daß ein Kreditinstitut über eine ausreichende Zahl solcher Kredite verfügt, um die erforderliche Diversifikation im Kreditpool zu erreichen. Verfügt ein Kreditinstitut jedoch nicht über genügend geratete Kreditnehmer, bleibt ihm dieser Weg zur Beurteilung seines zu verbriefenden Kreditpools verschlossen. Um dennoch die aufwendige Einzelanalyse zu umgehen, kann unter Umständen auf das interne Kreditbeurteilungs- oder -ratingsystem des Originators zurückgegriffen werden.[2] Genügt das Kreditbeurteilungssystem des Originators den Anforderungen der Ratingagenturen, so sind sie bereit, sich bei der Beurteilung der Bonität des zu verbriefenden Kreditpools auf das Ergebnis der internen Beurteilung zu stützen.[3] Gegenstand der Prüfung durch die Ratingagenturen sind dann nicht mehr die einzelnen, in den abzutretenden Pool eingebrachten Kredite, sondern das Kreditbeurteilungssystem des Originators. Hierzu untersuchen die Ratingagenturen die Ausgestaltung und Zuverlässigkeit des internen Kreditbeurteilungssystems des Originators. Inhalt der

---

1 Vgl. Schnabel (1996), S. 314.

2 Vgl. Fitch/IBCA (1997), S. 3f.; Standard & Poor's (1998c), S. 27.

3 Vgl. Standard & Poor's (1998c), S. 27.

Untersuchung sind die Methoden, der Ablauf und die Ressourcen bei der Beurteilung der Bonität der Kreditnehmer. Gleichzeitig wird anhand von Stichproben die Stringenz und Objektivität des eingesetzten Verfahrens überprüft. Entscheidend ist, daß sich die Urteile des Kreditinstitutes aufgrund seines internen Systems im Zeitablauf bestätigt haben.[1] Anschließend erfolgt ein Abgleich der internen Ratingurteile des Originators mit den Ratingklassen der Agenturen, um die jeweiligen Bonitätsurteile miteinander vergleichbar zu machen. Denn erst, wenn die Vergleichbarkeit gewährleistet ist, kann die Korrelation der internen Urteile mit den Ratings der Ratingagenturen berechnet werden.[2] Schließlich wird auch die Konsistenz und Stabilität des internen Kreditbeurteilungssystems unter verschiedenen wirtschaftlichen Szenarien ermittelt. Kommen die Ratingagenturen aufgrund dieser „Durchleuchtung" zum Ergebnis, daß das Kreditbeurteilungssystems des Originators ein zufriedenstellender und dem eigenen Rating vergleichbarer Indikator ist, sind sie bereit, sich bei der Prüfung des Kreditpools auf die internen Kreditbeurteilungen des Kreditinstitutes stützen. Voraussetzung hierfür ist selbstverständlich, daß alle im Pool enthaltenen Darlehen nach diesem System beurteilt wurden.[3]

Für deutsche Kreditinstitute stellt dieses Vorgehen eine sinnvolle Möglichkeit dar, den Kreis der für eine Verbriefung geeigneten Firmenkundenkredite zu erweitern. Das Informationsproblem reduziert sich dann auf die Frage, ob das interne System des Kreditinstitutes ein verläßlicher Indikator für das Kreditrisiko innerhalb des Portfolios ist.[4] Ist dies erfüllt, so zeigt es, daß das Kreditinstitut intern über genügend Informationen verfügt, um das mit einem Kredit verbundene Risiko verläß-

---

1 Dazu wird die anhand des Kreditbeurteilungssystems prognostizierte Entwicklung eines Engagements mit seiner tatsächlichen Entwicklung retrograd verglichen. Vgl. hierzu die Ausführungen bei Fitch Investors Service (1997a), S. 2f.; Fitch Investors Service (1997b), S. 2; Duff & Phelps Credit Rating (1997), S. 4; Moody's Investors Service (1997a), S. 3f.; Standard & Poor's (1997), S. 8f.

2 Dies erfolgt durch den Abgleich der historischen Ausfallraten in den internen Ratingklassen mit den Ausfallraten in den vergleichbaren Ratingklassen der Ratingagenturen.

3 Vgl. Standard & Poor's (1998c), S. 27f. Die praktische Prüfung des internen Kreditbeurteilungssystems bei der National Westminster (Facility Grading System) im Rahmen der R.O.S.E.-Transaktionen ist beschrieben bei Repeat Offering Securitisation Entity Funding No. 2 Limited (1998), S. 62; Fitch Investors Service (1997a), S. 2f.; Fitch Investors Service (1997b), S. 2. Zu den Transaktionen selbst vgl. z. B. ING Barings (1996a), o. S.; Honegger (1996), S. 29; o. V. (1996d), S. 3; o. V. (1996g), S. 14; o. V. (1997v), S. 10.

4 Sollen Kredite in den Pool eingebracht werden, die der Originator selbst von anderen Kreditinstituten übernommen hat, müssen auch die Vergabestandards bei diesem verkaufenden Kreditinstitut beurteilt werden. Vgl. Tesher et al. (1996), S. 20.

lich einschätzen zu können. Die Sammlung und Offenlegung der relevanten Informationen gegenüber den Ratingagenturen ist dann nicht mehr erforderlich.[1]

- *Vereinheitlichung der Kreditbeurteilungssysteme*
  Bei Krediten an kleinere Firmenkunden wie Handwerker, Freiberufler oder Gewerbetreibende, die wegen ihres vergleichsweise geringeren Volumens in größerer Stückzahl für die Verbriefung zusammengefaßt werden müssen, scheint es langfristig sinnvoll, die Homogenität der einzelnen Kredite zu erhöhen. Hierfür müssen einheitliche Kriterien entwickelt werden, die eine standardisierte Beurteilung der Kredite ermöglichen.[2] Erste Ansätze zur Etablierung solcher Commercial Scoring-Modelle bei der Kreditvergabe an Firmenkunden sind bereits zu erkennen.[3] Ein noch weiter reichendes Beispiel für die Verwendung einheitlicher Standards bei der Kreditvergabe zur Verbesserung der Verbriefbarkeit von Firmenkundenkrediten stellt das Vorgehen der Norwest Bank in Minneapolis/USA dar. Sie formulierte Kriterien in den Klassen Cash-flow, Leverage, Profitabilität und Working Capital, die bei der Kreditvergabe vom Kreditnehmer eingehalten werden mußten. Kreditinstituten aus der Region Minneapolis sagte sie zu, daß sie Kredite an Unternehmungen bestimmter Bereiche, welche die genannten Kriterien erfüllen, von ihnen übernehmen wird. Allerdings sollten 65% der Kreditvolumen beim ursprünglichen Kreditinstitut verbleiben, um so die Überwachung des Engagements zu gewährleisten. Dadurch konnte ein Kreditpool generiert werden, der relativ homogen war und dessen Kredite nach einheitlichen Vergabekriterien gewährt wurden.[4] Durch die Standardisierung im Firmenkundengeschäft kann es aber auch zu Konflikten kommen, da vom Standard abweichende, maßgeschneiderte Finanzierungen dann mit einem höheren Aufwand und mit höheren Kosten verbunden sind.[5] Insgesamt kommt es jedoch zu geringeren Kosten, da für das Gros der standardisierten Kredite der individuelle Prüfungsaufwand sowohl bei der Vergabe als auch bei der Verbriefung sinkt.

---

1 Deutsche Transaktionen, bei welchen auf das interne Kreditbeurteilungssystem des Originators zurückgegriffen wurde, sind die Verbriefung von Firmenkundenkrediten der Dresdner Bank AG im Vehikel Silver Tower und die Verbriefung von Firmenkundenkrediten der Deutsche Bank AG in der CORE 1998-1 Transaktion (vgl. hierzu die Ausführungen im Anhang). Beim Credit Default Swap „Kaiserplatz 259“, in den Firmenkundenkredite aus dem Portfolio der Commerzbank AG eingebracht wurden, erfolgte die Prüfung des Pools auf ähnliche Weise. Vgl. z. B. Fitch/IBCA (1998a), S. 2f.; Duff & Phelps Credit Rating (1998a), S. 2.

2 Vgl. Atzwanger (1993b), S. 500; Wilson (1993), S. 9.

3 Vgl. hierzu Franck/Poppe (1996), S. 35; Reuter (1996), S. 325f.

4 Allerdings konnte die Norwest Bank nicht genügend Kredite akquirieren, um das Programm zum Abschluß zu bringen. Vgl. Beshouri/Nigro (1995), S. 22.

5 Vgl. Atzwanger (1993b), S. 500.

- *Schaffung großer Kreditportfolios*
  Es gibt auch Argumente, die gegen eine starke Standardisierung der Firmenkundenkredite sprechen und die Heterogenität der Darlehen als Vorteil sehen.[1] Die Heterogenität sorgt dafür, daß eine gute Risikodiversifikation im Forderungspool vorgenommen werden kann. Gleichzeitig sollte bei entsprechender Größe des Kreditportfolios die Einteilung der Kredite in Gruppen mit ähnlichen Risiko- oder Rückzahlungsstrukturen möglich sein, so daß die Durchführbarkeit einer Verbriefungstransaktion mit Firmenkundenkrediten letztlich nur eine Frage der Größe des Kreditportfolios ist. Bei entsprechender Größe läßt sich ein Portfolio konstruieren, das einerseits viele ähnliche Kredite enthält und in dem andererseits die Charkteristiken der Kreditarten so weit streuen, daß der Pool über eine ausreichende Diversifikation verfügt.[2] Ziel von Kreditinstituten, deren Firmenkundenportfolio nicht die kritische Größe aufweist, muß es deshalb sein, das Portfolio so zu vergrößern, daß hinzukommende Kredite eine Risiko- und Rückzahlungsstruktur aufweisen, welche die Bildung eines homogenen und diversifizierten Kreditpools erleichtern. Möglich wäre dies durch den Zukauf einzelner Kreditengagements oder den Zusammenschluß mit anderen Instituten im Rahmen einer Übernahme oder Fusion. Allerdings besteht auch hier das Problem, die Ähnlichkeiten und Unterschiede der Kredite zu erfassen, was nur durch eine Einzelanalyse der Kredite möglich ist. Dies wiederum verursacht hohe Kosten und erfordert die Offenlegung der Abtretung. Der Ansatz, die Verbriefung von Firmenkundenkrediten allein durch die Schaffung großer Kreditportfolios zu unterstützen, scheint deshalb wenig erfolgversprechend.

3.1.2 Volumen der geeigneten Kreditarten in den Portfolios deutscher Universalkreditinstitute

Die Verbriefung bankeigener Forderungen durch deutsche Universalkreditinstitute hängt auch davon ab, ob in den Kreditportfolios der betrachteten Institute ein ausreichendes Volumen für die Verbriefung vorhanden ist. Nachdem in den vorhergehenden Abschnitten die einzelnen Kreditarten auf ihre Eignung für die Verbriefung analysiert wurden, soll nun untersucht werden, in welchem Umfang die einzelnen Institutsgruppen über die gut bzw. sehr gut geeigneten Kreditarten verfügen. Eine Einzelinstitutsanalyse kann an dieser Stelle nicht durchgeführt werden. Hierfür wären detaillierte Angaben über die Kreditvolumina in den einzelnen Instituten erforderlich, die jedoch weder von der Deutschen Bundesbank noch von den Verbänden öffentlich gemacht werden. Vielmehr sollen anhand der kumulierten Volumina in den einzelnen Kreditar-

---

1 Vgl. Atzwanger (1993b), S. 500f.

2 Vgl. hierzu auch Henke/Burghof/Rudolph (1998), S. 16.

ten Erkenntnisse darüber gewonnen werden, in welchem Umfang die Verbriefung in den einzelnen Gruppen tendenziell möglich ist. Die dabei verwendeten Volumenangaben beruhen auf einer von der Deutschen Bundesbank speziell für diese Arbeit vorgenommenen Auswertung ihrer Kreditnehmerstatistik.

3.1.2.1 Geeignete Kredite an wirtschaftlich unselbständige und sonstige Privatpersonen

Von den in Abschnitt C 3.1.1.2 untersuchten Kreditarten an wirtschaftlich unselbständige und sonstige Privatpersonen wurden die Ratenkredite und die Wohnungsbaukredite als für die Verbriefung geeignet identifiziert.

Ratenkredite

Unter dieser Kategorie werden der Deutschen Bundesbank alle Kredite gemeldet, die nach einem von vornherein vereinbarten Tilgungsplan mit gleichen Teilbeträgen in regelmäßigen Zeitabständen zu tilgen sind. Das Volumen der sehr gut für eine Verbriefung geeigneten Ratenkredite verteilte sich auf die betrachteten Institutsgruppen Ende 1997 wie folgt:

Institutsgruppe	Volumen in Mio. DM
Großbanken	11.085
Regionalbanken und sonstige Kreditbanken	56.289
Sparkassen	66.751
Kreditgenossenschaften	53.869

Tabelle 16: Volumen der Ratenkredite an wirtschaftlich unselbständige und sonstige Privatpersonen[1]

- *Großbanken*

  Die Gruppe der Großbanken verfügte Ende 1997 insgesamt über ein Ratenkreditvolumen von 11 Mrd. DM. Ein Ungleichgewicht dergestalt, daß ein Institut eine besonders starke oder ein anderes Institut eine besonders schwache Stellung innerhalb des Ratenkreditgeschäfts der Großbanken hat, existiert nicht. Ohne näher auf die Größenverhältnisse zwischen den drei Großbanken (Deutsche Bank AG, Dresdner Bank AG, Commerzbank AG) einzugehen, kann deshalb festgestellt werden, daß alle drei Institute über ein ausreichendes Volumen zur Durchführung einer Asset Backed-Transaktion in dieser Kreditart verfügen.
- *Regionalbanken und sonstige Kreditbanken*

  Das Volumen der Ratenkredite in dieser Bankengruppe belief sich 1997 auf über 56

1 Quelle: Deutsche Bundesbank.

Mrd. DM. Im Vergleich zu den Krediten aus der Wohnungsbaufinanzierung (siehe unten) haben sie mit einem Anteil von fast 30% bei dieser Kreditart eine relativ starke Stellung unter den betrachteten Gruppen. Ursache hierfür ist, daß bei dieser insgesamt recht heterogenen Institutsgruppe auch die Teilzahlungsbanken und die hauseigenen Institute der PKW-Hersteller enthalten sind, die seit 1986 nicht mehr getrennt in der Bundesbankstatistik ausgewiesen werden.[1] Diese Institute verfügen trotz ihrer geringen Größe über vergleichsweise große Ratenkreditportfolios, da sie sich auf dieses Geschäft bzw. diese Klientel spezialisiert haben. Demgegenüber enthält die Gruppe der Regionalbanken auch eine Reihe von Instituten, die als Tochtergesellschaften ausländischer Banken, als Banken für die Handelsfinanzierung oder in einer anderen Funktion ein spezialisiertes Geschäft betreiben, in dem die Ratenkredite praktisch keine Rolle spielen. Neben den größeren universell tätigen Instituten wie der fusionierten HypoVereinsbank oder der Bankgesellschaft Berlin dürften deshalb vor allem die Teilzahlungs- und die herstellergebundenen Automobilbanken zu den Kreditinstituten dieser Gruppe gehören, die über ein ausreichendes Portfolio an Ratenkrediten für die Verbriefung verfügen.[2]

- *Sparkassen*
  Die Sparkassen haben den größten Anteil an den Ratenkrediten in Deutschland. Das kumulierte Volumen aller Institute dieser Gruppe belief sich Ende 1997 auf über 66 Mrd. DM. Allerdings neigen Sparkassenkunden dazu, ihren Bedarf nach einem Ratenkredit bei anderen Instituten wie zum Beispiel den Teilzahlungsbanken zu befriedigen, der Anteil am Ratenkreditgeschäft der Sparkassen ist deshalb kleiner als bei den Girokontokunden.[3] Das durchschnittliche Ratenkreditvolumen je Sparkasse erreicht eine Höhe von rund 112 Mio. DM, bezogen auf die Bilanzsumme lag der Anteil bei 3,97%.[4] Wird die empfohlene Mindestgröße für eine Verbriefung in einem Multi Seller-Programm als Richtgröße herangezogen, so läßt sich eine kritische Bilanzsumme von 2,5 Mrd. DM ermitteln. Allerdings muß hierbei berücksichtigt werden, daß aus Gründen der Poolstrukturierung und der eigenen Portfoliopolitik ein Kreditinstitut wohl kaum seinen kompletten Bestand an Ratenkrediten verbriefen wird. Zudem treten bei den einzelnen Instituten in Abhängigkeit vom Geschäftsgebiet und der sich dort ergebenden Geschäftsstruktur erhebliche Abweichungen vom

---

1 Vgl. BBE (1996), S. 312.

2 Zwei Institute dieser Gruppe (CC-Bank AG, ABC-Bank AG) haben nach Bekanntmachung des Rundschreibens 4/97 des BAKred schon Teile ihres Ratenkreditportfolios verbrieft (Stand Mai 1998). Vgl. Scharmann (1997); Uphues/Verleger (1997).

3 Vgl. Güde (1995), S. 313.

4 Quelle: Deutsche Bundesbank, eigne Berechnungen.

durchschnittlichen prozentualen Anteil auf. Tendenziell ist zu beobachten, daß in ländlichen Regionen das Privatkundengeschäft und so auch der Ratenkredit einen größeren Anteil am Kreditportfolio hat, während in Großstädten und industriellen Ballungszentren der Anteil der Privatkunden und Ratenkredite am Geschäftsvolumen geringer ist. So lag beispielsweise bei einer der drei größten Sparkassen in Deutschland, der Landesgirokasse Stuttgart, der Anteil der Ratenkredite am Bilanzvolumen 1997 bei nur 0,69%.[1] Obwohl eine rein größenabhängige Identifizierung der einzelnen Institute somit nur bedingte Aussagekraft hat, läßt sich doch festhalten, daß bei den Ratenkrediten eine ganze Reihe von Sparkassen über das notwendige Volumen verfügen, um eine Forderungsverbriefung zumindest über die Teilnahme an einem Multi Seller-Programm zu verwirklichen.

- *Genossenschaftsbanken*

  Die Gruppe der Genossenschaftsbanken konnte bei den Ratenkrediten eine bemerkenswerte Marktanteilserhöhung unter den betrachteten Institutsgruppen von 16% im Jahre 1992 auf 28,6% im Jahre 1997 verzeichnen.[2] Ende des Jahres 1997 betrug das Ratenkreditvolumen dieser Institutsgruppe knapp 54 Mrd. DM, was einem Anteil an der Bilanzsumme der gesamten Institutsgruppe von 5,58% und einem Durchschnittswert je Kreditgenossenschaft von rund 22 Mio. DM entspricht. Analog zur obigen Vorgehensweise läßt sich hieraus ein kritisches Bilanzvolumen von ca. 1,8 Mrd. DM ermitteln. Im Gegensatz zu den Sparkassen weisen die Genossenschaftsbanken jedoch eine noch größere Heterogenität auf. Neben den sich aus dem Geschäftsgebiet ergebenden Anteilsschwankungen im Firmen- bzw. Privatkundengeschäft fallen hier die spezialisierten Institute ins Gewicht. Die reine Institutsgröße ist deshalb bei den Kreditgenossenschaften nur bedingt als Beurteilungsmaßstab geeignet. So befinden sich unter den 100 größten Genossenschaftsbanken in Deutschland 23 Institute, die nur Privatkundengeschäft betreiben[3] und bei denen der Anteil der Ratenkredite deshalb deutlich über dem Gruppendurchschnitt liegt. Hier dürfte für die meisten Institute die Verbriefung ihrer Ratenkredite möglich sein. Umgekehrt bedeutet dies, daß bei den verbleibenden Instituten der Ratenkreditanteil unter dem oben ermittelten Prozentsatz liegt. Trotzdem kann zumindest für die größten Volks- und Raiffeisenbanken angenommen werden, daß sie über ein für die Verbriefung ausreichendes Volumen an Ratenkrediten verfügen. Somit könnte sich eine im Vergleich zur gesamten Gruppe kleine, absolut gesehen jedoch beachtenswerte Anzahl

---

1 Auskunft eines Mitarbeiters der Lnadesgirokasse Stuttgart.

2 Quelle: Deutsche Bundesbank; eigene Berechnungen. Vgl. auch BBE (1996), S. 320ff.

3 Neben den Beamtenbanken sind dies die Sparda-Banken und die Post-Spar- und Darlehensvereine. Quelle: BVR; eigene Berechnungen.

von Genossenschaftsbanken der Asset Securitisation durch den Rückgriff auf diese Kreditart bedienen.

Wohnungsbaukredite

Bei den Wohnungsbaukrediten differenziert die Deutsche Bundesbank lediglich nach Wohnungsbaukrediten mit grundpfandrechtlicher Sicherung und Wohnungsbaukrediten ohne grundpfandrechtliche Sicherung. Bei den grundpfandrechtlich gesicherten Krediten für den Wohnungsbau unterscheidet die Deutsche Bundesbank allerdings nicht nach dem Kriterium, ob die Kredite innerhalb oder außerhalb der gesetzlichen Beleihungsgrenze von 60% gem. den §§ 11 und 12 Abs. 3 HypBankG liegen. Von den betrachteten Kreditinstituten sind wiederum viele nicht in der Lage, grundpfandrechtlich gesicherte Wohnungsbaudarlehen, die einen Beleihungsauslauf über 60% haben, unter der Rubrik grundpfandrechtlich gesicherte Darlehen zu erfassen.[1] Vielmehr melden diese Kreditinstitute solche Kredite unter der Rubrik Wohnungsbaukredite ohne grundpfandrechtliche Sicherung. Bei den drei Großbanken werden auch die hypothekarisch gesicherten Wohnungsbaukredite nicht gesondert ausgewiesen, vielmehr werden alle Wohnungsbaukredite in einer Summe unter die Rubrik sonstige Kredite für den Wohnungsbau subsumiert.[2] Diese Faktoren erschweren die Beurteilung der einzelnen Institutsgruppen im Hinblick auf die Unterscheidung zwischen den Hypothekenkrediten mit einem Beleihungsauslauf bis 60% und über 60%. Da in der Praxis der Anteil der Wohnungsbaukredite ohne grundpfandrechtliche Sicherung jedoch verhältnismäßig klein ist, kann trotzdem davon ausgegangen werden, daß die Position „Wohnungsbaukredite ohne grundpfandrechtliche Sicherung" bei den betrachteten Kreditinstituten mit Ausnahme der Großbanken von den grundpfandrechtlich besicherten Darlehen mit einem Beleihungsauslauf über 60% dominiert wird.

---

1 Bis zum Inkrafttreten der 5. KWG-Novelle war die kumulierte Erfassung aller grundpfandrechtlich gesicherten Wohnungsbaukredite nicht erforderlich, weshalb nur echte Realkredite unter der Rubrik Hypothekarkredite erfaßt wurden. Viele Institute sind zur Zeit noch mit der Umstellung ihres Meldewesens an die neuen Anforderungen beschäftigt.

2 Gemäß Auskunft der Deutschen Bundesbank ist der Grund hierfür, daß nicht jedes dieser drei Institute seine Hypothekarkredite nach dem Kriterium „für Wohnungsbau" selektieren kann. Würden nur die Zahlen für ein oder zwei Institute angegeben, wäre die Ermittlung des Volumens für mindestens eine Bank möglich. Bei dem (den) betroffenen Institut(en) stellt dies ein Ausschlußkriterium für diese Kreditart dar.

Institutsgruppe	Wohnungsbaukredite mit grundpfandrechtlicher Sicherung, Volumen in Mio. DM	Wohnungsbaukredite ohne grundpfandrechtliche Sicherung, Volumen in Mio. DM
Großbanken	91.506	
Regionalbanken und sonstige Kreditbanken	107.102	15.628
Sparkassen	184.326	144.122
Kreditgenossenschaften	95.527	82.482

Tabelle 17: Volumen der Wohnungsbaukredite an wirtschaftlich unselbständige und sonstige Privatpersonen[1]

- *Großbanken*

  Das Volumen aller Wohnungsbaukredite der drei Großbanken an die genannte Kreditnehmergruppe betrug Ende 1997 91,5 Mrd. DM. Eine Kreditgewährung bei der Wohnimmobilienfinanzierung ohne grundpfandrechtliche Absicherung ist bei allen drei Instituten die Ausnahme, lediglich Kredite für Umbau oder Modernisierung werden zum Teil ohne eine solche Sicherheit vergeben.[2] Deshalb dürften die 91,5 Mrd. DM an Wohnungsbaukrediten der drei Großbanken zu einem weit überwiegenden Teil aus grundpfandrechtlich besicherten Darlehen bestehen, die sich in Beleihungsausläufe bis und über 60% aufteilen. Obwohl alle drei Großbanken über eine oder mehrere Hypothekenbanken-Töchter verfügen, wird die private Immobilienfinanzierung hauptsächlich aus eigenen Mitteln bestritten, der echte Realkredit wird also nicht regelmäßig über die Hypothekenbank abgewickelt. Somit ist bei ihnen der Großteil der Darlehen in der Rubrik „Wohnungsbaukredite an Privatpersonen ohne grundpfandrechtliche Sicherung" durch Grundpfandrechte mit einem Beleihungswert bis 60% gedeckt. Der Anteil der Darlehen mit einem Beleihungsauslauf über 60% beträgt bei der Deutschen Bank rund ein Drittel,[3] bei den anderen Großbanken dürfte er einen ähnlichen Anteil erreichen. Somit kann, ohne den genauen Anteil der beiden grundpfandrechtlich gesicherten Kreditelemente zu kennen, auf jeden Fall festgestellt werden, daß alle drei Großinstitute über ein ausreichendes Portfolio an Wohnungsbaukrediten zur Durchführung einer Asset Backed-Transaktion mit dieser Kreditart verfügen.

- *Regionalbanken und sonstige Kreditbanken*

  Bei den Regionalbanken und sonstigen Kreditbanken betrug das Volumen der durch Grundpfandrechte gesicherten Kredite für den Wohnungsbau Ende 1997 107 Mrd.

1 Quelle: Deutsche Bundesbank.

2 Stand 1998. Dies ergab eine Anfrage bei den drei Großbanken.

3 Vgl. o. V. (1998a), S. 28.

DM. Das gemeldete Volumen der Kredite ohne grundpfandrechtliche Sicherung, das aufgrund der oben erwähnten Meldeproblematik auch hypothekarisch gesicherte Kredite enthält, lag bei 15,6 Mrd. DM. Wie die genaue Verteilung auf einzelne Regionalbanken in den Klassen bis und über 60% ist, kann jedoch nicht abgeleitet werden. Auf jeden Fall dürfte die fusionierte HypoVereinsbank über ein deutlich ausreichendes Volumen an Wohnungsbaufinanzierungen in beiden Klassen verfügen. Sie wird ihre erstrangigen Hypothekendarlehen allerdings eher zur Sicherung von Hypothekenpfandbriefen und weniger zur Unterlegung von Mortgage Backed Securities verwenden.[1] Unter den verbleibenden 203 Regionalbanken[2] dürften nur relativ wenige Institute mit einem ausreichenden Kreditvolumen in dieser Kreditart zu finden sein, zumal nicht viele von ihnen die volle Produktpalette einer Universalbank anbieten. Eine Vielzahl der Institute sind Töchter ausländischer Banken oder haben eine spezialisiertes Geschäftsfeld wie z. B. die Automobil- oder die Handelsfinanzierung. Andere Institute dieser Bankengruppe mit einer umfassenderen Produktpalette bieten keine eigene Hypothekenfinanzierung an, da sie eine relativ kurzfristige Finanzierungsstruktur haben und sich deshalb für sie die langfristige Kreditvergabe schwierig gestaltet. So kooperieren beispielsweise die BfG Bank AG, die Citibank Privatkunden AG und die Oldenburgische Landesbank AG, die nach der HypoVereinsbank zu den stärksten Banken dieser Gruppe im Privatkundengeschäft gehören, bei der Wohnimmobilienfinanzierung mit Hypothekenbanken, indem sie nur als Vermittler auftreten und die Kredite nicht in ihr eigenes Portfolio nehmen. Deshalb bietet sich neben den größten Instituten nur relativ wenigen Banken dieser Gruppe die Verbriefung hypothekarisch gesicherter Wohnungsbaudarlehen als geeignetes Finanzierungsinstrument an.

- *Sparkassen*

  Die Sparkassen haben traditionell eine starke Marktposition bei der Finanzierung privater Wohnimmobilien, weshalb der Hypothekarkredit den relativ großen Anteil von rund 30% an ihrem Gesamtkreditvolumen einnimmt.[3] So betrug bei den 596 Sparkassen[4] Ende 1997 das Volumen der Wohnungsbaukredite mit grundpfandrechtlicher Sicherung 184 Mrd. DM, das Volumen der Wohnungsbaukredite ohne grundpfandrechtliche Sicherung 144 Mrd. DM. Ein großer Anteil der Darlehen in

---

[1] Die HypoVereinsbank plant für 1999 die Emission von Mortgage Backed Securities, wobei auch erstrangige Darlehen verbrieft werden sollen. Hierbei handelt es sich primär um solche Hypotheken, die nicht deckungsstockfähig sind und sich deshalb nicht für die Unterlegung von Hypothekenpfandbriefen eignen.

[2] Stand Ende 1997. Quelle: Deutsche Bundesbank.

[3] Vgl. Güde (1995), S. 287ff.

[4] Stand Ende 1997. Quelle: Deutsche Bundesbank.

der zweitgenannten Gruppe ist aber durch ein Grundpfandrecht mit einem Beleihungswert über 60% gesichert, da auch bei den Sparkassen die korrekte Meldung aus EDV-technischen Gründen vielfach noch problembehaftet ist.[1] Das durchschnittliche Kreditvolumen in den beiden Bereichen je Sparkasse beläuft sich auf 309 Mio. DM bzw. 229 Mio. DM, der durchschnittliche Anteil an der Bilanzsumme lag bei 10,97% bzw. 8,12%. Da diese Kreditart aufgrund ihrer langen Laufzeit im Normalfall in Asset resp. Mortgage Backed Securities verbrieft wird, dient das hierfür erforderliche Mindestvolumen von 200 Mio. DM für eine private und 500 Mio. DM für eine öffentliche Plazierung als Orientierungsgröße für das notwendige Portfoliovolumen. Rein rechnerisch ergibt sich so eine kritische Bilanzsumme von rund 1 Mrd. DM bzw. rund 2,6 Mrd. DM, und für einen Pool, der lediglich mit nachrangigen Krediten bestückt wird, bei 2,5 Mrd. DM bzw. bei 6,2 Mrd. DM. Auch wenn die Aussagekraft dieser Größen durch die Unterschiede in der Geschäftsstruktur und die Fehler bei der Meldung an die Bundesbank eingeschränkt wird, verdeutlichen sie, daß neben den großen auch zahlreiche mittelgroße Sparkassen bei dieser Kreditart ein Volumen erreichen können, mit dem eine Asset Backed-Transaktion durchgeführt werden kann.

- *Genossenschaftsbanken*

  Die Genossenschaftsbanken mit ihren 2418 Instituten[2] hatten 1997 einen Bestand von durch Grundpfandrechte gesicherten Wohnungsbaukrediten in Höhe von 95 Mrd. DM, die Wohnungsbaukredite ohne grundpfandrechtliche Sicherung beliefen sich auf 82 Mrd. DM. Auch bei dieser Institutsgruppe besteht die bekannte Problematik bei der Meldung der grundpfandrechtlich gesicherten Darlehen. Bei den beiden Kreditarten ergibt sich ein durchschnittliches Volumen von 39,5 Mio. DM bzw. 34,1 Mio. DM je Kreditgenossenschaft. Da bei dieser Gruppe die Anzahl der Klein- und Kleinstinstitute deutlich größer ist als bei Sparkassen,[3] dürften hier neben den größeren Instituten, die sich auf das Privatkundengeschäft spezialisiert haben, nur eine begrenzte Zahl von Banken das für eine Verbriefung notwendige Volumen bei den grundpfandrechtlich gesicherten Wohnungsbaukrediten erreichen. Die alleinige Verbriefung von Pools dieser Kreditart wird deshalb im Vergleich zur absoluten An-

---

1 So ergab eine telefonische Anfrage bei den drei größten deutschen Sparkassen, daß sie unter der Rubrik Wohnungsbaukredite mit grundpfandrechtlicher Sicherung nur echte Realkredite mit einem Beleihungsauslauf bis 60% melden. Darlehen mit einem Beleihungsauslauf über 60% werden bei den Wohnungsbaukrediten ohne grundpfandrechtliche Sicherung gemeldet.

2 Stand Ende 1997. Quelle: Deutsche Bundesbank.

3 1997 erreichten nur zwei Institute dieser Gruppe eine Bilanzsumme über 10 Mrd. DM, lediglich 56 hatten eine Bilanzsumme über 2 Mrd. DM und rund 60% der Institute hatte 1997 eine Bilanzsumme unter 250 Mio. DM. Bei den Sparkassen hatten schon 1996 sieben Institute ein Geschäftsvolumen über 10 Mrd. DM und 257 Institute eine Bilanzsumme über 2 Mrd. DM. Quelle: BVR; DSGV; Deutsche Bundesbank; eigene Berechnungen.

zahl der Institute dieser Gruppe nur sehr wenigen Genossenschaftsbanken möglich sein.

3.1.2.2 Geeignete Kredite an Unternehmen und wirtschaftlich selbständige Privatpersonen

In Abschnitt C 3.1.1.3 wurde aufgezeigt, daß die Verbriefung von Firmenkundenkrediten zwar mit Problemen behaftet ist, daß aber relativ homogene Kreditarten wie Kredite für den Wohnungsbau oder an eine einheitliche Kreditnehmergruppe durchaus für die Verbriefung herangezogen werden können. Von diesen beiden Gruppen werden jedoch nur die Wohnungsbaukredite in der Bundesbankstatistik erfaßt. Ihr gesamtes Volumen betrug bei den betrachteten Institutsgruppen Ende 1997 rund 325 Mrd. DM.[1] Wie bei den wirtschaftlich unselbständigen und sonstigen Privatpersonen nimmt die Deutsche Bundesbank in ihrer Statistik eine Aufteilung in Hypothekarkredite und sonstige Kredite für den Wohnungsbau vor, wobei das Problem der fehlerhaften Meldungen auch bei diesem Kreditnehmerkreis besteht.

Institutsgruppe	Wohnungsbaukredite mit grundpfandrechtlicher Sicherung Volumen in Mio. DM	Wohnungsbaukredite ohne grundpfandrechtliche Sicherung Volumen in Mio. DM
Großbanken	46.803	
Regionalbanken und sonstige Kreditbanken	60.322	24.364
Sparkassen	65.961	64.253
Kreditgenossenschaften	27.830	35.135

Tabelle 18: Volumen der Wohnungsbaukredite an Unternehmen und wirtschaftlich selbständige Privatpersonen[2]

- *Großbanken*

  Die Großbanken hatten Ende 1997 einen Bestand von 46,8 Mrd. DM an Wohnungsbaukrediten an Unternehmen und wirtschaftlich selbständige Privatpersonen in ihren Kreditportfolios, wovon mit 40 Mrd. DM der größte Teil eine Laufzeit über vier Jahre hatte.[3] Ohne den genauen Anteil der Kredite mit einem Beleihungsauslauf über 60%, der bei den gewerblichen Kreditnehmern tendenziell höher sein dürfte, identifizieren zu können, kann analog zu den Wohnungsbaukrediten an wirtschaftlich unselbständige Privatpersonen und unabhängig von der Verteilung der Volumina auf

---

1 Quelle: Deutsche Bundesbank; eigene Berechnungen.

2 Quelle: Deutsche Bundesbank.

3 Quelle: Deutsche Bundesbank.

die Großbanken festgestellt werden, daß jedes der drei Institute über ein ausreichendes Volumen an hypothekarisch gesicherten Wohnungsbaudarlehen an Unternehmen und Selbständige für die Durchführung einer Asset Backed-Transaktion verfügt.

- *Regionalbanken und sonstige Kreditbanken*
  Bei den Regionalbanken und sonstigen Kreditbanken betrug das Volumen der grundpfandrechtlich gesicherten Wohnungsbaukredite an die betrachtete Kreditnehmergruppe Ende 1997 60 Mrd. DM, das Volumen der Kredite ohne grundpfandrechtliche Sicherung lag bei 24 Mrd. DM.[1] Beim Gesamtvolumen der betrachteten Institute haben die Regionalbanken und sonstigen Kreditbanken einen Anteil von 26% (bei Privatpersonen: 17%), was auf das starke Engagement der HypoVereinsbank in diesem für die Hypothekenbanken typischen Segment zurückzuführen ist. Der Löwenanteil dieser Kredite dürfte deshalb noch deutlicher auf sie entfallen als bei den privaten Kreditnehmern, sie verfügen mit Sicherheit über ein ausreichendes Volumen an Hypothekendarlehen für den Wohnungsbau an Unternehmen und Selbständige.[2] Neben den in Abschnitt C 3.1.2.1 angesprochenen spezialisierten Banken dieser Gruppe dürften nun auch die meisten der Banken, die sich auf das Privatkundengeschäft konzentrieren, als mögliche Originatoren ausscheiden. Deshalb ist die Zahl jener Institute, für welche die Nutzung der Asset Securitisation bei Hypothekenkrediten für den Wohnungsbau an Unternehmen und wirtschaftlich selbständige Privatpersonen in Frage kommt, noch kleiner als bei den wirtschaftlich unselbständigen Kreditnehmern.
- *Sparkassen*
  Zum Geschäft der Sparkassen bei Wohnungsbaufinanzierungen mit Unternehmen und wirtschaftlich selbständigen Privatpersonen sowie seiner Meldung an die Bundesbank gilt das bei den wirtschaftlich unselbständigen Kreditnehmern Gesagte. Das Volumen bei Krediten mit grundpfandrechtlicher Sicherung betrug bei den 596 Sparkassen Ende 1997 66 Mrd. DM, das Volumen ohne grundpfandrechtliche Sicherung lag bei 64 Mrd. DM.[3] Das durchschnittliche Volumen grundpfandrechtlich gesicherter bzw. ungesicherter Wohnungsbaukredite lag bei 110,7 Mio. DM und 107,8 Mio. DM, der durchschnittliche Anteil an der Bilanzsumme betrug 3,92% und 3,82%. Rechnerisch entspricht dies einer Mindestbilanzsumme von 2,5 Mrd. DM für eine private und 6,5 Mrd. DM für eine öffentliche Plazierung einer Mortgage Backed-Emission mit erst- und nachrangigen Hypothekendarlehen. Auch hier können

---

1 Quelle: Deutsche Bundesbank.

2 Wie schon angemerkt, wird die HypoVereinsbank die erstrangigen Hypothekendarlehen zur Sicherung von Hypothekenpfandbriefen und nicht zur Unterlegung von Mortgage Backed Securities verwenden.

3 Quelle: Deutsche Bundesbank.

diese Größen wegen der unterschiedlichen Ausprägung bei der Geschäftsstruktur der einzelnen Institute und der mangelhaften Meldungen an die Bundesbank nur bedingt als Indikator herangezogen werden. Dennoch machen sie klar deutlich, daß die Zahl der Sparkassen, die für eine Single Seller-Lösung bei der Verbriefung dieser Kreditart in Frage kommen, deutlich kleiner ist als bei den Krediten an wirtschaftlich unselbständige Kreditnehmer.

- *Genossenschaftsbanken*
  Bei den Genossenschaftsbanken betrug das Volumen der Wohnungsbaukredite an Unternehmen und wirtschaftlich selbständige Privatpersonen Ende 1997 knapp 63 Mrd. DM, wovon 27,8 Mrd. DM durch Grundpfandrechte gesichert waren.[1] Bezogen auf die Bilanzsumme der Genossenschaftsbanken haben die Wohnungsbaukredite an gewerbliche Kreditnehmer einen Anteil von 6,5%, der sich in 2,9% für grundpfandrechtlich gesicherte Wohnungsbaukredite und 3,6% für Wohnungsbaukredite ohne grundpfandrechtliche Sicherung aufteilt. Bezüglich der Wertigkeit dieser Größen gilt das oben Gesagte; dennoch lassen sie deutlich werden, daß nur die größten Institute der Volks- und Raiffeisenbanken über ein ausreichendes Portfolio zur Verbriefung dieser Kreditart verfügen können. Da aus dieser Gruppe zusätzlich noch die auf das Privatkundengeschäft spezialisierten Institute ausscheiden, wird klar erkennbar, daß die Verbriefung dieser Kreditart nur für sehr wenige Genossenschaftsbanken in Frage kommt.

Bis hierhin betrachtet kommt der Verbriefung von Firmenkundenkrediten bei deutschen Universalkreditinstituten nur eine untergeordnete Bedeutung zu, da sich die sinnvolle Durchführbarkeit der Verbriefung auf einen kleinen Teil des Kreditportfolios bei relativ wenigen, großen Instituten beschränkt. Inwiefern die in Abschnitt C 3.1.1.3.2 aufgezeigten Lösungsansätze diese Situation verbessern können, soll nachfolgend betrachtet werden.

Die Möglichkeit, einen Pool aus Krediten zusammenzustellen, bei denen die Bonität der Schuldner und deren Fähigkeit, ihren Zins- und Tilgungsverpflichtungen regelmäßig nachzukommen, durch eine oder mehrere der internationalen Ratingagenturen überwacht und mit einem Rating bewertet wird, setzt einen dementsprechenden Kreditnehmerkreis voraus. Allerdings verfügen in Deutschland nur sehr wenige Unternehmungen, die nicht Finanzinstitute sind, über ein Rating von einer der beiden Ratingagenturen Moody's und Standard & Poor's (vgl. Tabelle 19).

[1] Quelle: Deutsche Bundesbank; eigene Berechnungen.

Unternehmung	Moody's		Standard & Poor's	
	short term	long term	short term	long term
ABB Capital (Germany) GmbH			A-1+	
BASF AG			A-1+	
Bayer AG	P-1		A-1+	
BMW AG		A1	A-1	
Bosch GmbH			A-1+	
Daimler-Benz AG		A2	A-1	A+
Deutsche Telekom		Aa2	A-1+	AA-
DFS Deutsche Flugsicherung GmbH	P-2	Aaa	A-1+	AAA
Fresenius Medical Care AG		Ba3		BB
Henkel KgaA	P-1			AA-
Hoechst AG			A-1	
ITT Ges. für Beteiligungen mbH			A-2	
Kabelmedia Holdings GmbH		B3		B
Siemens AG	P-1	Aa1	A-1+	AA+
Südzucker AG	P-1			
Tarkett Sommer AG		Ba3		BBB-
Treuhandanstalt		Aaa		AAA
VEBA AG	P-1	Aa2	A-1+	AA+
Volkswagen AG	P-1	A1	A-1	A+
Wella AG			A-2	
Würth GmbH & Co. KG				A-

Tabelle 19: Emittentenrating deutscher Unternehmungen[1]

Deshalb stellt es sich für die deutschen Universalkreditinstitute generell schwierig dar, einen Kreditpool mit gerateten deutschen Schuldnern zusammenzustellen.[2] Alternativ hierzu kann der Kreditpool auch mit Krediten ausländischer Schuldner, die über ein Rating verfügen, bestückt werden. Neben der Lösung des rein quantitativen Problems würde so gleichzeitig eine Länderstreuung im Pool erreicht, die – bei entsprechender Bonität der Länder – das Risiko und somit die notwendige Risikoprämie auf die Emission senkt. Bei den drei Großbanken beträgt der Anteil ausländischer Kreditnehmer am

1 Quelle: Moody's, Standard & Poor's; ohne Banken und Versicherungen; Stand 20.05.1998.

2 Dieses Problem stellte sich gemäß Auskunft eines Bankenvertreters auch der Dresdner Bank AG, die im April 1998 einen Pool mit rund 800 Firmenkrediten in das Asset Backed-Programm „Silver Tower" einbrachte. Vgl. hierzu auch o. V. (1998d), S. 24; o. V. (1998e), S. 16.

gesamten Volumen der Kredite an Unternehmen und wirtschaftlich Selbständige 16,1%,[1] so daß für sie die Erweiterung um geratete ausländische Kreditnehmer sicher möglich ist. Die Gruppe der Regionalbanken und sonstigen Kreditbanken verfügt hier über einen Anteil ausländischer Kreditnehmer von 14,7%,[2] was darauf hinweist, daß es neben der HypoVereinsbank noch andere größere Institute in dieser Gruppe gibt, deren Kreditportfolio die hier notwendige Kreditnehmerstruktur aufweist.[3] Bei den Sparkassen ist die Zahl gerateter Kreditnehmer durch die regionale Geschäftsbegrenzung eingeschränkt, und die Gewährung von Auslandskrediten ist nach § 14 Abs. 6 MuSa nur an Kreditnehmer innerhalb der Europäischen Union und auch dann nur unter bestimmten Bedingungen möglich.[4] So erklärt sich auch der mit 0,76% sehr geringe Anteil ausländischer Kreditnehmer am Firmenkreditportfolio, der eine internationale Streuung im Kreditpool ausschließt.[5] Bezüglich der Anzahl gerateter inländischer Unternehmungen in den Kreditportfolios der Genossenschaftsbanken und der Gewährung von Auslandskrediten gilt das zu den Sparkassen Gesagte; bei den Genossenschaftsbanken wird die Kreditgewährung außerhalb des Geschäftsgebietes und ins Ausland durch das Statut der Sicherungseinrichtung des Bundesverbandes der Deutschen Volks- und Raiffeisenbanken, bei dem fast alle Genossenschaftsbanken Mitglied sind, stark eingeschränkt.[6] Werden dennoch Kredite ins Ausland vergeben, so erfolgt die Abwicklung solcher Kredite in der Regel über die genossenschaftlichen Zentralbanken oder die DG Bank, welche die Kredite dann auch in ihr eigenes Portfolio nehmen, da die meisten Kreditgenossenschaften nicht über die für das grenzüberschreitende Kreditgeschäft notwendige Infrastruktur verfügen.[7] Bei einem Anteil der Kredite an ausländische Firmenkunden von 0,4% am gesamten Volumen in dieser Kreditnehmergruppe wird deutlich,[8] daß auch für die Genossenschaftsbanken die „Rating-Lösung“ bei der Verbriefung von Firmenkundenkrediten nicht in Frage kommt. Somit sind es wohl nur die großen und international

---

1 Stand: Ende 1997. Quelle: Deutsche Bundesbank; eigene Berechnungen.

2 Stand: Ende 1997. Quelle: Deutsche Bundesbank; eigene Berechnungen.

3 Dies können größere und/oder auf das Firmenkreditgeschäft spezialisierte Institute wie die Bankgesellschaft Berlin AG, die Berliner Handels- und Frankfurter Bank AG oder die IKB Deutsche Industriebank AG sein.

4 Vgl. Güde (1995), S. 120f.

5 Stand: Ende 1997. Quelle: Deutsche Bundesbank; eigene Berechnungen.

6 So ergibt sich aus § 31 des Statuts i. V. m. „I. Grundsätzliches“ der Verfahrensregeln zum Statut, daß normale genossenschaftliche Bankgeschäfte sich grundsätzlich vorrangig auf den angestammten, d. h. durch den Sitz und die Zweigstellen einer Bank bestimmten Geschäftsbereich zu konzentrieren haben.

7 Vgl. Voigt (1992), S. 34f.

8 Quelle: Deutsche Bundesbank; eigene Berechnungen.

operierenden Institute, die von der Möglichkeit, die aufwendige Einzelanalyse der in den Pool eingebrachten Kredite zu vermeiden, indem sie einen Kreditpool aus gerateten Schuldnern zusammenstellen, Gebrauch machen können.[1]

Die Möglichkeit, die Einschätzung der Bonität und Zahlungsfähigkeit der Kreditnehmer statt durch ein Rating einer Ratingagentur anhand eines internen Kreditbeurteilungssystems vorzunehmen, steht grundsätzlich allen betrachteten Instituten zur Verfügung, sofern sie über ein solches System verfügen. Aus der Sicht der Ratingagenturen sollte dieses System zukunftsbezogene Ausfallrisikowahrscheinlichkeiten enthalten, um Bonitätsverschlechterungen frühzeitig erkennen und die notwendigen Steuerungsmaßnahmen einleiten zu können. Entspricht es den Anforderungen der Ratingagenturen an Validität und Reliabilität bei der Einschätzung der Ausfallrisikowahrscheinlichkeit, kann es an Stelle des Agenturenratings zum Einsatz kommen.[2] In der Regel verfügen alle Institute über ein Ratingsystem zur Klassifizierung ihrer Firmenkundenkredite. Während die Großbanken und die Regional- und sonstigen Kreditbanken in der Regel über ein eigenes System verfügen, greifen die meisten Sparkassen und Genossenschaften auf die Systeme ihrer Verbände zurück.[3] Zum Teil werden jedoch auch Eigen- oder Fremdentwicklungen eingesetzt bzw. die Modelle der Verbände modifiziert.[4]

Der Versuch der Standardisierung von Krediten an kleinere Firmenkunden könnte ein für alle Institutsgruppen erfolgversprechender Weg sein, um diese Kreditnehmergruppe für die Verbriefung zu erschließen. Teilweise existieren schon Kreditrating-Systeme für diesen Kundenbereich, Systeme für differenzierte Teilgruppen wie Handwerker oder Freiberufler befinden sich in der Entwicklung.[5] Sollte es gelingen, die Teilgruppen so zu differenzieren, daß sie eine homogene Einheit bilden, deren Zins- und Tilgungsverhalten mit statistischen Verfahren standardisiert beurteilt werden kann, kann die Einzelprüfung der Kredite im Pool durch die Beurteilung der einzelnen Kreditnehmergruppen ersetzt werden.[6] Somit könnte dieser, dem Retailgeschäft naheste-

---

1 Selbst bei diesen stellt sich der Rückgriff auf die Ratinglösung schwierig dar. So lag der Anteil der gerateten Kreditnehmer am Kreditpool, der von der Dresdner Bank in das Vehikel Silver Tower eingebracht wurde, gemäß Aussage eines Bankenvertreters bei ca. 1%.

2 Zur Verbreitung solcher Systeme bei den untersuchten Institutsgruppen vgl. Abschnitt C 3.2, zum möglichen Vorgehen bei der Prüfung vgl. FN 1 auf S. 128.

3 Vgl. Reuter (1996), S. 321ff.; Gerhard (1996), S. 47.

4 Vgl. hierzu Köhler/Heinrich (1996), S. 523; Reuter (1996), S. 321ff.; Gerhard (1996), S. 42; Kunadt/Zweygart (1998), S. 28.

5 Vgl. Reuter (1996), S. 325f.

6 Dies entbindet die Kreditinstitute jedoch nicht von der Einzelprüfung eines jeden Engagements vor der Kreditentscheidung.

hende Bereich der Firmenkundenkredite für eine relativ problemlose Verbriefung erschlossen werden.

3.2 Erfüllen die deutschen Universalkreditinstitute die Anforderungen an einen Originator und Serviceagenten?

In Abschnitt C 2.2 wurden die Anforderungen an den Originator und Serviceagenten in den drei Bereichen Kreditvergabe und Kreditbetreuung, Datenaufbereitung und Dokumentation sowie Mitarbeiter erarbeitet. Ziel dieses Abschnitts ist nun, abzuschätzen, in welchem Maße diese Anforderungen in den betrachteten Bankengruppen erfüllt werden. Eine Einzelbeurteilung der untersuchten Kreditinstitute kann hierbei nicht erfolgen, da dies aufgrund ihrer Heterogenität nur auf der Basis einer individuellen Betrachtung eines jeden Institutes möglich wäre. Diese kann aber mit Hilfe des oben erarbeiteten Leitfadens von jedem Institut, das die Verbriefung seiner eigenen Forderungen in Betracht zieht, selbst vorgenommen werden. An dieser Stelle soll deshalb lediglich eine generelle Bewertung der Situation in den untersuchten Institutsgruppen erfolgen. Grundlage hierfür sind die Erkenntnisse aus zahlreichen Fachinterviews mit Vertretern der untersuchten Bankengruppen.[1]

Kreditvergabe und Kreditbetreuung

Bei allen betrachteten Bankengruppen dominiert nach wie vor die Filiale den Vertrieb der geeigneten Kreditarten. Die Bedeutung der anderen Vertriebswege variiert jedoch zwischen den einzelnen Institutsgruppen. Während die Großbanken und bestimmte Institute der Regionalbanken und sonstigen Kreditbanken den Vertrieb ihrer weitgehend standardisierten Produkte Ratenkredit und Wohnungsbaukredit auch über das Directbanking vorantreiben, spielt dieser Vertriebsweg für Sparkassen und Genossenschaftsbanken bisher nur eine untergeordnete Rolle. Alle Institutsgruppen vertreiben ihre Raten- und Wohnungsbaukredite auch über den Außendienst. Die Konsumentenkreditbanken nutzen zusätzlich den Vertrieb von Ratenkrediten über Absatzmittler sehr intensiv. Firmenkundenkredite werden von allen Institutsgruppen praktisch ausschließlich über den Filialvertrieb akquiriert.[2] Das Kriterium Vertriebsweg ist somit für keine der untersuchten Institutsgruppen ein kritischer Faktor.[3]

---

1 Hierzu wurden Fachinterviews mit Mitgliedsinstituten und Verbänden der untersuchten Bankengruppen geführt. Die daraus gewonnenen Erkenntnisse haben in die nachfolgenden Ausführungen Eingang gefunden.

2 Kundenbesuche der jeweiligen Betreuer werden hier nicht unter den Außendienst subsumiert.

3 Generell darf dieser Aspekt auch nicht überschätzt werden. Er ist wohl der Punkt, dem die Ratingagenturen die geringste Bedeutung beimessen. Entscheidend ist letztlich die Ausfallrate des Kreditpools.

Bei den Bonitätsprüfungsverfahren gibt es große Unterschiede sowohl zwischen den einzelnen Kreditarten als auch zwischen den Institutsgruppen. Im Konsumentenkreditgeschäft kommen zur Zeit noch unterschiedliche Systeme zur Anwendung. Während die Großbanken und einige der Regional- und sonstigen Kreditbanken mindestens auf ein Scoringmodell zurückgreifen, kommen bei den Sparkassen und Genossenschaftsbanken teilweise noch Bonitätschecklisten zur Anwendung. Bei der Prüfung von Wohnungsbauengagements kommen bei allen Institutsgruppen Bonitätschecklisten zum Einsatz; üblicherweise werden diese durch eine Objektprüfung gestützt. Zum Teil befinden sich auch hier schon Scoringmodelle im Einsatz.[1] Insgesamt wird für das Privatkundengeschäft in den nächsten Jahren mit einer Angleichung der Systeme gerechnet, was die Verbriefung der dort anzutreffenden standardisierten Kreditarten weiter erleichtern wird.

Bei der Verwendung interner Rating- oder Kreditbeurteilungssysteme für Firmenkunden, welche die Verbriefung dieser Kreditart unterstützen können, zeigen sich deutliche Unterschiede zwischen und innerhalb der betrachteten Institutsgruppen. Für ein Ratingsystem, das im Sinne der Ratingagenturen eine zuverlässige Prognose über die Bonitätsentwicklung und die künftigen Ausfälle liefert, ist die Auswertung einer umfangreichen historischen Datenbasis in den einzelnen Ratingklassen erforderlich. Grundsätzlich haben Kreditinstitute wie die Großbanken oder die großen Banken (Bilanzsumme >10 Mrd. DM) aus den anderen Institutsgruppen einen Vorsprung bei der Entwicklung und Anwendung solcher internen Ratingsysteme.[2] Einige Institute haben ein solches System bereits entwickelt (z. B. die Commerzbank mit CODEX), andere arbeiten mit großem materiellen und personellen Einsatz daran. Doch selbst wenn ein solches Beurteilungssystem vorhanden ist, hängt seine Nutzbarkeit für die Verbriefung von Firmenkundenkrediten von der Beurteilung durch die Ratingagenturen ab. Beim Rückgriff auf bestehende interne Ratingmodelle ist fraglich, ob die angewandten Systeme und Methoden dem Anspruch der Ratingagenturen gerecht werden und eine zuverlässige Prognose über die Bonitätsentwicklung eines Kredites abgeben oder ob sie mit dem Begriff „Rating" lediglich die Einstufung in bestimmte Bonitätsklassen zum Ausdruck bringen. Entscheidend ist, mit welcher Genauigkeit die bestehenden Systeme die Bonitätsentwicklung eines Kredites vorhersagen und somit die Einzelanalyse durch die Ratingagenturen ersetzen können. Deshalb sollten sich die deutschen Kreditinstitute beim Aufbau ihres Systems bewußt an den Modellen der Ratingagenturen orientieren. Die Systeme der Deutsche Bank AG und der Commerzbank AG wurden diesen An-

---

1 So prüft z. B. die Deutsche Bank ihre Wohnungsbaukredite mit einem Scoringmodell und teilt die Kredite entsprechend dem ermittelten Wert in einen „weißen", „grauen" oder „schwarzen" Bereich ein. Vgl. Deutsche Bank (1998a), S. 44.

2 Vgl. Betsch et al. (1997), S. 154.

sprüchen bei der Verbriefung von Firmenkundenkrediten oder ähnlichen Transaktionen schon gerecht.[1] Sparkassen und Genossenschaftsbanken haben tendenziell noch einen Nachholbedarf bei der Datenbeschaffung und -verwertung sowie bei den in der Kreditwürdigkeitsprüfung verwendeten Verfahren, obwohl sie aufgrund des Volumens der umfangreichen Datenbasis in ihren Verbünden eine gute Ausgangslage hätten, um ein solches System zu entwickeln. Gleichzeitig könnten so die hohen Entwicklungskosten auf mehrere Beteiligte verteilt werden. Allerdings scheiterte dies bislang an der bestehenden personellen und EDV-Ausstattung.[2] Schwierig ist die Entwicklung eines solchen Systems auch für die kleineren Regional- und sonstigen Kreditbanken, denen vielfach sowohl die notwendige Größe als auch die finanziellen Ressourcen zur Entwicklung eines internen Kreditbeurteilungssystems fehlt, das den Anforderungen der Ratingagenturen gerecht wird.

Für die Betreuung der abgetretenen Kredite kann in allen Instituten auf eine automatisierte und standardisierte Kreditverwaltung zurückgegriffen werden, so daß die Übernahme des Servicing keine Probleme bereitet. Ob die abgetretenen Forderungen markiert und vom Bilanzierungskreislauf des Originators isoliert abgewickelt werden können, hängt stark von den beim Originator im Einsatz befindlichen EDV-Systemen ab. Während bei einigen Originatoren diese Trennung ohne weiteres möglich ist, stellt sie bei anderen einen der größten Problempunkte der Verbriefung dar.[3] Von Vorteil erweist es sich z. B. für Sparkassen, wenn sie bereits Erfahrung mit der separaten Abwicklung von Metakrediten oder aus dem Fördergeschäft haben.

Datenaufbereitung und Dokumentation

Die Themenkomplexe Datenaufbereitung und Dokumentation hängen unmittelbar zusammen. Bei deutschen Kreditinstituten hat der Portfolio-Gedanke erst seit kurzem Einzug gehalten, und die Performance ihres Kreditportfolios wird erst seit einigen Jahren systematisch erfaßt.[4] Bei der Selektion und Bewertung geeigneter Kreditforderungen stellt sich deshalb das Problem, daß die EDV-Systeme der Institute oftmals nicht in der Lage sind, die erforderlichen Daten über Ausfälle, Verzögerungen und vorzeitige

---

1 So wurde z. B. das interne Ratingsystem (Corporate Risk Factors) der Deutsche Bank AG bei der Prüfung der CORE 1998-1 Transaktion von den Ratingagenturen als geeignet angesehen. Vgl. hierzu Deutsche Bank (1998d), S. 35f.; Standard & Poor's (1998b), S. 5f. und die Ausführungen im Anhang. Das Gleiche gilt für das System CODEX der Commerzbank AG, das bei der Transaktion „Kaiserplatz 259" (Credit Default Swap) von den Ratingagenturen als eine einem Agenturrating vergleichbare Bewertung beurteilt wurde. Vgl. hierzu Fitch/IBCA (1998a), S. 1f.

2 Vgl. Betsch et al. (1997), S. 150ff.

3 Dieses Problem wurde dem Autor sowohl von sehr großen als auch von eher kleinen Originatoren geschildert.

4 Vgl. Bär (1997), S. 412.

Rückzahlungen zu liefern. Dementsprechend schwierig gestaltet sich dann die Erstellung von Berichten, in denen die wichtigsten Leistungscharakteristiken des abgetretenen Kreditpools dokumentiert werden sollen.[1] Im Vorfeld einer Transaktion wird die Möglichkeit des Datenzugriffs meist zu optimistisch eingeschätzt.[2] Nach übereinstimmender Aussage mehrerer Gesprächspartner sind die für eine Beurteilung des Kreditpools notwendigen Daten zwar in „irgendeiner" Form vorhanden, ihre Zusammenstellung gestaltet sich aber regelmäßig wesentlich aufwendiger als zunächst erwartet.[3] Meist ist hierfür ein erheblicher Programmierungsaufwand erforderlich, zum Teil müssen die Daten sogar manuell selektiert werden. Auch hier ist ein Vorsprung der großen Kreditinstitute aus den untersuchten Bankengruppen zu erkennen,[4] die eher über die finanziellen Ressourcen verfügen, um die notwendige Anpassung der Informationstechnik voranzutreiben.[5] Bei Sparkassen und Genossenschaftsbanken stellt sich zusätzlich das Problem, daß diese Institute meist an einen Rechnerverbund angeschlossen sind. Der mit der Anpassung der EDV-Struktur verbundene Aufwand kann sich dann mit anders gelagerten Interessen anderer Institute bei der Verteilung der EDV-Ressourcen überschneiden und so die Verbriefung zusätzlich erschweren.[6]

Mitarbeiter

Kenntnis und Verständnis der Asset Securitisation auf der Ebene der Bankunternehmungsführung ist ein wichtiger Faktor für die Verbreitung dieser innovativen Finanzierungstechnik in Deutschland. Generell ist der Wissenstand zu dieser Thematik in den betrachteten Kreditinstitutsgruppen noch sehr gering. Einen Wissensvorsprung weisen aber die Großbanken sowie zum Teil die Regionalbanken und sonstigen Kreditbanken mit ihren zentralen Organisationsstrukturen auf. Dort verfügen neben den Führungskräften vielfach auch schon einzelne Produktspezialisten über einen guten Kenntnisstand zur Forderungsverbriefung. Übereinstimmendes Urteil aller Gesprächspartner war, daß bei den Sparkassen und Genossenschaftsbanken noch ein erheblicher Aufklärungsbedarf besteht. Der Kenntnisstand zur Asset Securitisation ist bei den Vorständen

---

1 Vgl. hierzu auch Comptroller of the Currency (1997a), S. 74f.

2 Ursache hierfür ist, daß die Problematik bei der Informationsarchitektur in der Vergangenheit nicht erfaßt oder die Nutzungsmöglichkeiten eines Systems überschätzt wurden. Als Beispiel hierfür vgl. Gaus/Wurster (1994), S. 6.

3 Nach Auskunft von Arrangeuren und Originatoren.

4 Die Großbanken bzw. die großen Banken aus der Gruppe der Regional- und sonstigen Kreditbanken versuchen hier bewußt, nicht zuletzt unter Marketinggesichtspunkten, eine führende Position einzunehmen.

5 Vgl. hierzu auch Sinkey (1992), S. 694f.

6 Diese Erkenntnis wurde im Gespräch mit Vertretern mehrerer Sparkassen auf einer Veranstaltung des DSGV am 18.5.1998 in Köln bestätigt.

dieser Institute meist nur sehr gering, und den von einer Transaktion betroffenen Mitarbeitern ist diese Technik oft gänzlich unbekannt.[1] Arrangeure, die sich mit diesen Institutsgruppen als Originatoren beschäftigen sehen es deshalb als ihre vordringlichste Aufgabe, dieses Wissen bei den Entscheidungsträgern der einzelnen Mitgliedsinstitute aufzubauen.[2] Aufgrund der dezentralen Strukturen dieser Institutsgruppen ist dies jedoch mit einem ganz erheblichen Aufwand verbunden.

4 Zusammenfassung und Erkenntnisse zur Anwendbarkeit der Verbriefung bankeigener Forderungen in deutschen Universalkreditinstituten

Gegenstand des vorstehenden Kapitels war die Frage, ob die Finanzierungstechnik „Verbriefung bankeigener Forderungen" von deutschen Universalkreditinstituten angewendet werden kann. Diese Frage kann mit einem grundsätzlichen „ja" beantwortet werden. Zum einen sind die neu geschaffenen aufsichtsrechtlichen Regelungen geeignet, die Verbriefung von Krediten zu unterstützen, zum anderen finden sich in den Kreditportfolien der deutschen Universalkreditinstitute verschiedene Kreditarten, die für die Verbriefung herangezogen werden können. Allerdings lassen sich deutliche Unterschiede zwischen den betrachteten Bankengruppen sowohl bei den Volumina der geeigneten Kreditarten als auch bei den technischen und personellen Voraussetzungen erkennen. Im einzelnen lieferte die Untersuchung hierzu folgende Erkenntnisse:

- *Der formelle Rahmen für die Verbriefung bankeigener Forderungen ist geeignet, eine positive Entwicklung dieser Finanzierungstechnik bei deutschen Kreditinstituten zu unterstützen.*

Die rechtlichen Vorgaben für die Abtretung der Forderungen durch das Kreditinstitut sind eindeutig formuliert, ihre Einhaltung stellt keine Behinderung einer Asset Backed-Transaktion dar. Die im Mai 1997 im Rundschreiben 4/97 bekanntgegebenen Regelungen des BAKred für eine bilanz- und Grundsatz I-entlastende Verbriefung bankeigener Forderungen wurden in Abstimmung mit den Verbänden der Kreditwirtschaft erarbeitet. Bei Einhaltung der formulierten Anforderungen kann ein Kreditinstitut die Verbriefung seiner eigenen Forderungen durchführen, ohne sich mit dem BAKred abstimmen zu müssen. Somit stellen die Regelungen des BAKred einen Rahmen dar, der den Kreditinstituten Planungssicherheit gibt und den aufsichtsrechtlichen Koordinierungsaufwand bei der Durchführung einer Asset Backed-Transaktion erheblich reduziert. Gleichzeitig räumt es den Kreditinstituten die Möglichkeit einer flexiblen Gestaltung ihrer eigenen Asset Backed-Transaktionen ein; vom Rundschreiben abweichende Re-

---

1 Bei diesen Instituten fehlt vielfach auch die Sensibilität für die Einsatzmöglichkeiten der Asset Securitisation.

2 Gemäß Auskunft von verschiedenen Arrangeuren.

gelungen bedürfen jedoch auch künftig einer individuellen Abstimmung mit der Bankenaufsicht. Die bilanziellen und steuerlichen Aspekte bei der Abtretung der Kreditforderungen gestalten sich unproblematisch. Um die bilanz- und Grundsatz I-entlastende Wirkung bei der anschließenden Verbriefung nicht zu gefährden, sollten deutsche Kreditinstitute allerdings nur auf die Besicherungen durch Drittparteien bzw. auf die Besicherungen in der Transaktionsstruktur zurückgreifen; insbesondere die Besicherungen in der Transaktionsstruktur (Übersicherung, Subordination, Reservekonto) scheinen dem Autor empfehlenswert. Für die unter Marketinggesichtspunkten sinnvolle Gründung einer Zweckgesellschaft nach deutschem Recht könnte die GmbH nach dem Wegfall der Gewerbekapitalsteuer eine zulässige und praktikable Rechtsform sein. Aufgrund administrativer Vorteile und der noch fehlenden Rechtssicherheit bezüglich der Beurteilung einer GmbH als Zweckgesellschaft durch die Steuer- und Aufsichtsbehörden ist für die Verbriefung bankeigener Forderungen deutscher Kreditinstitute aber nach wie vor die Gründung einer ausländischen Zweckgesellschaft zu empfehlen.

- *Aus den Kreditportfolios deutscher Universalkreditinstitute sind von den Krediten an private Kreditnehmer Wohnungsbaukredite und Ratenkredite gut für die Verbriefung geeignet. Durch den Einsatz neuer Methoden zur Beurteilung der Bonität des Forderungspools ist auch die Verbriefung von Krediten an Unternehmen und wirtschaftlich Selbständige möglich.*

Kredite an Kreditinstitute erfüllen entweder die generellen Anforderungen nicht oder weisen einen zu geringen Zinsertrag auf, um für die Verbriefung herangezogen zu werden. Demgegenüber sind Darlehen für die private Wohnungsbaufinanzierung gut für die Verbriefung geeignet; aufgrund ihrer vollen Anrechnungspflicht trotz sehr geringem Ausfallrisiko bieten sich vor allem nachrangige Hypothekendarlehen an. Obwohl erstrangige Hypothekendarlehen einen durchschnittlich geringeren Zinsertrag erbringen, können auch sie verbrieft werden. Ratenkredite erfüllen die begünstigenden Merkmale für die Verbriefung vollumfänglich und sind die für die Verbriefung am besten geeignete Kreditart deutscher Universalkreditinstitute. Die Verbriefung von Dispositionskrediten ist zwar grundsätzlich möglich, die aus ihnen resultierenden Zahlungsströme sind jedoch so volatil, daß ihre Strukturierung technisch kaum oder nur mit einem ganz erheblichen Aufwand möglich ist. Sie sind deshalb nur bedingt für die Verbriefung geeignet. Die aus den USA bekannten Kreditkartenforderungen sind zwar für eine Verbriefung prädestiniert, für deutsche Universalkreditinstitute allerdings ohne Bedeutung. Firmenkundenkredite galten – mit wenigen Ausnahmen wie z. B. Darlehen für den gewerblichen Wohnungsbau – bis vor kurzem noch als für die Verbriefung ungeeignet, da ihre Heterogenität die Anwendung der bekannten Methoden zur Beurteilung der Bonität des Forderungspools nicht zuläßt und deshalb eine Prüfung jeder Einzelforderung im Pool erfordert. Dies bringt neben einem hohen Aufwand auch eine – unerwünschte – Anzeige der Abtretung an den Schuldner mit sich. Die aufgezeigten Lösungsansätze wie die Bildung eines Pools gerateter Kreditnehmer, der Rückgriff auf das interne Kreditbeurteilungssystem bei der Analyse des Darlehenspools und die Entwicklung standardisierter Kreditprüfungsverfahren für kleinere Firmenkunden scheinen jedoch geeignet, die Einzelanalyse bei der Bonitätsprüfung eines Pools aus Firmenkundenkrediten zu ersetzen und so auch diese Kreditart für die Asset Securitisation zugänglich zu machen.

- *Zahlreiche Kreditinstitute der untersuchten Bankengruppen verfügen nicht oder nur bei einem Teil der geeigneten Darlehensarten über das notwendige Kreditvolumen für eine Asset Backed-Transaktion. Durch Teilnahme an einem Multi Seller-Programm kann die Eintrittsbarriere „Kreditvolumen" aber deutlich gesenkt werden.*

Die Großbanken verfügen über so große Portfolios, daß sie den quantitativen Anforderungen an einen Darlehenspool sowohl bei den Wohnungsbaukrediten als auch bei den Ratenkrediten stets gerecht werden. Bei den Regional- und sonstigen Kreditbanken dürften nur die größten Institute über ein ausreichendes Volumen für die Verbriefung von Raten- oder Wohnungsbaukrediten verfügen, da der überwiegende Teil dieser Institutsgruppe ein spezialisiertes Geschäft betreibt, in dem diese Kreditarten nur eine untergeordnete Rolle spielen. Lediglich die Institute, die sich auf das Privatkundengeschäft und die Teilzahlungs- bzw. Absatzfinanzierung spezialisiert haben, dürften so große Ratenkreditportfolios aufweisen, daß ihnen die Verbriefung dieser Kreditart möglich ist. Die Sparkassen haben eine traditionell starke Position im Privatkundengeschäft mit den entsprechenden Portfolios an Raten- und Wohnungsbaukrediten. Deshalb werden neben den großen auch zahlreiche mittelgroße Sparkassen über ein ausreichendes Volumen zur Bildung eines Pools aus diesen Kreditarten für die anschließende Verbriefung verfügen. Die Gruppe der Genossenschaftsbanken besteht aus einer großen Anzahl relativ kleiner Institute. Gleichzeitig sind in dieser Gruppe eine ganze Reihe von Banken zu finden, die sich auf das Privatkundengeschäft spezialisiert haben. Neben den größten Genossenschaftsbanken dürften lediglich diese Institute über ein ausreichendes Kreditvolumen verfügen, um einen Darlehenspool für die Verbriefung zu generieren. Die Verbriefung gewerblicher Wohnungsbaudarlehen ist für noch weniger Institute möglich als die Verbriefung von Krediten an private Kreditnehmer. Hier verfügen nur die Großbanken sowie die größten Regionalbanken und Sparkassen über ein Kreditvolumen, das die Einbringung in eine Asset Backed-Transaktion sinnvoll erscheinen läßt. Für sie und für Banken, welche die Verbriefung privater Wohnungsbaudarlehen in Betracht ziehen, bietet sich jedoch die Beimischung gewerblicher Darlehen zu einem Pool mit privaten Wohnungsbaukrediten an. Für diejenigen Kreditinstitute, die nicht über das notwendige Volumen für die alleinige Durchführung einer Asset Backed-Transaktion verfügen, besteht unter Umständen jedoch die Möglichkeit, Ihre Kredite über die Teilnahme an einem Multi Seller-Programm zu verbriefen. Der Rückgriff auf solche Programme ist nicht nur ihnen zu empfehlen, auch für die größeren Universalkreditinstitute kann es sehr sinnvoll sein, zunächst über die „kleiner Variante" Erfahrungen mit der Verbriefung bankeigener Forderungen zu sammeln.

- *Um auch die breite Masse der Firmenkundenkredite für die Verbriefung zu erschließen, ist für deutsche Universalkreditinstitute der Rückgriff auf die Kreditbeurteilungssysteme des Originators das am besten geeignete Verfahren. Im Kreditgeschäft mit kleinen Firmenkunden muß die Standardisierung vorangetrieben werden, um bei der Prüfung solcher Kreditpools auf die klassischen Poolprüfungsverfahren zurückgreifen zu können.*

Das Rating ist für deutsche Unternehmungen, vor allem wenn sie eine national orientierte Finanzierungsstruktur aufweisen, noch von untergeordneter Bedeutung. Deshalb ist eine Ratinglösung bei der Verbriefung von Firmenkundenkrediten für deutsche Kreditinstitute generell schwierig darzustellen. Lediglich für die Großbanken und die international operierenden Regionalbanken, die einen Kreditpool um geratete ausländische Kreditnehmer erweitern können, scheint dieser Lösungsansatz praktikabel. Für alle anderen untersuchten Kreditinstitute kommt die Ratinglösung nicht in Frage, da sie entweder aufgrund ihrer Größe oder ihres geographisch begrenzten Geschäftsgebietes keine oder nur sehr wenige geratete Kreditnehmer in ihren Portfolios haben. Der Rückgriff auf das interne Kreditbeurteilungssystem des Originators ist theoretisch allen untersuchten Universalbanken möglich. Entscheidend für die praktische Anwendbarkeit dieses Verfahrens ist letztlich die Ausgestaltung und die Qualität des Kreditbeurteilungssystems beim Originator. Die eingeleiteten Maßnahmen zur Standardisierung von Krediten an kleine Firmenkunden müssen weiter vorangetrieben werden. Dann scheint es mittelfristig möglich, diesen Teil der Firmenkundenkredite mit den aus dem Privatkundengeschäft bekannten Verfahren zu prüfen und ihn so der Verbriefung zugänglich zu machen.

- *Nur sehr wenige deutsche Universalkreditinstitute sind in der Lage, kurzfristig eine Asset Backed-Transaktion mit eigenen Forderungen durchzuführen. Die Großbanken und einige wenige Institute aus der Gruppe der Regional- und sonstigen Kreditbanken scheinen hier im Vorteil. Hingegen ist die Vorbereitung einer solchen Transaktion bei den meisten anderen Instituten noch mit einem großen technischen, personellen und zeitlichen Aufwand verbunden.*

Bei der Qualität der Kreditbeurteilungsverfahren lassen sich deutliche Unterschiede zwischen den betrachteten Institutsgruppen ausmachen. Bei den Verfahren im Retailbanking sind die Unterschiede weniger signifikant; zudem wird für die nächsten Jahre mit einer Angleichung der Systeme gerechnet, was die Verbriefung von Privatkundenkrediten für alle deutschen Universalkreditinstitute erleichtern wird. Bei den Kreditbeurteilungsverfahren im Firmenkreditgeschäft werden zum jetzigen Zeitpunkt nur ganz wenige Kreditinstitute den Anforderungen der Ratingagenturen gerecht. Deutlich im

Vorteil sind hier die Großbanken und wenige Regionalbanken, welche die Entwicklung solcher Verfahren in den vergangenen Jahren stark vorangetrieben haben. Sowohl die Sparkassen als auch die Genossenschaftsbanken verfügen in ihren Gruppen über eine ausreichende Datenbasis, um ebenfalls solche Verfahren zu entwickeln. Dies ist aufgrund der dezentralen Struktur der Gruppen allerdings mit einem nicht zu unterschätzenden Aufwand verbunden. Schwierig ist die Ausgangslage für die meisten der Regional- und sonstigen Kreditbanken. Sie verfügen vielfach nicht über die notwendige Datenbasis und die Ressourcen, um ein „verbriefungsfreundliches" Kreditbeurteilungssystem zu entwickeln und zu implementieren. Die Anpassung der EDV-Systeme gestaltet sich erfahrungsgemäß wesentlich aufwendiger als von den Kreditinstitute zunächst angenommen. Hier konkurriert die Asset Securitisation mit Projekten wie „Euro-Umstellung" und „Jahr 2000-Anpassung" um die erforderlichen Programmierressourcen. Lediglich die großen, international tätigen Universalbanken betreiben schon seit mehreren Jahren den notwendigen Know-how-Aufbau, bei fast allen anderen Instituten ist diese Finanzierungstechnik jedoch noch weitgehend unbekannt und erfordert einen erheblichen Aufklärungsaufwand mit der entsprechenden zeitlichen Verzögerung.

D Einsatzmöglichkeiten der Verbriefung bankeigener Forderungen in deutschen Universalkreditinstituten

Sowohl in der bankbetrieblichen Lehre als auch in der Praxis dominiert heutzutage ein multivariables Zielsystem, das nach unterschiedlichen Kriterien geordnet werden kann. Typisch ist die Unterscheidung in bankbetriebliche Formalziele und Sachziele. Während die Sachziele an der Leistungserbringung anknüpfen, beziehen sich die Formalziele auf unternehmungsindividuelle Maßstäbe, anhand derer die Ergiebigkeit unternehmerischen Handelns zum Ausdruck kommt.[1] Dominiert werden die Formalziele von dem Streben nach Gewinn, das gemeinhin als eine starke Antriebsfeder bankbetrieblichen Handelns akzeptiert wird.[2] Daneben werden regelmäßig weitere ökonomische Ziele genannt, die dem Gewinn- bzw. Rentabilitätsstreben je nach Sichtweise neben- oder untergeordnet sind. In mittelbarer Beziehung zu den ökonomischen Zielen stehen die immateriellen Ziele, die sich z. B. im Streben nach einem positiven Image ausdrükken können.[3] Hierbei besteht eine wechselseitige Interdependenz zwischen den ökonomischen und den immateriellen Zielen, da die jeweilige Zielerreichung positiven oder negativen Einfluß auf den anderen Zielbereich haben kann.

Die Handlungsalternativen der Bankunternehmungsführung bei der Verfolgung dieser Ziele werden begrenzt durch das Streben nach Sicherheit, das als strenge Nebenbedingung ein bestimmtes Verhältnis von akzeptiertem Risiko und dafür vorgehaltenem Kapital verlangt, um so die jederzeitige Zahlungsbereitschaft und Fähigkeit zur Schuldendeckung zu gewährleisten.[4] Für Kreditinstitute manifestiert sich das Sicherungsziel in gesetzlichen und aufsichtsrechtlichen Mindeststandards, die sie zur Aufrechterhaltung ihrer Funktionsfähigkeit und zum Schutz ihrer Kunden jederzeit erfüllen müssen. Zusätzlich haben sie ein vitales Eigeninteresse, durch eine interne Steuerung der übernommenen Risiken ihre Erträge und im Extremfall ihren Bestand nicht zu gefährden. Eine direkte Verbindung zu den ökonomischen Zielen findet das Streben nach Sicherheit in der Forderung nach einem angemessenen Verhältnis zwischen den Sicherungsleistungen zur Deckung der Risiken und den damit verbundenen Kosten.

Die Verbriefung bankeigener Forderungen zeichnet sich dadurch aus, daß sie nicht isoliert auf eines der bankbetrieblichen Ziele oder eine der Nebenbedingungen wirkt,

---

1 Vgl. Büschgen (1998), S. 507.

2 Heutzutage werden die ökonomischen Ziele in allen hier untersuchten Institutsgruppen gleichermaßen anerkannt, wobei sie je nach Rechtsform primäre Triebfeder des bankbetrieblichen Handelns (private Banken) oder Notwendigkeit zur Sicherung der Existenz sind, um den gesetzlichen oder satzungsmäßigen Auftrag zu erfüllen (Sparkassen, Genossenschaftsbanken).

3 Vgl. von Stein/Kerstien/Gärtner (1993), S. 772.

4 Vgl. von Stein/Kerstien/Gärtner (1993), S. 773.

sondern über eine Vielzahl von Wirkungselementen Einfluß auf alle Bereiche des bankbetrieblichen Zielsystems hat.[1] Dies ist wohl auch die Ursache dafür, daß in der Literatur regelmäßig nur eine relativ unstrukturierte Aufzählung der Einsatzmöglichkeiten der Verbriefung bankeigener Forderungen anzutreffen ist.[2] Grundsätzlich wird jedoch jede Bankunternehmungsführung bei ihrer Beurteilung, ob der Einsatz der Asset Securitisation für sie sinnvoll und lohnend ist, bestimmten Einsatzmöglichkeiten ein größeres Gewicht beimessen und andere eher als (positive) Nebenwirkung betrachten. In Abhängigkeit von der individuellen Situation eines Kreditinstitutes kann so eher die ökonomische oder die risikosteuernde Wirkung der Verbriefung eigener Forderungen im Vordergrund der Überlegungen stehen.

Entsprechend diesen Schwerpunkten sollen die Einsatzmöglichkeiten der Verbriefung bankeigener Forderungen für deutsche Universalkreditinstitute im nachfolgenden Untersuchungsabschnitt zusammengefaßt werden. Ziel ist, die unterschiedlichen Einsatzmöglichkeiten zu erarbeiten und zu beurteilen, welche Relevanz sie für die betrachteten Institutsgruppen haben können. Eine besondere Bedeutung kommt hierbei den Kosten bzw. den Kostenvorteilen zu, da sie auch bei der Beurteilung dieser Finanzierungstechnik durch die Bankunternehmungsleitung das einflußreichste Beurteilungskriterium darstellen. Dieses ökonomische Motiv soll deshalb vorangestellt behandelt werden. Daneben können die ökonomischen Gestaltungsmöglichkeiten auch zusätzlich durch die Verbriefung eigener Forderungen erweitert werden, was nachfolgend betrachtet wird. Die Ausführungen zur Unterstützung der formellen und materiellen Risikosteuerung tragen dem zweiten Hauptmotiv der Verbriefung bankeigener Forderungen Rechnung. Anstoß kann hier sowohl die Notwendigkeit zur Erfüllung der bankaufsichtsrechtlichen Risikonormen als auch die Nutzung der Forderungsverbriefung im internen Risikomanagement eines Kreditinstitutes sein. Des weiteren wird in diesem Abschnitt die Möglichkeit zur Erhöhung der Risikorendite auf Kredite mit Hilfe ihrer Verbriefung erörtert. Regelmäßig werden auch die Nutzung spezifischer Wettbewerbsvorteile, die Realisierung von Skalenerträgen und der Aufbau eines positiven Image als Motive für den Einsatz der Asset Securitisation genannt. Diese eher langfristigen oder indirekten Wirkungen bilden den Abschluß der Relevanzbetrachtungen.

Aus der Anwendung der Verbriefung bankeigener Forderungen entstehen für ein Kreditinstitut jedoch auch Risiken, die entweder den Erfolg der Transaktion und somit deren Nutzen gefährden oder in anderer Weise negativ auf den Originator wirken können. Ihre notwendige Erörterung erfolgt im Anschluß an die Beurteilung der Einsatz-

---

1 Vgl. Bär (1997), S. 290.

2 Vgl. hierzu bspw. Möller (1997), S. 86; Levedag/Drew (1997), S. B 9; Rittinhaus/Makowka/Hellmann (1997), S. 153.

möglichkeiten, bevor eine Zusammenfassung der Erkenntnisse über die Einsatzmöglichkeiten der Verbriefung bankeigener Forderungen in deutschen Universalkreditinstituten diesen Untersuchungsabschnitt abschließt.

1 Senkung der Finanzierungskosten

1.1 Transaktionskosten einer Asset Backed-Finanzierung

Die Transaktionskosten einer Asset Backed-Finanzierung setzen sich aus mehreren Komponenten zusammen, die nach dem Zeitpunkt ihres Entstehens differenziert werden können. Zum einen sind dies Kosten, welche über die gesamte Laufzeit einer Transaktion anfallen, und zum anderen Kosten, die zu Beginn einer Transaktion (Startup- oder Upfront-Kosten) entstehen. Außerdem fallen bei der erstmaligen Verbriefung eigener Forderungen einmalige Kosten für die Anpassung der EDV-Struktur und die Schulung der betroffenen Mitarbeiter an. Die Ausprägung der einzelnen Kostenkomponenten kann in bezug auf das Transaktionsvolumen fix oder variabel sein, teilweise enthalten sie auch eine fixe und eine variable Komponente und stellen somit eine Mischform dar.[1]

Die genauen Kosten der Durchführung einer Asset Securitisation können im Vorfeld einer Transaktion nur näherungsweise bestimmt werden. Ihre Höhe richtet sich nach dem Volumen und der Art der verbrieften Kredite, den Voraussetzungen beim Originator, der gewählten Transaktionsstruktur und der Art der Refinanzierung.[2] Die Kosten der an der Transaktion beteiligten Parteien werden meist individuell und nach mehreren Verhandlungsrunden festgelegt.[3] Zudem treten bei der Strukturierung einer Transaktion regelmäßig Aspekte zu Tage, die zuvor nicht berücksichtigt wurden und zu einer Änderung der ursprünglichen Kostenkalkulation führen. Deshalb werden nachfolgend lediglich die einzelnen Kostenkomponenten aufgezeigt und ihre Einflußfaktoren dargestellt. Auf den Versuch, die Kosten einer Asset Backed-Transaktion exakt zu beziffern, soll hingegen verzichtet werden; die Ergebnisse könnten keine allgemeine Gültigkeit beanspruchen.

---

1 Vgl. Paul (1994), S. 253f.; Ohl (1994), S. 264.

2 Vgl. Schwarcz (1997), S. 1291f.

3 So die Erkenntnis des Autors aus Gesprächen mit Vertretern verschiedener Arrangeure, Originatoren und Ratingagenturen. Aus den genannten Gründen war keiner der Gesprächspartner bereit oder in der Lage, genaue Ansätze für die einzelnen Kostenkomponenten einer Transaktion zu nennen.

Kostenkomponente	Ausprägung
einmalige Kosten der ersten Transaktion:	
• Anpassung der EDV-Struktur	fix
• Personal- und Schulungskosten	fix
Startup-Kosten bei jeder Transaktion:	
• Errichtung der Zweckgesellschaft	fix
• Arrangeur	Mischform
• Rating	Mischform
• Rechtsberatung	fix
• Prüfung	fix
• Treuhänder	fix
• Plazierung der Wertpapiere	variabel
laufende Kosten:	
• Besicherung	variabel
• Servicing	variabel
• Rechtsberatung	fix
• Prüfung	fix
• Treuhänder	variabel
• Backup Servicer	fix

Tabelle 20: Transaktionskosten bei der Verbriefung bankeigener Forderungen

Als einmalige Kosten bei der ersten Transaktion fallen an:

- *Kosten für die Anpassung der EDV-Struktur*
  Für die Generierung und Aufbereitung der notwendigen Daten, die organisatorische Trennung der abgetretenen Forderungen und die Übernahme des Servicing muß in der Regel die vorhandene EDV-Struktur angepaßt werden.[1] Die erforderlichen Investitionen in den Ausbau der vorhandenen Hard- und Software sind dabei weitgehend unabhängig vom zu verbriefenden Kreditvolumen, sie hängen primär von der bisherigen Leistungsfähigkeit der EDV des Originators ab. In diesem Bereich sollten Kreditinstitute jedoch deutliche Vorteile gegenüber anderen Unternehmungen besitzen, da sie eine Vielzahl der für die Verbriefung notwendigen Daten im Rahmen des Kreditvergabe- und Überwachungsprozesses bereits generiert haben und ihre EDV-Systeme schon explizit auf die Verwaltung von Krediten abgestimmt sind.[2] Meist

1 Vgl. Berndsen (1991), S. 193; Ohl (1994), S. 269.

2 Vgl. hierzu Tacke (1997), S. 9, der auf ähnliche Kostenvorteile bei der Verbriefung von Leasingforderungen hinweist.

bietet auch das arrangierende Kreditinstitut die erforderliche Software für die Datenanalyse und Transaktionsabwicklung an.[1]

- *Kosten des Projektteams*

  Die Vorbereitung einer erstmaligen Verbriefung bankeigener Forderungen erfordert ein Projektteam mit Mitgliedern aus verschiedenen Bereichen der Bank.[2] Regelmäßig wird dieses Projektteam durch externe Experten unterstützt. Neben den Lohnkosten für die Mitglieder des Projektteams und dem Honorar für die externen Experten müssen auch die Ausbildungs- und Schulungskosten für die Teammitglieder bei den Kosten des Projektteams verrechnet werden.

Die Arbeit des Projektteams und die Anpassung der EDV-Struktur kommt nicht nur unmittelbar der ersten Asset Backed-Transaktion zugute, sondern dient dazu, ein Nutzungspotential für die künftige Verbriefung eigener Forderungen aufzubauen. Mithin sind diese Kosten eher Investitionen, welche die Verbriefung weiterer Kredite erleichtern. Allerdings werden sie bei der ersten Transaktion auszahlungswirksam und belasten das Budget des Originators.[3] Vor allem bei einem kurzfristigen Planungshorizont kann diese Kostenkomponente ein Malusargument bei der Entscheidung über die Verbriefung von Forderungen durch die Bankunternehmungsführung sein. Deshalb sollte stets berücksichtigt werden, daß diese Anpassungen dem Kreditinstitut langfristig zum Vorteil gereichen. Denn die Notwendigkeit zur Automatisierung und Anpassung der EDV zwingt den Originator, arbeits- und dokumentenintensive Abläufe zu rationalisieren und zu standardisieren.[4] Hierdurch erhöht sich die Transparenz und Effizienz des betriebenen Geschäfts und eröffnet dem Originator exaktere geschäftspolitische Steuerungsmöglichkeiten.[5]

Als Startup-Kosten bei der ersten und jeder weiteren Transaktion fallen an:

- *Errichtung der Zweckgesellschaft*

  Die Kosten für die Errichtung der Zweckgesellschaft hängen im wesentlichen von der Rechtsform und den mit ihr verbundenen Publizitätsvorschriften ab.[6] Eine genaue Quantifizierung dieser Kosten kann deshalb nur für die individuelle Situation

---

1 Vgl. Reich/Sewright (1989), S. 399; Berndsen (1991), 193; Paul (1994), S. 252f.; Möller (1997), S. 88.

2 Vgl. hierzu Abschnitt C 2.2.3.

3 Vgl. Ohl (1994), S. 268.

4 Vgl. Bär (1997), S. 329.

5 Deshalb formuliert *Bär* auch zurecht die Frage, ob Kostenkomponenten wie diejenigen der EDV-Anpassung überhaupt der Asset Securitisation zugerechnet werden dürfen, da sie letztlich nur der Aufdeckung und Verbesserung vorhandener Schwachstellen im System dienen. Vgl. Bär (1997), S. 333 (FN 144). Vgl. hierzu auch Ohl (1994), S. 269.

6 Vgl. Herrmann (1996), S. 243.

erfolgen. Um diese Kosten gering zu halten, empfiehlt es sich, die Zweckgesellschaften im Ausland zu gründen.[1]

- *Kosten des Arrangeurs*
  Die Kosten des Arrangeurs umfassen die Kosten für die Vorbereitung, die Strukturierung und die Betreuung einer Asset Backed-Transaktion. Oft übernimmt der Arrangeur auch das Underwriting. Bei kleineren Volumina verlangt er meist einen Mindestbetrag, bei größeren Volumina geht diese Gebühr in eine prozentuale Marge über. Des weiteren variiert die Gebühr des Arrangeurs in Abhängigkeit von der Art der zu verbriefenden Kredite und dem Neuigkeitsgrad der Bestandteile einer Transaktion.[2] Die Kosten des Arrangeurs hängen auch davon ab, welche Aufgaben der Originator selbständig übernehmen kann bzw. in welchem Umfang er hierzu die Hilfe des Arrangeurs in Anspruch nehmen muß.[3]
- *Ratinggebühren*
  Grundsätzlich wirkt bei jeder Asset Backed-Transaktion eine Ratingagentur mit. Für eine öffentliche Emission sind mindestens ein, besser noch zwei oder mehr Ratings der anerkannten Ratingagenturen (z. B. Standard & Poor's, Moody's, Fitch/IBCA, Duff & Phelps) erforderlich. Für die Gebührenberechnung greifen die Ratingagenturen meist auf eine Standardgebührenliste zurück und passen diese an die individuelle Transaktion an. Hierbei verwenden sie unterschiedliche Gebührensätze, so daß die Preise eines Ratings nur schwer beziffert werden können.[4] Standardkreditarten wie Konsumentenkredite und Hypothekenforderungen können mit statistischen Modellen mit geringerem Aufwand beurteilt werden, bei komplexeren Kreditarten wie gewerblichen Immobilienfinanzierungen oder Firmenkundenkrediten ist die Prüfung aus den in Abschnitt C 3.1.1.3 genannten Gründen aufwendiger und kostenintensiver. Unterschiede bei der Prüfung und somit bei den Kosten von privaten oder öffentlichen Plazierungen gibt es nicht, wohl aber werden Commercial Paper-

---

1 Vgl. hierzu Abschnitt C 1.2.

2 Vgl. Reich/Sewright (1989), S. 396; Paul (1994), S. 253. Arrangierungsgebühren von deutlich über 100.000 DM sind jedoch durchaus üblich.

3 Einen Vorteil dürften hier die großen Kreditinstitute mit einem eigenen Investmentbanking haben. So wurde z. B. die Verbriefung von Wohnungsbaufinanzierungen der Deutsche Bank AG weitgehend durch diese selbst arrangiert. Vgl. hierzu z. B. o. V. (1998a), S. 28.

4 Während ein Teil der Agenturen Festpreise für ein Rating (z. B. 50.000 US$) hat, berechnen andere die Gebühren in Abhängigkeit vom Transaktionsvolumen (2,5-4 Basispunkte). Teilweise wird auch eine Mischberechnung angewandt. Für eine deutsche Asset Backed-Transaktion mit Konsumentenkrediten wurden dem Autor Ratingkosten in Höhe von 50.000 DM je Agentur genannt. Vgl. hierzu auch Ohl (1994), S. 266 und Bär (1997), S. 243, welche die Ratinggebühren nur in sehr breiten Spannen taxieren.

Programme anders geprüft als Anleiheemissionen, da Commercial Paper-Programme ein Kurzfrist-Rating und Anleihen ein Langfrist-Rating erhalten.

- *Kosten der Rechtsberatung*
  Kosten der Rechtsberatung machen weinen wesentlichen Anteil der Startup-Kosten aus, sie fallen einmalig für die Erstellung des Vertragswerks an. Bei komplexeren Transaktionen entstehen zusätzlich jährliche Rechtsberatungskosten für die Begleitung der Transaktion. In der Regel richten sich die Kosten der Rechtsberatung nicht nach dem Emissionsvolumen, sondern hängen von der Komplexität und dem Innovationsgrad der zu prüfenden Transaktion ab.[1]
- *Gebühr für den Prüfer*
  Für die notwendige Prüfung der Auswahlkriterien und der Ordnungsmäßigkeit der Kreditselektion sowie die Überwachung der Abwicklung durch eine unabhängige Prüfungsgesellschaft entstehen einmalige und jährliche Kosten, deren Höhe sich nach denselben Kriterien wie die Kosten der juristischen Beratung richtet.[2]
- *Kosten des Treuhänders*
  Der Treuhänder erhält neben einmaligen Kosten zur Vorbereitung der treuhänderischen Verwaltung jährliche Gebühren, die sich am ausstehenden Emissionsvolumen ausrichten.
- *Kosten für die Plazierung der Wertpapiere*
  Für die Plazierung der Asset Backed Securities ist eine Gebühr an das Emissionskonsortium zu entrichten, die sich an der Höhe des Emissionsvolumens orientiert.[3] Von Bedeutung ist hierbei die Publizitätswirkung einer Transaktion. So werden die Emissionen wegen der relativ hohen Kosten der Börseneinführung oft privat plaziert oder über Commercial Paper-Programme refinanziert. In letzterem Falle muß für den Händler der Commercial Papers eine Gebühr bezahlt werden.[4] Bei öffentlichen Emissionen entstehen Kosten für die Börsenzulassung sowie für die Herstellung und den Druck der notwendigen Prospekte (§§ 1, 2 VerkProspektG).[5]
  Im weiteren Verlauf der Transaktion fallen folgende Kosten an:
- *Kosten der Besicherung*
  Die Kosten der Besicherung werden für alle Sicherungsformen primär durch die Art

---

1 Kosten von 150.000 DM bis 250.000 DM sind nicht unüblich. Vgl. Paul (1994), S. 253; Ohl (1994), S. 266; Hielscher/Ohl (1994), S. 705.

2 Vgl. Arora/Leszczynski (1996), S. 46.

3 Ist der Arrangeur gleichzeitig auch Underwriter, so kann diese Gebühr in den Arrangementkosten enthalten sein.

4 Hierfür werden einheitlich 5 Basispunkte in Rechnung gestellt. Vgl. Wood/Mason (1994), S. 9.

5 Vgl. Hielscher/Laubscher (1989), S. 13ff.

und den Umfang der Besicherung sowie durch die Qualität der verbrieften Kredite bestimmt. Bei selbst übernommenen Subordinationstranchen und beim Reservekonto lassen sich die Kosten der Besicherung vorab nicht bestimmen, da sie von den eintretenden Ausfällen während der Transaktion abhängen. Wird die Besicherung von Dritten übernommen, so richten sich die Kosten nach dem Zinsniveau am Kapitalmarkt und dem Volumen der durch den Sicherungsgeber übernommenen Risiken. Bezugsgröße der Besicherungskosten ist der noch ausstehende Schuldsaldo, so daß die Besicherungskosten relativ gesehen konstant bleiben, absolut jedoch im Laufe der Zeit abnehmen. Zusätzlich bezahlt der Originator oder die Zweckgesellschaft meist noch die Anwaltskosten des Garantiegebers. Vor allem bei Multi Seller-Vehikeln kommen zu den Kosten der Besicherung noch die Kosten für die Liquiditätslinien hinzu.[1] Da der Kreditgeber hier jedoch kein Ausfallrisiko übernimmt und ungezogene Liquiditätsdlinien keiner Eigenkapitalunterlegung bedürfen, liegen sie deutlich unter denen der anderen Sicherungsinstrumente.[2]

- *Kosten des Servicing*
  Da die Verwaltung der abgetretenen Kredite in der Regel beim Originator verbleibt, stellt die Gebühr für das Servicing keinen echten Kostenfaktor dar. Bei bereits in Deutschland durchgeführten Transaktionen wurde sogar bewußt auf eine Servicefee verzichtet, da diese Dienstleistung umsatzsteuerpflichtig wäre.[3]
- *Kosten für einen Backup Servicer*
  Falls in die Transaktion ein Backup Servicer eingebaut ist, erhält dieser eine jährlich fixe Summe für das Vorhalten der entsprechenden Leistungen.

Bei Folgetransaktionen können sich Kostenkomponenten wie z. B. die Gebühren der Ratingagenturen oder des Arrangeurs verringern, da dann vielfach auf vorhandene Informationen aus der ersten Transaktionen zurückgegriffen werden kann.[4] Wegen des Fixkostencharakters einiger Kostenkomponenten ergeben sich zudem deutliche Ko-

---

1 Vgl. hierzu Abschnitt B 3.3.

2 So beziffert z. B. *Schwarcz* die Kosten der Besicherung auf 40-75 Basispunkte des Sicherungsvolumens und die Kosten von Liquiditätslinien auf 15-35 Basispunkte. Vgl. Schwarcz (1997), S. 1292.

3 Z. B. bei der Verbriefung von Konsumentenkrediten durch die CC-Bank AG. Demgegenüber erhält die Deutsche Bank AG für die Verwaltung der an die HAUS 1998-1 Limited abgetretenen Kredite eine Servicefee in Abhängigkeit vom ausstehenden Kreditvolumen. Vgl. Deutsche Bank AG (1998), S. 46. Vgl. hierzu auch die Ausführungen im Anhang.

4 So ist es z. B. nicht erforderlich, daß das Bonitätsprüfungsverfahren oder das Kreditbeurteilungssystem beim Rating einer weiteren Transaktion mit der selben Intensität geprüft wird wie bei der ersten Transaktion. Vgl. Aber (1988), S. 10; Berndsen (1991), S. 193; Arora/Leszczynski (1996), S. 46. Vgl. hierzu auch Tacke (1997), S. 9 und Bär (1997), S. 329, die auf Lern- und Erfahrungskurveneffekte hinweisen.

stendegressionen bei einem steigenden Transaktionsvolumen. Aus diesem Grund ist es vor allem für kleinere Kreditinstitute sinnvoll, sich in einer Multi Seller-Transaktion zusammenzuschließen, um über große Transaktionsvolumina Kostenvorteile für alle Originatoren zu erzielen. Existiert die Zweckgesellschaft darüber hinaus für weitere Transaktionen, ergeben sich weitere Kostendegressionseffekte.[1]

Zusammenfassend kann als Faustregel für die Transaktionskosten formuliert werden: Je größer das Transaktionsvolumen und je länger die Laufzeit einer Asset Backed-Transaktion sind, desto niedriger sind die Transaktionskosten im Verhältnis zum verbrieften Kreditvolumen. Die genaue Höhe variiert jedoch stets in Abhängigkeit von den Einflußfaktoren Kreditart, Originator und Refinanzierungsstruktur. Die Kostenangaben für die Verbriefung von Konsumentenkrediten oder Wohnungsbaufinanzierungen schwanken von zwölf Basispunkten ohne Servicing und Besicherung bis 75 Basispunkte unter Einbeziehung der Verwaltung der verbrieften Kredite.[2] Für die Zukunft wird prognostiziert, daß die Transaktionskosten aufgrund verbesserter und standardisierter Strukturierungsmethoden sowie durch den zunehmenden Wettbewerb unter den Anbietern der einzelnen Transaktionsleistungen deutlich sinken werden.[3]

1.2 Kapitalkostenvorteile durch Asset Securitisation

Die Senkung der Kapitalkosten durch die Asset Securitisation kann auf zwei Wirkungsmechanismen zurückgeführt werden, wovon der eine an den Kosten des Fremdkapitals und der andere an den Kosten des Eigenkapitals ansetzt. Die Kosten des Fremdkapitals können durch eine Kreditrisikoarbitrage gesenkt werden, wenn die emittierten Asset Backed Securities über eine bessere Bonität verfügen als der Originator.[4] Die Senkung der Eigenkapitalkosten resultiert aus der Einsparung von Eigenkapital, indem Kredite durch ihre Auslagerung aus der Bilanz den regulatorischen Eigenkapitalvorschriften entzogen und nur noch mit dem ökonomisch notwendigen Eigenkapital bzw. mit keinem Eigenkapital unterlegt werden müssen. Die Wirkungsweise in den beiden Bereichen wird nachfolgend partikular dargestellt, um anschließend ihre Geltung für die betrachteten deutschen Institute zu diskutieren.

---

1 Vgl. Ohl (1994), S. 72.

2 Basisjahr 1998. Auskunft von verschiedenen Parteien, die an Asset Backed-Transaktionen mit diesen Kreditarten beteiligt waren. Vgl. auch Deutsche Morgan Grenfell (1998), S. 20.

3 Vgl. Wilson (1994), S. 10; Merrill Lynch & Co. (1997), S. 1.

4 Vgl. z. B. Möller (1997), S. 86.

1.2.1 Kostensenkung durch Kreditrisikoarbitrage

Generell ist davon auszugehen, daß bei Wertpapieren ein geringeres Bonitätsrisiko mit einer geringeren Risikoprämie abgegolten werden muß, so daß die Renditen von Rentenpapieren geringerer Bonität höher sind als diejenigen von bonitätsmäßig besseren Papieren.[1] Mit dem Rating als Indikator für das mit einer Anleihe verbundene Bonitätsrisiko läßt sich dieser Zusammenhang auf den internationalen Kapitalmärkten eindeutig nachweisen. So zeigt sich, von Ausnahmesituationen abgesehen, daß die Durchschnittsrenditen von Anleihen mit einem AAA-Rating stets niedriger sind als die Durchschnittsrenditen von Anleihen mit einem AA-Rating. Diese weisen wiederum eine geringere Rendite als Anleihen der Bonitätsgüte A auf, usw. Mit Hilfe des Ratings läßt sich demgemäß eine Zinsstrukturkurve in Abhängigkeit von der Bonität darstellen (vgl. Abbildung 7).[2] Diesen Zusammenhang zwischen der Bonität eines Rentenpapiers ausgedrückt im Rating und seiner Rendite bzw. seinem Zinssatz kann sich ein Kreditinstitut bei der Verbriefung seiner Kredite zunutze machen.[3]

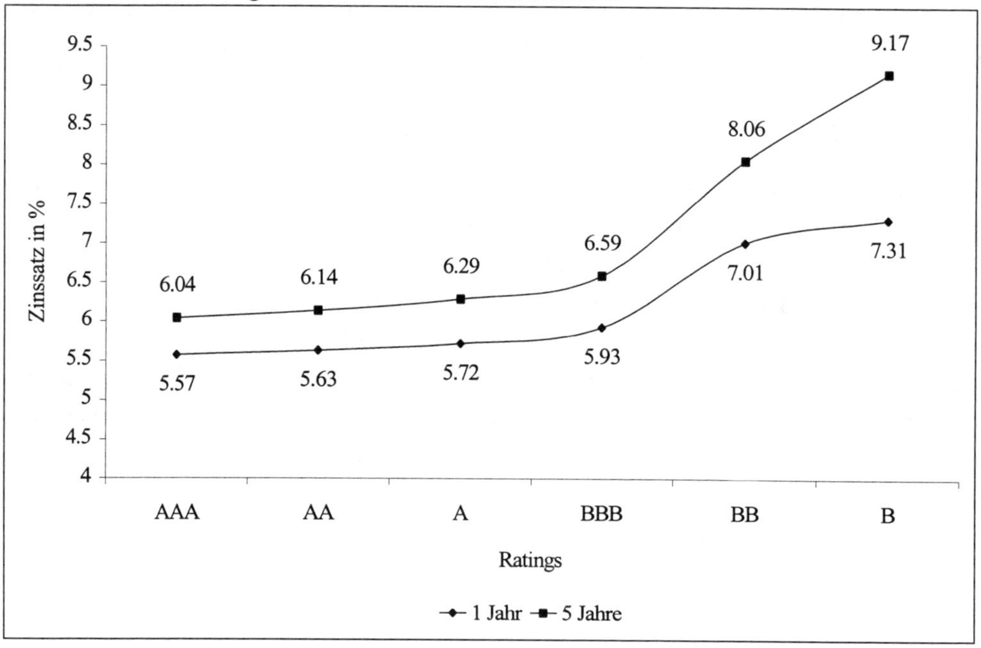

Abbildung 7: Rendite von Bonds bei unterschiedlichen Ratings[4]

---

[1] Vgl. hierzu z. B. ten Brink (1996), S. 280.

[2] Vgl. Everling (1991), S. 222, 274f.; Köllhofer/Sprißler (1993), S. 898.

[3] Vgl. Bessis (1998), S. 228.

[4] US-Corporate Bonds. Basis: 10.3.1998. Quelle: Standard & Poor's.

Wie bei der Einordnung und Abgrenzung der Asset Securitisation in B4.1 ausgeführt, handelt es sich bei der Forderungsverbriefung um eine objektgestützte Finanzierung, da die Mittelbeschaffung unter Rückgriff auf bestimmte Vermögensobjekte erfolgt. Durch die Abtretung der Kredite an die Zweckgesellschaft und die Verbriefung in Asset Bakked Securities wird die Finanzmittelbeschaffung aus dem betrieblichen Umfeld des Kreditinstitutes herausgelöst, wodurch sich dem Originator vier verschiedene Ansatzpunkte für eine Kreditrisikoarbitrage und zur Senkung seiner Fremdkapitalkosten eröffnen:

1. Höhere Transparenz der Kreditnehmerrisiken
   Bei der Finanzierung über die Verbriefung bankeigener Forderungen tritt an die Stelle des wegen seiner Komplexität schwierig zu bewertenden Cash-flows des Kreditinstitutes ein meist leichter zu beobachtender und zu bewertender Zahlungsstrom aus den abgetretenen Krediten.[1] Die finanzielle Leistungsfähigkeit und das Geschäftsrisiko des Institutes sind nur noch von untergeordneter Bedeutung für die Beurteilung der Bonität der Wertpapiere durch die Investoren bzw. die Ratingagenturen. Durch den Wechsel vom intransparenten Institutsrisiko zu den relativ transparenten Kreditnehmerrisiken als Beurteilungsgrundlage kann die Bonität der Wertpapiere mit einem geringeren Unsicherheitsfaktor abgeschätzt werden, was sich positiv auf das Ratingurteil der Agenturen auswirken kann.
2. Höhere Bonität der Kreditnehmer
   Kreditinstitute, bei denen zumindest ein Teil ihrer Kreditnehmer über eine bessere Bonität als sie selbst verfügt, können diesen Bonitätsvorteil nutzen und den Investoren die Zahlungsfähigkeit und -willigkeit der Kreditschuldner als Sicherheit anbieten, indem sie Kredite dieser Schuldner in den Kreditpool für die Verbriefung einbringen.
3. Diversifikation im Kreditpool
   Ein weiterer Ansatzpunkt für die Kreditrisikoarbitrage ist die gezielte Mischung der eingebrachten Kreditnehmer, so daß durch eine Pooldiversifikation eine weitere Senkung des Risikos und somit der Renditeforderungen der Investoren realisiert werden kann.[2] Hierzu sollte die Auswahl der eingebrachten Kredite so erfolgen, daß möglichst viele Kreditnehmergruppen mit unterschiedlichen Bonitätseinflußfaktoren enthalten sind. Durch eine geographische und sachliche Mischung der eingebrach-

---

1 Vgl. Benner (1988), S. 409; Schwarcz (1997), S. 1290; Deutsche Bundesbank (1997b), S. 58.

2 Dieser Annahme liegt die Erkenntnis der für den Wertpapierbereich entwickelten Portfolio-Selection-Theorie zugrunde, die besagt, daß das Gesamtrisiko eines Portfolios dann gesenkt werden kann, wenn unterschiedlich risikobehaftete und in ihrer Entwicklung nicht gleich verlaufende Anlagen miteinander kombiniert werden. Vgl. hierzu Markowitz (1952); Markowitz (1991).

ten Kreditbündel kann erreicht werden, daß die Qualität des Gesamtpools von der Entwicklung der einzelnen Bonitätseinflußfaktoren unabhängiger wird. Das Ergebnis ist ein Gesamtforderungspool, dessen Risiko geringer ist als die Summe der gewichteten Einzelrisiken der eingebrachten Kredite.[1] Besondere Arbitragemöglichkeiten können sich für Institute ergeben, denen die Diversifikation ihrer Kreditportfolios aufgrund bestimmter Vorgaben oder einer bestimmten Geschäftsausrichtung nicht möglich ist, indem sie sich mit anderen Instituten in einem Multi Seller-Vehikel zusammenschließen und die in den Pool einfließenden Kreditbündel der jeweiligen Kreditinstitute nur eine geringe Risikokorrelation aufweisen.[2]

4. Besicherung der Asset Backed-Emission
   Um das Risiko der Investoren möglichst gering zu halten, wird die Bonität von Asset Backed Securities mit zusätzlichen Sicherungsmechanismen verbessert. Von besonderer Bedeutung ist diese zusätzliche Besicherung für Kreditinstitute in Ländern wie z. B. Deutschland, in denen die gezielte Verbriefung von Krediten, deren Bonität besser ist als der Durchschnitt des gesamten Kreditportfolios (cherry pikking), nicht zulässig ist.[3] Ob die zusätzliche Besicherung auch tatsächlich geeignet ist, die Fremdkapitalkosten zu senken, hängt dabei vor allem von den Kosten der Besicherung ab. Denn letztlich lohnt sich die Kreditverbesserung zur Erreichung eines höheren Ratings nur, wenn dessen Kosten tiefer sind als die Ersparnis auf die Marge.[4] Obwohl nur eine Umverteilung des Risikos stattfindet, liegen in der Praxis die Kosten der Besicherung in einer Vielzahl von Fällen trotzdem deutlich unter den damit zu erzielenden Einsparungen bei den Finanzierungskosten. Ursache hierfür sind neben unterschiedlichen Renditeforderungen der Kapitalgeber die Unvollkommenheit des Kapitalmarktes und unterschiedliche Strukturen der Risikoportfolios bei Originator und Sicherungsgeber.[5]

Das Ausnutzen der einzelnen Arbitragemöglichkeiten und der daraus resultierenden Risikodifferenzen erlaubt es, die verbrieften Kreditforderungen mit einem besseren Ra-

---

[1] Dieser Effekt wurde z. B. bei der Verbriefung von Firmenkundenkrediten aus dem Kreditportfolio der National Westminster Bank bewußt ausgenutzt. Vgl. o. V. (1997ae), S. 85.

[2] So könnten z. B. drei Sparkassen einen gemeinsamen Forderungspool für eine Asset Securitisation speisen. Von den drei Sparkassen hat eine ihr Geschäftsgebiet in Mecklenburg-Vorpommern (Korrelation mit Entwicklung der Werftbranche), eine in Nordbaden (chemische Industrie) und eine im Allgäu (Fremdenverkehr, Landwirtschaft). Aufgrund der unterschiedlichen regionalen Strukturen ist zu erwarten, daß das Gesamtrisiko durch die Diversifizierung geringer ist als die gewichtete Summe der Einzelrisiken.

[3] Vgl. Abschnitt C 1.1.2.1.

[4] Vgl. Kroll (1993a), S. 761; Paul (1994), S. 251.

[5] Vgl. Kroll (1993a), S. 761; Feeney (1995), S. 151f.; Bär (1997), S. 320.

ting als dem des Originators auszustatten und so die Finanzierungskosten zu senken.[1] Durch jede der dargestellten Arbitragemöglichkeiten kann ein Kreditinstitut bei einer Finanzierung über die Verbriefung bankeigener Forderungen auf der Bonitätszinsstrukturkurve nach links „rutschen" und sich zu günstigeren Konditionen finanzieren. Deshalb scheint die Asset Securitisation vor allem für Kreditinstitute geeignet, die nicht geratet sind oder deren Rating niedriger ist als Investmentqualität, um deutliche Kostenvorteile bei der Finanzierung zu realisieren.[2]

Bei der Diskussion der Möglichkeiten zur Senkung der Fremdkapitalkosten durch Kreditrisikoarbitrage muß jedoch beachtet werden, daß Asset Backed Securities und Bankschuldverschreibungen mit identischem Rating und gleicher Laufzeit von den Investoren nicht mit den gleichen Renditeforderungen belegt werden. Vielmehr müssen auf Asset Backed Securities wegen der Neuartigkeit und Komplexität des Produktes, der geringeren Marktliquidität und der nicht genau vorhersagbaren Fälligkeit deutlich höhere Prämien gezahlt werden.[3] Hinzu kommt, daß Asset Backed Securities im Anlageportfolio von Kreditinstituten bei der Ermittlung der risikotragenden Aktiva mit 100% gewichtet werden, wohingegen Bankschuldverschreibungen je nach Emittent nur mit 0-20% angerechnet werden müssen. Sie belegen somit mehr haftendes Eigenkapital und erfordern eine entsprechend höhere Verzinsung.[4] Der zunehmende Bekanntheitsgrad der Anlageform Asset Backed Securities, die aus den zahlreicher werdenden Emissionen resultierende Liquiditätssteigerung und eine erwartete Senkung des Anrechnungsfaktors für diese Wertpapierart führen zwar zu einem sinkenden Spread gegenüber anderen Anlageformen mit gleichem Rating,[5] trotzdem müssen für Asset Backed Securities noch Aufschläge von bis zu 40 Basispunkten gezahlt werden (vgl. Tabelle

---

1 Vgl. Benner (1988), S. 410; Dickler (1991), S. 107ff.; Gray (1991), S. 31; Kroll (1993a), S. 761; Hielscher/Ohl (1994), S. 691; Bär (1997), S. 316.

2 Vgl. Ocampo (1989), S. 8f.; Schwarcz (1997), S. 1290.

3 In der Literatur [vgl. stellvertretend Asset Finance Group (1989), S. 27f.; Smallman/Selby (1990), S. 244] wird zusätzlich die Begründung angeführt, daß dies auf das Risiko der vorzeitigen Rückzahlung und den Verwaltungsaufwand bei monatlicher Zinszahlung zurückzuführen ist. Dies kann für Deutschland jedoch nur bedingt gelten. Zum einen wurde in Abschnitt C 3.1.1 verdeutlicht, daß das Risiko vorzeitiger Rückzahlungen bei deutschen Kreditforderungen nur von untergeordneter Bedeutung ist, zum anderen stellt die monatliche Zinszahlung einen in Deutschland üblichen Rhythmus dar, der mit der modernen EDV auch einfach zu verwalten ist.

4 Der Spread zwischen einer voll unterlegungspflichtigen und einer nicht unterlegungspflichtigen Anleihe mit ansonsten gleicher Ausstattung beträgt rund 10 Basispunkte. Vgl. Deutsche Bank (1998b), S. 4.

5 Vgl. Anderson (1995), S. 41; Coym (1997), S. B 4; Deutsche Bank (1998b), S. 11; J.P. Morgan Securities (1998), S. 7.

21).[1] Dies kann dazu führen, daß der Prämienvorteil aus dem besseren Rating durch den Aufschlag für Asset Backed Securities mehr als überkompensiert wird und die Vorteile aus der Kreditrisikoarbitrage nur bei relativ schlecht gerateten Originatoren wirksam werden.

Emittent	Laufzeit	Rating	Spread gg. 3M LIBOR in bp
Bankschuldverschreibungen			
Rabobank	11.10.1999	Aaa	-15,1
Schweizerische Bankgesellschaft	08.12.1999	Aaa	-9,1
Südwestdeutsche Landesbank	06.02.2002	Aaa	-8,8
Deutsche Siedlungs- und Landesrentenbank	07.02.2002	Aaa	-19,5
International Bank for Reconstruction and Development	27.09.2002	Aaa	-12,4
Asset Backed Securities			
CORE 1998-1 (CLO) A-2a	07/2002	Aaa	+11
HAUS 1998-1 (MBS)	06/2002	Aaa	+17
Citibank Creditcard Mastertrust 1	17.05.1999	Aaa	+7
Globaldrive B.V.	15.10.1999	Aaa	+6
MBNA	19.09.2001	Aaa	+9

Tabelle 21: Renditespreads von DM-Eurobonds und Asset Backed Securities[2]

1.2.2 Verbesserung der suboptimalen Eigenkapitalallokation

Die Diskussion einer möglichen Kreditarbitrage beruht alleine auf einer Betrachtung der Kosten des Fremdkapitals. Tatsächlich muß für die Finanzierung von Vermögensgegenständen aber stets auch ein bestimmter Anteil Eigenkapital eingesetzt werden, um die mit ihnen verbundenen Risiken abzudecken.[3] Für deutsche Kreditinstitute manifestiert sich dies in § 10 KWG, der zur Sicherung der ihnen anvertrauten Vermögens-

---

[1] Vgl. Benner (1988), S. 410; Asset Finance Group (1989), S. 27f.; Smallman/Selby (1990), 244; Bär (1997), S. 319. Die Höhe des Aufschlags hängt vor allem von der unterliegenden Kreditart ab. Bei Automobilfinanzierungen bewegen sich die Aufschläge am unteren Ende der Skala, bei Hypothekendarlehen auf Gewerbeimmobilien am oberen Ende. Vgl. Laternser (1997), S. 174f. Für Mortgage Backed Securities (AAA) lag er 1998 zwischen 17 und 29 Basispunkten gegenüber Pfandbriefen vergleichbarer Bonität. Vgl. Deutsche Morgan Grenfell (1998), S. 11f.

[2] Vgl. Deutsche Bank (1998b), S. 4; Pozka (1998), o. S.; o. V. (1998a), S. 28; o. V. (1998b), S. 30.

[3] Vgl. Dickler (1991), S. 115; Arbeitskreis „Finanzierung“ (1992), S. 518.

werte ein angemessenes haftendes Eigenkapital verlangt. Seine Ausgestaltung findet § 10 KWG im Grundsatz I des BAKred. Dieser bestimmt, daß das Volumen der gewichteten Risikoaktiva eines Kreditinstitutes zu jedem Zeitpunkt maximal das 12,5fache des haftenden Eigenkapitals beträgt, der Solvabilitätskoeffizient also einen Wert von 0,08 nicht unterschreiten darf.[1] Die Kosten dieses vorgeschriebenen Eigenkapitals müssen bei einem Vergleich zwischen einer bilanzwirksamen Finanzierung und einer Finanzierung durch Asset Securitisation berücksichtigt werden.[2]

Für die nachfolgende Betrachtung soll vereinfachend unterstellt werden, daß alle finanzierten Kredite mit 100% ihrer Bemessungsgrundlage anzurechnen sind und somit einer 8%igen Unterlegung mit haftendem Eigenkapital bedürfen.[3] Gleichfalls muß berücksichtigt werden, daß je nach Art der Passiva eine Mindestreserve vorgehalten werden muß, die das notwendige Finanzierungsvolumen erhöht.[4] Demnach ergibt sich als Formel zur Berechnung der Kosten einer bilanzwirksamen Finanzierung:[5]

$$FK_{bw} = SK \times gEKR + (1 - SK) \times \frac{FKZ}{1 - MR} - MR \times MRZ$$

mit: FK = Finanzierungskosten

bw = bilanzwirksam

FKZ = Fremdkapitalzins

MRZ = Zins auf Mindestreserve

gEKR = geplante Eigenkapitalrendite vor Steuern

SK = Solvabilitätskoeffizient

MR = Mindestreservesatz

---

1 Zur Definition des Solvabilitätskoeffizienten vgl. Gaumert (1997), S. 122.

2 Vgl. z. B. Rosenthal/Ocampo (1988), S. 90ff.; Pollock/Stadum/Holtermann (1991), S. 279; Kroll (1993), S. 90; Bär (1997), S. 322ff.; Bessis (1998), S. 229ff.

3 Unter Umständen können Kreditinstitute auch ganz bewußt eine höhere Eigenkapitalunterlegung anstreben, um z. B. eine günstige Beurteilung durch die Ratingagenturen zu erfahren. Vgl. Zimmermann (1995), S. 151. Dann muß ein entsprechend höherer Ansatz beim Solvabilitätskoeffizienten gewählt werden.

4 Ab 1.1.1999 besteht die Mindestreservepflicht gegenüber der Europäischen Zentralbank. Im Gegensatz zur Bundesbank ist die Mindestreserve dort verzinslich. Vgl. Europäische Zentralbank (1998), o. S.

5 In Anlehnung an Aber (1988), S. 8. Die hier verwendete Formel entspricht im Prinzip der in anderen Quellen [z. B. Ohl (1994), S. 278; Paul (1994), S. 246; Bär (1997), S. 324f.] verwendeten allgemeinen Formel zur Berechnung der durchschnittlichen Kapitalkosten. Im Sinne einer Opportunitätskostenbetrachtung, also der Annahme, daß die durch die Forderungsverbriefung generierten Mittel entweder für die Vergabe neuer Kredite oder zur Rückzahlung des teuersten Fremdkapitals genutzt werden, sollen hier jedoch die Kosten einer Finanzierung über den Kapitalmarkt angesetzt werden [vgl. hierzu auch Levedag/Drew (1997), S. B 9]. Diese Kosten sind in der Regel höher als die durchschnittlichen Fremdkapitalkosten eines Kreditinstituts. Durch die Erweiterung um die Mindestreservekosten und die Beschränkung des Eigenkapitalanteils auf den Solvabilitätskoeffizienten gemäß Grundsatz I soll dem Fokus dieser Arbeit, den deutschen Kreditinstituten, besonders Rechnung getragen werden.

Ein Beispiel soll die Berechnung verdeutlichen: Ein mit AA geratetes Kreditinstitut finanziert sein voll anrechnungspflichtiges Konsumentenkreditportfolio über die Ausgabe von Bankschuldverschreibungen zu einem Zinssatz von 6,14%.[1] Der erforderliche Anteil des haftenden Eigenkapitals beträgt 8% des Finanzierungsvolumens, die angestrebte Eigenkapitalrendite 25% vor Steuern.[2] Die Laufzeit der Bankschuldverschreibungen soll bei fünf Jahren liegen, so daß sie nicht der Mindestreservepflicht unterliegen. Als Finanzierungskosten ergeben sich dann:

$$FK_{bw} = 8\% \times 25\% + (1 - 8\%) \times \frac{6,14\%}{1 - 0} = 7,65\%$$

Die Kosten der bilanzwirksamen Finanzierung liegen somit deutlich über dem reinen Fremdkapitalzins.[3] Insgesamt erhöhen sich die Finanzierungskosten durch die notwendige Unterlegung der Kredite mit haftendem Eigenkapital um 1,51%-Punkte. Diese Finanzierungskosten der bilanzwirksamen Finanzierung dienen als Benchmark für die Kosten einer Asset Backed-Finanzierung, welche die ermittelten 7,65% nicht übersteigen sollten.

Bei der Finanzierung der Kredite durch ihre Verbriefung verlassen diese die Bilanz des Kreditinstitutes, ihre Unterlegung mit haftendem Eigenkapital ist somit nicht mehr erforderlich.[4] Vielmehr können sie vom neuen Eigentümer, der Zweckgesellschaft, bei einem minimalen Eigenkapitaleinsatz zu nahezu 100% durch Fremdkapital finanziert werden.[5] Unter Rückgriff auf die oben erarbeiteten Kostenkomponenten sollen bei der beispielhaften Ermittlung der Kosten einer Asset Backed-Finanzierung Transaktionskosten von 35 Basispunkten und ein Renditeaufschlag für die Komplexität und Illiquidität

---

1 Der Zinssatz wurde der Abbildung 7 entnommen.

2 Zur Festlegung einer erforderlichen Eigenkapitalrendite existieren verschiedene Modelle, wobei in der Theorie am häufigsten auf das CAPM zurückgegriffen wird. Vgl. Drukarczyk (1998), S. 246ff. Letztlich unterliegt die kalkulierte Eigenkapitalrendite jedoch starken subjektiven Einflüssen. 25% ist eine Größe, wie sie für deutsche Banken in der Rechtsform einer Aktiengesellschaft immer wieder genannt wird. Vgl. z. B. Gaumert (1997), S. 66ff.; o. V. (1997j), S. 22; o. V. (1997l), S. 15; o. V. (1997ab), S. 18.

3 Zusätzlich entstehen noch Emissionskosten sowie allgemeine Verwaltungs- und Betriebskosten. Da diese Kostenkomponenten jedoch bei beiden Finanzierungsalternativen anfallen, können sie für den Vergleich vernachlässigt werden.

4 Vgl. Aber (1988), S. 6; Anderson (1995), S. 41. In Abhängigkeit von der Art der Besicherung der Emission können allerdings noch Eigenkapitalkosten entstehen. Darauf wird weiter unten noch eingegangen.

5 Vgl. Weber-Schwidrowski/Engel (1996), S. 18. Zur Eigenkapitalausstattung von Zweckgesellschaften deutschen Ursprungs vgl. Tabelle 9.

von 25 Basispunkten angenommen werden. Eine Asset Backed-Emission mit fünfjähriger Laufzeit und einem AAA-Rating kann dann wie folgt kalkuliert werden:

$$FK_{ABS} = FKZ + RA + TK = 6{,}04\% + 0{,}25\% + 0{,}35\% = 6{,}64\%$$

mit: FK = Finanzierungskosten | TK = Transaktionskosten
FKZ = Fremdkapitalzins | RA = Renditeaufschlag

Da Eigenkapital eine teurere Finanzierungsquelle ist als Fremdkapital läßt sich durch den Austausch von Eigen- durch Fremdkapital bei der Finanzierung ein ganz erhebliches Einsparungspotential realisieren.[1] Gegenüber der bilanzwirksamen Finanzierung lassen sich in diesem Beispiel die Finanzierungskosten durch die Verbriefung der Kredite um 1,01%-Punkte senken.[2]

Allerdings hat das BAKred verfügt, daß Sicherungsleistungen, die von einem deutschen Kreditinstitut bei der Verbriefung seiner eigenen Forderungen übernommen werden, voll vom haftenden Eigenkapital abzuziehen sind.[3] Deshalb müssen bei der Berechnung der Kosten einer Asset Backed-Finanzierung auch die Kosten des zusätzlich belegten Eigenkapitals berücksichtigt werden.[4] Auf die Formel hat dies folgende Auswirkung:

$$FK_{ABS} = FKZ + RA + TK + SL \times gEKR - SL \times i$$

mit: FK = Finanzierungskosten | SL = Sicherungsleistung
FKZ = Fremdkapitalzins | TK = Transaktionskosten
RA = Renditeaufschlag | gEKR = geplante Eigenkapitalrendite vor Steuern
i = auf die Sicherungsleistung gezahlter Zins

---

1 Vgl. Pavel/Phillis (1989), S. 11; Jahrmann (1996), S. 33.

2 Einige Autoren weisen in diesem Zusammenhang darauf hin, daß sich durch die Verbriefung auch eine Veränderung der Renditeforderungen der Kapitalgeber ergeben kann, wenn sich die Qualität des beim Kreditinstitut verbleibenden Restportfolios verändert. Diese Veränderung müßte bei der Berechnung der Kosten der Asset Securitisation eigentlich berücksichtigt werden [vgl. Paul (1994), S. 257ff.; Herrmann (1996), S. 244]. Da die deutsche Regelung jedoch nur die Verbriefung eines Kreditportfolios durchschnittlicher Qualität zuläßt, ist sie in dieser Untersuchung ohne Bedeutung.

3 Vgl. Bundesaufsichtsamt für das Kreditwesen (1997a) und (1997b). Vgl. auch Monatsbericht der Deutschen Bundesbank (1997b), S. 64. Statt eines vollen Abzugs vom Eigenkapital kann dieser Einschuß auch sofort wertberichtigt werden. Dies hat ebenfalls den Effekt der Eigenkapitalminderung in voller Höhe.

4 Vgl. Shiels (1997), S. 719.

Wird unterstellt, daß der Originator seine Primärsicherung über einen einmaligen Einschuß auf das Reservekonto in Höhe von 2% des Transaktionsvolumens leistet und dieser Einschuß mit jährlich 5% verzinst wird, verändern sich die Kosten der Asset Backed-Finanzierung aus obigem Beispiel wie folgt:

$$FK_{ABS} = 6{,}04\% + 0{,}25\% + 0{,}35\% + 2\% \times 25\% - 2\% \times 5\% = 7{,}04\%$$

Durch die Übernahme der Primärsicherung und ihre Unterlegung mit haftendem Eigenkapital verteuert sich die Finanzierung über die Asset Securitisation im Beispiel um 40 Basispunkte. Dennoch liegen die Kosten der Eigenkapitalunterlegung immer noch um 111 Basispunkte unter den Eigenkapitalkosten einer bilanzwirksamen Finanzierung. Obwohl diese Differenz durch die Transaktionskosten und den erforderlichen Renditeaufschlag noch geschmälert wird, verbleibt letztlich ein Kostenvorteil für die Asset Backed-Finanzierung von 61 Basispunkten. Aufgrund des Kostenvorteils durch die eingesparten Eigenkapitalkosten besteht sogar noch ein Spielraum bei den anderen Kostenkomponenten der Asset Securitisation. Gleichzeitig wird aber auch deutlich, daß der Kostenvorteil der Forderungsverbriefung entscheidend von der Höhe der kalkulierten Eigenkapitalkosten abhängt. Für das dargestellte Beispiel läßt sich so bei ansonsten gleichbleibenden Kostenkomponenten ein Break-even für die Verbriefung bei kalkulatorischen Eigenkapitalkosten von 14,85% ermitteln. Nachfolgende Tabelle verdeutlicht die unterschiedlichen Kostenkomponenten nochmals:

	Bankschuldverschreibungen (AA)	Asset Backed Securities (AAA)
Zinskosten Referenzsatz (AAA)	6,04%	6,04%
Ratingaufschlag	0,10%	--
Renditeaufschlag	--	0,25%
Transaktionskosten	--	0,35%
Kosten der Eigenkapitalunterlegung	1,51%	0,40%
Gesamtkosten	7,65%	7,04%

Tabelle 22: Beispiel eines Kostenvergleichs zwischen einer Finanzierung über Bankschuldverschreibungen (AA) und über Asset Backed Securities (AAA)

Tabelle 22 verdeutlicht den entscheidenden Vorteil bei der Verbriefung bankeigener Forderungen: Die Kosten des für die Finanzierung eines Kreditpools notwendigen Eigenkapitals können bei einer Asset Backed-Finanzierung gegenüber einer bilanzwirksamen Finanzierung deutlich gesenkt werden. Dieser Vorteil reicht in der Regel aus, um die Mehrkosten der Asset Securitisation zu kompensieren. Ursache hierfür ist, daß die notwendige Eigenkapitalunterlegung zur Übernahme von Kreditrisiken zwischen einer bilanzwirksamen Finanzierung und der Finanzierung über die Verbriefung deutlich differieren.[1] Während bei der bilanzwirksamen Finanzierung, unabhängig vom tatsächlichen Risiko der Kredite, gemäß Grundsatz I eine Eigenkapitalunterlegung von 8% erforderlich ist,[2] muß das Kreditinstitut bei der Finanzierung durch die Verbriefung nur eine Eigenkapitalunterlegung in der Höhe erbringen, welche die von den Investoren geforderte Risikodeckung gewährleistet und regelmäßig unter der aufsichtsrechtlich geforderten Eigenkapitalunterlegung liegt. Darüber hinaus findet bei der Festlegung des aufsichtsrechtlich vorgeschriebenen Eigenkapitals die Senkung des Kreditrisikos durch eine Diversifizierung des Portfolios keine Berücksichtigung.[3] Das aufsichtsrechtlich erforderliche Eigenkapital berechnet sich aus der Summe der für jeden einzelnen Kredit notwendigen Eigenkapitalunterlegung und kann deshalb größer als die für den Forderungspool als ganzes notwendige Eigenkapitalunterlegung sein (vgl. Tabelle 23).

Eigenkapitalunterlegung	Forderungsart A 1.000 DM	Forderungsart B 1.000 DM	Forderungspool mit A+B 2.000 DM
aufsichtsrechtlich	80 DM	80 DM	160 DM
ökonomisch	60 DM	100 DM	130 DM

Tabelle 23: Einfaches Beispiel für die Eigenkapitalunterlegung von Forderungspools mit und ohne Berücksichtigung einer vorhandenen Korrelation[4]

Somit kommt es durch die bilanzentlastende Asset Backed-Finanzierung insgesamt zu einer deutlich effizienteren Allokation des Eigenkapitals, da sich bei der Asset Securitisation die Eigenkapitalunterlegung an der ökonomischen Notwendigkeit und nicht, wie bei einer bilanzwirksamen Finanzierung, am vorgeschriebenen Unterlegungssatz orientiert.[5] Je größer die Differenz zwischen der aufsichtsrechtlich geforderten und der ökonomisch notwendigen Eigenkapitalunterlegung ist und je höher die geforderte Verzinsung des Eigenkapitals ist, desto größer ist die Kostenersparnis durch die Verbriefung der Kredite.[6]

---

1 Vgl. Aber (1987), S. 27; Rosenthal/Ocampo (1988), S. 3ff.

2 Vgl. Gaumert (1997), S. 122. Die Bankenaufsicht verfolgt mit ihrer geforderten Eigenkapitalunterlegung eine andere Zielsetzung als das Kreditinstitut selbst. Während es dem Kreditinstitut primär um die Sicherung seiner eigenen Überlebensfähigkeit bei möglichst geringem Eigenkapital geht, hat die Bankenaufsicht in erster Linie die Stabilität des gesamten Finanzsystems im Blick. Vgl. hierzu Grafemeyer (1998), S. 1.

3 Vgl. Lelogeais/Fleming (1991), S. 49.

4 In Anlehnung an Lelogeais/Fleming (1991), S. 50.

5 Vgl. Weber-Schwidrowski/Engel (1996), S. 18; o. V. (1997g), S. 35; o. V. (1997w), S. 19; o. V. (1997y), S. 760.

6 Vgl. Dickler (1991), S. 116; Carlstrom/Samolyk (1993), S. 35; Twinn (1995). S. 143.

Die Tatsache, daß ein bedeutender Vorteil der Verbriefung bankeigener Forderungen auf den unterschiedlichen Anforderungen zur Unterlegung von Kreditrisiken fußt, zeigt aber auch mögliche Grenzen dieser Finanzierungstechnik auf: Würde die notwendige Eigenkapitalunterlegung von Risikoaktiva auch auf Basis der rechtlichen Grundlage ökonomisch angemessen ermittelt werden, würde ein wichtiges Kriterium bei der Entscheidung für die Finanzierung durch Forderungsverbriefung wegfallen.[1]

1.3 Beurteilung und Gültigkeit für deutsche Universalkreditinstitute

In Abschnitt D 1.2.1 wurde aufgezeigt, wie Kreditinstitute durch das Betreiben von Kreditrisikoarbitrage das Rating der Asset Backed-Emission gegenüber dem Institutsrating verbessern und somit die Finanzierungskosten senken können. Allerdings muß hierzu das Rating des Kreditinstitutes im Bereich von BBB oder schlechter liegen, da ansonsten der für Asset Backed Securities notwendige Renditeaufschlag höher ist als der einsparbare Risikoaufschlag. Zusätzlich muß der eingesparte Risikoaufschlag ausreichen, um die Transaktionskosten einer Asset Backed-Transaktion abzudecken. Um zu beurteilen, welche Möglichkeiten sich hieraus für die deutschen Universalkreditinstitute ergeben, muß deren Ratingsituation betrachtet werden (vgl. Tabelle 24).

Kreditinstitut	Moody's	Standard & Poor's
Bankgesellschaft Berlin AG	Aa3	
Bayerische Hypo- und Vereinsbank AG	Aa1	AA-
BHF Bank AG	A1	
Commerzbank AG	Aa2	AA-
Deutsche Apotheker- und Ärztebank eG	A2	
Deutsche Bank AG	Aa1	AAA
Dresdner Bank AG	Aa1	AA
IKB AG	A2	
Landesgirokasse Stuttgart[2]	Aaa	AAA
Stadtsparkasse Köln	Aa3	

Tabelle 24: Rating deutscher Universalkreditinstitute[3]

---

1 Vgl. Carlstrom/Samolyk (1993), S. 35.

2 Seit 01.01.1999 Landesbank Baden-Württemberg.

3 Quelle: Moody's (Stand 6.4.1998); Standard & Poor's (Stand: 12.5.1998); HypoVereinsbank nach Fusion angepaßt.

Auch bei den ungerateten Instituten ist zu bezweifeln, ob sich über die Verbriefung von Krediten eine Senkung der Fremdkapitalkosten erreichen läßt. Hierfür sind mehrere Gründe zu nennen: Erstens erfreuen sich die deutschen Kreditinstitute im internationalen Vergleich einer ausgezeichneten Bonitätseinschätzung,[1] allein schon die Institute der Sparkassengruppe würden aufgrund der ihnen eigenen Gewährträgerhaftung ein hervorragendes Rating von den internationalen Ratingagenturen erhalten. Zweitens ist der deutsche Inlandskapitalmarkt,[2] und somit der Hauptfinanzierungsmarkt der ungerateten Institute, zur Zeit noch weitgehend „Rating-resistent",[3] das heißt, daß er weder ein Rating von den Schuldnern als Zugangsvoraussetzung fordert noch bestehende Bonitätsunterschiede mit dem entsprechenden Risikoaufschlag belegt. Aus Bonitätsunterschieden resultierende Renditedifferenzen sind in Deutschland deshalb nur bedingt zu beobachten.[4] Vielmehr liegen die Renditeunterschiede in anderen Faktoren wie z. B. der jeweiligen Marktverfassung oder dem Bekanntheitsgrad und Standing des Schuldners begründet (name lending).[5] Verdeutlicht wird dies bei der Betrachtung der durchschnittlichen Rendite von Bankschuldverschreibungen deutscher Kreditinstitute (ohne Hypothekenbanken, öffentlich-rechtliche Grundkreditanstalten und Spezialkreditinstitute) im Jahre 1997.[6] Obwohl diese Bankschuldverschreibungen sicher ein höheres Risiko als Bundeswertpapiere enthalten und aufgrund der meist fehlenden Börsengängigkeit weniger fungibel und liquide sind, lag ihre Rendite mit 5,2% nur um 10 Basispunkte über der Rendite börsennotierter Bundeswertpapiere.[7] Bei einigen der ungerateten Kreditinstituten lag die Rendite sogar deutlich unter der Rendite der Bundeswertpapiere.[8] Es ist unwahrscheinlich, daß die deutschen Universalkreditinstitute vergleichbare Konditionen am internationalen Kapitalmarkt realisieren können. Aber solange die ungerateten Institute auf dem inländischen Kapitalmarkt auf ein ausreichendes Volumen zur Deckung ihres Kapitalbedarfs stoßen und die geforderten Margen

---

1 Vgl. Gaumert (1997), S. 302.

2 Zum Begriff des (Inlands-)Kapitalmarktes vgl. Thomas/Treutler (1993), S. 1206f.

3 Vgl. Peters/Bernau (1995), S. 715; von Köller (1996), S. 711.

4 Einer der Gründe hierfür kann sein, daß die Bonität eines Kreditinstitutes wegen der Einlagensicherungseinrichtungen der verschiedenen Insatitutsgruppen im Wettbewerb um die Einlagen privater Investoren nur eine untergeordnete Bedeutung hat. Vgl. Süchting (1987), S. 204; Gaumert (1997), S. 220ff.

5 Vgl. hierzu auch Ohl (1994), S. 272 (FN 774).

6 Der Anteil dieser Bankschuldverschreibungen am gesamten Volumen der Bankschuldverschreibungen inländischer Kreditinstitute betrug 1997 27,4%. Vgl. Deutsche Bundesbank (1998d), S. 24; eigene Berechnungen.

7 Vgl. Deutsche Bundesbank (1998d), S. 34.

8 Vgl. Dannemann (1997), S. 36.

niedriger sind als am internationalen Kapitalmarkt, wirkt sich ein fehlendes Rating nicht negativ auf ihre Finanzierungskosten aus. Deshalb bringt die mit der Verbriefung bankeigener Forderungen verbundene Kreditarbitrage zumindest zum jetzigen Zeitpunkt auch für ungeratete Kreditinstitute keinen Kostenvorteil bei der Aufnahme von Fremdkapital.

Für die Beurteilung der künftigen Möglichkeiten aus der Kreditrisikoarbitrage müssen jedoch veränderte Rahmenbedingungen berücksichtigt werden. Zum einen hat das Rating eines Kreditinstitutes nach Einführung der einheitlichen europäischen Währung eine größere Bedeutung als noch vor wenigen Jahren erlangt. Europa wird vor allem von den institutionellen Investoren als ein Kapitalmarkt ohne Währungsrisiken gesehen, weshalb sich der bereits forcierte Konkurrenzkampf um die Gelder der Investoren für die deutschen Kreditinstitute noch deutlich verschärfen wird. Die internationalen Investoren werden die Bonität eines ihnen unbekannten Institutes primär nach der Einschätzung externer Experten wie den Ratingagenturen beurteilen. Es wird erwartet, daß sich dadurch die Ratingaufschläge weiter vergrößern und die Finanzierungskosten für schlecht geratete oder ungeratete Kreditinstitute deutlich steigen werden.[1] Zum anderen ist davon auszugehen, daß die privaten Anleger ihre Anlagen verstärkt über Kapitalsammelstellen tätigen werden, die auf ein ausgewogenes Verhältnis von Rendite und Risiko achten. Dies führt zu einer Verknappung der direkten Nachfrage und weiter steigenden Finanzierungskosten der schlecht oder ungerateten Kreditinstitute. Langfristig wird sich deshalb eine deutlich größere Zahl deutscher Kreditinstitute als heute raten lassen, um im Wettbewerb um die Kapitalgeber in Europa konkurrenzfähig zu bleiben. Eine Ausnahme dürften hierbei nur solche Kreditinstitute sein, deren Finanzierungsvolumen so gering ist, daß es auch auf Dauer von den privaten Investoren aus ihrem Geschäftsgebiet befriedigt werden kann. Doch selbst auf einem einheitlichen europäischen Kapitalmarkt mit ausgeprägteren Aufschlägen für unterschiedliche Bonitäten bleibt zu bezweifeln, daß eine bedeutende Zahl der betrachteten Kreditinstitute so schlecht geratet wird, daß die Kreditarbitrage mittels Asset Securitisation für sie lohnenswert ist.

Insgesamt kann somit festgestellt werden, daß die bonitätsmäßig guten deutschen Universalkreditinstitute die Verbriefung bankeigener Forderungen heute und in näherer Zukunft wohl kaum unter dem Aspekt der Senkung der Fremdkapitalkosten einsetzen werden. Eine Kreditarbitrage deutscher Kreditinstitute wie sie in den USA betrieben wurde, wo die Schuldenkrise und hohe Kreditausfallraten dem Ansehen und der Bonität

---

1 Besonders gravierend dürfte diese Entwicklung werden, wenn es zu einer unveränderten Umsetzung der aktuellen Diskussionsvorschläge der BIZ zur Eigenkapitalunterlegung von Risikoaktiva kommt. Demnach sollen Kredite an gut geratete Banken mit weniger Eigenkapital zu unterlegen sein als Darlehen an schlecht oder gar nicht geratete Banken. Vgl. Basel Committee on Banking Supervision (1999), S. 28f.

der amerikanischen Banken erheblich geschadet haben,[1] ist nicht zu erwarten. Wenn deutsche Universalkreditinstitute dennoch bankeigene Forderungen verbriefen, müssen andere Gründe vorliegen.[2]

Auch die Möglichkeit, die Allokation des Eigenkapitals zu optimieren und so die Eigenkapitalkosten zu senken, muß in ihrer Geltung für die untersuchten Kreditinstitute differenziert betrachtet werden. Ob und in welchem Umfang ein Kreditinstitut in der Praxis seine Eigenkapitalkosten durch die Verbriefung seiner Kredite senken kann, hängt von zwei Faktoren ab:

1. Verwendung der zufließenden liquiden Mittel
2. Eigenkapitalausstattung des Kreditinstitutes

Für beide Faktoren können hier zwei Ausprägungen identifiziert werden.[3] Die durch die Abtretung zufließenden Mittel können entweder in neue, ertragbringende Aktiva (neue Kredite, Wertpapiere, Beteiligungen) investiert werden, dann wirkt sich die Abtretung auf die Bilanz lediglich als Aktivtausch aus. Oder die liquiden Mittel werden zur Rückzahlung von Kapital verwendet, was eine bilanzverkürzende Wirkung hat.[4] Bei der Eigenkapitalausstattung muß im Hinblick auf eventuelle Einsparungsmöglichkeiten danach unterschieden werden, ob ein Kreditinstitut eine reichliche, das heißt weit über die Anforderungen des Grundsatz I hinausgehende Eigenkapitalquote besitzt oder ob das zur Verfügung stehende Eigenkapital gerade den gesetzlich vorgeschriebenen Anteil der risikotragenden Aktiva erreicht.[5] Mithin lassen sich vier verschiedene Situationen definieren, welche die Möglichkeit zur Senkung der Eigenkapitalkosten beeinflussen:

---

1 Vgl. Hielscher/Ohl (1994), S. 691 (FN 10).

2 So hat z. B. die Deutsche Bank AG 1,4 Mrd. DM an Hypothekenkrediten verbrieft, obwohl der Zins der einzelnen Tranchen mit 17-93 Basispunkten über LIBOR deutlich über den Finanzierungskosten der Deutsche Bank AG bei klassischen Floating Rate Notes liegt.

3 Nachfolgend werden exemplarisch die eindeutigen Ausprägungen der Faktoren diskutiert. In der Praxis kann aber durchaus auch eine Misch- oder Zwischenform relevant sein.

4 Diese Mittelverwendung muß jedoch generell kritisch gesehen werden, da in Deutschland die Bilanzsumme nach wie vor als Kriterium zur Beurteilung der Größe und Bedeutung eines Kreditinstitutes herangezogen wird. Als Beleg hierfür vgl. Kuck (1997), S. 444f.

5 Für Kreditinstitute, die für sich selbst einen Mindest-Solvabilitätskoeffizient größer 0,08 festgelegt haben, muß bei der Beurteilung die entsprechend höhere Quote berücksichtigt werden. Die nachfolgende Argumentation ändert sich dadurch grundsätzlich aber nicht.

Liquiditätsverwendung	Eigenkapitalausstattung	
	knapp über 8%	reichlich über 8%
Reinvestition	Situation 1	Situation 3
Kapitalrückführung	Situation 2	Situation 4

Abbildung 8: Situationsmatrix zur Bestimmung möglicher Einsparungen beim Eigenkapital

Sollen die zugeflossenen Mittel in neue Kredite investiert werden und ist die Eigenkapitalsituation knapp (Situation 1), so kommen die Kostenvorteile der Verbriefung bankeigener Forderungen durch die effizientere Allokation des Eigenkapitals voll zum Tragen. Bei einer knappen Eigenkapitalsituation müßte zur Unterlegung des Neukreditvolumens zusätzliches Eigenkapital in Höhe von 8% der aus den Krediten resultierenden Risikoaktiva beschafft werden, das entsprechend der kalkulierten Eigenkapitalrendite zu verzinsen wäre. Durch die Verbriefung eines bestimmten Teils des Kreditportfolios kann jedoch freies Eigenkapital geschaffen und zur Unterlegung der Neukredite verwendet werden. Eine Steigerung der Eigenkapitalkosten wird so vermieden.[1] Das Einsparungspotential bei den Eigenkapitalkosten wird dann bestimmt durch die Differenz zwischen dem durch die Neukredite belegten Eigenkapital und dem Eigenkapital, das zur Übernahme der Primärrisiken aus den verbrieften Krediten erforderlich ist. Notwendige Bedingung für diese Argumentation ist jedoch, daß Neugeschäftsvolumen mit einer ausreichenden Ertragskraft generiert werden kann. Die neuen Aktiva müssen eine Marge erbringen, die über den Kosten der Verbriefung (Renditeaufschlag, Transaktionskosten, Eigenkapitalkosten) der ursprünglichen Kredite liegt.[2]

Werden die zufließenden Mittel für die Rückführung von Passiva verwendet, ist die Eigenkapitalsituation des Kreditinstitutes ebenfalls von Bedeutung. Grundsätzlich verbessert sich durch die Abtretung bankeigener Forderungen der Solvabilitätskoeffizient eines Kreditinstitutes, da das Volumen der risikotragenden Aktiva sinkt. Bei einem Solvabilitätskoeffizienten im Bereich von 0,08 (Situation 2) stellt dies für den Originator eine willkommene Entlastung seiner angespannten Eigenkapitalsituation dar. Die Rückführung von Passiva wird sich in einer solchen Situation wohl auf die kurzfristig rückzahlbaren Verbindlichkeiten beschränken.[3] Die Schaffung freien Eigenkapitals ist

---

1 Vgl. o. V. (1997w), S. 760.

2 Ein Beispiel hierzu findet sich in Abschnitt D 2.1.

3 Ob hierdurch schon eine Senkung der Zinskosten möglich ist, hängt neben der oben dargestellten Risikoarbitrage auch von der Einlagenstruktur eines Kreditinstitutes ab. Werden die aus der Verbriefung zufließenden Mittel zur Rückzahlungen von Kundeneinlagen benutzt, so ergibt sich insgesamt sogar eine Verschlechterung der Ertragssituation, da günstige Kundeneinlagen durch

hier als Alternative zu einer externen Eigenkapitalerhöhung zu sehen, über die ansonsten eine Entlastung des Solvabilitätskoeffizienten hätte herbeigeführt werden müssen.[1] Die eingesparten Eigenkapitalkosten einer externen Kapitalzuführung müssen deshalb als Opportunitätsgewinn berücksichtigt werden. Der Kostenvorteil der Verbriefung bankeigener Forderungen ergibt sich dann aus der Differenz zwischen dem eingesparten Fremdkapitalzins und den Kosten der Forderungsverbriefung zuzüglich der eingesparten Kosten der Eigenkapitalerhöhung.

Verfügt das Kreditinstitut über ein ausreichendes Volumen an haftendem Eigenkapital, könnte es die zufließenden Mittel für die gleichzeitige Rückzahlung von Fremd- und Eigenkapital verwenden (Situation 4).[2] Dies würde sowohl die Fremdkapital- als auch die Eigenkapitalkosten entsprechend den zurückgezahlten Kapitalbeträgen reduzieren. Im Ausland wurden solche Kapitalrückzahlungen zur Senkung der Eigenkapitalkosten und einer daraus resultierenden Erhöhung der Rentabilität auf das verbleibende Eigenkapital bereits mehrfach durchgeführt oder zumindest angeregt.[3] Die Wirkung einer Eigenkapitalrückzahlung ist jedoch zweifelhaft, da sie wohl von den meisten Investoren als negatives Signal oder als ein Fehlen von kreativen Geschäftsideen des Bankmanagements interpretiert werden könnte.[4] Vor dem Hintergrund des in Deutschland nach wie vor dominierenden „Bilanzsummendenkens“ scheint die Rückzahlung von Eigenkapital durch ein Kreditinstitut zumindest zum aktuellen Zeitpunkt eher unrealistisch.[5] Die Argumentation, deutsche Kreditinstitute könnten die Asset Securitisation in einer solchen Situation nutzen um ihre Finanzierungskosten zu senken, greift deshalb nicht.

Plant ein Kreditinstitut, die zufließenden Mittel in neue ertragbringende Geschäfte zu investieren, und verfügt es gleichzeitig über ein Eigenkapitalpolster (Situation 3), so ist fraglich, ob der Ansatz eingesparter Eigenkapitalkosten beim Kostenvergleich gerecht-

teurere Mittel vom Geld- und Kapitalmarkt ersetzt werden. Generelle Bedenken gegen die Rückzahlung von Kundeneinlagen äußert auch Gögler (1996), S. 106.

1 Vgl. Coym (1997), S. B 4; o. V. (1997g), S. 35.

2 Die Rückzahlung von Eigenkapital kann z. B. über einen Aktienrückkauf erfolgen. Vgl. hierzu Rams (1997), S. 216ff.

3 So haben z. B. die National Westminster Bank und die Barclays Bank 1996 eigene Aktien in ganz erheblichem Umfang zurückgekauft, um so die Eigenkapitalallokation bzw. den Shareholder Value zu verbessern. Vgl. o. V. (1994), S. 16; o. V. (1996e), S. 15; Hörter (1998), S. 266f.

4 Vgl. Hörter (1998), S. 260.

5 „Die deutschen Banken haben alle Angst zu schrumpfen und ihre Bilanzsumme zu reduzieren.“ Ian McEwen, zitiert in: o. V. (1997t), S. 21. Vgl. hierzu auch Waschbusch (1992), S. 261f.; Gögler (1996), S. 96 und 106. Die Bedeutung der Bilanzsumme als Erfolgsparameter wird z. B. auch dadurch zementiert, daß Bankvorstände immer noch in Abhängigkeit von der Bilanzsumme bezahlt werden. Diese haben dann natürlich kein Interesse, ihre Geschäftspolitik auf eine Verringerung der Bilanzsumme auszulegen.

fertigt ist. Ein Kreditinstitut, das beispielsweise einen Solvabilitätskoeffizienten von 0,15 hat, wird bei einer bilanzwirksamen Finanzierung wohl kaum zusätzliches Eigenkapital zuführen. Zwar verändert sich in Abhängigkeit von der übernommenen Besicherung und dem Anrechnungsfaktor des Neugeschäfts die Eigenkapitalbelegung des Originators, das gehaltene Eigenkapital und die damit verbundenen Eigenkapitalkosten bleiben jedoch unverändert. Eine Steigerung der Erträge durch die Vergabe neuer Kredite kann auch ohne die Aufnahme zusätzlichen Eigenkapitals erfolgen, der Ansatz eingesparter Eigenkapitalkosten bei einem Kostenvergleich ist deshalb nicht korrekt. Dieser darf sich dann lediglich auf die aus der Kreditrisikoarbitrage erzielbare Einsparung bei den Kosten des Fremdkapitals beziehen. Besteht auch auf längere Sicht ein ausreichendes Eigenkapitalpolster bis zur gesetzlichen oder selbstgewählten Untergrenze, dann dürfte die traditionelle, bilanzwirksame Finanzierung die günstigere Alternative sein.[1]

Die vorstehenden Ausführungen machen deutlich, daß der Ansatz eingesparter Eigenkapitalkosten nur dann gerechtfertigt ist, wenn die Eigenkapitalquote des einzelnen Institutes knapp über einer festgelegten Mindestquote liegt (Situation 1 und Situation 2). Für eine Beurteilung der Verbriefung bankeigener Forderungen im Hinblick auf die Einsatzmöglichkeit „Senkung der Eigenkapitalkosten“ muß deshalb die Auslastung des haftenden Eigenkapitals gemäß Grundsatz I analysiert werden.

Die Streuung der Quote des haftenden Eigenkapitals in den betrachteten Bankengruppen geht aus Tabelle 25 hervor. Aus ihr wird deutlich, daß sich die Eigenkapitalsituation der deutschen Universalkreditinstitute seit 1994 deutlich verbessert hat. Vor allem die Regionalbanken und sonstigen Kreditbanken stechen durch eine solide Eigenkapitalquote hervor; der Anteil der Institute mit einer Quote über 12% lag hier regelmäßig bei knapp 2/3 der Grundgesamtheit.

---

1 Vgl. Kroll (1993b), S. 90; Paul (1994), S. 248. Diese Sichtweise wurde auch im Gespräch mit verschiedenen Arrangeuren bestätigt. Allerdings muß hier auf eine Ausnahme hingewiesen werden, bei der ein Kreditinstitut auch dann eine effizientere Eigenkapitalallokation erreichen kann, wenn es über eine ausreichende Quote an haftendem Eigenkapital verfügt. Wird von der Bankunternehmungsführung ein erhöhtes Risiko für bestimmte Kredite erwartet, so kann sie sich durch die Verbriefung die niedrige, aktuell ökonomisch gerechtfertigte Eigenkapitalunterlegung sichern und so den Solvabilitätskoeffizienten auch bei einer Bonitätsverschlechterung des Kreditengagements konstant halten. Im Endeffekt bedeutet dies jedoch nichts anderes, als daß sie ihren Informationsvorteil ausnutzt um sich auf Kosten der Investoren der schlechten Kredite zu entledigen.

Großbanken				
haft. Eigenkapital	1994	1995	1996	1997
< 8,00%	-	-	-	-
8,00% - 8,99%	-	-	-	-
9,00% - 9,99%	1	2	-	1
10,00% - 10,99%	2	1	3	1
11,00% - 11,99%	-	-	-	1
> 12,00%	-	-	-	-
Regionalbanken und sonstige Kreditbanken				
haft. Eigenkapital	1994	1995	1996	1997
< 8,00%	-			4
8,00% - 8,99%	20	21	17	17
9,00% - 9,99%	25	22	32	28
10,00% - 10,99%	24	26	15	19
11,00% - 11,99%	13	12	11	7
> 12,00%	116	115	116	112
Sparkassen				
haft. Eigenkapital	1994	1995	1996	1997
< 8,00%	2	2	-	-
8,00% - 8,99%	192	112	47	27
9,00% - 9,99%	290	286	181	133
10,00% - 10,99%	109	136	191	185
11,00% - 11,99%	35	48	110	123
> 12,00%	15	40	79	130
Genossenschaftsbanken				
haft. Eigenkapital	1994	1995	1996	1997
< 8,00%	16	12	-	-
8,00% - 8,99%	759	538	216	118
9,00% - 9,99%	975	907	701	522
10,00% - 10,99%	408	544	692	646
11,00% - 11,99%	199	255	415	468
> 12,00%	303	335	482	666

Tabelle 25: Streuung der Quote des haftenden Eigenkapitals bei deutschen Universalkreditinstituten[1]

Langfristig kann es für die deutschen Universalkreditinstitute aber durchaus sinnvoll sein, sich nicht nur auf die Einhaltung der vorgeschriebenen Mindestquote von 8% zu

1 Quelle: Geschäftsberichte der Großbanken; Deutsche Bundesbank; eigene Berechnungen.

beschränken. Denn ein knapp bemessenes Eigenkapitalpolster kann auf einem künftig paneuropäischen Kapitalmarkt eine negative Bonitätseinschätzung und daraus resultierend höhere Finanzierungskosten nach sich ziehen. Deshalb wird von Vertretern der Kreditwirtschaft ein Solvabilitätskoeffizient von 0,09 bis 0,1 angestrebt, um mögliche negative Reaktionen der Anleger zu vermeiden.[1] Und bei der Orientierung an dieser neuen Größe erweitert sich der Kreis der Institute, für die es sinnvoll sein kann, die Verbriefung bankeigener Forderungen zur Limitierung ihrer Eigenkapitalkosten einzusetzen, deutlich.[2]

2 Erweiterung der ökonomischen Gestaltungsmöglichkeiten

2.1 Erhöhung der Eigenkapitalrentabilität und des Unternehmungswertes

Kreditinstitute und Aktionäre räumen dem Ertrag, gemessen am Eigenkapital, immer größere Bedeutung ein. Ein wichtiger Gesichtspunkt bei der Beurteilung der Einsatzmöglichkeiten der Verbriefung bankeigener Forderungen ist deshalb deren Wirkung auf die Rentabilität einer Bank. Die Eigenkapitalrentabilität setzt den erzielten Gewinn ins Verhältnis zum Eigenkapital:

$$EKR = \frac{Gewinn}{Eigenkapital}$$

Durch die zunehmende Globalisierung der Kapitalmärkte hat sich der Kreis der Wettbewerber um die knappe Ressource Eigenkapital in der Vergangenheit deutlich erweitert.[3] Deshalb müssen sich die deutschen Kreditinstitute verstärkt an den Werten ausländischer Institute messen lassen, die in der Vergangenheit zum Teil deutlich höhere Renditen auf das eingesetzte Eigenkapital erwirtschaften konnten (vgl. Abbildung 9). Als Ursache für die im internationalen Vergleich geringe Eigenkapitalrentabilität deutscher Banken wird unter anderem genannt, daß Transaktionen in unrentablen Geschäftsfeldern beibehalten werden, statt sie aufzugeben und sich auf ertragreichere Bereiche zu konzentrieren.[4] Für deutsche Kreditinstitute wird es deshalb immer wichtiger, ihre einzelnen Engagements sowie ganze Geschäftsbereiche auf ihren Beitrag zur Erhöhung der Eigenkapitalrentabilität zu überprüfen.

---

1 Vgl. hierzu Zimmermann (1995), S. 151; Gaumert (1997), S. 78ff.

2 Lediglich für diejenigen Institute, die bei ihrer Finanzierung auf die „geliehene" Bonität einer starken Muttergesellschaft oder eines Gewährträgers zurückgreifen können, dürfte die Einhaltung eines Puffers beim haftenden Eigenkapital auch dann von untergeordneter Bedeutung sein.

3 Vgl. Weber-Schwidrowski/Engel (1996), S. 18; Hörter (1998), S. 1ff.; Grafemeyer (1998), S. 1.

4 Vgl. o. V. (1997t), S. 21.

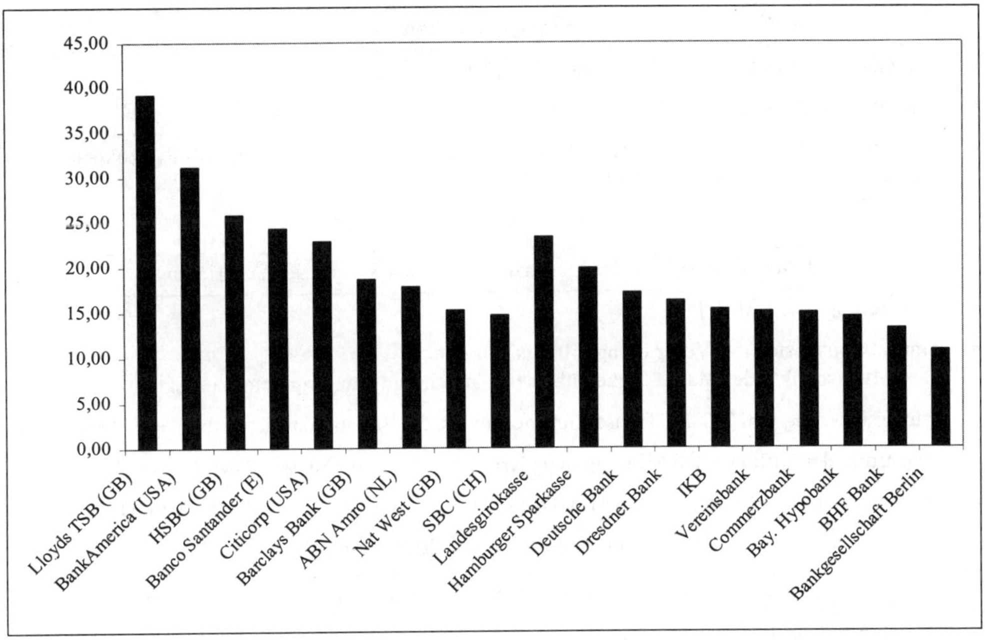

Abbildung 9: Eigenkapitalrentabilität ausgewählter deutscher Kreditinstitute im internationalen Vergleich (Durchschnitt 1991-1997)[1]

Durch die Verbriefung niedrigrentierender Kredite und die Verwendung des dabei freigesetzten Kapitals für ertragreiches Neugeschäft können Kreditinstitute die Rendite ihres Eigenkapitals und damit den Wert Ihrer Unternehmung steigern.[2] Von entscheidender Bedeutung für eine Erhöhung der Eigenkapitalrentabilität ist, daß die Kreditinstitute Neugeschäftsvolumen mit einer möglichst hohen Marge realisieren.[3] Eine Erhöhung der Rentabilität durch die Verbriefung von Krediten kommt per se nicht zustande. Vielmehr kann es sogar zu einer Verschlechterung der Eigenkapitalrentabilität kommen, wenn kein ausreichendes Neugeschäft akquiriert werden kann oder wenn dies nicht die erforderliche Marge erbringt.[4] Ein Vergleich soll dies verdeutlichen:

---

1 Vor Steuern. Quelle: The Banker, verschiedene Ausgaben; eigene Berechnungen. Bankgesellschaft Berlin ohne 1991 und 1992.

2 Vgl. Anderson (1995), S. 41; Coym (1997), S. B 4; o. V. (1997ae), S. 85; Stewart (1997), S. 130; Bär (1998), S. 242f.

3 Vgl. o. V. (1998c), S. 4; Humpert (1998), S. B 6. Von amerikanischen Banken wurden die zufließenden Mittel zum Teil zum Aktienrückkauf eingesetzt und die Eigenkapitalrentabilität so ohne Neugeschäft erhöht [vgl. Hörter (1998), S. 252f.]. Wegen der eingeschränkten Bedeutung des Aktienrückkaufs für deutsche Universalkreditinstitute soll diese Variante jedoch nicht näher betrachtet werden.

4 Vgl. Moss (1989), S. 75.

Ausgangssituation
• Eigenkapital eines Kreditinstitutes: 400 Mio. DM • gesamtes Kreditvolumen: 5 Mrd. DM (volle Grundsatz I-Anrechnung) • Kreditportfolio erbringt Marge (Kreditzins – durchschnittliche Kapitalkosten - Risikokosten - Verwaltungskosten) von 1% = 50 Mio. DM => **Eigenkapitalrentabilität = 12,5%**
Situation 1 (Marge des Neugeschäfts größer als Kosten der Verbriefung)
• Verbriefung von 1 Mrd. DM • Transaktionskosten der Verbriefung: 40 Basispunkte => 60 Basispunkte der Marge fließen über Primärsicherung an Originator zurück • Primärsicherung von 2% des Transaktionsvolumens: 50 Basispunkte (25% auf 2% Eigenkapital) • Investition der zufließenden Mittel in neue Kredite: Volumen 750 Mio. DM, Marge 2% • Gesamtgewinn = 40 Mio. DM + 6 Mio. DM - 4 Mio. DM + 15 Mio. DM = 57 Mio. DM => **Eigenkapitalrentabilität = 14,25%**
Situation 2 (Marge des Neugeschäfts kleiner als Kosten der Verbriefung)
• Verbriefung von 1 Mrd. DM • Transaktionskosten der Verbriefung: 40 Basispunkte => 60 Basispunkte der Marge fließen über Primärsicherung an Originator zurück • Primärsicherung von 2% des Transaktionsvolumens: 50 Basispunkte (25% auf 2% Eigenkapital) • Investition der zufließenden Mittel in neue Kredite: Volumen 750 Mio. DM, Marge 0,5% • Gesamtgewinn = 40 Mio. DM + 6 Mio. DM - 4 Mio. DM + 3,75 Mio. DM = 45,75 Mio. DM => **Eigenkapitalrentabilität = 11,438%**
Situation 3 (kein ausreichendes Neugeschäftsvolumen)
• Verbriefung von 1 Mrd. DM • Transaktionskosten der Verbriefung: 40 Basispunkte => 60 Basispunkte der Marge fließen über Primärsicherung an Originator zurück • Primärsicherung von 2% des Transaktionsvolumens: 50 Basispunkte (25% auf 2% Eigenkapital) • Investition der zufließenden Mittel in neue Kredite: Volumen 300 Mio. DM, Marge 2% • Gesamtgewinn = 40 Mio. DM + 6 Mio. DM - 4 Mio. DM + 6 Mio. DM = 48 Mio. DM => **Eigenkapitalrentabilität = 12%**

Abbildung 10: Veränderung der Eigenkapitalrentabilität durch Asset Securitisation

Aus dem Vergleich der drei in Abbildung 10 dargestellten Situationen wird deutlich, daß die Eigenkapitalrentabilität durch die Verbriefung nur dann gesteigert werden kann, wenn der Nettoertrag aus dem Neugeschäft größer ist als die Kosten der Verbriefung. Je größer der Ertrag des künftigen Neugeschäfts, desto höher ist die Hebelwirkung (Leverage-Effekt) bei der Verbesserung der Eigenkapitalrentabilität.[1] Plant die Bankunternehmungsführung die Verbriefung von Krediten mit dem Ziel, die Eigenkapitalrentabilität zu erhöhen, muß sie sich deshalb schon im Vorfeld über die Marge der möglichen Neugeschäftsalternativen im klaren sein.

Für die untersuchten Kreditinstitute bzw. Institutsgruppen ist die dargestellte Möglichkeit zur Steigerung der Eigenkapitalrentabilität und des Unternehmungswerts von unterschiedlicher Relevanz. Von großer Bedeutung ist sie mit Sicherheit für Institute in der Rechtsform einer Kapitalgesellschaft, für welche immer häufiger die Steigerung des Ertrags der Aktionäre bzw. Eigentümer als oberste Maxime des geschäftspolitischen Handelns betont wird.[2] Deshalb kommt der Verbriefung bankeigener Forderungen mit dem Ziel der Ertragssteigerung bei diesen Instituten eine besondere Bedeutung zu.[3]

Differenzierter ist die Möglichkeit der Erhöhung der Eigenkapitalrentabilität bei den Sparkassen zu beurteilen, da sie keinen expliziten Renditeforderungen von außen ausgesetzt sind.[4] Die Sparkassen führen ihre Geschäfte unter Beachtung ihrer gemeinnützigen Aufgaben nach kaufmännischen Grundsätzen, die Erzielung von Überschüssen bzw. die Erhöhung der Eigenkapitalrentabilität ist jedoch nicht Zweck ihres Geschäftsbetriebes. Gleichwohl unterliegen sie, um ihren satzungsmäßigen Aufgaben gerecht zu werden, aufgrund der beschränkten Möglichkeiten zur Eigenkapitalzuführung einem Zwang zur Gewinnerzielung, der jedoch von den einzelnen Instituten unterschiedlich interpretiert wird.[5] Vor dem Hintergrund der zunehmenden Finanzknappheit der Kommunen wird die Erzielung einer möglichst großen Eigenkapitalrentabilität aber auch bei den Sparkassen einen anderen Stellenwert erhalten, da die Gewährträger kaum noch zur Zuführung von externem Eigenkapital in der Lage sind und statt dessen sogar einen Gewinnanteil oder eine Ausschüttung zur Verbesserung der eigenen finanziellen Lage fordern.[6] Da eine Verletzung der satzungsmäßigen Aufgaben bei einer ordnungsgemä-

---

1 Vgl. Levedag/Drew (1997), S. B 9.

2 Vgl. Hörter (1998), S. 2ff. und stellvertretend für zahlreiche Ankündigungen der Kreditbanken o. V. (1997j), S. 22; o. V. (1997l), S. 15; o. V. (1997ab), S. 18.

3 Dies wird auch durch Aussagen bestätigt, welche die ersten Asset Backed-Emissionen von Instituten dieser Gruppe begleiteten. So war es z. B. erklärtes Ziel der Deutsche Bank AG, durch die Verbriefung von Hypothekenforderungen bzw. Firmenkundenkrediten die Eigenkapitalrentabilität des Institutes zu steigern [vgl. o. V. (1998c), S. 4; Deutsche Bank (1998c), o. S. und die Ausführungen im Anhang]. Auch bei den von der CC-Bank AG durchgeführten Asset Backed-Transaktionen stand nach Auskunft eines Mitarbeiters die Erhöhung der Eigenkapitalrentabilität im Vordergrund.

4 Vgl. Hörter (1998), S. 15.

5 Vgl. o. V. (1997m), S. 1211f.

6 Vgl. Lambsdorff (1993), S. 602; Becker-Birk (1994), S. 839; Weber-Schwidrowski/Engel (1997), S. 18; Hagger (1998), S. 176. Vgl. hierzu auch Güde (1995), S. 191f. Daß das Bemühen

ßen Durchführung nicht erkennbar ist,[1] kann die Erhöhung der Erträge und der Eigenkapitalrentabilität durch die Verbriefung bankeigener Forderungen deshalb auch für Sparkassen von großer Bedeutung sein.

Bei den Genossenschaftsbanken steht nach § 1 des Genossenschaftsgesetzes die Förderung der Mitglieder mittels eines gemeinschaftlichen Geschäftsbetriebs (Förderauftrag) in ihrem Geschäftsgebiet im Mittelpunkt des bankbetrieblichen Handelns.[2] Ziel ist die Maximierung des Gewinns der Mitglieder, wofür eine angemessene Gewinnerzielung der Kreditgenossenschaft erforderlich ist. Die Gewinnerzielung der Kreditgenossenschaft darf hierbei jedoch nicht – z. B. in überhöhten Kreditkonditionen – zu Lasten der Mitglieder gehen.[3] Insofern geht die Erhöhung der Eigenkapitalrentabilität durch die Verbriefung bankeigener Forderungen mit den genossenschaftlichen Handlungszielen konform. Besondere Bedeutung kommt ihr unter dem Aspekt der Werbung neuer Mitglieder zu, ohne welche ein erforderliches Eigenkapitalwachstum nicht realisiert werden kann.[4] Die Verbriefung von Krediten kann eine attraktive Verzinsung der Genossenschaftsanteile begünstigen und dazu beitragen, die Wettbewerbsfähigkeit der Kapitalanlage „Genossenschaftsanteile" gegenüber anderen Anlageformen zu erhöhen.

2.2 Aufbau einer Verfügungsmasse für flexibles Wachstum

In Abschnitt D 1.2.2 dieses Teils der Untersuchung wurde aufgezeigt, daß die Verbriefung bankeigener Forderungen eine kostengünstige Alternative zur externen Eigenkapitalzuführung sein kann. Erfolgt die Verbriefung mit der daraus resultierenden Eigenkapitalentlastung nicht nur als Reaktion auf einen Engpaß bei einer gesetzlichen oder vom Markt vorgegebenen Eigenkapitalquote, dann schafft das befreite Eigenkapital eine Verfügungsmasse für weitere Investitionen der Bankunternehmungsführung.[5] So kann beispielsweise ein Kreditinstitut sein freies Eigenkapital nutzen, um durch die Teilnahme an einem Finanzierungskonsortium in einem neuen Geschäftsfeld Fuß zu

---

um den Abbau des Wettbewerbsvorteils der Sparkassen durch die Gewährträgerhaftung im einheitlichen europäischen Währungsraum steigt, wird durch die Untersuchung der europäischen Wettbewerbskommission zu diesem Thema sowie die Verurteilung der WestLB zur Rückzahlung einer nicht marktkonform bepreisten Kapitalzuführung durch das Land Nordrhein-Westfalen dokumentiert. Im Vorgriff auf eine von der in- und ausländischen Konkurrenz angestrebten Privatisierung des deutschen öffentlich-rechtlichen Bankensektors sollten deshalb auch die Gewährträger an einem möglichst hohen Institutswert interessiert sein, um die Erträge aus einer späteren Privatisierung zu steigern.

1 Vgl. Möller (1998), o. S.; Magg (1998), S. 38f.

2 Vgl. Büschgen (1998), S. 94f.

3 Vgl. Mändle (1992), S. 314f; Seiz (1992), S. 320.

4 Vgl. hierzu ausführlich Tomalla (1987), S. 162ff. und S. 243.

5 Vgl. Aber (187), S. 23; Aber (1991), S. 17.

fassen oder durch die Akquisition einer anderen Unternehmung eine Wachstumsstrategie umzusetzen.[1] Von besonderem Nutzen ist dies für Kreditinstitute, die Wettbewerbsvorteile durch ein leistungsfähiges Vertriebssystem oder besondere Kenntnis eines regionalen oder sektoralen Marktes haben. Sie können die Eigenkapitalfreisetzung nutzen, um ihre Aktivitäten auf bestimmte Kernbereiche zu konzentrieren und ihr Geschäftsvolumen ungeachtet von finanzwirtschaftlichen oder aufsichtsrechtlichen Einschränkungen zu erhöhen.[2]

Für die Sparkassen ist diese Einsatzmöglichkeit der Verbriefung bankeigener Forderungen von besonderer Bedeutung, da ihnen die Deckung ihres Eigenkapitalbedarfs über externe Quellen nur begrenzt möglich ist und die Gewährträger eigentlich nicht in der Lage sind, die notwendigen Dotationen vorzunehmen.[3] Ihnen ist die Bildung neuen Eigenkapitals praktisch ausschließlich über die Thesaurierung von Gewinnen möglich. Für Banken in der Rechtsform einer Kapitalgesellschaft oder einer Genossenschaft ist die Schaffung eines Eigenkapitalpuffers zur Nutzung künftiger Wachstumschancen dann wesentlich,[4] wenn neues Eigenkapital aufgrund der Eigentümerstruktur oder der finanziellen Situation der Eigentümer nur schwer zu erhalten ist oder wenn die Werbung zusätzlicher Eigentümer mit großem Aufwand verbunden wäre.[5] Von besonderer Relevanz kann die Asset Securitisation auch für Institute als Mitglied eines Konzernverbundes sein, da die konzerninterne Eigenkapitaldotierung von Tochtergesellschaften aus steuerlichen und finanzwirtschaftlichen Gründen meist vergleichsweise knapp bemessen wird. Wenn die Muttergesellschaft nicht in der Lage oder willens ist, zusätzli-

---

1 Vgl. Willburger (1997), S. 5; Hörter (1998), S. 261. Ein Beispiel hierfür stellt die ROSE-Transaktion dar. Die National Westminster Bank verbriefte 1996 Kredite aus ihrem Firmenkundenportfolio im Wert von 5 Mrd. US-$. Hierdurch schuf sie 250 Mio. US-$ freies Eigenkapital, das sie für die Akquisition einer britischen Versicherungsgesellschaft nutzen möchte. Vgl. o. V. (1997ae), S. 84f.; Stewart (1997b), S. 137.

2 Vgl. Dickler (1991), S. 116; Rittinghaus/Scheel (1993), S. 476f.; Carlstrom/Samolyk (1995), S. 644; Bär (1997), S. 305. So haben in den USA auf bestimmte Kunden- oder Produktgruppen spezialisierte Kreditinstitute teilweise ein Kreditvolumen verbrieft, das ein Vielfaches ihrer Bilanzsumme ausmacht und dabei ihren Marktanteil deutlich erhöht. Vgl. Pavel/Phillis (1987), S. 11ff.; Comptroller of the Currency (1997a), S. 57.

3 Vgl. Lambsdorff (1993), S. 602; Becker-Birk (1994), S. 839; Weber-Schwidrowski/Engel (1997), S. 18; Gaumert (1997), S. 72.

4 So ergab eine empirische Untersuchung im Genossenschaftsbereich, daß 69% der Kreditgenossenschaften nicht glauben, daß die Gewinnung von Neumitgliedern ausreicht, um mögliche Eigenkapital-Engpässe zu beheben. Vgl. Dierolf (1994), S. 737.

5 Die Grenzen der Eigenfinanzierung ergeben sich bei beiden Gruppen aus einer Aufbringungslimitierung durch den Markt und bei den Genossenschaftsbanken darüber hinaus aus einer räumlichen Begrenzung. Vgl. Tomalla (1987), S. 24f.; Carlstrom/Samolyk (1993), S. 32; Levedag/Drew (1997), S. B 9.

ches Eigenkapital zuzuführen, kann die Verbriefung von Krediten unter Umständen die einzige Alternative darstellen, um ein angestrebtes Wachstum zu realisieren.[1]

In welchem Umfang die untersuchten Banken konkrete Vorteile aus der Verwendung freigewordenen Eigenkapitals ziehen können, hängt neben der individuellen Situation eines Kreditinstitutes auch von seiner Gruppenzugehörigkeit ab. Sparkassen und Genossenschaftsbanken verfügen zwar regelmäßig über besondere Kompetenzen in einer Region, haben aber aufgrund des Regionalprinzips auch nur eingeschränkte Investitionsmöglichkeiten. Für Regionalbanken und auf bestimmte Kundensegmente spezialisierte Kreditbanken gelten solche rechtlichen Beschränkungen nicht, faktisch dürfte die Verwendung des freien Eigenkapitals jedoch auch hier bei den meisten Instituten auf bestimmte Regionen oder Geschäftsfelder beschränkt sein. Die Institutsgröße stellt ein weiteres Kriterium dar, das die Verwendung des freigewordenen Eigenkapitals determiniert. So sind z. B. für Investitionen ins Investmentbanking oder für eine Internationalisierungsstrategie gewisse Anforderungen an Größe und Leistungsfähigkeit zur erfüllen.[2] Große und keiner Beschränkung unterliegende Institute können bei der Investition des freigewordenen Eigenkapitals somit unter mehr Alternativen wählen als kleine oder in irgendeiner Form eingeschränkte Banken. Während ihnen zusätzlich das Investmentbanking mit einer Vielzahl von Investitionsalternativen offensteht, bleibt den anderen Instituten oftmals lediglich die Investition in neue Kreditengagements. Fraglich ist jedoch, ob sich für sie stets Engagements mit einer Marge realisieren lassen, die über den Kosten der Verbriefung liegen, oder ob zusätzliches Neugeschäft nur unter Inkaufnahme von Margenabschlägen möglich ist.[3]

2.3 Diversifizierung und Verbreiterung der Investorenbasis

Bei der Finanzierung durch die Verbriefung bankeigener Forderungen hat ein Kreditinstitut die Möglichkeit, seine bestehenden Finanzierungsquellen zu diversifizieren und neue Investorenkreise zu erschließen. Zu den bisher üblichen Finanzierungsquellen aus den Kunden-, Interbanken- sowie Geld- und Kapitalmarktaktivitäten eines Kreditinsti-

---

1 Praktische Beispiele hierfür sind die Asset Backed-Transaktionen der KKB Bank AG und der CC-Bank AG. Bei der KKB Bank AG war die Muttergesellschaft Citibank aufgrund von Ertragsschwierigkeiten nicht in der Lage, ihrer Tochtergesellschaft zusätzliches Eigenkapital zur Verfügung zu stellen [vgl. Schneider/Eichholz/Ohl (1992), S. 1454f.; Ohl (1994), S. 329]. Bei der CC-Bank AG wurde diese Refinanzierungsquelle nach Auskunft eines Firmenvertreters ganz gezielt als Alternative zu einer Kapitalzuführung durch die Muttergesellschaft CC-Bank Holding resp. Banco Santander eingesetzt.

2 Vgl. hierzu auch Gaumert (1997), S. 70f.

3 So wurde gegenüber dem Verfasser in verschiedenen Gesprächen betont, daß die einzelnen Institute ihr Kreditportfolio gerne ausweiten würden, wenn sie Neugeschäft mit einer ausreichenden Marge akquirieren könnten. Vgl. hierzu auch Arbeitskreis „Finanzierung“ (1992), S. 519.

tutes kommt die Finanzierung durch die Verbriefung von Krediten und verringert so die Abhängigkeit von anderen Finanzierungsformen.[1] Gleichzeitig können bestehende Kreditlinien geschont bzw. als Reserve für plötzlich auftretende Liquiditätsbelastungen gehalten werden. In Abhängigkeit von den zu finanzierenden Aktiva, den verfolgten Zielen, der Marktsituation und den Kosten kann ein Kreditinstitut entscheiden, ob es auf eine bilanzwirksame oder -unwirksame Finanzierung zurückgreift.[2]

Hierbei bietet die Asset Securitisation im Gegensatz zu den meisten innovativen Finanzierungsformen den Vorteil, daß es zu keinem „Kannibalisierungseffekt" mit bestehenden Engagements der Investoren kommt. Viele neue Finanzierungsformen von Kreditinstituten bergen die Gefahr, daß die Investoren lediglich eine Umschichtung ihrer Investitionen hin zu den neuen Anlagemöglichkeiten vornehmen. Ursächlich hierfür ist z. B., daß die Investoren zur Vermeidung von Klumpenrisiken bzw. zur Diversifizierung ihres Anlageportfolios einem Schuldner nur einen begrenzten Teil ihrer Mittel zur Verfügung stellen oder daß das Kreditinstitut bereits seine „imaginäre Kreditlinie" an den Finanzierungsmärkten ausgeschöpft hat und die weitere Mittelgewährung durch die Investoren kritisch beurteilt wird.[3] Da diese neuen Finanzierungsformen als Reaktion auf den Wettbewerb zudem oft mit interessanten Konditionen oder anderen Anreizen für den Kunden ausgestattet sind, besteht tendenziell die Gefahr, daß sich der Finanzierungsaufwand der Bank erhöht. Demgegenüber stellt die Verbriefung bankeigener Forderungen eine Finanzierungsart dar, bei dem kein oder nur ein geringer Kannibalisierungseffekt auftritt. Da das Kreditinstitut bei der Finanzierung über Asset Backed Securities anonym bleiben kann und die Finanzierung unter dem Namen der Zweckgesellschaft erfolgt, können die Käufer der verbrieften Kredite identisch mit den bisherigen Kapitalgebern eines Kreditinstitutes sein.[4] Trotz einer zusätzlichen Inanspruchnahme des Kapitalmarktes ergibt sich dadurch keine Beeinflussung des langfristigen Finanzierungspotentials des Kreditinstitutes über Schuldverschreibungen. Denn in den Büchern der Investoren erscheint nicht mehr das Kreditinstitut als Schuldner, sondern die Zweckgesellschaft, welche die Wertpapiere emittiert hat.[5] Selbst wenn es zu einer Umschichtung der Investitionen der Anleger kommt ist anzunehmen, daß dies eher zu Lasten jener ausländischen Kreditinstitute erfolgt, die sich bereits der Asset Securitisation bedient haben.

---

1 Vgl. Albert (1991), S. 17; Arora/Leszczynski (1996), S. 44.

2 Vgl. hierzu auch Reich/Sewright (1989), S. 389.

3 Vgl. Ohl (1994), S. 234.

4 Vgl. Wood/Mason (1994), S. 7.

5 Vgl. Bär (1997), S. 298.

Durch die Verbriefung bankeigener Forderungen können zudem Anleger angesprochen werden, die normalerweise nicht in Bankschuldverschreibungen investieren. Dies sind z. B. Investoren, die nicht am Gläubiger selbst sondern am durch die Forderungen besicherten Wertpapier interessiert sind.[1] Um sie als Kapitalgeber zu gewinnen, kann die Emission entsprechend ihren Risiko- und Laufzeitpräferenzen strukturiert werden.[2] Umgekehrt bieten Asset Backed Securities diesen Investoren vielfach interessante Rendite-/Risikoprofile und eröffnen ihnen Marktsegmente wie Konsumenten- oder Firmenkundenkredite deutscher Kreditnehmer, die ihnen für ein direktes Engagement nicht offenstehen.[3] Hierdurch kann eine Vielzahl von Investoren in verschiedenen Ländern erreicht und die Investorenbasis auch geographisch diversifiziert werden.[4] Kreditinstitute können so insgesamt ihre Abhängigkeit von traditionellen Finanzierungen, Investoren und Großgläubigern senken sowie daraus resultierende Passivklumpenrisiken vermeiden.[5]

Schließlich stellt die Verbriefung bankeigener Forderungen für viele Institute, welche wegen ihrer mangelnden Größe oder Bonität und einer regionalen Geschäftsausrichtung bisher keinen Zugang zum internationalen Kapitalmarkt haben, eine Möglichkeit dar, diesen für die Refinanzierung ihrer Aktiva zu nutzen und so ihren Investorenkreis erheblich zu erweitern.[6] Durch die Verbriefung eigener Forderungen über die Zweckgesellschaft und das Rating der Asset Backed-Emission können sie sich zumindest mittelbar des internationalen Kapitalmarktes bedienen, ohne hierfür ein teures Emittentenrating durchführen zu müssen.[7] Kreditinstitute die kein Rating haben, können durch die Verbriefung ihrer Kredite in einer Emission mit einem ausgezeichneten Rating (AAA/A-1+) Investoren ansprechen, denen der Erwerb von Schuldverschreibungen eines ungerateten Institutes nicht erlaubt ist. Banken, die nur einen regionalen Bekanntheitsgrad besitzen, erreichen Anleger auf ausländischen Kapitalmärkten, denen zwar nicht das Kreditinstitut, wohl aber die Finanzierungstechnik und die Aussagefähigkeit des Ratings bekannt sind. Hierdurch kann ein Kreditinstitut auch die bestehenden Zinsdifferenzen zwischen nationalen Kapitalmärkten besser ausnutzen.[8] Eine be-

---

1 Vgl. Weber-Schwidrowski/Engel (1996), S. 18; Levedag/Drew (1997), S, B 9.

2 Vgl. Lerbinger (1987), S. 313; Ohl (1994), S. 234.

3 Vgl. Weber-Schwidrowski/Engel (1996), S. 18; Hagger (1998), S. 172. Zur Bedeutung von Asset Backed Securities im Portfoliomanagement vgl. ausführlich Laternser (1997).

4 Vgl. Tabelle 3.

5 Vgl. Peters/Bernau (1995), S. 715; Stewart (1997), S. 130; Levedag/Drew (1997), S. B 9.

6 Vgl. Herrmann (1996), S. 240; Coym (1997), S. B 4.

7 Vgl. Wood/Mason (1994), S. 7.

8 Vgl. Schwarcz (1997), S. 1297.

sondere Bedeutung erhält diese Einsatzmöglichkeit der Verbriefung bankeigener Forderungen vor dem Hintergrund eines einheitlichen Euro-Finanzierungsmarktes, auf welchem die Bonität einer Emission bedeutender als der Name des Emittenten ist. So werden z. B. spanische Anleger den Namen einer deutschen Regionalbank nicht kennen und ihre Bonität nur schwer beurteilen können bzw. den damit verbundenen Aufwand nicht in Kauf nehmen wollen. Zur Investition in eine von den Ratingagenturen bewertete Asset Backed-Emission werden sie jedoch eher bereit sein.

Im Hinblick auf die Diversifizierung und Verbreiterung der Finanzierungsbasis bringt die Verbriefung eigener Forderungen für die Institute den größten Nutzen, welche bisher noch nicht mit einem Rating versehen sind und deshalb die internationalen Kapitalmärkte noch nicht nutzen können. Betroffen hiervon sind praktisch alle Regionalbanken, sonstigen Kreditbanken, Sparkassen und Genossenschaftsbanken,[1] die bei ihrer Finanzierung neben Kundeneinlagen auf den Interbankenmarkt sowie ihre Verbund-, Partner- oder Mutterunternehmungen angewiesen sind.[2] Für sie bietet es sich an, je nach Größe alleine oder gemeinsam mit anderen Instituten in einem Multi Seller-Vehikel einen möglichst großen Kreditpool zu verbriefen, um so das notwendige Volumen für die Plazierung der Asset Backed-Emission am internationalen Kapitalmarkt zu erreichen. Durch die direkte Inanspruchnahme des Kapitalmarktes kann die vom Dachinstitut einbehaltene Marge eingespart werden.[3] Ist das Rating der Emission besser als das Rating des Dachinstitutes, können sich zusätzliche Finanzierungsvorteile ergeben.

Speziell in der Sparkassen- und Genossenschaftsgruppe könnte durch die Diversifizierung und Erweiterung der Finanzierungsquellen jedoch ein brisantes Konfliktpotential mit den Dach- oder Zentralinstituten entstehen, die in der Regel die Kapitalmarktgeschäfte für die Mitglieder ihrer Gruppe vornehmen. Fungiert die Landes- oder Zentralbank als Arrangeur der Transaktion, so verbleibt die Geschäftsabwicklung in der Gruppe. Fehlen den Dachinstituten jedoch das Know-how und die notwendigen Ressourcen zur Betreuung einer Asset Backed-Transaktion besteht die Gefahr, daß die

---

1 Vgl. o. V. (1989), S. 11. Von den untersuchten Banken waren per Mai 1998 aus der Gruppe der Regional- und sonstigen Kreditbanken nur fünf, aus dem Sparkassensektor nur zwei und aus dem Genossenschaftssektor nur ein Institut geratet. Vgl. Tabelle 24.

2 Der Finanzierungsbedarf der meisten dieser Institute erreicht nicht das notwendige Mindestvolumen, um die hohen Fixkosten einer Finanzierung am internationalen Kapitalmarkt (Rating, Rechtsberatung usw.) zu rechtfertigen.

3 Dieses Einsparungspotential darf jedoch nicht überschätzt werden, da auch Sparkassen und Genossenschaftsbanken nicht zur Zusammenarbeit mit ihren Landes- oder Zentralbanken verpflichtet sind. Zu hohe Margenaufschläge dieser Institute würden dazu führen, daß die einzelnen Sparkassen und Genossenschaftsbanken mit anderen Finanzierungspartnern zusammenarbeiten.

Mitgliedsinstitute auf gruppenfremde Arrangeure zurückgreifen und den Vorteilen des einzelnen Institutes die Schwächung des Verbundes gegenübersteht.

Die gerateten deutschen Universalkreditinstitute haben den Zugang zu den internationalen Kapitalmärkten bereits realisiert. Für sie stehen deshalb die beiden erstgenannten Aspekte im Vordergrund.[1] Zum einen können sie durch die Forderungsverbriefung die internationalen Kapitalmärkte in einem noch größeren Umfang in Anspruch nehmen, ohne die individuelle Verschuldung zu erhöhen. Zum anderen können sie durch die Verbriefung ihrer Kredite noch stärker vom internationalen Anlagevolumen in Rentenpapiere profitieren. Von besonderer Bedeutung dürften hierbei die institutionellen amerikanischen Anleger sein, bei denen Asset Backed Securities schon seit vielen Jahren zu den gängigen Anlagen zählen (vgl. Tabelle 26).

Investorentyp	Anteil (in %)
Anlagegesellschaften	41
Banken	18
Privatkunden	11
Versicherungen	8
Unternehmungen	6
Kreditgenossenschaften	6
Investmentfonds	4
Sonstige	6

Tabelle 26: Verteilung der ABS-Investoren in den USA (1997)[2]

2.4 Ertragsgestaltung und Bilanzstrukturmanagement

Die Verbriefung bankeigener Forderungen stellt eine Erweiterung des Instrumentariums zur Gestaltung des Jahresabschlusses dar. Mit ihrer Hilfe kann ein Kreditinstitut die Höhe und die Zusammensetzung seines Ertrags beeinflussen und seine Bilanzstruktur aktiv steuern.

Zur Ertragsgestaltung lassen sich drei Ansatzpunkte identifizieren, die an unterschiedlichen Komponenten der Asset Backed-Transaktion ansetzen. Für die Abtretung des zu verbriefenden Kreditpools an die Zweckgesellschaft erhält der Originator einen Kaufpreis; die Festlegung dieses Kaufpreises stellt den ersten Ansatzpunkt zur Ertragssteuerung dar. Anschließend leistet der Originator zur Abdeckung eines Teils der aus

---

1 So gibt die Deutsche Bank AG die Diversifizierung und Verbreiterung der Finanzierungsbasis als einen der Hauptgründe für die Verbriefung eigener Forderungen an. Vgl. o. V. (1998c), S. 4.

2 Vgl. Merrill Lynch & Co. (1998), S. 15.

dem abgetretenen Kreditpool resultierenden Risiken eine Primärsicherung, üblicherweise in Form eines Einschusses auf ein Reservekonto oder durch die Übernahme einer nachgeordneten Tranche der Asset Backed-Emission. Der Umfang der Primärsicherung stellt einen weiteren Ansatzpunkt für die Ertragsgestaltung dar. Für die Verwaltung der abgetretenen Kredite steht dem Originator schließlich eine Servicefee zu, durch deren Höhe der Ertrag des Kreditinstitutes ebenfalls beeinflußt werden kann.

Die abgetretenen Forderungen können entweder zum Buchwert, zu einem Wert darüber oder zu einem Wert darunter verkauft werden.[1] In Abhängigkeit davon kann das Kreditinstitut die für das abgetretene Kreditportfolio gebildeten Wertberichtigungen erfolgswirksam auflösen (§ 253 Abs. 5 i. V. m. § 340f Abs. 2 HGB) bzw. bei einem niedrigeren Kaufpreis zusätzliche Abschreibungen vornehmen (§ 253 Abs. 3 HGB). In Abhängigkeit vom Kaufpreis ergibt sich somit für das Kreditinstitut eine Erhöhung oder eine Verringerung des Jahresüberschusses.[2]

Da davon auszugehen ist, daß die Primärsicherung durch die Ausfälle im Laufe der Transaktion aufgezehrt wird, kann sie zu Beginn der Transaktion voll wertberichtigt werden und mindert so den steuerpflichtigen Gewinn.[3] Wenn die Primärsicherung nicht oder nur zum Teil in Anspruch genommen wird, werden die Erträge aus ihrer Rückführung in der jeweiligen Periode erfolgswirksam.[4] So können die Erträge aus der Periode der Verbriefung in Abhängigkeit von der Laufzeit auf die künftigen Perioden verteilt werden. Möchte ein Kreditinstitut hingegen seinen Ertrag in der Periode der Verbriefung höher ausweisen, so kann es die aufgelösten Einzelwertberichtigungen als Ertrag verbuchen und die Primärsicherung aktivieren, ohne eine sofortige Wertberichtigung vorzunehmen. Der Ertrag in der ersten Periode läßt sich so um die aufgelösten Einzelwertberichtigungen erhöhen.

Die dritte Komponente der Ertragsgestaltung stellt die Servicefee dar. Durch die Übernahme des Servicing erzielt das Kreditinstitute eine vorab über die Laufzeit der Transaktion kalkulierbare Einnahme, ohne dafür ein Risiko aus dem Kreditgeschäft übernehmen zu müssen.[5] Allerdings kann durch die Servicefee der Ertrag nur vorder-

---

1 Vgl. hierzu Abschnitt C 1.1.3.

2 Vgl. hierzu auch Pollock/Stadum/Holtermann (1991), S. 280.

3 Vgl. Rittinghaus/Makowka/Hellmann (1997), S. 135. Bei der Höhe dieser Primärsicherung hat der Originator einen gewissen Ermessensspielraum. Gleichwohl darf dieser nicht überzogen werden, da sonst die Gefahr besteht, daß die Primärsicherung und ihre Wertberichtigung nur zum Teil von den Steuerbehörden anerkannt werden.

4 Die Erträge der Primärsicherung resultieren aus der Verzinsung, den weitergeleiteten Cashflow-Überschüssen und der Rückführung des Anpassungsbetrages (Reservekonto) bzw. aus den Zins- und Tilgungszahlungen (nachgeordnete Tranchen).

5 Vgl. Reich/Sewright (1989), S. 390.

gründig beeinflußt werden, da sie direkt auf die Transaktionskosten wirkt und somit den über die Primärsicherung an das Kreditinstitut ausgekehrten Betrag verringert. Unter Ertragsgesichtspunkten kann es für deutsche Kreditinstitute durchaus sinnvoll sein, keine Servicefee für die Übernahme der Kreditverwaltung zu berechnen, da diese Leistung unter Umständen umsatzsteuerpflichtig wird.[1] Hierzu muß die Transaktion jedoch so strukturiert sein, daß die bei der Zweckgesellschaft eingesparten Kosten für den Serviceagenten bei der Auskehrung des Restbetrages am Ende der Transaktion zumindest teilweise dem Serviceagenten zugute kommen. Ist dies nicht der Fall, so wird in der Regel von den Ratingagenturen die Abführung einer angemessenen Servicefee verlangt, die bei einem Ausscheiden des ursprünglichen Serviceagenten zur Bezahlung des Backup Servicers ausreicht. Wie die Ertragsgestaltung und die damit verbundene Gestaltung der Ertragssteuern durch die Forderungsverbriefung letztlich ausfallen,[2] ergibt sich aus der Summe der Ergebniswirkungen der drei Einzelkomponenten. Ihre Gestaltung muß deshalb immer im Gesamtzusammenhang vorgenommen werden.

Neben der Höhe des Ertrags kann durch die Verbriefung von Kreditforderungen auch die Struktur des Ertrags verändert werden.[3] Der Zinsüberschuß aus den abgetretenen Krediten entfällt und wird durch einen Mix aus Provisionseinnahmen sowie Zins- und Tilgungszahlungen aus der Primärsicherung ersetzt. Die Servicefee läßt den Provisionsertrag ansteigen, während sich gleichzeitig auch die Verwaltungsaufwendungen durch die komplexere Betreuung der abgetretenen Forderungen erhöhen.[4] In der Praxis wird diese Verlagerung von den Zins- zu den Provisionseinnahmen jedoch eher kritisch gesehen. Die Steigerung des Provisionsertrags wird zwar angestrebt, diese soll aber durch den Ausbau des echten Dienstleistungsgeschäftes erreicht werden. Bei der Forderungsverbriefung wird jedoch zinstragendes Geschäft über die Provisionseinnahmen erfolgswirksam, was die Steuerung des Kreditgeschäftes eher erschwert.

Durch die Verbriefung bankeigener Forderungen kann auch die Zusammensetzung und Struktur der Bilanz flexibel gestaltet werden.[5] Hierdurch können Kennzahlen zum Risiko-/Ertragsverhältnis oder den einzelnen Liquiditätsgraden, anhand derer die Jah-

---

1 Die Umsatzsteuerpflicht würde dann entstehen, wenn die Zweckgesellschaft ihren Sitz nicht außerhalb der Europäischen Union hätte (§ 1 Abs. 2a UstG) [vgl. Häuselmann (1997), S. 33]. Anders Jakobs (1997), S. 18, der die Umsatzsteuerpflicht unabhängig vom Standort der Zweckgesellschaft gem. § 4 Nr. 8c UstG erkennt.

2 Entsprechend der zeitlichen Verschiebung der Erträge verschiebt sich auch die Steuerlast des Kreditinstitutes. Vgl. hierzu Paul (1994), S. 272; Rittinghaus/Makowka/Hellmann (1997), S. 135.

3 Vgl. hierzu auch Aber (1988), S.11.

4 Vgl. Paul (1994), S. 272.

5 Vgl. Aber (1988), S. 6; o. V. (1989), S. 11.

resabschlußadressaten (Anteilseigner, Gläubiger, interessierte Öffentlichkeit etc.) die Situation eines Kreditinstitutes beurteilen, in einer ihren Interessen entgegenkommenden Art gestaltet werden, um sie zu einem vom Kreditinstitut gewünschten Handeln zu bewegen.[1] Letztlich kann so erreicht werden, daß die Adressaten die Bonitäts- oder Ertragssituation eines Kreditinstitutes positiver einschätzen und die Bereitstellung von Fremd- oder Eigenkapital zu günstigeren Konditionen erfolgt.[2] Vor dem Hintergrund des zunehmenden Wettbewerbs um beschränkte Kapitalressourcen könnte die Asset Securitisation hier besondere Bedeutung erlangen.

Der Liquidität kommt bei Kreditinstituten eine besondere Bedeutung zu, da sie für das Vertrauen der Kunden in die jederzeitige und unbedingte Zahlungsfähigkeit des Institutes von entscheidender Bedeutung ist. Ihre Aufrechterhaltung gestaltet sich für Banken - vor allem in gesamtwirtschaftlich instabilen Phasen - relativ komplex, da sie die Verfügung ihrer Kunden prospektiv weder nach dem Zeitpunkt noch nach der Höhe eindeutig bestimmen können. Deshalb ist die Dotierung der Liquiditätsreserve zur Vorsorge gegen Liquiditätsrisiken eine Größe, welcher bei der Analyse durch den externen Bankbeobachter besondere Aufmerksamkeit zuteil wird. Zu ihrer Beurteilung werden Liquiditätskennzahlen berechnet, die Auskunft über die Fristigkeitsstruktur der Forderungen und Verbindlichkeiten geben. Mögliche Liquiditätskennziffern sind:[3]

$$\textit{Primärliquidität} = \frac{\textit{primärliquide Mittel}}{\textit{kurzfristige Verbindlichkeiten}}$$

$$\textit{Sekundärliquidität} = \frac{\textit{primärliquide Mittel} + \textit{sekundärliquide Mittel}}{\textit{kurzfristige Verbindlichkeiten}}$$

$$\textit{Tertiärliquidität} = \frac{\textit{primärliquide Mittel} + \textit{sekundärliquide Mittel} + \textit{tertiärliquide Mittel}}{\textit{kurzfristige Verbindlichkeiten}}$$

Kredite gehören zur Gruppe der tertiärliquiden Mittel. Bei ihrer Abtretung zur Verbriefung fließen der veräußernden Bank als Folge des Aktivtauschs flüssige Mittel zu, wodurch sich je nach Art des Ausgleichs die primär- oder die sekundärliquiden Mittel erhöhen und eine Verbesserung der Liquidität eintritt.[4] Allerdings muß sich der externe Beobachter im klaren darüber sein, daß diese Liquiditätsverbesserung nur temporärer

---

1 Vgl. hierzu Bäsch (1992), S. 54ff.; Waschbusch (1992), S. 142ff.

2 Vgl. Pollock/Stadum/Holtermann (1991), S. 280.

3 Zur Zuordnung der Bankativa zu den primär-, sekundär- oder tertiärliquiden Mitteln vgl. Bäsch (1992), S. 164ff.; Büschgen (1998), S. 908.

4 Vgl. Deutsche Bundesbank (1997b), S. 58.

Art ist und die aus der Verbriefung resultierende Liquiditätsveränderung letztlich von der weiteren Liquiditätsverwendung abhängt.

Um eine positive Bewertung des eigenen Institutes unter Ertrags- und Risikogesichtspunkten zu erlangen, kann die Asset Securitisation ebenfalls ein geeignetes Hilfsmittel darstellen. So kann das Kreditinstitut gezielt Kredite mit einem ungünstigen Risiko-/Ertragsverhältnis verbriefen und die freigewordenen Mittel in Anlagen mit einer günstigeren Relation investieren.[1] Im Extremfall kann die Verbriefung sogar dazu genutzt werden, die Bankbilanz gezielt von notleidenden Engagements zu entlasten, wie es z. B. von japanischen Banken in der Vergangenheit praktiziert wurde.[2] Werden die zufließenden Mittel zur Rückzahlung von Verbindlichkeiten genutzt, so kommt es automatisch zu einer Verringerung des Verschuldungsgrades bzw. einer Verbesserung der Eigenkapitalquote als Quotient des bilanziellen Eigenkapitals und des Geschäftsvolumens, was sich positiv auf die Risikotragfähigkeit eines Kreditinstitutes auswirkt.[3] In Abhängigkeit von den Neuinvestitionen lassen sich darüber hinaus auch andere Leistungskennzahlen wie die Gesamt- und Eigenkapitalrendite sowie der Zinsdeckungsgrad verbessern.[4]

Generell wird die Notwendigkeit der gezielten Steuerung des Ertrags und der Bilanzstruktur von allen Bankengruppen erkannt und entsprechend forciert.[5] Von besonderer Bedeutung dürfte dieser Aspekt für jene Institute sein, deren Erfolgsausweise einer stärkeren Aufmerksamkeit durch die Anteilseigner und die Öffentlichkeit ausgesetzt sind. Zu nennen wären hier die in der Form einer Kapitalgesellschaft organisierten Institute und – in abgeschwächter Form – die Genossenschaftsbanken. Allerdings dürfen die Einsatzmöglichkeiten der Asset Securitisation zur Ertragsgestaltung nicht überbewertet werden.[6] Zwar ergeben sich durch die Verbriefung die aufgezeigten Gestaltungsmöglichkeiten, zur reinen Ertragsgestaltung stehen einem Kreditinstitut jedoch noch eine Vielzahl anderer Instrumente zur Verfügung, mit denen sich die angestrebten Ertragsziele mit geringerem Aufwand erreichen lassen. Gleiches gilt für die Steuerung der Bilanzstruktur; auch sie wird kaum das dominante Motiv für den Einsatz der Forde-

---

1 Voraussetzung hierfür ist selbstverständlich, daß die entsprechenden Investitionsalternativen vorhanden sind.

2 Vgl. o. V. (1997af), S. 21.

3 Vgl. o. V. (1989), S. 12. Bäsch (1992), S. 197f.; Wood/Mason (1994), S. 7; Coym (1997), S. B 4.

4 Vgl. Anderson (1995), S. 41; Scheel (1997), S. 6; Sengera (1997), S. 1. Vgl. hierzu auch die Ausführungen in Abschnitt D 2.1.

5 Vgl. von Stein/Gondring (1984), S. 65f.; Hermanns (1992), S. 111

6 Vgl. Rittinghaus/Makowka/Hellmann (1997), S. 135.

rungsverbriefung sein. Deshalb sind die Möglichkeiten zur Gestaltung des Ertrages und zur Steuerung der Bilanzstruktur als willkommener Zusatznutzen bei der Verbriefung bankeigener Forderungen zu bewerten.[1]

3 Unterstützung der formellen und materiellen Risikosteuerung

3.1 Erfüllung bankaufsichtsrechtlicher Risikonormen

Bei der Vergabe von Krediten entstehen einem Kreditinstitut Gegenparteien- und Liquiditätsrisiken, deren Umfang vom deutschen Gesetzgeber bzw. dem BAKred durch die Festlegung von bankaufsichtsrechtlichen Risikonormen begrenzt wird. In den §§ 10, 11 und 13 KWG sowie in den Grundsätzen I, II und III des BAKred werden Verhältniszahlen zwischen den Aktiv- respektive Kreditportfolios und deren Finanzierung bestimmt, deren Einhaltung eine geschäftsbegrenzende Wirkung für die deutschen Kreditinstitute hat. Durch die Verbriefung von Krediten können diese Verhältniszahlen über die Aktiv- und die Passivseite der Bilanz beeinflußt werden. Neben der Erfüllung der bankaufsichtsrechtlichen Normen wird so auch stets die Risikoposition des Kreditinstitutes verbessert.

3.1.1 Einhaltung des Mindestsolvabilitätskoeffizienten

Unmittelbar an die oben diskutierte Quote des haftenden Eigenkapitals knüpft der Grundsatz I des BAKred an, der als Untergrenze für das Verhältnis zwischen dem haftenden Eigenkapital eines Institutes und den gewichteten Risikoaktiva einen Solvabilitätskoeffizienten von 8% festlegt. Erfolgt nun eine Verbriefung von Krediten entsprechend den in Abschnitt C 1.1.2.1 erläuterten Bedingungen, müssen diese Kredite nicht mehr bei der Berechnung der risikotragenden Aktiva berücksichtigt werden, wodurch der Solvabilitätskoeffizient steigt. Somit kann ein Kreditinstitut den Solvabilitätskoeffizienten durch die Verbriefung eigener Forderungen gezielt beeinflussen.[2] Da die Steuerung der Grundsatz I-Auslastung über die Verbriefung bankeigener Forderungen jedoch mit einem erheblichen Aufwand verbunden ist, hängt die Bedeutung dieser Einsatzmöglichkeit vor allem davon ab, in welchem Maße die Geschäftsbegrenzungsfunktion des Grundsatz I für ein Kreditinstitut schlagend wird.

---

1 Vgl. hierzu auch Peters/Bernau (1995), S. 715. Zu den anderen Gestaltungsmöglichkeiten vgl. ausführlich Waschbusch (1992), S. 250ff.

2 Empirische Untersuchungen in den USA haben gezeigt, daß dort die Erfüllung der aufsichtsrechtlichen Eigenkapitalnormen der Hauptgrund für die Verbriefung bankeigener Forderungen war. Vgl. Pavel/Phillis (1987), S. 11f.; Aber (1988), S. 5ff.; Silver/Axilrod (1989), S. 16f.; Obay (1997), S. 112f. und S. 266. Auch von deutschen Arrangeuren wird die Bedeutung dieses Motivs herausgestellt.

Aus Abbildung 11 wird ersichtlich, daß in den Jahren 1994 bis 1997 nur sehr wenige Kreditinstitute der untersuchten Institutsgruppen einen Solvabilitätskoeffizienten von unter 8% hatten. Während 1994 18 Institute (16 Kreditgenossenschaften und zwei Sparkassen) die Quote von 8% nicht erreichten, blieben 1995 14 Institute (12 Kreditgenossenschaften und zwei Sparkassen) unter dem vorgeschriebenen Mindestwert. 1996 erfüllten alle Kreditinstitute die in Grundsatz I festgelegten Vorgaben, und 1997 blieben lediglich vier Banken aus der Gruppe der Regional- und sonstigen Kreditbanken unter dem Wert von 8%. Für die Beurteilung der Bedeutung der Asset Securitisation zur Verringerung der Grundsatz I-Auslastung ist auch ein Rückgriff auf Tabelle 25 erkenntnisreich. Sie zeigt, daß 1997 17 Regionalbanken, 27 Sparkassen und 118 Kreditgenossenschaften einen Solvabilitätskoeffizienten von 9% nicht erreicht haben. Auch bei ihnen ist eine Verbesserung des Solvabilitätskoeffizienten sicher angebracht. Allerdings wird aus der Tabelle auch deutlich, daß rund 60% der Regional- und sonstigen Kreditbanken den Mindestsolvabilitätskoeffizienten gemäß Grundsatz I um die Hälfte oder mehr übertreffen und daß sich die Solvabilitätskoeffizienten bei vielen Sparkassen und Genossenschaftsbanken in den letzten Jahren deutlich verbessert haben. Diesen Instituten war es somit auch ohne den Rückgriff auf die Verbriefung eigener Kredite möglich, das Verhältnis der risikotragenden Aktiva zu den haftenden Eigenmitteln günstig zu gestalten. Ausschlaggebend hierfür kann jedoch sein, daß sie in der Niedrigzinsphase der letzten Jahre mit der geringen Kreditnachfrage ihre Mittel in Wertpapiere mit einem niedrigeren Anrechnungsgrad investiert haben, da ihre Anlagemöglichkeiten im internationalen und derivaten Geschäft aufgrund der regionalen Geschäftsbeschränkung und relativ geringen Größe im Vergleich zu den Großbanken meist deutlich eingeschränkt sind.[1] Ist dies die Hauptursache für die Verbesserung der Solvabilitätskoeffizienten, so kann bei einem Aufschwung der Kreditnachfrage die Verbriefung bankeigener Forderungen ein attraktives Instrument zur dann wieder notwendigen Entlastung des Grundsatz I sein. Je höher der Anrechnungsfaktor der abgetretenen Kredite auf die risikotragenden Aktiva, desto höher ist der Entlastungseffekt. Bei weiterhin geringer Kreditnachfrage ist das Argument der Verbesserung des Solvabilitätskoeffizienten jedoch nur für einen kleinen Teil der untersuchten Kreditinstitute von besonderer Relevanz.

---

1 Vgl. Gaumert (1997), S. 70. Eine Auswertung der Bankenstatistik der Deutschen Bundesbank durch den Autor ergab, daß in den Jahren 1996 und 1997 das Wachstum der Kredite an Kunden deutlich hinter dem Wachstum der Bilanzsummen zurückblieb.

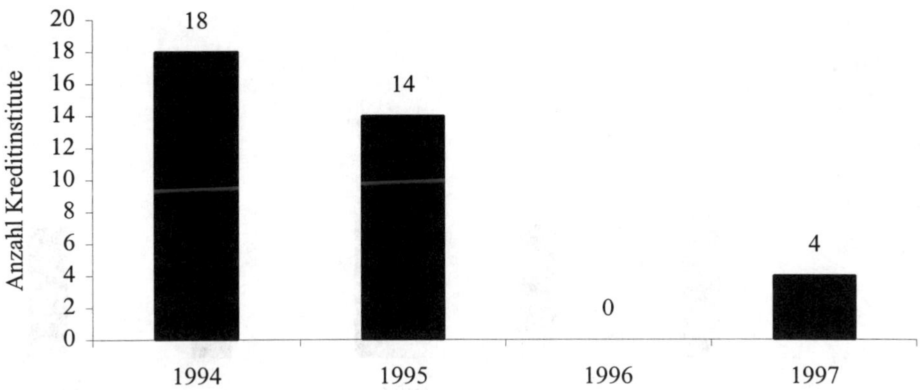

Abbildung 11: Anzahl deutscher Universalkreditinstitute mit einem Solvabilitätskoeffizienten von unter 8%[1]

3.1.2 Einhaltung der Finanzierungsnormen

Die Grundsätze II und III des BAKred beschränken das Risiko eines Kreditinstitutes aus der Fristentransformation, indem sie mittels komplementärer Finanzierungsregeln die Verwendungsmöglichkeiten der Passiva für Aktivgeschäfte in Abhängigkeit von der Fristigkeit bestimmen.[2] So regelt Grundsatz II prinzipiell, daß langfristiges Aktivgeschäft langfristig finanziert werden soll und Grundsatz III legt die Finanzierung von Aktiva fest, die nicht ohne weiteres liquidierbar sind oder die eine kurz- bzw. mittelfristige Laufzeit haben.[3] In den vergangenen Jahren stellte insbesondere der Grundsatz II bei zahlreichen Instituten den Engpaßfaktor im Kreditgeschäft dar (vgl. Abbildung 12).[4]

---

1 Quelle: Deutsche Bundesbank; eigene Berechnungen.

2 Eine Revision der Liquiditätsgrundsätze ist zur Zeit in Bearbeitung. Hierbei werden die Aktiva und Passiva in einer Fälligkeitsleiter nach Fristenbändern geordnet einander gegenübergestellt. Vgl. hierzu Deutsche Bundesbank (1998c), S. 157f. Der Aussagegehalt der nachfolgenden Ausführungen ändert sich hierdurch jedoch nicht.

3 Zu den Grundsätzen II und III vgl. stellvertretend Schierenbeck (1997b), S. 375ff.

4 Vgl. Güde (1995), S. 81ff.

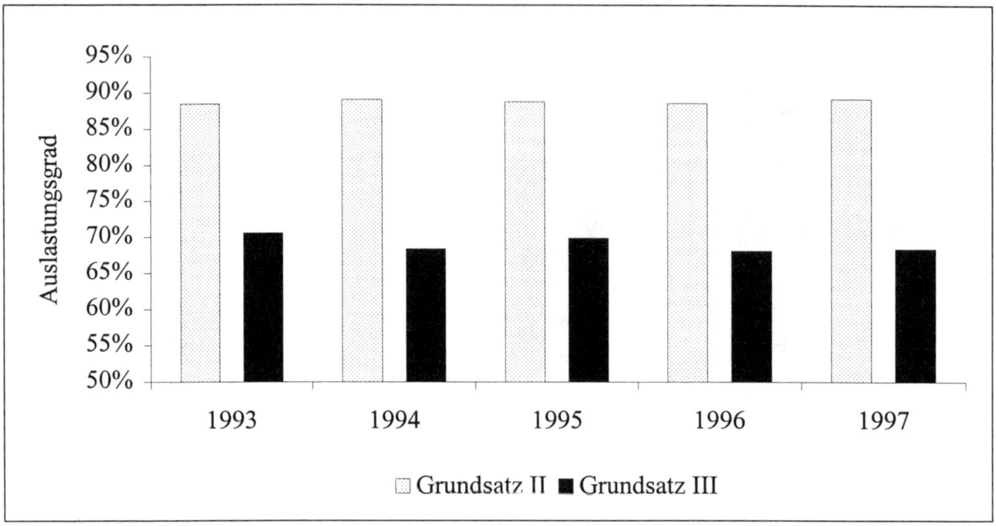

Abbildung 12: Grundsatz II- und Grundsatz III-Auslastungsgrade deutscher Kreditinstitute zum Jahresende[1]

Die in C 3.1 als zur Verbriefung geeignet identifizierten Kreditarten sind bei der Ermittlung der Grundsatz II- bzw. Grundsatz III-Auslastung durchweg voll anzurechnen. Stößt ein Kreditinstitut an die Grenzen dieser Grundsätze, kann durch die vorzeitige Liquidierung von Krediten über ihre Verbriefung die Erfüllung der Liquiditätsvorschriften aus Grundsatz II und III erleichtert und das Fristentransformationsrisiko der abgetretenen Positionen egalisiert werden. Bei einer Verbriefung der Kredite findet ein Aktivtausch statt, wobei Forderungen gegenüber Nichtbanken (in Abhängigkeit von der Laufzeit Anrechnung in Grundsatz II oder III) durch Forderungen an Banken mit einer Laufzeit unter drei Monaten oder täglich fällige Gelder (weder in Grundsatz II noch in Grundsatz III anzurechnen) ersetzt werden.[2] So könnte z. B. ein Kreditinstitut, das Schwierigkeiten hat, die vorgeschriebene Finanzierungsstruktur in seinem langfristigen Kreditgeschäft einzuhalten (Grundsatz II), gezielt Kredite längerer Laufzeit an die Zweckgesellschaft abtreten, um seine Grundsatz II-Auslastung zu verringern.[3]

Die Auswirkungen der anschließenden Verwendung der zufließenden Mittel auf die Grundsatzauslastung ergibt sich aus der Art der Reinvestition bzw. aus der Fristigkeit

---

1 Quelle: Geschäftsberichte der Deutschen Bundesbank, versch. Jahrgänge.

2 Zunächst entsteht dem Kreditinstitut eine Forderung gegenüber der Zweckgesellschaft. Da diese jedoch keine Bank ist, kommt es höchstens zu einer Verschiebung von Grundsatz II-anrechnungspflichtiger Aktiva zu Grundsatz III-anrechnungspflichtiger Aktiva. Erst ein Ausgleich dieser Schuld durch die Zweckgesellschaft führt letztlich zur Entlastung bei den Liquiditätsgrundsätzen.

3 Vgl. Paul (1994), S. 268.

zurückgezahlter Passiva. Ihre detaillierte Darstellung erübrigt sich,[1] da auf der Hand liegt, daß das Kreditinstitut die Mittel so verwenden wird, daß es die erreichte Entlastung nicht oder möglichst wenig konterkariert. Deshalb ist z. B. die Rückzahlung von Verbindlichkeiten eher unwahrscheinlich, da hierdurch auf jeden Fall Grundsatz II- oder Grundsatz III-Finanzierungsmittel reduziert werden.[2] Realistischer ist die Investition der liquiden Mittel in Aktiva, die weder bei der Berechnung von Grundsatz II noch von Grundsatz III berücksichtigt werden. Zu nennen sind hier festverzinsliche Wertpapiere oder Kredite an Banken mit einer Laufzeit unter drei Monaten.[3] Selbstverständlich kommt auch die Vergabe neuer Kredite, unter Umständen mit einer günstigeren Fristigkeitsstruktur, in Frage.

Welche Bedeutung der Einsatz der Asset Securitisation zur Steuerung der Grundsätze II und III für die betrachteten Institute hat, hängt vom damit verbundenen Aufwand und dem daraus resultierenden Nutzen im Vergleich zu alternativen Steuerungsmöglichkeiten ab. Solche Alternativen sind z. B. die Aufnahme langfristiger Darlehen und deren Investition in Aktiva ohne Grundsatz II- bzw. Grundsatz III-Anrechnung oder das In-Pension-Geben langfristiger Kredite.[4] Die Steuerung der Fristigkeit der Aktiva und daraus resultierend der Grundsatz II- und Grundsatz III-Auslastung über diese Alternativen ist in aller Regel problemlos.[5] Der mit einer Asset Backed-Transaktion verbundene Aufwand ist im Vergleich hierzu deutlich höher, weshalb die Durchführung einer Asset Backed-Transaktion zur Steuerung der Liquiditätsgrundsätze unangemessen scheint. Deshalb ist die Steuerung der Auslastung der Grundsätze II und III lediglich als ein gewünschter Nebeneffekt bei der Verbriefung bankeigener Forderungen zu beurteilen, daß dies die Hauptzielsetzung einer Asset Backed-Transaktion sein wird, ist jedoch sehr unwahrscheinlich.[6]

3.1.3 Einhaltung der Großkreditnormen

Die Vergabe von wenigen Krediten mit hohen Beträgen birgt für ein Kreditinstitut die Gefahr von Klumpenrisiken, da der Ausfall eines einzelnen Großkreditnehmers die finanzielle Stabilität des Institutes stärker gefährdet als der Ausfall eines Kreditnehmers

---

1 Vgl. hierzu Gögler (1996), S. 106ff.

2 Vgl. Henscher (1998), S. 387.

3 Vgl. Güde (1996), S. 81; Gögler (1996), S. 110; Schierenbeck (1997b), S. 376.

4 Vgl. Güde (1995), S. 81.

5 Vgl. Waschbusch (1992), S. 256.

6 Diese Erkenntnis wurde durch alle vom Autor interviewten Originatoren und Arrangeure bestätigt.

mit relativ kleinem Volumen in einem breit gestreuten Kreditportfolio. Die Vorschriften des § 13 KWG zielen deshalb darauf ab, das Klumpenrisiko zu begrenzen und die Risikodiversifikation zu fördern, indem das Kreditvolumen gegenüber einem Kreditnehmer auf 25% und die Summe aller Großkredite auf das achtfache des haftenden Eigenkapitals limitiert wird. Der über die Grenzen hinausreichende Kreditbetrag ist voll mit haftendem Eigenkapital zu unterlegen.[1]

Die Einhaltung dieser Norm kann ebenfalls über die Asset Securitisation gesteuert werden, indem zumindest Teile des Großkreditengagements in einen Pool für die anschließende Verbriefung eingebracht werden. Zur Auslagerung kompletter Großkreditengagements ist die Verbriefung weniger geeignet, da bei sehr großen Einzelkreditvolumina die notwendige Diversifikation im Kreditpool leidet. Hierzu ist der Verkauf des einzelnen Kredites auf dem Sekundärmarkt für Kredite geeigneter.[2]

Die Anzahl der angezeigten Großkredite nach § 13 KWG hat in den letzten Jahren stetig zugenommen und betrug 1997 über 72.000.[3] Die Regelung des § 13 KWG stellt insbesondere für kleinere Kreditinstitute aus der Gruppe der Regional- und sonstigen Kreditbanken, Sparkassen und Genossenschaftsbanken einen Engpaßfaktor dar.[4] Diese Institute mit ihrem regional begrenzten Geschäftsgebiet sehen sich vor allem im gewerblichen Kreditgeschäft der Konkurrenz großer, überregional operierender Institute gegenüber, denen die Vergabe eines Kreditvolumens, das für die lokalen Institute den Rahmen des § 13 KWG sprengt, keine Probleme bereitet. Zur Wahrung der Geschäftsverbindung und zur Sicherung der Wettbewerbsposition ist es für sie jedoch wichtig, ihre gewerblichen Kunden auch mit großen Engagements bedienen zu können.[5] Während die Sparkassen und Genossenschaftsbanken hierfür auf ihre Landes- oder Zentralbanken zurückgreifen können, kann vor allem für die kleineren Institute ohne großes Verbundinstitut aus der Regionalbankengruppe die Verbriefung von Teilen eines Großengagements zur Erfüllung der Vorgaben des § 13 KWG von großer Bedeutung sein. Für die großen Banken der untersuchten Institutsgruppen, insbesondere die Großbanken und die größten Regional- und sonstigen Kreditbanken, dürfte die Bedeutung dieser Einsatzmöglichkeit geringer sein. Zum einen haben sie vielfältigere Möglichkeiten, durch eine Kreditsyndizierung den individuellen Anteil an einem Großkredit ver-

---

1 Kennzeichnend für einen Großkredit ist, daß sein Volumen mindestens 10% des haftenden Eigenkapitals ausmacht. Vgl. Schierenbeck (1997b), S. 355; Büschgen (1998), S. 1161f.

2 Vgl. Cantor/Demsetz (1993), S. 35ff.; Carlstom/Samolyk (1995), S. 627ff. Allerdings hat in Deutschland der Verkauf von Forderungen unter Banken noch nicht die Bedeutung wie z. B. in den USA. Vgl. Gaumert (1997), S. 295.

3 Vgl. Deutsche Bundesbank (1998c), S. 159.

4 Vgl. hierzu auch Grüger (1993), S. 30.

5 Vgl. Güde (1995), S. 315.

gleichsweise klein zu halten,[1] zum anderen liegen bei ihnen die Großkredite vielfach in einer Größenordnung, in der sich der Kreditnehmer direkt über die Kapitalmärkte finanzieren kann und die Institute aus der Emissionsberatung profitieren.

3.2 Nutzung im internen Risikomanagement

3.2.1 Ansatzpunkte zur Risikosteuerung durch die Verbriefung bankeigener Forderungen

Bankbetriebliche Risiken lassen sich aufteilen in strategische und operative Risiken.[2] Die strategischen Risiken resultieren aus langfristig wirksamen Entscheidungen der Bankunternehmungsführung (Managementrisiko) und aus der Gefahr, daß die notwendige Eigenkapitalausstattung langfristig nicht mehr zur Verfügung steht (Eigentümerrisiko). Operative Risiken können im internen Leistungsbereich aus der Beschaffung und dem Einsatz der Produktionsfaktoren Betriebsmittel und Mitarbeiter resultieren. Sie konkretisieren sich in den personellen, sachlich-technischen und ablaufstrukturellen Risiken.[3] Die operativen Risiken des externen oder auch liquiditätsmäßig-finanziellen Leistungsbereichs resultieren direkt aus der Beschaffung und dem Einsatz des monetären Produktionsfaktors. Sie stellen die eigentlichen Risiken aus der von Kreditinstituten betriebenen Risiko-, Fristen- und Losgrößentransformation dar.

Bei der Asset Securitisation tritt ein Kreditinstitut einen Pool von Kreditforderungen an eine Zweckgesellschaft ab. Steuerungsgegenstand bei der Verbriefung bankeigener Forderungen sind somit die mit dem Kreditgeschäft und seiner Finanzierung verbundenen Risiken des liquiditätsmäßig-finanziellen Bereichs.[4]

---

1 Vgl. Büschgen (1998), S. 338ff.

2 Als Risiko werden hierbei die negative Abweichung der Ist-Ergebnisse von den Soll-Ergebnissen verstanden. Vgl. Büschgen (1998), S. 865.

3 Für eine detailliertere Darstellung der Risiken des internen Leistungsbereichs vgl. stellv. Büschgen (1998), S. 885ff.

4 Zwar treten im Zusammenhang mit dem Kreditgeschäft auch Risiken des internen Leistungsbereichs auf, diese resultieren jedoch aus den zur Abwicklung notwendigen Personen, Anlagen oder Abläufen. Als „Erfüllungsgehilfen“ sind sie nur sekundär mit der eigentlichen Transformationsleistung verbunden und sollen hier nicht Gegenstand der Betrachtung sein.

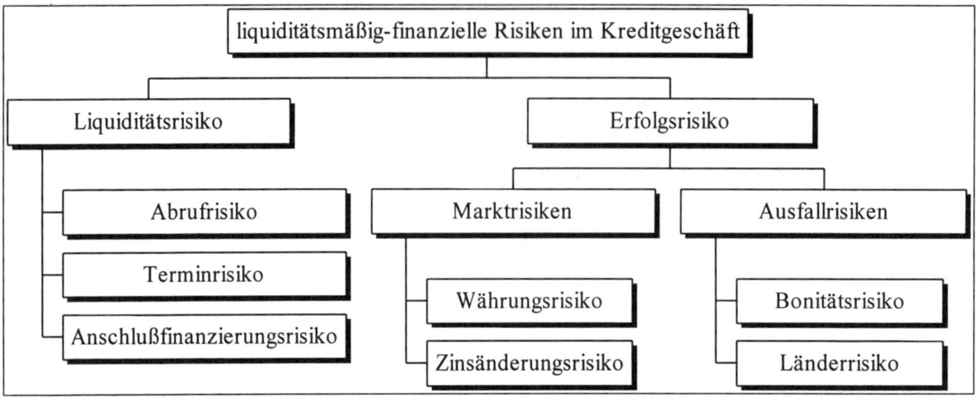

Abbildung 13: Liquiditätsmäßig-finanzielle Risiken im Kreditgeschäft

Hierbei kann zwischen Erfolgs- und Liquiditätsrisiken unterschieden werden. Erfolgsrisiken mindern den Erfolg einer Bank, wenn sie schlagend werden. Sie setzen sich zusammen aus dem Gegenparteien- und dem Marktrisiko. Das Gegenparteienrisiko tritt im Kreditgeschäft als Kreditausfallrisiko auf. Es beinhaltet die Gefahr, daß ein Kreditnehmer seinen Verpflichtungen zur Zins-, Tilgungs- und Gebührenzahlung nicht oder nur teilweise nachkommt. Das Risiko kann hierbei in der Person des Schuldners (Bonitätsrisiko)[1] liegen oder in auf hoheitliche Maßnahmen eines ausländischen Staates zurückzuführenden Transferschwierigkeiten beim grenzüberschreitenden Zins- und Tilgungsdienst (Länderrisiko) begründet sein. Marktrisiken resultieren aus den Gefahren, die mit den Veränderungen eines Marktes auftreten. Für Kredite sind dies in erster Linie der Geld- und Kapitalmarkt und das damit verbundene Zinsänderungsrisiko.[2]

Liquiditätsrisiken gehen aus der in Kreditinstituten betriebenen Fristentransformation hervor. Im Kreditgeschäft entstehen sie dadurch, daß Kredite mit einer im Vergleich zu den sie finanzierenden Passivgeschäften unterschiedlichen und in der Regel längeren Fristigkeit vergeben werden.[3] Das Liquiditätsrisiko wird schlagend, wenn sich die Mit-

---

1 Zum Teil wird das Bonitätsrisiko noch weiter in ein Ausfallrisiko (Ausfall der Zins- und Tilgungszahlungen) und ein Terminrisiko (verzögerte Zahlung durch den Schuldner) unterteilt. Vgl. hierzu Wächtershäuser (1971), S. 70ff.

2 Marktrisiken resultieren bei Fremdwährungspositionen auch aus der Veränderung des Devisenmarktes [vgl. Schierenbeck (1993), S. 926]. Da diese jedoch prinzipiell gleich wie Zinsänderungsrisiken gesteuert werden können, sollen sie nachfolgend nicht näher behandelt werden.

3 Die explizite Zuordnung bestimmter Passiva als Finanzierungsquelle für bestimmte Aktiva beruht meist auf theoretischen Konstrukten [vgl. z. B. Schierenbeck (1997a), S. 63ff.]. Ausnahmen hierzu sind die Zuordnung von Hypothekenpfandbriefen zu bestimmten Hypothekenforderungen oder die Mittelaufnahmen zur Finanzierung bestimmter Aktivprodukte. Ein Beispiel hierfür ist eine spezielle Anleihe der Landesgirokasse Stuttgart zur Finanzierung von Hypothekendarlehen im Rahmen eines Wohnungsbauförderungsprogramms. Vgl. hierzu o. V. (1996b), S. 199.

telzu- und -abflüsse zu Lasten der Liquidität nicht synchron vollziehen.[1] Zwischen den Erfolgsrisiken und den Liquiditätsrisiken besteht ein Ursache-Wirkung-Zusammenhang. So können als Folge von Erfolgsrisiken derivative Liquiditätsrisiken auftreten, umgekehrt können Liquiditätsrisiken der Auslöser einer negativen Erfolgswirkung sein.

Das Risikomanagement beinhaltet die Gesamtheit aller Maßnahmen, um etwaige Gefahren einer Erfolgsminderung zu identifizieren und ihren Eintritt zu verhindern oder die Auswirkungen schlagend gewordener Risiken auf den Erfolg der Bankunternehmung abzuschwächen, um so die jederzeitige Zahlungsbereitschaft und Schuldendeckungsfähigkeit des Kreditinstitutes aufrechtzuerhalten. Die Verbriefung bankeigener Forderungen ist eine mögliche Maßnahme, die zur Steuerung der genannten Risiken des liquiditätsmäßig-finanziellen Bereichs beitragen kann.[2] Die Einsatzmöglichkeiten sollen nachfolgend für die einzelnen Risikoelemente erarbeitet und beurteilt werden.

3.2.2 Steuerung der Erfolgsrisiken

3.2.2.1 Steuerung des Ausfallrisikos und des Kreditportfolios

Das Ausfallrisiko ist in der Vergangenheit als das wesentlichste Risiko der Kreditinstitute hervorgetreten, weshalb seiner Steuerung eine besondere Bedeutung beizumessen ist.[3] Die Steuerung kann dabei auf verschiedenen Ebenen erfolgen, wobei jeweils ebenenspezifische Maßnahmen zur Anwendung kommen (vgl. Abbildung 14).[4]

---

1 Vgl. Büschgen (1998), S. 899.

2 Vgl. Lelogeais/Fleming (1991), S. 46; Albert (1991), S. 17; May (1997), o. S.

3 Vgl. Güde (1995), S. 113f.; Artopoeus (1996), S. 14.

4 Wenn nachfolgend von der Steuerung des Ausfallrisikos durch die Verbriefung bankeigener Forderungen gesprochen wird, umschließt dies die Steuerung des Bonitätsrisikos und des Länderrisikos. Die Möglichkeiten zur Steuerung des Länderrisikos durch die Asset Securitisation unterscheiden sich nicht von jenen zur Steuerung des Bonitätsrisikos.

	Einzelgeschäftsebene	Gesamtgeschäftsebene
ursachenbezogen	Bonitätsbeurteilung	Methoden, Strukturen und Prozesse im Kreditgeschäft
wirkungsbezogen	Risikolimitierung durch Kreditobergrenzen Risikoüberwälzung durch Kreditsicherheiten	Risikolimitierung durch Einhaltung von Strukturgrundsätzen Risikolimitierung durch Abwälzung von Teilrisiken Risikodiversifikation und Portfoliomodellierung

Abbildung 14: Ebenen und Maßnahmen der Ausfallrisikosteuerung[1]

Die Verbriefung bankeigener Forderungen setzt zu einem Zeitpunkt ein, zu dem die Ausfallrisiken für das Kreditinstitut bereits existieren. Des weiteren sind nicht einzelne Kredite Gegenstand der Verbriefung, sondern regelmäßig ganze Bündel von Krediten. Deshalb ist die Asset Securitisation im Rahmen der Steuerung des Ausfallrisikos als ein Instrument zu identifizieren, das wirkungsbezogen und auf Gesamtgeschäftsebene zum Einsatz kommt. Ziel der Verbriefung bankeigener Forderungen im Rahmen des Risikomanagements ist, das Ausfallrisiko und die daraus resultierende Verlustgefahr für das Kreditinstitut zu senken bzw. zu begrenzen. Hierbei kann sie zur Risikolimitierung, zur Risikodiversifikation und zur Portfoliogestaltung eingesetzt werden.

Die größte Bedeutung bei der Steuerung des Ausfallrisikos durch die Verbriefung bankeigener Forderungen kommt der Risikolimitierung durch die Abwälzung eines Teils des Risikos zu. Jeder Kreditpool weist eine Risikostruktur auf, die durch Wahrscheinlichkeiten bestimmter Ausfallquoten gekennzeichnet ist. Die Wahrscheinlichkeit von gar keinen oder sehr geringen Ausfällen ist hierbei ebenso klein wie die Wahrscheinlichkeit eines Totalausfalls des Kreditportfolios. Wahrscheinlicher ist, daß sich die Ausfallraten um einen Wert konzentrieren, der auch in der Vergangenheit für ein vergleichbares Kreditportfolio beobachtet wurde. Dennoch sehen sich Kreditinstitute auch dem Risiko gegenüber, daß die tatsächlichen Ausfälle weit über die erwartete Ausfallrate hinaus gehen. Während für das erwartete Ausfallrisiko eine Vorsorge durch die Kalkulation von Standardrisikokosten getroffen wird, werden unerwartete Verluste durch Kapitalreserven abgedeckt. Schließlich verbleibt auch stets ein ungedecktes Risiko, dessen Wahrscheinlichkeit von der Bankunternehmungsführung als zu gering eingeschätzt wird, um dafür eine Kapitalreserve vorzuhalten. Wo diese Grenze liegt (Si-

[1] In Anlehnung an Brakensiek (1993), S. 64; Schierenbeck (1997b), S. 221.

gnifikanzniveau), hängt von der individuellen Risikoneigung der Bankunternehmungsführung ab. Unabhängig von der Risikodeckung muß das Kreditinstitut jedoch stets das gesamte Ausfallrisiko des Pools (Fläche unter der Kurve) tragen (vgl. Abbildung 15).

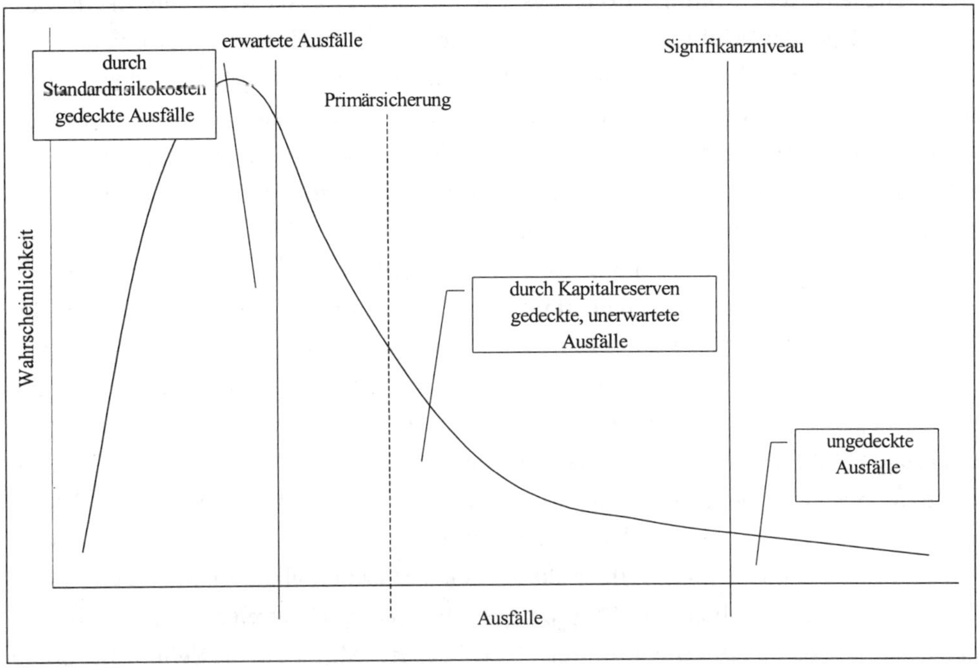

Abbildung 15: Beispiel einer Risikostrukturkurve eines Kreditpools[1]

Durch die Abtretung der Kredite kann ein Kreditinstitut das aus ihnen resultierende Ausfallrisiko auf ein bestimmtes Niveau begrenzen. Die vollständige Abtretung des Ausfallrisikos ist zwar theoretisch möglich, in der Praxis jedoch nicht praktikabel, da die dafür an die neuen Risikoträger zu zahlende Prämie über den Einsparungen des Kreditinstitutes liegen würde.[2] Deshalb übernimmt das Kreditinstitut stets eine Primärsicherung, die über den erwarteten Ausfällen aus dem abgetretenen Kreditpool liegt. Der darüber hinausgehende Teil des Risikos wird dann von der Zweckgesellschaft respektive den externen Sicherungsgebern und den Investoren übernommen und stellt den Teil des Ausfallrisikos dar, der durch die Asset Securitisation abgewälzt werden kann. So kann ein Kreditinstitut seine Risikoposition und das zu seiner Deckung vorzuhaltende Kapital auf das Niveau der festgelegten Primärsicherung limitieren.

---

1 In Anlehnung an Bessis (1997), S. 243.

2 Ursächlich hierfür ist, daß das Kreditinstitut mit einem Teil der Risiken aufgrund von Informations-, Erfahrungs- und Spezialisierungsvorteilen am besten und billigsten umgehen kann. Vgl. Brewer/Iseley (1990), S. 128; Bär (1997), S. 202; Chadha (1998), S. 303.

Die Risikolimitierung über die Einhaltung von Strukturgrundsätzen kann ebenfalls durch die Verbriefung unterstützt werden.[1] Hierbei werden die Kredite, welche die Strukturlimite in den einzelnen Risiko- oder Größenklassen überschreiten, durch die Verbriefung aus dem Kreditportfolio des Kreditinstitutes ausgelagert, bis die festgelegten Limite wieder erfüllt sind. Allerdings determiniert auch hier die Notwendigkeit zur Übernahme einer Primärsicherung den Nutzen der Verbriefung bankeigener Forderungen. Denn die Struktur und der Umfang des Ausfallrisikos, das über die Kreditlimite gesteuert werden soll, verändert sich nicht im selben Maße wie die Struktur des Kreditportfolios, da das übernommene Primärrisiko beim Kreditinstitut verbleibt. Dennoch läßt sich so das Ausfallrisiko in den einzelnen Klassen nach oben begrenzen.

Die Diversifikation des Kreditportfolios über verschiedene Risikoklassen, Größenklassen und Kreditnehmermerkmale stellt eine weitere Maßnahme zur Steuerung des Ausfallrisikos dar.[2] Hierzu wird durch die Bankunternehmungsführung ein Normportfolio für das Kreditgeschäft definiert, das zu einer möglichst gleichmäßigen Belastung durch schlagend werdende Kreditrisiken führen soll.[3] Die Verbriefung bankeigener Forderungen stellt für die Bankunternehmungsführung nun ein Instrument dar, bei dem das Istportfolio und somit die Risikostrukturkurve in der gewünschten Art und Weise modelliert werden kann,[4] indem Kredite, die für die Abweichung des Istportfolios vom Normportfolio verantwortlich sind, an die Zweckgesellschaft abgetreten werden.[5] Hierbei ist es durchaus möglich, nur Teile eines Engagements abzutreten.[6] Darüber hinaus können die aus der Verbriefung zufließenden liquiden Mittel zur gezielten Steuerung des Portfolios eingesetzt werden, indem sie in solche Aktiva investiert werden, welche

---

1 Solche vorgegebenen Strukturen können sich an Risiko- und/oder Größenklassen orientieren und dienen dazu, einer Risikokonzentration in einer bestimmten Klasse vorzubeugen. Vgl. Brakensiek (1993), S. 69f.; Schierenbeck (1997), S. 238ff.

2 Grundlage hierfür ist die Portfolio-Selection-Theorie für Aktienportfolios, die besagt, daß sich das Risiko einer Investition durch die Streuung auf mehrere verschiedene Anlagen, die unterschiedlich risikobehaftet sind und deren Entwicklungen nicht vollständig positiv miteinander korrelieren, gegenüber dem Risiko einer Investition des gesamten Betrages in eine Anlage reduzieren läßt. Sie geht zurück auf Markowitz (1952) und findet sich in allen neueren Lehrbüchern zur Finanzierungslehre. Stellv. vgl. Perridon/Steiner (1997), S. 249ff.

3 Vgl. Schierenbeck (1997b), S. 242ff. Dies trägt auch zu einer positiveren Beurteilung der Bonität des Kreditinstituts durch externe Beobachter wie z. B. Ratingagenturen bei und senkt so die Kosten des Fremd- und Eigenkapitals. Vgl. Carlstrom/Samolyk (1993), S. 31.

4 Vgl. Frankel (1993), S. 322.

5 Vgl. Reich/Sewright (1989), S. 390; Henke/Burghof/Rudolph (1998), S. 20.

6 Vgl. Henke/Burghof/Rudolph (1998), S. 19f.

die gewünschte Portfoliostruktur unterstützen.[1] Dies können neue Kredite aber auch Asset Backed Securities oder andere Wertpapiere sein, die in der notwendigen Weise mit dem Risiko des restlichen Portfolios korrelieren. Es ist z. B. denkbar, daß ein Kreditinstitut im selben Volumen seines abgetretenen Kreditpools Asset Backed Securities aus einer anderen Transaktion übernimmt, um so bei betragsmäßig gleichbleibendem Bestand eine größere Diversifikation und somit ein geringeres Risiko in seinem Aktivportfolio zu realisieren.[2] Unter Berücksichtigung der in Deutschland nach wie vor stark ausgeprägten Orientierung am Bilanzvolumen als Leistungsmaßstab scheint diese Steuerungsvariante durch die Verbriefung bankeigener Forderungen besonders interessant. Gleichwohl muß auch beim Einsatz der Asset Securitisation zur Steuerung des Kreditportfolios berücksichtigt werden, daß ein Teil der Ausfallrisiken aus den verbrieften Krediten über die Primärsicherung beim Kreditinstitut verbleibt. Da jedoch die unerwarteten Risiken, die insbesondere bei einem unzureichend diversifizierten Portfolio zu einem für das Kreditinstitut bedrohlichen Verlustvolumen führen können, abgewälzt und durch Neukredite diversifiziert werden, kann durch die Verbriefung bankeigener Forderungen die Risikostruktur des Kreditportfolios gezielt gesteuert werden.

Für alle untersuchten Institutsgruppen gilt, daß die Verbriefung bankeigener Forderungen ein Instrument ist, das die Optionen der Bankunternehmungsführung zur Steuerung des Ausfallrisikos deutlich erweitert. Die Abwälzung eines Teils des Kreditausfallrisikos über die Verbriefung auf andere Parteien stellt für alle untersuchten Institutsgruppen eine neue und wichtige Handlungsalternative bei der Steuerung des Ausfallrisikos dar, die sich auch positiv auf die Geschäftsmöglichkeiten im Aktivgeschäft auswirkt. Durch die Möglichkeit, einen Teil des Ausfallrisikos weiterzureichen, können auch Kreditengagements eingegangen werden, welche die vorgegebenen Limite in ihrer Risikoklasse überschreiten.[3] Dies ermöglicht eine flexiblere Gestaltung von Kundenbeziehungen und verringert die Gefahr, daß ein im Grunde gewünschter Kreditnehmer wegen eines Portfolioengpasses an einen Wettbewerber verlorengeht. Besonders profitieren können hiervon Kreditinstitute, die sich auf eine bestimmte Produktgruppe (z. B. Immobilienfinanzierung), Branche (z. B. Gesundheitswesen, Handwerk) oder Kundengruppe (z. B. Firmenkunden) spezialisiert haben, denen bei der Ausschöpfung ihrer Möglichkeiten aber die Risikolimite im Weg stehen. Sie können nun ihre Stärken bes-

---

1 Dies war z. B. einer der wesentlichen Gründe für die Verbriefung von Firmenkundenkrediten durch die National Westminster Bank im Rahmen der ROSE-Transaktion. Vgl. Bär (1997), S. 310.

2 Vgl. Aber (1988), S. 10; Silver/Axilrod (1989), S. 17; Frankel (1993), S. 322.

3 Vgl. ING Barings (1996b), S. 9.

ser nutzen, indem sie entstehende Limitüberschüsse durch die Verbriefung wieder abbauen.[1]

Auch durch die Möglichkeit zur Modellierung des Kreditportfolios ergibt sich eine wesentliche Ausweitung des Aktionsrahmens im Kreditrisikomanagement. Von besonderer Bedeutung ist diese Einsatzmöglichkeit für jene Kreditinstitute, die bei der Diversifizierung ihres Kreditportfolios einer freiwilligen oder vorgeschriebenen Einschränkung der Geschäftspolitik unterliegen.[2] Zu nennen sind hier die Sparkassen, die Genossenschaftsbanken, die Regionalbanken sowie alle anderen Kreditbanken mit einem eingeschränkten Angebotssortiment. Sie erhalten durch die Asset Securitisation Steuerungsmöglichkeiten an die Hand, die ihnen aus faktischen Gründen bisher nicht zugänglich waren.[3] Neben der Steuerung ihres Portfolios über die Auslagerung und Begrenzung von Kreditrisiken wird ihnen nun auch die Möglichkeit eröffnet, in Aktiva zu investieren, die der Risikostruktur eines bisher nicht oder kaum zugänglichen Kreditnehmerkreises entsprechen.

Bei entsprechender Strukturierung einer Transaktion bzw. des zugrundeliegenden Kreditpools kann die Verbriefung bankeigener Forderungen für die deutschen Universalkreditinstitute somit ein interessantes Instrument bei der Steuerung des Ausfallrisikos sein. Die hierfür notwendigen Strukturen sind jedoch komplex und bringen auch Nachteile wie z. B. die Zahlung eines Renditeaufschlags[4] an die Investoren mit sich.[5] Zudem müssen bei der Zusammenstellung des zu verbriefenden Kreditpools die Bestimmungen des BAKred beachtet werden, die eine Zufallsauswahl der Kredite innerhalb zuvor festgelegter Auswahlkriterien fordert.[6] Der Aufwand, der mit der Steuerung des Kreditportfolios über die Verbriefung von Krediten verbunden ist, darf deshalb nicht unterschätzt werden. Hier konkurriert die Asset Securitisation mit den Kreditderivaten, die ebenfalls eine Möglichkeit darstellen, auf die Risikostruktur des Kreditport-

---

1 Vgl. Currie (1998a), S. 123. Dieser Gedanke war einer der wesentlichen Auslöser für den Aufschwung der Asset Securitisation in den USA. Vgl. Pavel (1987), S.10.

2 Vgl. Pavel/Phillis (1987), S. 17; Chapman (1997), S. 68.

3 Die Diversifizierung des Kreditportfolios gestaltete sich bei diesen Instituten aufgrund der Korrelation der Bonität der einzelnen Kreditnehmer mit denselben Einflußfaktoren schwierig. Ein Beispiel hierfür ist die regional beschränkte Geschäftstätigkeit in monostrukturierten Gebieten wie landwirtschaftlich geprägte Regionen, Fremdenverkehrszentren oder Kohle- und Stahlrevieren (hohe Korrelation der Kreditnehmer mit der wirtschaftlichen Entwicklung einer die Region dominierenden Branche). Vgl. Schulte-Kemper (1990), S. 543; Güde (1995), S. 121f.

4 Vgl. hierzu Abschnitt D 1.2.1.

5 Vgl. Masters (1998), S. 12; Henke/Burghof/Rudolph (1998), S. 20.

6 Vgl. Bundesaufsichtsamt für das Kreditwesen (1997a). Da hier durch die Verbriefung eine Verbesserung der Portfolioqualität erreicht wird, dürfte die gezielte Verbriefung bestimmter Portfolioteile jedoch nicht mit diese Regelung konfligieren.

folios Einfluß zu nehmen, indem das Ausfallrisiko vom Kreditgeschäft getrennt und am Markt verkauft wird.[1] Allerdings sind Kreditderivate mit anderen Nachteilen wie z. B. der Notwendigkeit, das Gegenparteienrisiko mit Eigenkapital zu unterlegen, belastet.[2] Darüber hinaus ist der Markt für Kreditderivate wesentlich kleiner als der Markt für forderungsunterlegte Anleihen, was das mögliche Steuerungsvolumen nach oben limitiert. Sinnvoll erscheint deshalb eine Kombination der Verbriefung mit den Kreditderivaten; wenn es gelingt, die Vorteile der beiden Instrumente in einer Struktur zu vereinen, könnte aus der meist noch probagierten Konkurrenz eine erfolgversprechende Komplementarität resultieren. Die Kombination dieser beiden Instrumente ist deshalb vor allem im Risikomanagement zu prüfen.[3]

3.2.2.2 Steuerung des Zinsänderungsrisikos

Das Zinsänderungsrisiko wird allgemein definiert als die Gefahr einer von Marktzinsänderungen verursachten negativen Abweichung der realisierten von der geplanten Zinsergebnisgröße.[4] Es setzt sich aus den Komponenten Zinsspannenrisiko und Abschreibungsrisiko zusammen.[5]

Das Zinsspannenrisiko wird schlagend, wenn Zinsänderungen zu Lasten der Zinsspanne gehen. Zur Messung der Auswirkungen von Zinsänderungen dient die Zinsanpassungselastizität, die sich aus der Relation zwischen der Veränderung der abhängigen Variablen Positionszins und der Veränderung der erklärenden Variablen Marktzins ergibt.[6] Der Quotient aus der Summe der mit dem Volumen der einzelnen Bilanzpositionen gewichteten Elastizitäten und dem Bilanzvolumen ergibt die aktivische bzw. die passivische Zinsanpassungselastizität.[7] In Formelschreibweise stellen sich die Elastizität einer Einzelposition bzw. die Elastizität der gesamten Aktiva/Passiva wie folgt dar:

---

1 Zu Kreditderivaten und deren Einsatzmöglichkeiten vgl. stellv. Hüttemann (1997); Masters (1998).

2 Vgl. Henke/Burghof/Rudolph (1998), S. 21.

3 Vgl. Masters (1998), S. 12ff. Vgl. hierzu auch die Ausführungen in Abschnitt D7.

4 Vgl. Herzog (1990), S. 13ff.; Pfeifer (1991), S. 30f.; Schierenbeck (1997b), S. 6 und 63f.; Büschgen (1998), S. 1021f.

5 Das Abschreibungsrisiko besteht jedoch nur bei festverzinslichen Wertpapieren der Aktivseite, wo es bei einem steigenden Kursniveau schlagend wird. Es wird deshalb nachfolgend nicht mehr betrachtet.

6 Vgl. Schierenbeck (1997b), S. 94. Die Elastizität einer Festzinsposition ist logischerweise immer null.

7 Vgl. Rolfes/Bellmann/Napp (1988), S. 13.

$$\varepsilon_i^T = \frac{\delta \cdot PZ_i^T}{\delta \cdot MZ^T} \qquad \varepsilon_{Aktiva/Passiva}^T = \frac{\sum_i \varepsilon_i^T \cdot a_i^T}{BV}$$

mit: ε = Elastizität
MZ = Marktzins
T = Betrachtungszeitraum
BV = Bilanzvolumen
PZ = Positionszins
i = Position i
a = Volumen (der einzelnen Bilanzposition)

Aus der Differenz der aktivischen und der passivischen Zinsanpassungselastizität läßt sich der Elastizitätsüberhang ermitteln, mit Hilfe dessen die Bankunternehmungsführung in der Lage ist, die Entwicklung der Zinsspanne vor dem Hintergrund alternativer Zinsszenarien zu prognostizieren.[1] Bei einem aktivischen Elastizitätsüberhang vergrößert sich die Zinsspanne bei einer Erhöhung des Marktzinses und sinkt bei einem Rückgang desselben. Umgekehrt sinkt bei einem passivischen Elastizitätsüberhang die Zinsspanne mit steigendem Marktzins und vergrößert sich bei sinkendem Marktzins. Die möglichen Szenarien sind in Abbildung 16 dargestellt:

		Zinsentwicklung	
		Zinsanstieg	Zinssenkung
Zinsspannen-risiko	aktivischer Elastizitätsüberhang	Zinsänderungschance	Zinsänderungsrisiko
	passivischer Elastizitätsüberhang	Zinsänderungsrisiko	Zinsänderungschance

Abbildung 16: Zinschance- und Zinsrisikoprofil bei verschiedenen Zinsszenarien[2]

Da auch die Kunden ihre Zinsbindungswünsche verstärkt an der erwarteten Zinsentwicklung ausrichten, wird es für die Kreditinstitute immer schwieriger, die Zinselastizitäten zum Aufbau von Zinsänderungschancen bzw. zum Abbau von Zinsänderungsrisiken gezielt zu steuern.[3] Der Steuerung des Zinsspannenrisikos mit anderen Instrumenten kommt deshalb eine zunehmende Bedeutung zu.

---

1 Vgl. Schwanitz (1996), S. 135.

2 In Anlehnung an Schierenbeck (1997b), S. 142.

3 Der Zinsbindungswunsch vieler Kunden verhält sich gerade umgekehrt zum Bindungswunsch des Kreditinstitutes, d. h., der Kunde verlangt bei einem niedrigen Zinsniveau variable Passiv- und feste Aktivzinsen e. v. v.

In Abhängigkeit von den oben dargestellten Szenarien ergeben sich unterschiedliche Einsatzmöglichkeiten der Verbriefung bankeigener Forderungen im Rahmen der Steuerung des Zinsspannenrisikos. Sie sollen nachfolgend dargestellt werden:[1]

- Bei einem aktivischen Elastizitätsüberhang besteht für das Kreditinstitut die Gefahr einer Verringerung der Zinsspanne, wenn der Marktzins sinkt. Das betroffene Kreditinstitut kann nun die Zinselastizität der Aktivseite durch die Verbriefung zinsvariabler Kredite verringern. Wenn möglich sollte es hierbei vor allem Kreditarten mit einer relativ hohen Zinselastizität berücksichtigen. So kann das Kreditinstitut sein Zinsspannenrisiko schon dadurch verkleinern, daß es seine zinssensitiven Erträge aus dem Kreditgeschäft gegen eine einmalige fixe Einzahlung tauscht.[2] Ist der starke Einfluß der zinsvariablen Kredite die Ursache für den aktivischen Elastizitätsüberhang, sollten die zufließenden Mittel primär zur Investition in zinsfeste Anlagen oder in zinsvariable Anlagen mit einer vergleichsweise geringen Zinselastizität verwendet werden (Aktivtausch). Ist hingegen der Einfluß eines passiven Festzinsüberhangs ausschlaggebend für den aktivischen Elastizitätsüberhang, sollte das Kreditinstitut versuchen, diesen durch die Rückzahlung festverzinslicher Verbindlichkeiten zu senken (Bilanzverkürzung). Diese Maßnahmen können theoretisch bis zu einer Immunisierung des Zinsspannenrisikos oder sogar bis zur Umkehrung des Elastizitätsüberhangs durchgeführt werden.

  Rechnet die Bankunternehmungsführung hingegen mit einer Erhöhung des Zinsniveaus, so kann sie, um sich bietende Zinsänderungschancen zu nutzen, den aktivischen Zinselastizitätsüberschuß vergrößern, indem Kredite mit Festzinsvereinbarung verbrieft und die zufließenden Mittel in zinsvariable Aktiva investiert oder zur Rückzahlung zinsvariabler Finanzierungsmittel verwendet werden.
- Ist die Bilanzstruktur des Kreditinstitutes durch einen passivischen Elastizitätsüberhang geprägt, so besteht die Gefahr einer Verringerung der Zinsspanne bei steigenden Marktzinsen. Hier sollten in einem ersten Schritt festverzinsliche Kredite verbrieft werden. Ist die hohe Zinselastizität der variabel verzinslichen Einlagen primär für den passivischen Elastizitätsüberhang verantwortlich, sollten in einem zweiten Schritt die aus der Verbriefung zufließenden Mittel zur Rückzahlung der variabel verzinslichen Passiva verwendet werden (Bilanzverkürzung). Um eine möglichst große Wirkung bei der Senkung der Zinselastizität der Passiva zu erreichen, ist hier-

---

1 *Paul* behandelt den Einsatz der Asset Securitisation zur Steuerung des Zinsspannenrisikos für das Festzinsrisiko und das variable Zinsänderungsrisiko getrennt [vgl. Paul (1994), S. 274ff.]. Da sich beide Risikoarten jedoch in der Risikogröße „Elastizitätsüberhang“ zusammenfassen lassen [vgl. Schwanitz (1996), S. 135], wird hier von dieser Differenzierung abstrahiert.

2 Vgl. Smallman/Selby (1990), S. 245. Übernimmt das Kreditinstitut auch das Servicing, so sichert es sich zusätzlich eine marktzinsunabhängige Provisionseinnahme.

bei der Schwerpunkt auf besonders zinssensible Einlagen wie z. B. Interbankverbindlichkeiten zu legen.[1] Stellt ein Festzinsüberhang auf der Aktivseite die gewichtigere Determinante des passivischen Elastizitätsüberhangs dar, so sollte die Bankunternehmungsführung die zufließenden Mittel für die Investition in variabel verzinsliche Aktiva verwenden (Aktivtausch), um auf diese Weise die Zinselastizität der Aktiva zu erhöhen. Analog zum Beispiel des aktivischen Zinsüberhangs kann auch hier eine Immunisierung oder gar eine Umkehrung des Elastizitätsüberhangs erreicht werden.

Rechnet die Geschäftsleitung des Kreditinstitutes jedoch mit sinkenden Marktzinsen, so sollte sie zur Ausweitung der sich bietenden Zinsänderungschance den passivischen Elastizitätsüberhang vergrößern. In diesem Fall wäre die Verbriefung von Krediten mit variablen Zinsvereinbarungen zu empfehlen. Die zufließenden Mittel sollten zur Rückzahlung zinsfester Einlagen verwendet werden.

Durch den Einsatz der Verbriefung bankeigener Forderung zur Steuerung des Zinsspannenrisikos läßt sich somit die Abstimmung zwischen den Finanzierungskosten und den Zinserträgen verbessern.[2] Hierbei ist der Zusatznutzen einer bilanzverkürzenden Verwendung der zufließenden Mittel durch die Verringerung der Ausfallrisiken und die Verbesserung der relativen Ertragskennzahlen hervorzuheben.

Faktisch kommt der Verbriefung bankeigener Forderungen zur Steuerung des Zinsspannenrisikos jedoch nur eine geringe Bedeutung zu.[3] Grund hierfür ist, daß sich die angestrebte Wirkung auch durch andere, bereits standardisierte Instrumente herbeiführen läßt.[4] Mit Zinsswaps, Zinsoptionen, Zinsfutures und Forward Rate Agreements stehen eine ganze Reihe von bilanzsummenneutralen derivativen Finanzinstrumenten zur Steuerung des Zinsänderungsrisikos zur Verfügung,[5] deren Einsatz sich flexibler, aber auch einfacher und meist kostengünstiger als die Asset Securitisation gestaltet. Zudem sind in der Regel auch die Investoren nicht bereit, die mit den verbrieften Krediten ver-

---

1 Vgl. Gögler (1996), S. 107. Dies kann sich grundsätzlich positiv auf die Finanzierungskosten auswirken, da Interbankverbindlichkeiten in der Regel zu den teuersten Finanzierungsquellen zählen.

2 Vgl. Aber (1987), S. 22.

3 Dies wurde von allen Gesprächspartnern des Autors auf Originatoren- und Arrangeurseite bestätigt. Eine mögliche Verringerung des Zinsänderungsrisikos wird lediglich als positiver Nebeneffekt gesehen. Demgegenüber wird vor allem in älteren Quellen immer wieder die Möglichkeit zur Steuerung des Zinsänderungsrisiko betont. Vgl. z. B. Aber (1987), S. 22; Ocampo (1989), S. 9; Allen/Thomas (1991), S. 167; Albert (1991), S. 17.

4 Z. B. dadurch, daß ein Institut sich je nach Elastizitätsüberhang am Kapitalmarkt fest oder variabel finanziert und die Mittel mit der umgekehrten Zinsbindung wieder anlegt.

5 Vgl. hierzu z. B. Güde (1993), S. 153; Eller/Spindler (1994), S. 61ff.; Schierenbeck (1997b), S. 116ff.

bundenen Zinsänderungsrisiken zu tragen, so daß in die Konstruktionen Swap-Vereinbarungen eingebaut werden müssen, durch die das Kreditinstitut sich auch ohne Verbriefung gegen das Zinsänderungsrisiko hätte schützen können. Eine explizite Bewertung der Bedeutung der Verbriefung bankeigener Forderungen zur Steuerung des Zinsänderungsrisikos für die einzelnen untersuchten Kreditinstitutsgruppen ist deshalb nicht erforderlich. Die gemachten Ausführungen haben für alle Institutsgruppen Gültigkeit.

Abschließend soll noch auf das Risiko eingegangen werden, daß der Kreditnehmer seine Schuld mit Festzinsvereinbarung vor dem eigentlichen Fälligkeitstermin zurückzahlt (prepayment risk).[1] Bei einem sinkenden Zinsniveau kann das Kreditinstitut die ihm zufließenden Mittel regelmäßig nur zu schlechteren Konditionen als die des abgelösten Kredites reinvestieren,[2] wodurch eine direkte Erfolgsminderung schlagend wird. Je weiter der vereinbarte Zinssatz über dem aktuellen Marktzins liegt, desto größer ist der Anreiz für den Schuldner, den alten Kredit durch die Aufnahme eines neuen Kredites mit einer niedrigeren Verzinsung abzulösen. Neben Marktzinsänderungen können aber auch andere Gründe wie z. B. der Verkauf des finanzierten Gegenstandes (Immobilie, Kraftfahrzeug etc.) oder Unternehmungsfusionen und -übernahmen Auslöser einer vorzeitigen Rückzahlung sein.[3] Von besonderer Bedeutung ist das Risiko vorzeitiger Rückzahlungen bei den amerikanischen Mortgage Backed-Emissionen,[4] da das Recht auf vorzeitige Kündigung und seine tatsächliche Ausübung typisch für amerikanische Hypothekendarlehen ist.[5] Demgegenüber haben Untersuchungen gezeigt, daß das Risiko einer vorzeitigen Rückzahlung bei den anderen häufig verbrieften Kreditarten wie z. B. Automobilkredite und Kreditkartenforderungen vergleichsweise gering ausfällt.[6] So nahm z. B. die Quote vorzeitiger Rückzahlungen bei Automobilfinanzierungen in den USA bei einem Zinsanstieg um 2,5 % nur um 0,5 % zu.[7]

Das Risiko der vorzeitigen Tilgung der Kredite kann durch die Verbriefung bankeigener Forderungen auf die Investoren übertragen werden, indem die emittierten Wertpapiere entsprechend der Tilgung der sie unterlegenden Kredite rückzahlbar gestellt

1 Vgl. Jeanneau (1996), S. 44; Willburger (1997), S. 16. Vgl. auch § 609a BGB.

2 Vgl. Böhmer (1996), S. 42f.; Jeanneau (1996), S. 44.

3 Unternehmungsfusionen und -übernahmen bringen oft eine Umstrukturierung der bestehenden Verbindlichkeiten mit sich.

4 Vgl. Fabozzi/Modigliani (1992), S. 197ff.; Laternser (1997), S. 69; Bär (1997), S. 134ff.

5 Vgl. Böhmer (1996), S. 127 (FN 24).

6 Vgl. Pavel (1989), S. 101f.; Curtin/Deckhoff (1990), S. 214f.; Laternser (1997), S.254.

7 Vgl. Pavel (1989), S. 103, Abb. 4-13.

werden.[1] In welchem Maße die Investoren anschließend diesem Risiko unterliegen, hängt dann von der Zinsentwicklung und dem Rückzahlungsverhalten der Kreditnehmer ab. In Deutschland und somit für die untersuchten Kreditinstitute dürfte dieses Risiko jedoch nur von untergeordneter Bedeutung sein, da hier in der Regel die vorzeitige Tilgung eines Kredites vertraglich ausgeschlossen oder mit der Erhebung einer Vorfälligkeitsentschädigung verbunden ist.[2] Diese Vorfälligkeitsentschädigung stellt einen Ausgleich für den mit einer Wiederanlage zu niedrigeren Zinsen verbundenen Ertragsausfall dar.[3]

Im Zuge der Harmonisierung nationaler Regelungen innerhalb der Europäischen Union ist es jedoch gut möglich, daß diese deutsche Praxis untersagt wird.[4] In diesem Falle hätten deutsche Kreditinstitute mit der Verbriefung bankeigener Forderungen ein wirkungsvolles Instrument an der Hand, um das Risiko einer vorzeitigen Rückzahlung auf die Investoren überzuwälzen. Allerdings müßte diese Risikoübernahme auch mit einer entsprechenden Prämie an die Investoren oder durch den Einbau spezieller Sicherungskonstruktionen ausgeglichen werden.[5]

3.2.3 Steuerung der Liquiditätsrisiken

Das Liquiditätsrisiko tritt in den drei Ausprägungen Refinanzierungsrisiko, Terminrisiko und Abrufrisiko auf. Das Refinanzierungsrisiko ergibt sich aus der Gefahr, daß bei positiver Fristentransformation die Anschlußfinanzierung nicht jederzeit sichergestellt werden kann. Das Terminrisiko wird schlagend, wenn Zins- und Tilgungszahlungen später als vereinbart eingehen und sich die Kapitalbindungsdauer von Aktivgeschäften verlängert. Das Abrufrisiko schließlich resultiert daraus, daß Kreditzusagen unerwartet in Anspruch genommen und/oder Einlagen unerwartet abgerufen werden.[6]

---

1 Vgl. z. B. Herrmann (1996), S. 241.

2 Gemäß dem Grundsatz „pacta sund servanda" (geschlossene Verträge sind einzuhalten) ist die vorzeitige Kreditrückzahlung nur mit Zustimmung des Kreditgebers möglich. Vgl. Vortmann (1996), S. 61.

3 Die Vorfälligkeitsentschädigung stellt den Wertausgleich dar, der bei vorzeitiger Rückzahlung im festverzinslichen Kreditgeschäft dem Kreditnehmer von seiten des Kreditgebers in Rechnung gestellt werden darf, um einen durch die Vertragsauflösung bedingten wirtschaftlichen Nachteil auszugleichen. Vgl. z. B. Fleischer (1994), S. 25.

4 Vgl. hierzu Troberg/Bund (1996), S. 431. So fordert zum Beispiel das belgische Recht die Möglichkeit, einen Hypothekarkredit jederzeit zurückzahlen zu können.

5 Aus diesem Grunde wurden in den USA spezielle Asset Backed-Strukturen wie z. B. Collateralised Mortgage Obligations entwickelt, die den Anlegern eine größere Auswahl und Sicherheit bezüglich der Laufzeit bieten. Vgl. z. B. Fabozzi/Modigliani (1992), S. 218; Ames (1995), S. 263f.; Jeanneau (1996), S. 44f.

6 Vgl. Schierenbeck (1997), S. 4ff.

Zur Steuerung der Liquiditätsrisiken kann die Verbriefung bankeigener Forderungen wie folgt eingesetzt werden:

- Durch den Einsatz der Verbriefung bankeigener Forderungen kann das Refinanzierungsrisiko reduziert werden, indem Kredite mit einer langen Bindungsfrist verbrieft und das Maß an betriebener Fristentransformation gesenkt wird.[1] Somit kann das Kreditinstitut eine Abstimmung der Zahlungsströme auf der Aktiv- und der Passivseite der Bilanz vornehmen.[2] Werden die verbrieften Forderungen wieder in das eigene Portfolio genommen, kann durch eine geschickte Strukturierung der einzelnen Tranchen sogar ein Management der Duration des Kreditportfolios erreicht werden, ohne daß sich die Substanz der Aktiva verändert.[3] Zudem erhöht sich so die Handlungsflexibilität des Kreditinstitutes, da schlecht handelbare Kredite durch gut handelbare Wertpapiere ersetzt werden.[4] Wird das Refinanzierungsrisiko schlagend, weil bei positiver Fristentransformation abfließende Einlagen nicht wieder ersetzt werden, kann der Finanzierungsengpaß mit Hilfe der Asset Securitisation ausgeglichen werden. Die in Abschnitt D 2.3 diskutierte Erweiterung und Diversifizierung der Investorenbasis durch die Verbriefung bankeigener Forderungen trägt ebenfalls zur Senkung des Refinanzierungsrisikos bei, da so auch die Gefahr, daß eine wegfallende Finanzierungsquelle einen Liquiditätsengpaß nach sich zieht, verringert wird.
- Ebenso wie das Ausfallrisiko läßt sich auch das Risiko einer unplanmäßigen Erhöhung der Kapitalbindungsdauer (Terminrisiko) im Aktivgeschäft durch die Verbriefung bankeigener Forderungen auf Dritte abwälzen.[5] Über die Primärsicherung verbleibt jedoch nach wie vor ein Teil des Risikos beim Kreditinstitut. Forderungen, deren Zahlungsstrom nur schwer bestimmbar und mit einer hohen Unsicherheit behaftet ist, sind aber ohnehin nur schwer zu verbriefen. Der Rückgriff auf die Asset Securitisation zur Steuerung des Terminrisikos scheint deshalb aus ökonomischen Gesichtspunkten uninteressant.[6]

---

1 Vgl. Frankel (1993), S. 322.

2 Vgl. Steiner/Padberg (1994), S. 762; Bär (1997), S. 307.

3 Vgl. Allen/Thomas (1991), S. 167. Hierbei werden aus einem Forderungspool z. B. eine Tranche gebildet, die vorrangig und somit rasch getilgt wird, und eine Tranche, deren Bindungsdauer länger ist.

4 Allerdings erhöht sich auch das Kurswertrisiko, wenn die Asset Backed Securities nicht mit einem variablen Zins ausgestattet sind. Vgl. Frankel (1993), S. 322.

5 Vgl. hierzu Abschnitt D 3.2.2.1.

6 Vgl. Paul (1994), S. 280.

- Zur Reduzierung des Abrufrisikos kann die Verbriefung bankeigener Forderungen prinzipiell gleich wie zur Senkung des Refinanzierungsrisikos eingesetzt werden. Durch die gewonnene Liquidität können die Folgen einer unerwarteten Inanspruchnahme zugesagter Kredite oder des Abrufs von Einlagen mit vereinbarter Bindungsdauer ausgeglichen werden. Auch die gezielte Nutzung der zufließenden Mittel zur Rückführung von Einlagen, die mit einem besonderen Abrufrisiko behaftet sind, ist möglich. Die Erweiterung und Diversifikation der Investorenbasis trägt ebenfalls dazu bei, das Abrufrisiko zu senken.

In der Gesamtschau gilt für die Steuerung der Liquiditätsrisiken das zur Steuerung des Zinsänderungsrisikos Gesagte: Die Bedeutung der Verbriefung bankeigener Forderungen ist in diesem Zusammenhang eher gering. Zwar lassen sich die Risiken durch die Verbriefung senken bzw. steuern, der angestrebte Nutzen läßt sich aber auch durch andere, bekannte und eingeführte Instrumente wie z. B. Derivate realisieren. Die Möglichkeit zur Steuerung der Liquiditätsrisiken wird deshalb für keines der Institute aus den untersuchten Bankengruppen ein schlagendes Argument für den Einsatz der Verbriefung bankeigener Forderungen sein.

Abschließend läßt sich feststellen, daß der Einsatz der Verbriefung bankeigener Forderungen zur Steuerung der Zinsänderungsrisiken und der Liquiditätsrisiken eher von untergeordneter Bedeutung ist. Zwar können alle Risiken durch die Verbriefung gesteuert werden, es ist jedoch zu bezweifeln, ob die Asset Securitisation hierbei anderen Verfahren überlegen ist. Lediglich bei der Steuerung des Ausfallrisikos stellt der Einsatz der Verbriefung bankeigener Forderungen eine deutliche Erweiterung des bekannten Steuerungsinstrumentariums dar; selbst wenn bei einer Verbriefung nach wie vor ein Teil des Ausfallrisikos beim Kreditinstitut verbleibt. Bei einer Kombination der Asset Securitisation mit einem oder mehreren Produkten aus der Palette der Kreditderivate ist es durchaus möglich, daß ihre Einsatzmöglichkeiten im Rahmen der Risikosteuerung noch deutlich erweitert werden können. Deshalb ist damit zu rechnen, daß der Einsatz dieser bisher meist isoliert verwendeten Instrumente künftig häufiger in komplementärer Form anzutreffen sein wird.[1]

Nachfolgende Übersicht soll die Einsatzmöglichkeiten der Verbriefung bankeigener Forderungen zur Steuerung der Risiken des externen Leistungsbereichs und deren Bedeutung nochmals zusammenfassen.

---

1 Vgl. hierzu den Exkurs in Abschnitt D 7.

Risikoart	Steuerungsmöglichkeiten	Bedeutung
Ausfallrisiko	• Begrenzung des Ausfallrisikos auf Umfang der Primärsicherung • Einhaltung von Risikolimits durch Abtretung der Risikospitzen • Modellierung des Kreditportfolios durch gezielte Verbriefung von Kreditengagements • Diversifikation und Qualitätsverbesserung des Kreditportfolios durch gezielte Reinvestition der aus der Verbriefung zufließenden Mittel	große Bedeutung, u. U. in Verbindung mit Kreditderivaten
Zinsänderungsrisiko	• Verbriefung zinsvariabler Kredite bei aktivischem Elastizitätsüberhang (aEü) bzw. zinsfester Kredite bei passivischem Elastizitätsüberhang (pEü) • Investition der zufließenden Mittel in zinsfeste (aEü) bzw. zinsvariable Anlagen (pEü) • Verwendung der zufließenden Mittel zur Rückzahlung von zinsfesten (aEü) bzw. zinsvariablen Verbindlichkeiten	geringe Bedeutung
Risiko vorzeitiger Rückzahlung	• Weitergabe des Risikos an Zweckgesellschaft bzw. Sicherungsgeber und Investoren	zur Zeit praktisch keine Bedeutung
Refinanzierungsrisiko	• Abstimmung der Zahlungsströme auf der Aktiv- und Passivseite der Bilanz • Schließung einer Finanzierungslücke durch bilanzexterne Finanzierung über Verbriefung • Erweiterung und Diversifikation der Investorenbasis	geringe Bedeutung
Abrufrisiko	• Verbriefung zur vorbeugenden Tilgung risikobehafteter Einlagen • Liquiditätsverbesserung durch Verbriefung bei Liquiditätsengpaß wegen Kreditabruf	geringe Bedeutung
Terminrisiko	• teilweise Abwälzung des Terminrisikos an Sicherungsgeber und Investoren	geringe Bedeutung

Tabelle 27: Einsatzmöglichkeiten der Verbriefung bankeigener Forderungen im Risikomanagement und deren Bedeutung

3.3 Erhöhung der Rendite auf das Risikokapital

Bei der Kalkulation der Risikomarge eines Kredites müssen zwei Komponenten berücksichtigt werden: Die erste Komponente resultiert aus den erwarteten durchschnittlichen Ausfällen, sie werden als Standardrisikokosten in den Zins eingerechnet. Die zweite Komponente berücksichtigt, daß die Ist-Risikokosten negativ von den kalkulierten Standardrisikokosten abweichen können. Um für solche unerwartete Ausfälle gewappnet zu sein, müssen Kreditinstitute ein Eigenkapitalpolster vorhalten, für das sie eine bestimmte Eigenkapitalverzinsung anstreben.[1] Die Risikomarge eines Kredites setzt sich somit aus den Standardrisikokosten und der Zielrendite auf das als Risikopolster eingesetzte Kapital zusammen.

Die Analyse der Erträge von Universalbanken in den USA verdeutlicht, daß im Kreditgeschäft mit Unternehmungen im Vergleich zu Anleihen nur eine unbefriedigende Verzinsung des dafür eingesetzten Kapitals erreicht wird.[2] Vor allem mit sinkender Bonität des Kreditnehmers finden die Kosten des dafür vorzuhaltenden Kapitals nicht die am Kapitalmarkt geforderte Berücksichtigung im Zins (vgl. Abbildung 17).

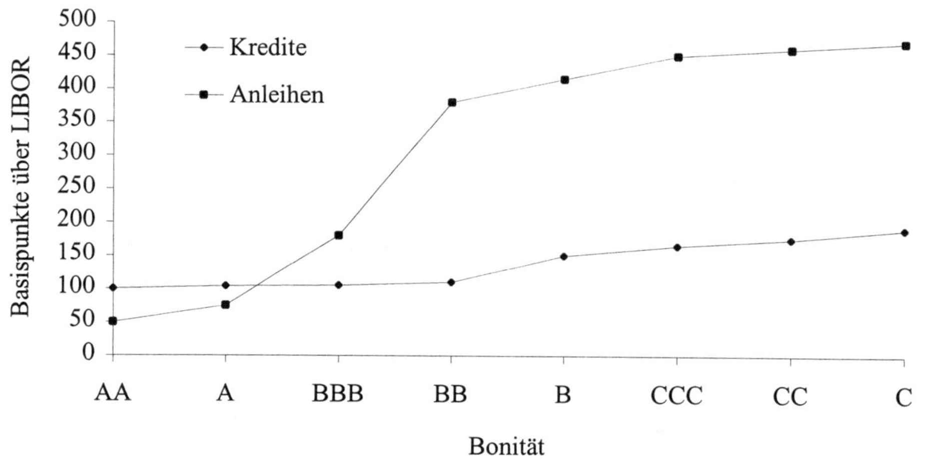

Abbildung 17: Pricing-Differenzen bei Krediten und Anleihen[3]

Der intensive Wettbewerb im Kreditgeschäft mit Firmenkunden wird in Deutschland vielfach über die Margen ausgetragen, so daß auch deutsche Kreditinstitute zahlreiche Kredite in ihren Portfolios halten dürften, die keine risikoadäquate Verzinsung erzielen.[4] Vor dem Hintergrund des Zwangs zu einer zunehmend renditeorientierten Steue-

1 Vgl. Lehrbaß (1997), S. 366. Vgl. hierzu auch die Ausführungen in Abschnitt D 3.2.2.1.

2 Vgl. Drzik/Strothe (1997), S. 680.

3 Basis: US-$ Markt, Standard & Poor's Rating. Vgl. Krob (1998), S. 5.

4 Vgl. o. V. (1997t), S. 21; Drzik/Strothe (1997), S. 680.

rung der Geschäftsaktivitäten kommt deshalb einer kreditrisikogerechten Preisfestsetzung im Kreditgeschäft immer größere Bedeutung zu.[1]

Der hierzu in einigen Instituten verwendete Ansatz „Return on Risk adjusted Capital“ (RORAC) hat zum Ziel, für risikobehaftete Geschäfte die Rendite auf das durch diese Geschäfte gebundene Risikokapital zu ermitteln.[2] Der Quotient RORAC ergibt sich aus der Division der Nettomarge eines Kredites durch das Risikokapital.[3]

$$\text{RORAC} = \frac{\text{Nettoergebnis}}{\text{Signifikanzniveau} \times \text{Standardabweichung}_{(\text{Risikoergebnis})} \times \text{Risikomaßeinheit}}$$

$$= \frac{\text{Nettoergebnis}}{\text{Risikokapital}}$$

mit: Nettoergebnis = Erträge – Finanzierungskosten – Betriebskosten – Standardrisikokosten

Das Risikokapital ist dabei dasjenige Kapital, das vorgehalten werden muß, um ein negatives Risikoergebnis als Differenz der Standardrisikokosten und der Ist-Risikokosten abzudecken. Wird unterstellt, daß das Eigenkapital Verlustdeckungsfunktion hat, ist es mit dem für die Risikoübernahme erforderlichen Eigenkapital identisch.[4] Die Höhe des Risikokapitals hängt zum einen von der auf Basis von Vergangenheitswerten ermittelten Standardabweichung des Risikoergebnisses und zum anderen vom von den Entscheidungsträgern festgelegten Signifikanzniveau ab.[5] Das Signifikanzniveau drückt sich in der normativen Festsetzung des oberen Z-Wertes aus und gibt Auskunft darüber, für welche Wahrscheinlichkeit (z. B. 99% oder 95%) eines möglichen Extremverlustes die Bankunternehmungsführung Vorsorge treffen möchte. Je höher der Z-Wert, desto größer das gewählte Sigifikanzniveau und somit das vorzuhaltende und zu verzinsende Risikokapital. Als von der Bankunternehmungsführung akzeptierte potentielle negative Ergebnisschwankung für ein risikotragendes Geschäft kann es auch als der Value at Risk mit normiertem Z-Wert bezeichnet werden.[6] Der RORAC, den ein Geschäft erzielen sollte, resultiert letztlich aus der geforderten Eigenkapitalrentabilität und muß bei der Kalkulation des Kreditzinses mit dem entsprechenden Aufschlag berücksichtigt

---

1 Vgl. o. V. (1997b), S. 21; Bär (1998), S. 242.

2 Auf eine quantitative Darstellung des RORAC-Ansatzes soll hier verzichtet werden. Vgl. hierzu stellv. Schierenbeck (1997b), S. 15ff. und S. 474ff.

3 Modifiziert übernommen aus Groß/Knippschild (1995), S. 101f.

4 Vgl. Groß/Knippschild (1995), S. 103.

5 Vgl. hierzu auch Abbildung 15.

6 Vgl. Schierenbeck (1997b), S. 55.

werden.[1] Aus der Beziehung von Risiko und dafür erforderlichem Risikokapital ergibt sich, daß Kredite mit höheren Risiken einen entsprechend höheren Nettoertrag erzielen müssen um den angestrebten Ziel-RORAC zu erreichen. Auf Kredite, mit denen ein angestrebter Ziel-RORAC nicht erzielt werden kann, sollte verzichtet werden. Durch die Weitergabe von Kreditrisiken über die Verbriefung bankeigener Forderungen kann das zur Unterlegung notwendige Risikokapital jedoch gesenkt werden, so daß die Nettomarge eines Kreditpools nach der Verbriefung unter Umständen ausreicht, um den geforderten RORAC auf das beanspruchte Risikokapital zu erbringen.[2]

Durch die zumindest teilweise Abgabe des Risikos nicht erwarteter Ausfälle verringert sich die vom Kreditinstitut zu tragende negative Abweichung vom Erwartungswert (negatives Risikoergebnis). Das Signifikanzniveau, welches das Kreditinstitut bei der Berechnung seines Risikokapitals zugrunde legt, kann somit verkleinert werden, woraus sich automatisch ein geringeres vorzuhaltendes Risikokapital ergibt (vgl. hierzu das Beispiel in Abbildung 18).[3]

Voraussetzung ist allerdings, daß die Kosten der externen Sicherung den Nettoertrag des abgetretenen Kreditpools nicht in dem Maße schmälern, daß es zu einer proportionalen Verringerung des Zählers kommt und der RORAC letztlich unverändert bleibt.[4] Wie oben bereits dargestellt, liegen die Kosten für die externe Sicherung bei der Verbriefung bankeigener Forderungen, obwohl im Prinzip nur eine Umverteilung der Risiken stattfindet, aber in der Regel unter den vom Originator eingesparten Risikokosten. Dies ist darauf zurückzuführen, daß bei der Risikoverteilung durch die Verbriefung jede Partei das Risiko übernimmt, das sie am besten und günstigsten bewältigen kann.[5] Unterschiede hierbei können z. B. dadurch entstehen, daß der Originator und der Sicherungsgeber dasselbe Risiko unterschiedlich definieren,[6] oder daß der Sicherungsgeber eine Portfoliostruktur hat, deren Korrelation mit den übernommenen Risiken nicht so

---

1 Vgl. Groß/Knippschild (1995), S. 103ff.

2 Vgl. Fitch/IBCA (1997), S. 2.

3 Für das Beispiel wurde eine Normalverteilung der Risikoergebnisse zugrunde gelegt, die Z-Werte sind der Standardnormalverteilungstabelle entnommen. In der Realität ergeben sich für n Kreditpools n unterschiedliche Verteilungsfunktionen, die unter anderem von der Qualität der Risikokostenkalkulation und der Bonitätsbeurteilung eines Kreditinstitutes abhängt. Für das Risikoergebnis von Kreditpools sind die Verteilungsfunktionen in der Regel linkssteil (vgl. Abbildung 15). Vgl. Wilson (1997), S. 71; Bessis (1998), S. 75.

4 Die Transaktionskosten der Verbriefung müßten hier ebenfalls berücksichtigt werden. Sie wurden im Sinne einer übersichtlichen Darstellung jedoch vernachlässigt.

5 Vgl. Feeney (1995), S. 151.

6 Vgl. Kroll (1993a), S. 761; Drzik/Strothe (1997), S. 681.

hoch ist wie beim Originator. Ein weiterer möglicher Grund für niedrigere Risikokosten beim Sicherungsgeber sind niedrigere Renditeerwartungen seiner Eigenkapitalgeber

Situation vor der Verbriefung	
• Kreditpool mit 100 Mio. DM • Nettomarge 2% • Ziel-RORAC: 20% • die negativen Risikoergebnisse sollen mit einer Wk von 99,87% abgedeckt sein: z = 3 • Standardabweichung des Risikoergebnisses: 5%	• $\text{RORAC} = \frac{2.000.000}{3 \times 0{,}05 \times 100.000.000}$ $= \frac{2.000.000}{15.000.000}$ • RORAC= 13,3% => Kredite erwirtschaften den geforderten Ziel-RORAC nicht
Situation nach der Verbriefung	
• vom Originator übernommenes Primärrisiko deckt die negativen Risikoergebnisse mit einer Wk von 84,14% ab: z = 1 • Rest der unerwarteten Ausfälle wird von externen Sicherungsgebern und den Investoren getragen • Kosten der Sicherung: 40 Basispunkte	• $\text{RORAC} = \frac{2.000.000 - 400.000}{1 \times 0{,}05 \times 100.000.000}$ $= \frac{1.6000.000}{5.000.000}$ • RORAC= 32% => Kredite erwirtschaften mehr als das 1,5-fache des geforderten Ziel-RORAC

Abbildung 18: Erhöhung des RORAC durch Asset Securitisation

Somit kann durch die Verbriefung von Krediten das für einen Kreditpool bereitzustellende Risikokapital gesenkt und die Marge an die angestrebte Risikorendite angepaßt werden. Gleichzeitig wird die Marktdisziplin bei der Preisermittlung der Aktivprodukte erhöht, da das Kreditinstitut über die vorgegebenen Risikokosten des Kapitalmarktes klare Steuerungsimpulse für dic Kalkulation seiner Aktivprodukte erhält. Die Gefahr einer Fehlsteuerung der Aktivpreise durch zu hohe oder zu niedrige Risikokosten kann so verringert werden.[1]

Die Anwendung des RORAC-Modells im Kreditgeschäft setzt jedoch voraus, daß ein Kreditinstitut seine Verteilungsfunktion der Kreditausfälle kennt. Grundlage hierfür ist eine große Zahl historischer Ausfallraten für die einzelnen Kreditnehmergruppen, aus welchen die individuelle Verteilungsfunktion ermittelt werden kann. Die Qualität der hierzu verwendeten Daten beeinflußt unmittelbar die Genauigkeit des berechneten Kreditrisikos bzw. des notwendigen Risikokapitals und somit den Kostenvergleich bei der Auslagerung des Risikos durch die Verbriefung.[2] Dabei stellt sich für die meisten

---

1 Vgl Aber (1988), S. 6; Fitch/IBCA (1997), S. 2; May (1997), o. S.

2 Vgl. Credit Suisse Financial Products (1997), S. 11; Bessis (1998), S. 252.

der untersuchten Kreditinstitute jedoch das Problem, daß sie nicht auf eine ausreichend große Zahl exakt dokumentierter historischer Ausfälle in den einzelnen Kreditnehmergruppen zurückgreifen können. Nur die Großbanken und die größten Regionalbanken dürften über eine solche Datenbasis verfügen und letztlich die Möglichkeit haben, die sich aus der Verbriefung ergebenden Gestaltungsmöglichkeiten bei der Risikomarge zu beurteilen und zu nutzen.

Für jene Universalkreditinstitute, die nicht über die notwendige Datenbasis verfügen, könnte anhand der Ausfälle bei öffentlich gerateten Schuldnern eine individuelle Verteilungsfunktion der Kreditausfälle ermittelt werden. Voraussetzung hierfür ist allerdings, daß sich die internen Kreditbeurteilungssysteme der Kreditinstitute an den Ratingklassen der Ratingagenturen orientieren und daß eine ausreichend große Zahl öffentlich gerateter Schuldner vorhanden ist, um die Ausfallraten in den einzelnen Bonitätsklassen ermitteln zu können. Dies ist ein Verfahren, das in neueren Modellen zur Steuerung des Kreditrisikos wie z. B. CreditMetrics[1] oder CreditRisk+[2] vor allem für amerikanische Banken zur Anwendung kommt. Für die deutschen Universalkreditinstitute ist der Rückgriff auf diese Vorgehensweise jedoch aus zwei Gründen nicht praktikabel: Zum einen scheitert ihr Einsatz daran, daß die meisten Kreditinstitute nicht über ein internes Ratingsystem verfügen, das den Bewertungsklassen einer der großen Ratingagenturen entspricht. Zum anderen ist die Anzahl der gerateten deutschen Unternehmungen viel zu klein,[3] um über die Ausfälle von Schuldverschreibungen die Ausfälle in einem Kreditportfolio zu prognostizieren. Letztlich steht diese Einsatzmöglichkeit der Verbriefung bankeigener Forderungen deshalb nur jenen Kreditinstituten zur Verfügung, die bereits auf ein quantitativ und qualitativ hochstehendes Kreditrisikomanagement zurückgreifen können.

4 Weitere Einsatzmöglichkeiten

4.1 Nutzung spezifischer Wettbewerbsvorteile und von economies of scale

Die Existenz von Kreditinstituten als Intermediäre auf dem Kapitalmarkt wird auf zwei Faktoren zurückgeführt, die sie beim Überbrücken der Friktionen begünstigen, die aufgrund der Unvollkommenheit des Marktes beim Aufeinandertreffen von Angebot und Nachfrage entstehen. Zum einen können sie durch die Konzentration auf die Anbahnung, Vereinbarung, Abwicklung und Kontrolle von Finanzverträgen Kostenvorteile durch die Realisierung von Kostendegressionseffekten realisieren. Zum anderen können

---

1 Vgl. hierzu J.P. Morgan & Co. (1997).

2 Vgl. hierzu Credit Suisse Financial Products (1997).

3 Vgl. Tabelle 19.

sie durch ihre langfristige Verbindung zum Kunden, die Finanzverträge in der Regel mit sich bringen, exklusive Informationen über diesen sammeln und so einen Informationsvorsprung gegenüber anderen Kapitalmarktteilnehmern erlangen. Kreditinstitute sind deshalb in der Lage, die Unvollkommenheit des Kapitalmarktes am effizientesten zu überbrücken, was ihnen einen Wettbewerbsvorteil bei der Bonitätsbeurteilung informationsintransparenter Kreditnehmer verschafft.[1] Dieser Informationsvorsprung ermöglicht ihnen, eine Marge zwischen dem vom Schuldner zu zahlenden Kreditzins und dem Einlagenzins für die Investoren, welche lediglich die Bonität des Intermediärs kennen, zu realisieren.[2] Dort, wo dieser Informationsvorsprung nicht existiert, weil die Bonität des Kreditnehmers beispielsweise über Ratingagenturen transparent gemacht wird, ist die Intermediation durch Kreditinstitute nicht erforderlich, so daß es zu einem direkten Aufeinandertreffen von Investoren und Kreditnehmern kommen kann.[3]

Die von den Kreditinstituten im Rahmen der Intermediation übernommenen Kreditrisiken müssen jedoch mit einer bestimmten Quote an haftendem Eigenkapital unterlegt werden, die nicht immer dem ökonomisch notwendigen Kapital entspricht, das bei einer Finanzierung über den Kapitalmarkt als ausreichend betrachtet wird.[4] Daraus folgt, daß Kreditinstitute gegenüber anderen Anbietern auf dem Kapitalmarkt beim Vorliegen von Informationsasymmetrie zwar Vorteile bei der Beurteilung von Kreditnehmern sowie beim Vertrieb und der Verwaltung von Krediten haben; sie haben jedoch Nachteile, wenn es darum geht, diese Kredite zu finanzieren. Durch die Verbriefung bankeigener Forderungen ist es Kreditinstituten nun möglich, den Zusammenhang zwischen Kreditvergabe und Finanzierung aufzubrechen und ihre Vorteile bei der Akquisition und Betreuung von Darlehen gewinnbringend zu nutzen, ohne die unterlegungspflichtigen Kredite im eigenen Kreditportfolio zu halten.[5]

Die Aufspaltung der Kreditleistung wird sowohl zu einem schärferen Wettbewerb unter den Kreditinstituten selbst als auch mit neuen Anbietern führen, die bestimmte Teilleistungen im Gesamtprozeß erbringen.[6] Banken und Sparkassen sollten ihre Geschäftstätigkeit deshalb auf die Bereiche konzentrieren, in denen ihre Wettbewerbsvorteile gegenüber den Wettbewerbern am größten sind.[7] Hierzu müssen sie zunächst prü-

---

1 Vgl. Carlstrom/Samolyk (1993), S. 29f.; Paul (1994), S. 46ff.

2 Vgl. Aber (1988), S. 7.

3 Zum Zusammenhang zwischen Informationsasymmetrie und der Verbriefung von Krediten vgl. auch Lelogeais/Fleming (1991), S. 46; Carlstrom/Samolyk (1993), S. 29f.

4 Vgl. hierzu Abschnitt D 1.2.2.

5 Vgl. o. V. (1989), S. 11; Frankel (1992), S. 321.

6 Vgl. Frankel (1992), S. 320.

7 Vgl. Aber (1988), S. 12.

fen, ob und in welchen Bereichen sie über Wettbewerbsvorteile verfügen und ob sie diese durch den Einsatz der Asset Securitisation nutzen können.[1] So kann ein Kreditinstitut, das über individuelle Kompetenzen im Vertrieb verfügt, dem durch formelle oder materielle Schranken die Ausschöpfung dieses Potentials in der Vergangenheit jedoch nicht möglich war, den Vertrieb von Finanzierungsprodukten forcieren, um die akquirierten Kredite anschließend über die Verbriefung weiterzureichen. Wie in den USA bereits üblich werden Kredite dann speziell für eine spätere Verbriefung vergeben.[2] Letztlich können Kreditinstitute so als ein Vertriebsnetzwerk für Finanzprodukte auftreten, die von anderen Unternehmungen produziert werden.[3] Institute, die bei der Verwaltung und Überwachung der Kredite über besonderes Know-how und die notwendige Infrastruktur verfügen, könnten die Betreuung der Kredite übernehmen. Hat ein Kreditinstitut z. B. eine hohe Kompetenz bei der Kreditanalyse in bestimmten Branchen, so kann es dieses Know-how anderen Kreditinstituten anbieten. Gleiches gilt für Verwaltungs- und EDV-Kapazitäten. Banken mit einem effizienten Back-Office und einer leistungsfähigen Datenverarbeitung könnten sich auf das Servicing von verbrieften Forderungen konzentrieren. Oder ein Kreditinstitut zieht sich aus dem eigenen Kreditgeschäft zurück und forciert seine Aktivitäten im Handel und Vertrieb von verbrieften Bankforderungen.[4]

Beim Vertrieb von Finanzdienstleistungen in Deutschland spielt das Geschäftsstellennetz aufgrund seiner akquisitorischen Wirkung vor allem im Privatkundengeschäft eine wichtige Rolle.[5] Mit ihren hohen Sympathiewerten und ihren sehr dichten Filialnetzen haben die Sparkassen und Genossenschaftsbanken hier einen guten Ansatzpunkt zur Penetration des Marktes.[6] Das Filialnetz der Großbanken steht diesen beiden Gruppen zumindest in urbanen Regionen jedoch nur wenig nach.

---

1 Daß diese Wettbewerbsvorteile ein sehr bedeutender Einflußfaktor bei der Verbriefung von bankeigenen Forderungen sein können, haben Untersuchungen in den USA gezeigt.Vgl. Pavel/Phillis (1987), S. 16f.

2 Vgl. Adlung (1995), S. 549.

3 So könnten z. B. kleinere, ländliche Genossenschaftsbanken sich auf den Vertrieb von Darlehen konzentrieren, die von ihrem Dachinstitut angeboten werden.

4 Vgl. Frankel (1993), S. 321; Wilson (1993), S. 7.

5 Vgl. Priewasser (1994), S. 195.

6 So fanden gemäß einer Umfrage im Jahr 1995 die meisten Befragten die Sparkassen und Genossenschaftsbanken am sympathischsten unter den deutschen Banken und würden am ehesten mit diesen Instituten eine Geschäftsbeziehung eingehen. Vgl. Spiegel-Verlag (1996), S. 88.

Institutsgruppe	Anzahl der Mitgliedsinstitute	Anzahl der inländischen Zweigstellen
Großbanken	3	3.553
Regional- und sonstige Kreditbanken	187	3.238
Sparkassen	598	18.751
Genossenschaftsbanken	2.418	16.762

Tabelle 28: Anzahl der Mitgliedsinstitute und Zweigstellen der untersuchten Kreditinstitutsgruppen[1]

Aufgrund ihres Volumens können die Großbanken und die großen Institute aus der Gruppe der Regional- und sonstigen Kreditbanken die deutlichsten Skaleneffekte bei der Verwaltung von Kreditengagements realisieren. Durch ihre Größe und Finanzkraft sind sie bei der Finanzierung der Investitionen in eine leistungsfähige EDV ebenso im Vorteil wie bei der Entwicklung und Implementierung neuer Methoden der Bonitätsbeurteilung. Die Kenntnis regionaler Märkte wiederum kann für Institute aus der Gruppe der Regionalbanken, für die Sparkassen und für die Genossenschaftsbanken ein Vorteil bei der Bonitätsbeurteilung bestimmter Kreditnehmergruppen wie z. B. mittelständischen Firmenkunden sein. Die spezialisierten Institute aus der Gruppe der sonstigen Kreditbanken haben je nach Ausrichtung ebenfalls spezifische Wettbewerbsvorteile. So verfügen die Direktbanken über kostengünstige Vertriebswege, deren Anteil an den Geschäftsabschlüssen in Zukunft deutlich zunehmen wird.[2] Spezielle Absatzfinanzierer wie die Automobilbanken haben in der Regel die Möglichkeit, ein ganz bestimmtes Kundensegment gezielt und mit einer gewissen Exklusivität anzusprechen. Und auf bestimmte Branchen oder Produktsegmente fokussierte Institute können dort eine besondere Kreditexpertise aufbauen. Zudem haben alle drei Gruppen aufgrund ihrer Spezialisierung eine gute Ausgangsbasis, um die Effizienz ihrer Prozesse zu erhöhen.

Welche der untersuchten Institutsgruppen bei der Aufspaltung der Kreditvergabe durch die Verbriefung bankeigener Forderungen die größten Wettbewerbsvorteile erzielen kann, um im Wettbewerb mit anderen Kreditinstituten und neuen Anbietern erfolgreich zu sein, ist nicht eindeutig zu bestimmen. Die aufgezeigten Möglichkeiten lassen sich auch erst realisieren, wenn die Asset Securitisation in Deutschland ein Entwicklungsniveau erreicht hat, das eine rasche, standardisierte und immer wiederkehrende Verbriefung ermöglicht. Nur dann können die dargestellten Möglichkeiten im Vertrauen auf die problemlose Verbriefung der Kredite genutzt werden. Deshalb kommt dem Argument des Aufbaus und der Nutzung von Wettbewerbsvorteilen durch die

1 Stand: Ende 1997. Vgl. Deutsche Bundesbank (1998a), S. 104.

2 Vgl. Priewasser (1994), S. 200.

Verbriefung zum heutigen Zeitpunkt in keiner der untersuchten Institutsgruppen eine besondere Bedeutung zu.[1] Trotzdem sollte sich ein Kreditinstitut schon frühzeitig darüber im klaren werden, wo seine Kernkompetenzen und Wettbewerbsvorteile im Vergleich zu den Mitbewerbern liegen bzw. wo es solche aufbauen kann, um die sich aus der Verbriefung bankeigener Forderungen aufgezeigten Einsatzmöglichkeiten langfristig nutzen zu können.[2]

4.2 Verbesserung des Ansehens als immaterielles Ziel

Da deutsche Universalkreditinstitute nur in seltenen Fällen imitationsgeschützte Wettbewerbsvorteile bei Produkten und Verfahren erreichen können, ist ihre Leistungspalette relativ homogen. Aus diesem Grund sind sie in besonderem Maße auf die Realisierung von verhaltensbasierten Wettbewerbsvorteilen angewiesen.[3] Ein solcher verhaltensbasierter Wettbewerbsvorteil kann durch ein positives Image eines Kreditinstitutes ausgelöst werden, das so zu einem wesentlichen Faktor für den Unternehmungserfolg wird.[4] Die deutschen Universalkreditinstitute sind deshalb bestrebt, ein solches Image zu erzeugen, um damit indirekt das Erreichen ökonomischer Zielsetzungen zu unterstützen.[5]

Die Finanzierung über die Verbriefung von Forderungen ist wesentlich komplexer als andere, klassische Finanzierungsinstrumente. Deshalb können Kreditinstitute, die eine erfolgreiche Asset Backed-Transaktion mit bankeigenen Forderungen durchführen, ihr Image eines kompetenten Managements fördern und einen publikumswirksamen Werbeeffekt erzielen.[6] Die rasche Klärung rechtlicher Aspekte sowie die Analyse des Cash-flow der Kundenforderungen gibt dem Kreditinstitut die Gelegenheit, seine juristische und informationstechnische Kompetenz zu unterstreichen. Begleitend und im Nachgang zu einer Asset Backed-Transaktion sollte die Kompetenz des Kreditinstitutes

---

1 Diese Erkenntnis wurde in Gesprächen des Autors mit Vertretern der untersuchten Institutsgruppen bestätigt.

2 Vgl. Wilson (1994), S. 10.

3 Vgl. von Stein/Kerstien/Gärtner (1993), S. 767.

4 Vgl. Grüger (1987), S. 327. Image ist hierbei definiert als die Gesamtheit aller Vorstellungen, Einstellungen, Kenntnisse und Erfahrungen, die Personen oder Personengruppen mit einem bestimmten Meinungsgegenstand verbinden. Vgl. Nieschlag/Dichtl/Hörschgen (1997), S. 456.

5 Vgl. Büschgen (1995), S. 92.

6 Vgl. Bayerische Landesbank (1998), S. 12.

auch durch unterstützende Maßnahmen wie z. B. Beiträge in Fachzeitschriften und die Teilnahme an Fachtagungen nach außen dokumentiert werden.[1]

Allerdings besteht auch die Gefahr, daß sich die Verbriefung bankeigener Forderungen negativ auf das Image eines Kreditinstitutes auswirkt.[2] So könnte die Verbriefung von Forderungen als Hinweis darauf verstanden werden, daß ein Kreditinstitut Liquiditäts- oder Risikoprobleme hat, und daß vor allem Kreditinstitute mit hohen oder ungenügend diversifizierten Risiken diese Technik nutzen.[3] Sie würde somit ein Signal an Gläubiger und Schuldner mit möglichen negativen Folgewirkungen darstellen.[4] Deshalb besteht vor allem bei finanzschwachen Kreditinstituten die Gefahr, daß die Verbriefung bankeigener Forderungen von den Marktteilnehmern negativ bewertet wird, da der Originator offenbar mangels Ertragskraft nicht zu einer Eigenkapitalerhöhung aus eigener Kraft in der Lage ist.[5] Dies kann sowohl auf die Renditeforderungen der Gläubiger als auch auf die Kapitalausstattung eines Kreditinstitutes einen nachteiligen Einfluß haben.[6] Deshalb ist es für finanzschwache Kreditinstitute empfehlenswert, ihre Kredite unter Wahrung der Anonymität in ein Multi Seller-Vehikel einzubringen und so eine negative Imagewirkung der Verbriefung zu vermeiden.[7] Bei finanzstarken Instituten findet die Ankündigung einer Asset Backed-Transaktion jedoch eine positive Aufnahme am Markt und trägt somit auch zur Imageverbesserung des Kreditinstitutes mit den aufgezeigten positiven Effekten bei.[8] Ihnen ist zu empfehlen, die Asset Backed Securities öffentlich zu plazieren oder die Teilnahme an einem Multi Seller-Programm publik zu machen.

Damit ein Kreditinstitut seinen Kunden (Kreditinstitute und andere Unternehmungen) die Einsatzmöglichkeiten der Asset Securitisation überzeugend aufzeigen und sei-

---

1 Vgl. Paul (1994), S. 291ff. So traten z. B. bei den Fachtagungen zum Thema Asset Securitisation in Deutschland in den Jahren 1997 und 1998 die Institute Deutsche Bank AG, Dresdner Bank AG, Bankgesellschaft Berlin AG, HypoVereinsbank AG und WestLB besonders hervor.

2 Vgl. Everling (1993), S. 83. Ursache hierfür ist, daß die Asset Securitisation als ein Instrument bekannt wurde, mit dem die Liquiditäts- und Risikoungleichgewichte amerikanischer Kreditinstitute ausgeglichen wurden. Vgl. hierzu Abschnitt A 1.

3 Vgl. hierzu Pavel/Phillis (1987), S. 14, die diesen Schluß beim einfachen Forderungsverkauf entwickelt haben.

4 Vgl. hierzu auch die Untersuchungen von Lockwood/Rutherford/Herrera (1996) und Lamia (1997), in denen die Imagewirkungen der Verbriefung bankeigener Forderungen bei amerikanischen Kreditinstituten analysiert wurde.

5 Vgl. hierzu auch Gaumert (1997), S. 301.

6 Vgl. Comptroller of the Currency (1997b), S. 6.

7 Vgl. Möller (1997), S. 86.

8 Vgl. Lockwood/Rutherford/Herrera (1996), S. 162.

ne Produktkompetenz demonstrieren kann, sollte es die Verbriefung bankeigener Forderungen zumindest einmal selbständig durchgeführt haben.[1] Wird diese Initiative der Konkurrenz überlassen, entsteht ein hohes Risiko, daß der Kunde an den Wettbewerber verloren geht.[2] Denn aufgrund der bei einer Verbriefung notwendigen engen Zusammenarbeit des Originators mit dem Arrangeur und dem intensiven Informationsaustausch besteht die Gefahr, daß das bisherige Hausinstitut seinen Informationsvorsprung verliert und der Arrangeur zahlreiche weitere Ansatzpunkte findet, um die neue Geschäftsbeziehung auszubauen. Dabei besitzen unter den betrachteten deutschen Universalbanken jene Institute einen Vorteil, die zur Betreuung fremder und zur Durchführung eigener Asset Backed-Transaktion in der Lage sind. Wegen der hohen Anforderungen an das Know-how und die Informationstechnik waren dies nach Dafürhalten des Autors im Herbst 1998 jedoch nur diejenigen deutschen Universalkreditinstitute, die schon seit längerer Zeit im internationalen Investmentbanking aktiv sind. Den anderen Instituten ist deshalb zu empfehlen, sich für die Verbriefung einen Partner zu suchen, mit dem sie ihren Firmenkunden das Produkt Asset Securitisation anbieten und so sowohl die Kundenbeziehung festigen als auch das eigene Know-how aufbauen können.

5 Risiken deutscher Universalkreditinstitute aus der Verbriefung bankeigener Forderungen

Aus der Verbriefung ihrer eigenen Forderungen können für deutsche Kreditinstitute in ihrer Funktion als Originator und Serviceagent auch eine Reihe von Risiken entstehen, die eine adverse Wirkung auf die oben diskutierten Einsatzmöglichkeiten einer Asset Backed-Transaktion haben.[3] Systematisch kann zwischen Risiken unterschieden werden, die direkt mit der Transaktion verbunden sind und Risiken, die mittelbar aus der Verbriefung resultieren. Zur ersten Gruppe gehören das Transaktionsrisiko und das Compliancerisiko. Zur zweiten Gruppe sind die Gefahr einer Verschlechterung der Reputation, das strategische Risiko, das Ausfallrisiko und das Liquiditätsrisiko zu rechnen.[4] Ein Teil dieser Risiken konkretisiert sich erst im Laufe einer Transaktion, wenn zuvor formulierte Ziele oder Standards nicht mehr vollumfänglich eingehalten werden. Die möglichen Risiken sollen nachfolgend skizziert werden:

---

1 Vgl. Hagger (1998), S. 176.

2 Vgl. Stein (1997), S. 20.

3 An dieser Stelle sollen nur die Risiken behandelt werden, die auf das Kreditinstitut als Originator und Serviceagent wirken. Für eine allgemeine Diskussion der mit der Asset Securitisation bzw. mit Asset Backed Securities verbundenen Risiken vgl. Bartelt (1994); S. 11ff.; Bär (1997), S. 196ff.

4 Vgl. Comptroller of the Currency (1997a), S. 35ff.; Comptroller of the Currency (1997b), S. 5ff.

- *Transaktionsrisiko*
  Das Transaktionsrisiko resultiert aus den Aufgaben als Originator und Serviceagent, die das Kreditinstitut im Rahmen der Verbriefung seiner Forderungen übernommen hat. In seiner Funktion als Serviceagent unterliegt es z. B. dem Risiko, daß die Datenverarbeitung, die Prozesse und das Personal der für die Abwicklung notwendigen Kapazität und Qualität nicht genügen, daß sich die Weiterleitung der eingegangenen Zahlungen verzögert, daß es zu einem Systemausfall kommt oder daß die für die Erstellung der Berichte an Zweckgesellschaft, Investoren und Treuhänder notwendigen Daten nur mit Schwierigkeiten oder unvollständig generiert werden können.[1] Ein besonderes Risikopotential besteht hier vor allem für solche Kreditinstitute, die erstmals eigene Forderungen verbriefen und denen die Erfahrungswerte bei der Festlegung der notwendigen Ressourcen fehlen. Wenn die Ratingagenturen als Reaktion auf allfällige Mängel zusätzliche organisatorische Auflagen zur Verwaltung der abgetretenen Kreditnehmer oder zum Inkassowesen machen, bringt dies höhere Aufwendungen für das Personal oder die Technik und somit höhere Kosten mit sich.[2] Wurde dem Serviceagenten für die Übernahme dieser Tätigkeit zuvor eine Provision zugestanden, geht dieser Aufwand zu Lasten des Provisionserlöses.[3] Ein Transaktionsrisiko kann auch dann entstehen, wenn mit dem durch die Verbriefung geschaffenen Neugeschäftsvolumen neue Kundensegmente bearbeitet werden, bei deren Akquisition, Beurteilung und Betreuung das Kreditinstitut noch wenig Erfahrung hat und so die Effizienz der Prozesse und die Qualität der Bonitätsbeurteilung sinkt.
- *Compliancerisiko*
  Bei der Abwicklung der Transaktion können stets auch Risiken daraus resultieren, daß die Struktur der Transaktion nicht im Einklang mit geltenden Rechtsvorschriften oder formulierten Regelungen steht bzw. daß die Rechtsbeziehungen innerhalb der Transaktion vom Gesetzgeber noch nicht hinreichend definiert wurden.[4] So können z. B. Probleme bei der Abtretung der Kredite entstehen, welche die Wirksamkeit derselben vernichtet, da bei einigen Krediten ein Abtretungsverbot vorlag.[5] Oder die vereinbarte Sicherung durch den Originator stellt die Einstufung als bilanzentlastenden Forderungsabgang in Frage und charakterisiert die Abtretung als Verpfändung. Daneben kann die rechtliche Dokumentation der Transaktion von den

---

1 Vgl. Ditandy (1997), o. S. Vgl. hierzu auch ING Barings (1997), S. 68f.

2 Vgl. Dickler (1991), S. 118.

3 Vgl. Comptroller of the Currency (1997a), S. 45.

4 Vgl. Comptroller of the Currency (1997a), S. 50; Comptroller of the Currency (1997b), S. 9.

5 Vgl. Küppers (1997), S. 9.

Ratingagenturen als mangelhaft eingestuft werden, so daß eine kostspielige Nachbesserung erforderlich oder sogar die Transaktion als Ganzes gefährdet ist.

- *Reputationsrisiko*
  Das Risiko einer Verschlechterung des Standings eines Kreditinstitutes resultiert zunächst daraus, daß der Verbriefung von Forderungen in Deutschland immer noch ein negativer Beigeschmack anhaften kann und von Außenstehenden skeptisch beurteilt wird.[1] Allerdings ist die Gefahr einer Verschlechterung der Reputation aufgrund der Verbriefung eigener Forderungen durch die verstärkte Aufklärung in der jüngeren Vergangenheit deutlich gesunken.[2] Ein Risiko für die Reputation eines Kreditinstitutes geht jedoch daraus hervor, daß es durch eine fehlgeschlagene Transaktion seinen Ruf bei den institutionellen Anlegern aufs Spiel setzt.[3] In seiner Rolle als ehemaliger Eigentümer der Forderungen und als Serviceagent ist es z. B. verantwortlich für die Performance der abgetretenen Kredite, die wiederum für die Rendite der Asset Backed Securities ausschlaggebend ist. Aktuelle und potentielle Kunden könnten aus einer unerwartet niedrigen Poolperformance auf eine mangelnde Qualität der Bonitätsprüfungsverfahren oder der Kreditabwicklung schließen und für Einlagen bei diesem Kreditinstitut höhere Zinsen fordern. Eine ungenügende Performance der Asset Backed Securities oder ein schlechtes Servicing bei einer Transaktion kann auch dazu führen, daß die Investoren bei künftigen Transaktionen höhere Renditespreads und Sicherungsleistungen verlangen und somit deren Wirtschaftlichkeit gefährdet ist.[4] Um zu vermeiden, daß sich die Qualität der Kreditbetreuung nach der Abtretung verschlechtert (moral hazard), sollte der Originator deshalb darauf achten, daß der jeweilige Kundenberater oder Kreditsachbearbeiter nicht von der Abtretung eines von ihm betreuten Kredites Kenntnis erhält.[5] Erreicht werden kann dies durch die Errichtung von „chinese walls“ zwischen der Arrangierung/Strukturierung und den betroffenen Marktbereichen.
- *Strategisches Risiko*
  Wie in den vorangegangenen Abschnitten gezeigt, hängt die Wirkung der Verbrie-

---

1 Vgl. Abschnitt D 4.2. Vgl. hierzu auch Arbeitskreis „Finanzierung“ (1992), S. 519, wo vom Forderungsverkauf als „letztem finanziellen Rettungsanker“ gesprochen wird.

2 Vgl. hierzu stellv. die Artikel von Möller (1997); Rittinghaus/Makowka/Hellmann (1997); Coym (1997); Levedag/Drew (1997) und die Konferenzen zum Thema Asset Securitisation der Agenturen Euroforum, Institute for International Research und Wertpapier-Mitteilungen in den Jahren 1997 und 1998.

3 Vgl. Deutsche Bundesbank (1997b), S. 61.

4 Vgl. Comptroller of the Currency (1997a), S. 35f.; Comptroller of the Currency (1997b), S. 6.

5 Zum Problem des „moral hazard“ bei der Verbriefung bankeigener Forderungen vgl. Henke/Burghof/ Rudolph (1998), S. 17f.

fung bankeigener Forderungen in hohem Maße von der Verwendung der zufließenden Mittel ab. Ob und wie diese Mittel eingesetzt werden und welche Konsequenzen die Mittelverwendung hat, kann prospektiv nicht oder nur bedingt bestimmt werden. Deshalb ist mit der Verbriefung bankeigener Forderungen stets auch ein strategisches Risiko verbunden.[1] So kann z. B. die Ausschöpfung des durch die Asset Securitisation geschaffenen Neugeschäftsvolumens ein Arbeitsaufkommen mit sich bringen, das die Kreditabteilung bei der Bearbeitung, Betreuung und Berichterstattung überfordert, wenn die notwendige personelle und technische Anpassung der Systeme nicht gleichzeitig mit der Forderungsverbriefung vorgenommen wurde. Strategische Risiken können auch daraus entstehen, daß ein Kreditinstitut durch die Möglichkeit der Weitergabe generierter Kredite seine Geschäftstätigkeit auf Bereiche ausweitet, in denen ihm das notwendige Know-how zur Beurteilung der Bonität der Kreditnehmer und zur Betreuung der eingegangenen Engagements fehlt.[2] Deshalb sollte sich das Kreditinstitut schon bei der Planung der Transaktion die langfristigen Wirkungen bewußt machen, welche die Verbriefung und die Reinvestition der zufließenden Mittel auf die einzelnen Bereiche des Institutes haben kann. Hierbei sollten die Verantwortlichen aller Abteilungen, die unmittelbar oder mittelbar von der Verbriefung betroffen sind, einbezogen werden.

- *Ausfallrisiko*

  Ein bedeutender Aspekt bei der Verbriefung bankeigener Forderungen können die Möglichkeiten zur Steuerung des Kreditportfolios und der Ausfallrisiken sein.[3] Gleichwohl können mit der Anwendung dieser Technik aber auch neue oder anders gelagerte Ausfallrisiken für das Kreditinstitut entstehen, die von der Struktur der Transaktion sowie von der Art und dem Umfang der übernommenen Primärsicherung abhängen.[4] So können unerwartet hohe Ausfälle im abgetretenen Kreditpool die Zins- und Tilgungszahlungen einer übernommenen Nachrangtranche oder eines Reservekontos schmälern. Die Gefahr, daß sich durch die ausschließliche Verbriefung von Krediten mit einer überdurchschnittlichen Bonität (cherry picking) die Qualität des verbleibenden Kreditportfolios verschlechtert, ist für die hier betrachteten deutschen Universalkreditinstitute ohne Bedeutung, da ihnen lediglich die

---

1 Vgl. Comptroller of the Currency (1997a), S. 37; Comptroller of the Currency (1997b), S. 6.

2 Wie gefährlich die Ausweitung der Geschäftstätigkeit auf Bereiche ist, in denen das Know-how zur Beurteilung des damit verbundenen Risikos fehlt, zeigten z. B. die Schieflagen von Sparkassen und Genossenschaftsbanken, die versucht haben, ihr Geschäftsvolumen durch überregionale Kreditengagements in Immobilienobjekte auszuweiten. Vgl. hierzu stellv. Vgl. o. V. (1997o), S. 20.

3 Vgl. Abschnitt D 3.2.2.1.

4 Vgl. Comptroller of the Currency (1997a), S. 41.

Verbriefung von Krediten erlaubt ist, die der durchschnittlichen Qualität des Kreditportfolios entsprechen.[1] Allerdings kann es durch eine sinkende Qualität bei der Prüfung der Neuengagements zu einer schleichenden Verschlechterung der Bonität des Kreditportfolios kommen, so daß sich das Ausfallrisiko sowohl für die Primärsicherung eines künftig zu verbriefenden Kreditpools als auch für das Restportfolio erhöht. Generell sollte diesen Ausfallgefahren durch eindeutige Regelungen zur Kreditprüfung und Kreditvergabe und der systematischen Überprüfung ihrer Einhaltung begegnet werden; Marketing- oder Volumensmotive sollten bei der Festlegung der Prüfungsstandards keine Rolle spielen. Um zu vermeiden, daß die Standards bei der Bonitätsprüfung für zu verbriefende Kredite sinken, müssen alle Kredite nach demselben Prüfungs- und Genehmigungsverfahren beurteilt werden.

- *Liquiditätsrisiko*
  Ein Liquiditätsrisiko aus der Verbriefung eigener Forderungen kann einem Kreditinstitut dadurch entstehen, daß die Wertpapieremission nicht am Kapitalmarkt abgesetzt werden kann und der Originator die durch die Übernahme der Asset Backed Securities erforderliche Verlängerung der Finanzierung nicht sichergestellt hat.[2] Mit einem Liquiditätsrisiko ist diese Situation insbesondere für solche Kreditinstitute verbunden, die ihre Finanzierungsbeziehungen zu langetablierten Kunden oder Investoren reduziert und sich in der Absicht der Forderungsverbriefung bewußt nur kurzfristig zur Akquisition der Kredite finanziert haben.[3] Zur Vermeidung eines Liquiditätsengpasses sollten die Kreditinstitute deshalb für solche Situationen über klare Vorgaben verfügen, wie die notwendige Liquidität kurzfristig beschafft werden kann. Denkbar wäre z. B. eine Backup-Sicherung in Form einer zugesagten Kreditlinie eines anderen Institutes, auf die gegebenenfalls zurückgegriffen werden kann.

Die aufgezeigten Risiken werden teilweise in den vom BAKred formulierten Regelungen zur Verbriefung bankeigener Forderungen erfaßt. So wird den über die Primärsicherung übernommenen Ausfallrisiken durch ihre volle Unterlegung mit haftendem Eigenkapital Rechnung getragen. Die Überprüfung der Veränderung der Portfolioqualität obliegt dem Abschlußprüfer. Das Transaktionsrisiko wird dahingehend erfaßt, daß durch die Verbriefung bankeigener Forderungen die ordnungsgemäße Durchführung der Bankgeschäfte nicht beeinträchtigt werden darf.

---

1 Vgl. Abschnitt C 1.1.2.1.

2 Vgl. Comptroller of the Currency (1997a), S. 48. Gleichzeitig ist hierdurch die Grundsatz I-Entlastung gefährdet, da diese vom vollständigen Absatz der Emission am Markt bzw. dem Erlöschen der Underwriting-Verpflichtung abhängt. Vgl. Bundesaufsichtsamt für das Kreditwesen (1997b).

3 Vgl. Dickler (1991), S. 118.

Zur Sicherung gegen die anderen dargestellten Risiken existieren über die allgemeinen Regelungen hinaus keine speziellen gesetzlichen oder aufsichtsrechtlichen Bestimmungen. Deshalb sollte sich jede Bankunternehmungsführung bei der Verbriefung bankeigener Forderungen dieser Risiken bewußt sein und die notwendigen Sicherungsmaßnahmen bei der Vorbereitung der Transaktion mit berücksichtigen. Art und Umfang der Risikopositionen werden letztlich von den vom Kreditinstitut im Rahmen der Transaktion übernommen Aufgaben sowie von den Fähigkeiten der Bankunternehmungsführung zur Steuerung und Beurteilung des gesamten Prozesses bestimmt. Institutsgruppenspezifische Aussagen zu den möglichen Risiken der Verbriefung bankeigener Forderungen lassen sich deshalb nicht ableiten, sie hängen primär von den Systemressourcen sowie von der Kompetenz der agierenden Personen im Kreditinstitut ab, das die Kredite abtritt.

6 Zusammenfassung und Erkenntnisse zu den Einsatzmöglichkeiten der Verbriefung bankeigener Forderungen in deutschen Universalkreditinstituten

Ziel des vorstehenden Untersuchungsabschnittes war, die unterschiedlichen Einsatzmöglichkeiten der Verbriefung bankeigener Forderungen zu erarbeiten und zu beurteilen, welche Bedeutung sie für die deutschen Universalkreditinstitute erlangen können. Aus der Untersuchung konnten folgende Erkenntnisse gewonnen werden:

- *Weder gegenwärtig noch in naher Zukunft ist die Verbriefung bankeigener Forderungen ein geeignetes Instrument, um die Fremdkapitalkosten der deutschen Universalkreditinstitute zu senken. Eine Reduzierung der Finanzierungskosten ergibt sich erst nach der Berücksichtigung eingesparter Eigenkapitalkosten. Die Eigenkapitalausstattung der deutschen Universalkreditinstitute deutet jedoch darauf hin, daß der Einsatz der Asset Securitisation zur Senkung der Finanzierungskosten zur Zeit nur für einen Teil von ihnen von Bedeutung ist.*

Bei der Verbriefung bankeigener Forderungen werden die Kredite rechtlich und wirtschaftlich vom Originator getrennt. Dadurch ist es möglich, die Asset Backed Securities mit einer besseren Bonität als der des Originators auszustatten. Wenn der Bonitätsunterschied zwischen der Asset Backed-Emission und dem Originator so groß ist, daß der eingesparte Bonitätsaufschlag zur Deckung der Kosten der Asset Securitisation ausreicht, können die Kosten des Fremdkapitals durch die Verbriefung bankeigener Forderungen gesenkt werden. Die gerateten deutschen Universalkreditinstitute besitzen jedoch durchweg gute bis sehr gute Ratings, und für die ungerateten deutschen Universalkreditinstitute wirkt sich ein fehlendes Rating bisher nicht nachteilig auf ihre Finanzierungskosten aus, da auf dem deutschen Kapitalmarkt vorwiegend „name lending" betrieben wird. Selbst wenn sich in einem künftig paneuropäischen Kapitalmarkt mehr deutsche Universalkreditinstitute raten lassen, scheint es unwahrscheinlich, daß ihr Rating so schlecht ist, daß sich für sie eine Kreditrisikoarbitrage durch Asset Securitisation lohnt. Die Kosten des Eigenkapitals können gesenkt werden, wenn die notwendige Eigenkapitalunterlegung zur Übernahme der Kreditrisiken bei der Finanzierung durch die Verbriefung der Forderungen kleiner ist als bei einer bilanzwirksamen Finanzierung. Je größer die Differenz und je höher die geforderte Verzinsung des Eigenkapitals, desto größer ist die Ersparnis. Wenn die eingesparten Eigenkapitalkosten die Kosten der Verbriefung kompensieren, können insgesamt die Finanzierungskosten gesenkt werden. Der Ansatz eingesparter Eigenkapitalkosten ist jedoch nur gerechtfertigt, wenn durch die Verbriefung von Krediten eine Erhöhung des Eigenkapitals vermieden wird; ist auch auf längere Sicht ausreichend Eigenkapital vorhanden, sind die Eigenkapitalkosten für einen Kostenvergleich nicht relevant. Die Eigenkapitalausstattung der deutschen Universalkreditinstitute über alle Institutsgruppen hinweg deutet darauf hin, daß dies gegenwärtig bei zahlreichen Instituten der Fall ist. Kurzfristig wird die Senkung der Finanzierungskosten deshalb nur für einen Teil der deutschen Universalkreditinstitute ein Motiv für den Einsatz der Asset Securitisation sein.

- *Die Verbriefung bankeigener Forderungen erhöht die Eigenkapitalrentabilität und den Unternehmungswert, wenn die zufließenden Mittel in Neugeschäfte investiert werden, deren Ertrag über den Kosten der Verbriefung liegt. Obwohl der Steigerung der Eigenkapitalrentabilität und des Unternehmungswertes in den deutschen Universalbanken unterschiedliche Bedeutung beigemessen wird, ist die Asset Securitisation geeignet, dieses Ziel in allen untersuchten Bankengruppen zu unterstützen.*

Mit Hilfe der Asset Securitisation kann sich ein Kreditinstitut von unrentablen Engagements trennen und das freigesetzte Kapital in neue Geschäfte investieren. Eine Erhöhung der Eigenkapitalrentabilität kommt allerdings nur zustande, wenn der Ertrag des Neugeschäfts größer ist als die Kosten der Verbriefung. Je höher der Ertrag, desto stärker ist die Hebelwirkung bei der Verbesserung der Eigenkapitalrentabilität. Von den Universalkreditinstituten in der Rechtsform einer Kapitalgesellschaft wird die Steigerung der Eigenkapitalrentabilität und die Erhöhung des Unternehmungswertes immer häufiger als oberste geschäftspolitische Maxime betont; für sie dürfte die Verbriefung eigener Forderungen von besonderem Interesse sein. Aber auch den Sparkassen und Genossenschaftsbanken ist der Einsatz der Asset Securitisation mit dieser Zielsetzung zu empfehlen, denn mittelfristig werden Eigenkapitalrentabilität und Unternehmungswert auch in diesen Institutsgruppen, wenn auch aus unterschiedlichen Motiven, an Bedeutung gewinnen.

- *Die Verbriefung bankeigener Forderungen stellt für die deutschen Universalkreditinstitute eine Möglichkeit dar, Wachstum bei unverändertem Eigenkapital und ungeachtet von finanzwirtschaftlichen oder aufsichtsrechtlichen Einschränkungen zu realisieren. Während die großen und international operierenden Banken hierbei unter mehreren Alternativen wählen können, steht den anderen Universalbanken meist nur die Investition in neue Kreditengagements offen.*

Kreditinstitute, die Wettbewerbsvorteile durch ein leistungsfähiges Vertriebssystem oder besondere Kenntnis eines regionalen oder sektoralen Marktes haben, können ihre Aktivitäten in diesen Kernkompetenzen durch die Verbriefung eigener Forderungen ausbauen. Von besonderem Nutzen ist die Asset Securitisation vor allem dann, wenn die Eigentümer eines Kreditinstituts nicht gewillt oder in der Lage sind, zusätzliches Eigenkapital für das Geschäftswachstum zur Verfügung zu stellen. Die möglichen Expansionsalternativen werden allerdings durch die Gruppenzugehörigkeit und die Größe einer Universalbank bestimmt. So haben die Großbanken und die international operierenden Regional- und sonstigen Kreditbanken ein breiteres Spektrum an Investitionsalternativen zur Auswahl. Den Sparkassen, Genossenschaftsbanken und kleineren Regional- und sonstigen Kreditbanken steht hingegen meist nur die Investition in das Kreditgeschäft offen, wobei aufgrund der dort anzutreffenden Wettbewerbssituation fraglich ist, ob sich die erwünschte Marge im Neugeschäft realisieren läßt.

- *Die Verbriefung bankeigener Forderungen eröffnet den deutschen Universalkreditinstituten die Möglichkeit, ihre Investorenbasis zur erweitern und zu diversifizieren. Während für die ungerateten Kreditinstitute der Zugang zu den internationalen Kapitalmärkten im Vordergrund steht, sollten die gerateten Banken die Asset Securitisation einsetzen, um ihre Investorenbasis zu diversifizieren und eine Erhöhung der individuellen Verschuldung zu vermeiden.*

Die Verbriefung bankeigener Forderungen eröffnet den deutschen Universalkreditinstituten den Zugang zu den internationalen Kapitalmärkten auch dann, wenn sie nicht über ein Institutsrating verfügen. Zusätzlich können Investorenkreise erschlossen werden, die nicht in Bankschuldverschreibungen investieren. Im Gegensatz zu anderen Finanzierungsformen tritt bei der Finanzierung mittels Asset Securitisation keine Einlagenkannibalisierung auf, da die Asset Backed Securities nicht der Verschuldung des Originators zugerechnet werden. Für Sparkassen, Genossenschaftsbanken und Kreditbanken, die über kein Rating verfügen, ist der Kapitalmarktzugang durch die Asset Securitisation von besonderer Bedeutung; er ermöglicht ihnen eine personelle und geographische Erweiterung ihrer Finanzierungsquellen. Demgegenüber steht für die gerateten deutschen Universalkreditinstitute im Vordergrund, daß sie noch stärker am internationalen Anlagevolumen in Rentenpapiere partizipieren können, ohne ihre individuelle Verschuldung zu erhöhen.

- *Die Verbriefung bankeigener Forderungen kann von den deutschen Universalkreditinstituten sowohl zur Ertrags- als auch zur Bilanzstrukturgestaltung eingesetzt werden. Für beide Zwecke stehen ihnen jedoch eine Reihe anderer Instrumente zur Verfügung, mit denen sich die gewünschten Gestaltungsziele mit geringerem Aufwand realisieren lassen.*

Ansatzpunkte zur Gestaltung des Ertrages bietet die Verbriefung eigener Forderungen bei der Festlegung des Kaufpreises, durch den Umfang der übernommenen Primärsicherung und bei der Höhe der Servicefee. Die mit der Verbriefung verbundene Verlagerung vom Zins- zum Provisionsertrag muß hingegen kritisch beurteilt werden. Die Möglichkeit zur aktiven Gestaltung von Kennzahlen zum Risiko-/Ertragsverhältnis oder zu den einzelnen Liquiditätsgraden dürfte vor allem für die Großbanken sowie für die Regional- und sonstigen Kreditbanken von Vorteil sein, da ihre Erfolgsausweise einer stärkeren Aufmerksamkeit durch die Öffentlichkeit ausgesetzt sind. Sowohl zur Ertrags- als auch zur Bilanzstrukturgestaltung stehen den deutschen Universalkreditinstituten jedoch zahlreiche alternative Instrumente zur Verfügung. Die Möglichkeit zur Gestaltung des Ertrages und der Bilanzstruktur wird deshalb kein ausschlaggebendes Motiv für den Einsatz der Asset Securitisation in deutschen Universalkreditinstituten sein.

- *Durch die Verbriefung eigener Forderungen können die deutschen Universalkreditinstitute die Einhaltung der bankaufsichtsrechtlichen Risikonormen gewährleisten. Aufgrund der bedingten Notwendigkeit und der Verfügbarkeit anderer Steuerungsalternativen wird die Einhaltung der bankaufsichtsrechtlichen Risikonormen jedoch nur in Einzelfällen auslösendes Moment einer Asset Backed-Transaktion sein.*

In der jüngeren Vergangenheit waren nur sehr wenige deutsche Universalkreditinstitute nicht in der Lage, den vorgeschriebenen Mindestsolvabilitätskoeffizienten von 8% zu erfüllen. Vielmehr haben die deutschen Universalkreditinstitute in den letzten Jahren ihre Solvabilitätskoeffizienten im Durchschnitt deutlich erhöht. Dies deutet darauf hin, daß nur eine bedingte Notwendigkeit besteht, die Einhaltung des Solvabilitätskoeffizienten mit Hilfe der Verbriefung bankeigener Forderungen zu unterstützen. Demgegenüber war die Erfüllung der Vorgaben der Liquiditätsgrundsätze, insbesondere des Grundsatzes II, in der Vergangenheit mit Problemen behaftet. Allerdings ist hier nicht mit einem Rückgriff auf die Asset Securitisation zu rechnen, da eine Entlastung der Liquiditätsgrundsätze durch günstigere und einfacher zu handhabende Instrumente erreicht werden kann. Der Einsatz der Asset Securitisation zur Einhaltung der Großkreditnormen ist für jene deutsche Universalkreditinstitute sinnvoll, die zur Entlastung nicht auf Partner- oder Verbundinstitute zurückgreifen können. Dies dürften primär die Institute aus der Gruppe der Regional- und sonstigen Kreditbanken sein.

- *Der Einsatz der Verbriefung bankeigener Forderungen stellt für die deutschen Universalkreditinstitute eine deutliche Erweiterung des bekannten Instrumentariums zur Steuerung des Ausfallrisikos dar und ermöglicht ihnen eine flexiblere Kreditvergabepolitik. Zur Steuerung des Zinsänderungsrisikos und des Liquiditätsrisikos ist die Asset Securitisation ebenfalls geeignet, sie besitzt hierbei allerdings keine Vorteile gegenüber den bekannten Verfahren zur Steuerung dieser Risiken.*

Durch die Verbriefung von Krediten sind die deutschen Universalkreditinstitute in der Lage, das Ausfallrisiko zu senken und zu begrenzen. Ansatzpunkte hierfür sind die Risikobegrenzung auf den Umfang der übernommenen Primärrisiken, die Risikolimitierung durch die Einhaltung von Strukturgrundsätzen und die Portfoliomodellierung. Allerdings muß bei allen drei Einsatzmöglichkeiten der Asset Securitisation zur Steuerung des Ausfallrisikos berücksichtigt werden, daß die Selektion der zu verbriefenden Kredite durch die Vorgaben des BAKred limitiert sind und daß ein Teil des abgetretenen Kreditrisikos in Abhängigkeit von der übernommenen Primärsicherung wieder auf das Kreditinstitut zurückfällt. Dennoch werden die Optionen zur Steuerung des Ausfallrisikos für alle betrachteten Institutsgruppen deutlich erweitert. Durch die Möglichkeit, Kreditrisiken weiterzureichen, kann die Abhängigkeit von Risikolimiten bei der Genehmigung von Neuengagements reduziert und die Flexibilität bei der Kreditvergabe erhöht werden. Das Zinsänderungsrisiko kann durch den Einsatz der Asset Securitisation bis zu einer Immunisierung gesenkt werden. Weil das Zinsänderungsrisiko aber auch durch andere, bereits standardisierte Instrumente gesteuert werden kann, ist nicht anzunehmen, daß ein Kreditinstitute aus diesem Grund eine Asset Backed-Transaktion durchführen wird. Ebenso ist die Steuerung der Liquiditätsrisiken zu bewerten, auch sie lassen sich theoretisch über die Verbriefung steuern. Wegen des damit verbundenen Aufwands im Vergleich zu anderen Steuerungsmöglichkeiten ist die Durchführung einer Asset Backed-Transaktion zur Steuerung der Liquiditätsrisiken jedoch nicht gerechtfertigt.

- *Durch die Verbriefung bankeigener Forderungen kann die Rendite auf das durch den abgetretenen Kreditpool gebundene Risikokapital erhöht werden. Wegen der hohen Anforderungen der RORAC-Steuerung an das Kreditrisikomanagement ist diese Einsatzmöglichkeit der Asset Securitisation momentan nur für wenige deutsche Universalkreditinstitute von Relevanz.*

Da bei der Verbriefung von Krediten das beim Kreditinstitut verbleibende Ausfallrisiko limitiert wird, kann das ursprüngliche Risikokapital reduziert und der RORAC auf das verbleibende Risikokapital erhöht werden. Gleichzeitig steigt die Marktdisziplin bei der Preisgestaltung der Aktivprodukte, da das Kreditinstitut über die vorgegebenen Risikokosten des Kapitalmarktes klare Steuerungsimpulse für die Kalkulation seiner Aktivprodukte erhält. Die Steuerung des Kreditportfolios nach dem RORAC stellt jedoch sehr hohe Anforderungen an das Kreditrisikomanagement bei der Messung und Erfassung der Kreditrisiken, die nur von wenigen deutschen Universalkreditinstituten erfüllt werden. Deshalb bleibt diese Einsatzmöglichkeit der Verbriefung bankeigener Forderungen den meisten deutschen Universalkreditinstituten verschlossen.

- *Wettbewerbsvorteile und Kostendegressionseffekte durch die Verbriefung bankeigener Forderungen werden für die deutschen Universalkreditinstitute erst dann von Bedeutung sein, wenn die Asset Securitisation in Deutschland ein Entwicklungsni-*

veau erreicht hat, das eine rasche, standardisierte und immer wiederkehrende Verbriefung erlaubt.

Durch die Verbriefung bankeigener Forderungen können Kreditinstitute Wettbewerbsvorteile und Skalenerträge sowohl gegenüber Nichtbanken als auch gegenüber anderen Kreditinstituten realisieren. Auf dem Kapitalmarkt haben Kreditinstitute Vorteile gegenüber Nichtbanken beim Vertrieb und bei der Verwaltung von Darlehen sowie bei der Beurteilung von Kreditnehmern; aufgrund der vorgeschriebenen Eigenkapitalunterlegung sind sie jedoch im Nachteil, wenn es gilt, die Kredite in der Bilanz zu halten. Durch die Verbriefung ihrer Kredite ist es den Kreditinstituten möglich, dieses Handicap abzubauen und sich auf ihre Vorteile gegenüber den Nichtbanken zu konzentrieren. Im Wettbewerb unter den deutschen Universalbankgruppen besitzen die Sparkassen und Genossenschaftsbanken mit ihren dichten Zweigstellennetzen Vorteile bei der Penetration des Marktes. Demgegenüber haben die Großbanken und die großen Regionalbanken aufgrund ihrer Finanzkraft Vorteile bei der Investition in eine leistungsfähige Datenverarbeitung; sie könnten aufgrund ihrer Größe economies of scale realisieren. Und zahlreiche Institute aus der Gruppe der Regional- und Kreditbanken verfügen je nach Ausrichtung über Vorteile im Vertrieb (Direktbanken), beim Kundenzugang (Automobilbanken) oder bei der Bonitätsbeurteilung (Absatz- und Handelsfinanzierer). Diese individuellen Stärken können von den deutschen Universalkreditinstitute jedoch erst dann genutzt werden, wenn ihnen die regelmäßige und standardisierte Verbriefung ihrer Kredite möglich ist.

- *Die erfolgreiche Durchführung einer Asset Backed-Transaktion kann sich positiv auf das Ansehen eines Kreditinstitutes auswirken. Für die deutschen Universalkreditinstitute ist die Imagewirkung, die von der Verbriefung eigener Forderungen ausgeht, ein bedeutendes Motiv bei der Durchführung einer Asset Backed-Transaktion.*

In Abhängigkeit von der wirtschaftlichen Situation des Originators und dem Erfolg der Transaktion am Markt kann die Verbriefung eigener Forderungen positive, aber auch negative Rückwirkungen auf das Ansehen des Originators haben. Verbrieft ein Kreditinstitut seine Kredite aus einer Engpasssituation heraus, ist ihm der Rückgriff auf eine anonyme Multi Seller-Transaktion zu empfehlen. Universalkreditinstituten, welche die Asset Securitisation ihren Firmenkunden als Dienstleistung anbieten, sollten zumindest eine öffentlichkeitswirksame Asset Backed-Transaktion mit eigenen Forderungen durchgeführt haben. Vorteile besitzen hierbei die großen, im Investmentbanking tätigen Universalkreditinstitute. Für die anderen Kreditinstitute gilt es, sich möglichst rasch – z. B. durch die Kooperation mit einer ausländischen Investmentbank – das notwendige Know-how anzueignen.

Abschließend kann festgehalten werden, daß sich zahlreiche Einsatzmöglichkeiten für die Verbriefung bankeigener Forderungen ergeben, die größtenteils gleichzeitig genutzt werden können. Ihre Bedeutung für die deutschen Universalkreditinstitute ist jedoch differenziert zu beurteilen. Die Möglichkeit, durch die Verbriefung eigener Forderungen Eigenkapital zu entlasten und so die Finanzierungskosten zu senken, sollte eigentlich für alle Institute ein zwingendes Argument für die Nutzung dieser Finanzierungstechnik sein. Da bei einem großen Teil der deutschen Universalkreditinstitute Eigenkapital aber noch kein akut knappes Gut ist, kommt diesem Argument gegenwärtig nur bei einem Teil der deutschen Universalkreditinstitute eine tragende Bedeutung zu. Als weitere Hauptmotive für die Verbriefung bankeigener Forderungen können die Erhöhung der Eigenkapitalrentabilität und des Unternehmungswertes, die Steuerung der Ausfallrisiken und des Kreditportfolios sowie die Verbreiterung und Diversifizierung der Finanzierungsbasis genannt werden. Demgegenüber müssen die anderen Einsatzmöglichkeiten eher als Zusatznutzen der Forderungsverbriefung qualifiziert werden; die Durchführung einer Asset Backed-Transaktion mit ihnen als Primärziel ist unwahrscheinlich. Darüber hinaus wurde deutlich, daß den jeweiligen Einsatzmöglichkeiten in Abhängigkeit von der Gruppenzugehörigkeit und der individuellen Situation eines Universalkreditinstitutes unterschiedliches Gewicht beizumessen ist. So stehen bei einigen Instituten, vornehmlich bei den Großbanken und den großen Regional- und sonstigen Kreditbanken, Motive wie die Erhöhung der Eigenkapitalrentabilität, die Schaffung eines flexiblem Wachstumspotentials oder die Erhöhung der Rendite auf das Risikokapital im Vordergrund. Diese Institute sind aufgrund ihrer Eigenschaften auch am ehesten in der Lage, die sich durch die Verbriefung bankeigener Forderungen bietenden Möglichkeiten zu nutzen. Demgegenüber stehen bei den Sparkassen und Genossenschaftsbanken zur Zeit noch eher Ziele wie die Verlagerung der Kreditrisiken und die Verbreiterung der Investorenbasis im Vordergrund einer Asset Backed-Transaktion. Vielfach verfügen diese Banken auch nicht über die Größe, die Ressourcen oder das Know-how, um alle Moglichkeiten aus der Verbriefung eigener Forderungen zu nutzen. Mit dem zunehmenden Druck auf die Eigentums- und Haftungsstruktur insbesondere der öffentlich-rechtlichen Kreditinstitute sowie dem Zwang zur Bildung größerer Einheiten, um im Wettbewerb zu bestehen, wird sich dies in der näheren Zukunft jedoch sicher ändern. Schließlich ist zu betonen, daß einem Kreditinstitut aus der Verbriefung seiner eigenen Forderungen auch eine Reihe von Risiken entstehen, welche die angestrebten Ziele der Asset Securitisation konterkarieren oder die Transaktion als ganzes gefährden können. Wie die Verbriefung bankeigener Forderungen konkret von einem bestimmten Kreditinstitut eingesetzt werden kann, ist deshalb nicht abschließend zu definieren. Dies hängt im wesentlichen von seiner individuellen Situation und seinen geschäftspolitischen Zielen ab und kann letztlich nur für das jeweilige Kreditinstitut im Einzelfall beurteilt werden.

7 Exkurs: Synthetische Verbriefungen und ihre Bedeutung für deutsche Universalkreditinstitute

Definitorisches Merkmal der Verbriefung bankeigener Forderungen in dieser Untersuchung ist der Verkauf von Kreditforderungen an eine eigens zum Zweck des Forderungsankaufs gegründete Gesellschaft.[1] Diese wesentliche Eigenschaft der Asset Securitisation bedingt zum einen die rechtliche und organisatorische Separierung der verbrieften Vermögenswerte aus dem Vermögen des Originators und bewirkt zum anderen eine Verkürzung der Bilanz bei der Verwendung der zufliessenden Mittel zur Rückzahlung von Fremdkapital. Während insbesondere die organisatorische Trennung der Vermögenswerte aus dem Buchungssystem des veräußernden Kreditinstitutes mit erheblichen Problemen und einem hohen Aufwand verbunden sein kann,[2] ist die Reduzierung der Bilanzsumme bislang für die meisten Entscheidungsträger in den deutschen Universalkreditinstituten eine noch eher unerwünschte Nebenerscheinung.[3] Die vorstehenden Ausführungen haben gezeigt, daß sie sich als ein Hemmschuh der Entwicklung der Asset Securitisation in deutschen Universalkreditinstituten (wie auch in Kreditinstituten anderer Länder) erweisen können. Aus dem Versuch heraus, diese Probleme zu umgehen, wurden in der jüngeren Vergangenheit Strukturen entwickelt, die sowohl auf Elemente der klassischen Forderungsverbriefung als auch von Kreditderivaten zurückgreifen. Diese sogenannten „synthetischen Verbriefungen"[4] sollen nachfolgend kurz dargestellt werden.

Im Prinzip unterscheiden sich die beteiligten Parteien bei einer synthetischen Verbriefung nicht von jenen einer klassischen Asset Backed-Transaktion.[5] Charakteristisches Merkmal der synthetischen Verbriefung ist jedoch, daß nicht Forderungen verkauft oder abgetreten werden, sondern lediglich das an einen Forderungspool geknüpfte Kreditrisiko durch eine derivate Konstruktion an die Zweckgesellschaft übertragen wird. Gegenstand der Verbriefung durch die Zweckgesellschaft sind nicht mehr Vermögenswerte aus der Bilanz eines Kreditinstituts, sondern direkt die Verbindlichkeiten des Kreditinstituts oder eines Dritten. Die abgesicherten Forderungen selbst bleiben

---

1 Vgl. Abschnitt B 1.

2 Vgl. Abschnitt C 3.2.

3 Vgl. Abschnitt D 1.3.

4 Bisher wurden in solchen Strukturen nur Forderungen gegenüber Firmenkunden verbrieft, weshalb die synthetischen Verbriefungen in der Praxis meist als synthetische CLOs (Collateralised Loan Obligations) bezeichnet werden. Da sich diese Struktur jedoch grundsätzlich für alle verbriefbaren Bankforderungen eignet, wird hier durchgängig die allgemeine Bezeichnung verwendet.

5 Vgl. Dresdner Kleinwort Benson (1999), S. 14.

weiterhin in der Bilanz des Kreditinstituts, ihre rechtliche und organisatorische Abtrennung ist nicht erforderlich.

In Anlehung an die Form der Risikoübertragung kann bei den synthetischen Verbriefungen zwischen zwei Strukturen unterschieden werden: Beim Rückgriff auf sogenannte Credit Linked Notes emittiert ein Kreditinstitut Schuldverschreibungen, deren Rückzahlung an die Performance eines zuvor festgelegten Referenzportfolios geknüpft ist. Diese Notes werden von einer Zweckgesellschaft gekauft, die den Ankauf wiederum durch die Ausgabe von Asset Backed Securities – in der Regel in mehreren Tranchen – finanziert. Die Zweckgesellschaft hat somit auf der Aktivseite ihrer Bilanz nur die Credit Linked Notes und auf der Passivseite nur die Asset Backed Securities sowie einen kleinen Eigenkapitalanteil stehen. Das Rating der Asset Backed Securities ergibt sich aus der Qualität des Referenzportfolios und der Bonität des Credit Linked Notes-Emittenten. Tritt ein zuvor definiertes Kreditereignis[1] im festgelegten Referenzpool auf, werden die Credit Linked Notes fällig gestellt und abzüglich des erlittenen Ausfalls zurückbezahlt. Alternativ ist auch die Rückzahlung zu einem festgelegten Zeitpunkt abzüglich aller bis dahin angefallenen Ausfälle möglich.

---

1 Die Definition des Kreditereignisses (Credit Event) ist einer der wesentlichen Eckpunkte einer synthetischen Asset Backed-Transaktion. Vgl. hierzu auch Deutsche Bank (1999), S. 4; Dresdner Kleinwort Benson (1999), S. 15.

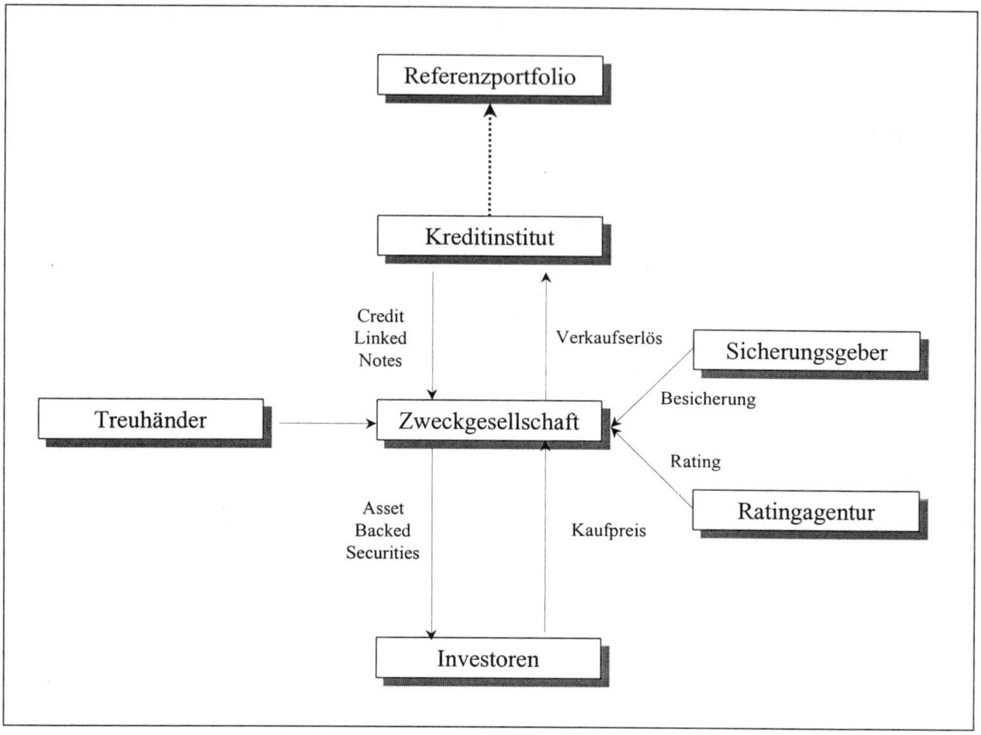

Abbildung 19: Beispiel einer Credit Linked Notes-Struktur

Der Ansatz, den Risiokotransfer und die Eigenkapitalentlastung über eine Credit Linked Notes-Struktur zu erreichen, kam bei deutschen Kreditinstituten jedoch nie zum Einsatz; nach nur wenigen Transaktionen schweizer Kreditinstitute[1] wurde von solchen Strukturen wieder Abstand genommen. Offensichtlich kamen die Kreditinstitute zur Erkenntnis, daß diese Struktur, wenn überhaupt, nur geringe ökonomische Vorteile gegenüber einer klassischen Verbriefung bietet. Hinzu kommt, daß sie durch die Emission der Credit Linked Notes durch das risikotransfersuchende Kreditinstitut gegenüber einer echten bilanzentlastenden Verbriefung den Nachteil haben, daß das Rating der Transaktion durch das Rating dieses Kreditinstitutes nach oben begrenzt ist (Linked-Struktur).[2]

Die Verwendung eines Credit Default Swaps als Instrument zur Übertragung des Risikos eines Darlehenspools umgeht die Problematik der Verknüpfung der Bonität des Kreditinstituts mit der Bonität der Asset Backed Securities, da das Collateral als Underlying für die emittierten Asset Backed-Securities normalerweise von dritter Seite ge-

1 Glacier Finance 1997-1 und Glacier Finance 1997-2 vom Schweizerischen Bankverein sowie Triangle I von der Schweizerischen Bankgesellschaft.

2 Vgl. Deutsche Bank (1999), S. 11; Trestler (1999), S. 19.

stellt bzw. gekauft wird. Das risikotransfersuchende Kreditinstitut erwirbt einen Credit Default Swap von der Zweckgesellschaft, mit welchem sich diese verpflichtet, die Ausfälle in einem zuvor bestimmten Refenzportfolio zu übernehmen. Da die Zweckgesellschaft jedoch keine Vermögenswerte hat, aus welchen sie eventuelle Zahlungsverpflichtungen aus dem Swap bestreiten kann, kauft sie in Höhe der maximalen Zahlungsverpflichtung liquide Schuldverschreibungen mit einem hervorragenden Rating (AAA/Aaa), in der Regel in Form von Staatsanleihen oder Pfandbriefen.[1] Diesen Kauf finanziert sie nun durch die Ausgabe von Asset Backed Securities; die fälligen Zahlungen auf diese Titel werden aus dem Cash-flow des Collaterals und den vereinnahmten Gebühren für den Credit Default Swap beglichen. Die Gebühren für den Credit Default Swap sind so bemessen, daß sie die Differenz zwischen den Aufwendungen der Zweckgesellschaft (Zinsen auf die Asset Backed Securities, laufende Kosten des Vehikels) und den Zinsseinnahmen aus dem Collateral ausgleichen. Synthetische Verbriefungen mit einer Kreditderivate-Struktur sind in der Regel endfällig; zum Laufzeitende werden die als Collateral dienenden Wertpapiere verkauft resp. zurückgezahlt und die zufließenden Mittel nach dem Ausgleich der Zahlungsverpflichtungen aus dem Credit Default Swap zur Rückzahlung der Asset Backed Securities verwendet. Deren Performance bemißt sich somit unmittelbar aus der Ausfallquote im durch den Credit Default Swap abgesicherten Referenzportfolio, die zu Lasten der Zahlungen an die Asset Backed-Investoren geht.

---

1 Vgl. Dresdner Kleinwort Benson (1999), S. 14.

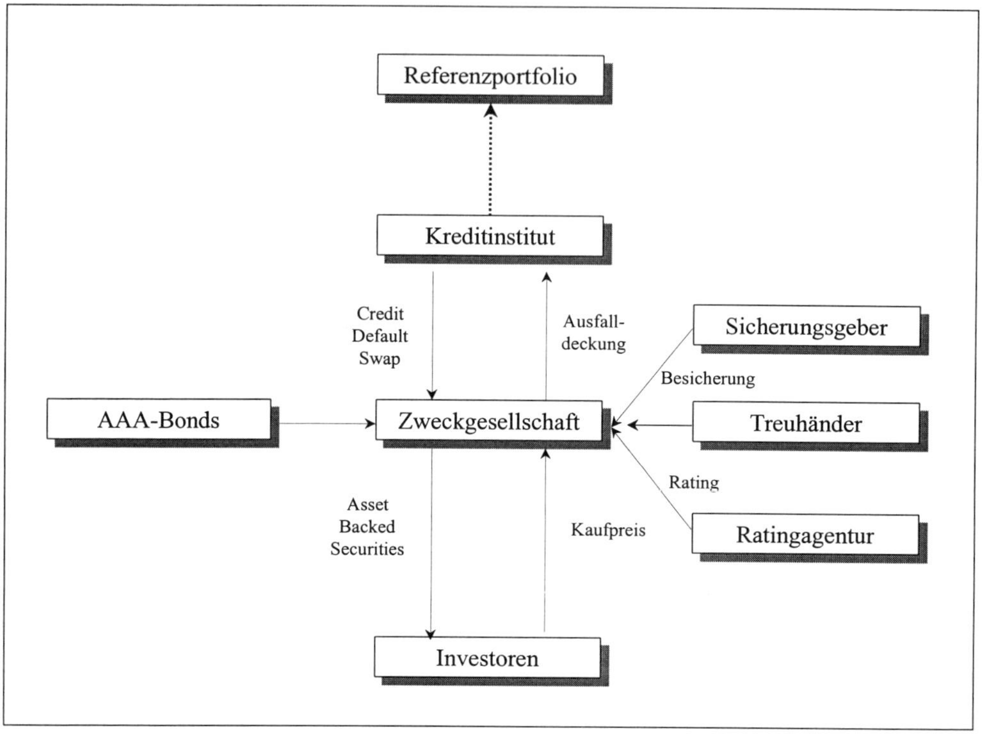

Abbildung 20: Beispiel einer Credit Default Swap-Struktur

Durch die Verwendung eines Collaterals, das bei der Ermittlung der risikotragenden Aktiva mit 0% gewichtet werden darf (Staatsanleihen eines OECD-Landes, öffentliche Pfandbriefe,[1] Bareinlage), kann das Kontrahentenrisiko aus dem Credit Default Swap mit 0% gewichtet werden und die Transaktion führt zu einer maximalen Befreiung von haftendem Eigenkapital. Wie bei den klassischen Asset Backed-Transaktionen ist es jedoch auch hier üblich, daß das initiierende Kreditinstitut sich in Höhe des First Loss am Credit Enhancement beteiligt.[2] Insgesamt beläuft sich somit die realisierbare Eigenkapitalentlastung auf 8% minus dem geleisteten Credit Enhancement.

Durch den Wegfall des bilanzwirksamen Verkaufs bieten synthetische Verbriefungen neben dem Vorteil des geringeren administrativen Aufwands und der unveränderten Bilanzsumme auch die Möglichkeit, Darlehen in den Referenzpool einzubringen, welche aus rechtlichen oder administrativen Gründen nicht für die Verbriefung geeig-

---

1 Ein Beispiel für eine mit öffentlichen Pfandbriefen unterlegte synthetische Verbriefung eines deutschen Kreditinstitutes findet sich im Anhang.

2 Z. B. über den Kauf der nachrangigsten (Equity-) Tranche.

net sind.[1] Hierdurch kann der Ressourcenaufwand reduziert und eine Transaktion in einem deutlich engeren Zeitrahmen realisiert werden.[2]

Für die deutschen Kreditinstitute mit ihrer in der Regel sehr guten Bonität stellt sich jedoch auch bei einer solchen Form der synthetischen Verbriefung die Problematik, für das gesamte Transaktionsvolumen einen Komplexitätsaufschlag auf die Asset Backed Securities begleichen zu müssen,[3] der sich in der Höhe der Prämie für den Credit Default Swap niederschlägt. Um diesen „Funding-Nachteil" möglichst gering zu halten, wurden die synthetischen Credit Default Swap-Strukturen durch die nur partielle Verbriefung des Transaktionsvolumens weiter verfeinert. Hierbei wird das der Transaktion zugrundeliegende Referenzportfolio eines Kreditinstituts in mehrere „Risikotranchen" (erwarteter Ausfall, unerwarteter Ausfall, Katastrophenausfall) strukturiert,[4] auf welche dann jeweils ein Credit Default Swap abgeschlossen wird. Im Gegensatz zu den oben aufgezeigten Strukturen werden jedoch nur die Credit Default Swaps auf den unerwarteten Verlust und den erwarteten Verlust von der Zweckgesellschaft ausgestellt. Der bei weitem größte Teil des zu sichernden Risikos, das Katastrophenrisiko,[5] wird hingegen meist von einer OECD-Bank übernommen. Für das von ihr selbst übernommene Risiko deckt sich die Zweckgesellschaft wiederum mit AAA-Bonds eines nicht risikoaktivaanrechnungspflichtigen Emittenten ein und finanziert diesen Kauf über die Ausgabe von Asset Backed Securities. In der Regel ist die Qualität des Underlyings und das Credit Enhancement so gut, daß selbst in einem solchen Fall die Senior-Asset Backed Securities mit einem AAA-Rating versehen werden können.[6] Wiederum ist die Gebühr für den Credit Default Swap mit der Zweckgesellschaft gerade so hoch bemessen, daß sie die Differenz zwischen den Zinsaufwendungen des Vehikels nebst laufenden Kosten und den Zinseinnahmen aus dem Collateral ausgleicht. Das initiierende Kreditinstitut muß somit nur für den durch die Zweckgesellschaft getragenen Teil des Risikos den Komplexitätsaufschlag für die emittierten Asset Backed Securities übernehmen. Beim Swap auf den größten und bonitätsmäßig besten Teil[7] des Portfolios muß dieser Auf-

---

1 Z. B. Aktiva unterschiedlicher Rechtskreise oder ungezogene Kreditlinien.

2 Vgl. Deutsche Bank (1999), S. 15; Trestler (1999), S. 25.

3 Vgl. hierzu Abschnitt D 1.2.1. Bei synthetischen Verbriefungen ist dieser Komplexitätsaufschlag sogar noch höher. Vgl. Deutsche Bank (1999), S. 14.

4 Vgl. Deutsche Bank (1999), S. 11.

5 Als Richtgröße hierfür können 90% angenommen werden.

6 Da bei solchen Strukturen die begebenen Asset Backed Securities den erwarteten und unerwarteten Verlust eines um ein Vielfaches größeren Darlehenspools decken, werden sie auch „Leveraged-Transaktionen" genannt.

7 Die sogenannnte Super-Senior Class. Vgl. Deutsche Bank (1999), S. 11.

schlag nicht gezahlt werden, wodurch die Transaktion in der Regel kostengünstiger als eine zu 100% finanzierte synthetische Verbriefung realsiert werden kann.

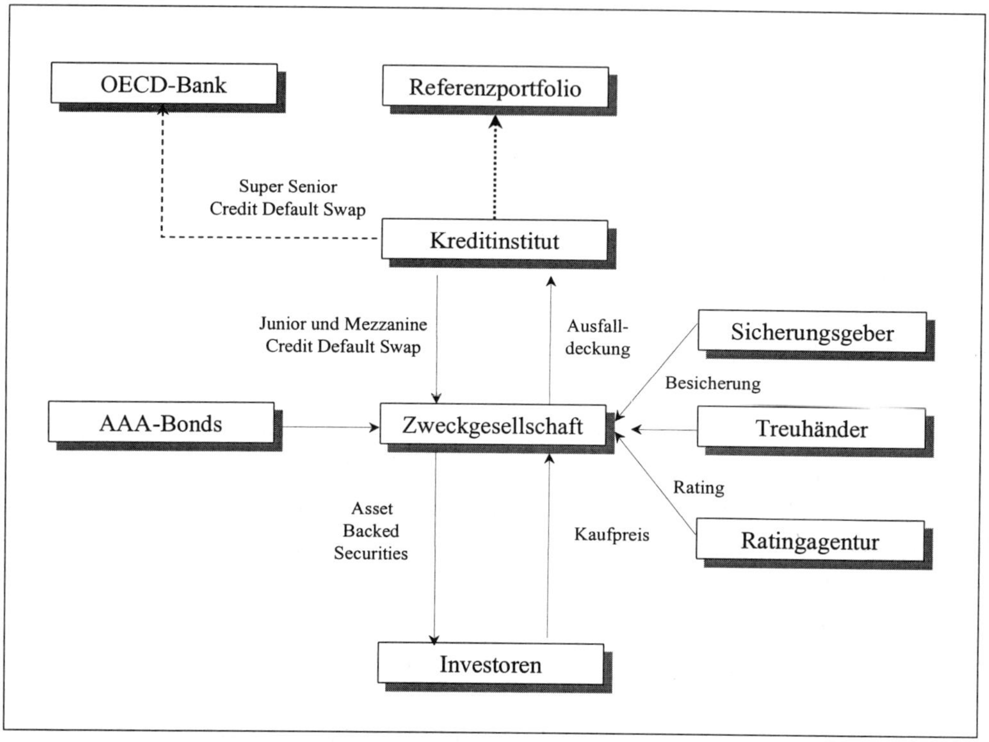

Abbildung 21: Beispiel einer Leveraged Credit Default Swap-Struktur

Für den durch das nicht risikoaktivaanrechnungspflichtige Collateral gedeckte Credit Default Swap ist analog zu oben kein Eigenkapital vorzuhalten. Für den Super Senior Credit Default Swap muß, vorausgesetzt er wird von einer OECD-Bank gezeichnet, das Kontrahentenrisiko mit 20% auf die risikotragenden Aktiva angerechnet werden.[1] Übernimmt das Kreditinstitut wie üblich ein Credit Enhancement, muß dies zusätzlich vom haftenden Eigenkapital abgezogen werden. Somit wird deutlich, daß durch eine partielle synthetische Verbriefung auf jeden Fall eine geringere Entlastung des haftenden Eigenkapitals erreicht wird als bei einer vollständigen synthetischen Verbriefung. Die dadurch entgangene Reduzierung der Eigenkapitalkosten wird üblicherweise jedoch durch den Vorteil bei den eingesparten Funding-Kosten (Komplexitätsaufschlag) mehr als wettgemacht, so daß letztendlich die partielle synthetische Verbriefung die kostengünstigste synthetische Variante darstellen dürfte.

1 Vgl. Deutsche Bank (1999), S. 12.

Allerdings ist die Anzahl der synthetischen Verbriefungen bisher noch sehr gering,[1] von deutschen Kreditinstituten wurden bis Herbst 1999 lediglich drei solche Transaktionen durchgeführt.[2] Die Ursache hierfür liegt im nach wie vor engen weltweiten Markt für Kreditderivate und der ungeklärten aufsichtsrechtlichen Behandlung von synthetischen Verbriefungen.[3] Doch selbst wenn diese Hindernisse aus dem Weg geräumt sind, stellt sich für die deutschen Kreditinstitute die bekannte Problematik bei der Beurteilung der Qualität des zu verbriefenden Portfolios.[4]

---

1 Vgl. Deutsche Bank (1999), S. 1.

2 Dies waren Geldilux 99-1 und Geldilux 99-2 von der HypoVereinsbank AG und Blue Stripe 1999-1 von der Deutsche Bank AG.

3 Vgl. Deutsche Bank (1999), S. 2f.

4 Vgl. hierzu die Abschnitte C 3.1.1.3 und C 3.2.

E Fazit

Ziel dieser Arbeit war, zu untersuchen, ob die Finanzierungstechnik „Verbriefung bankeigener Forderungen“ von den deutschen Universalkreditinstituten angewendet werden kann und welche Bedeutung den unterschiedlichen Einsatzmöglichkeiten der Asset Securitisation beizumessen ist. Hierzu wurde in Teil B zunächst ein fachliches Gerüst für die weiteren Ausführungen geschaffen, indem dem Leser die Struktur, die Beteiligten und die Besonderheiten dieser Finanzierungstechnik erläutert wurden. Darüber hinaus erfolgte eine thematische Einordnung und Abgrenzung der Asset Securitisation. Die Frage nach der Anwendbarkeit der Verbriefung bankeigener Forderungen war Gegenstand des ersten Untersuchungskomplexes (Teil C). Nach der Darlegung und Diskussion des formellen Rahmens wurden zunächst die materiellen Anforderungen erarbeitet, die von den Krediten als Gegenstand der Verbriefung und von den Kreditinstituten als tragende Partei einer Asset Backed-Transaktion erfüllt werden sollten. Durch den anschließenden Vergleich dieser Anforderungen mit den von den deutschen Universalkreditinstituten vergebenen Kreditarten, deren Kreditvolumina und den in den Instituten anzutreffenden Voraussetzungen konnten dezidierte Aussagen über die Anwendbarkeit der Asset Securitisation abgeleitet werden. Die Untersuchung der Einsatzmöglichkeiten der Verbriefung bankeigener Forderungen erfolgte in Teil D. Aufbauend auf der Darstellung und Analyse der unterschiedlichen Einsatzmöglichkeiten der Asset Securitisation wurde deren Bedeutung für die einzelnen deutschen Universalbankgruppen beurteilt. Schließlich erfolgte auch eine Betrachtung der Risiken, die sich für ein Kreditinstitut in seiner Rolle als Serviceagent und Originator ergeben können. Abschließend sollen die wichtigsten Erkenntnisse nochmals kurz reflektiert werden.

Die Untersuchung hat gezeigt, daß die Finanzierungstechnik „Verbriefung bankeigener Forderungen“ von den deutschen Universalkreditinstituten eingesetzt werden kann. Allerdings lassen sich deutliche Unterschiede sowohl zwischen den einzelnen Kreditarten als auch zwischen den betrachteten Bankengruppen erkennen. Als besonders geeignet für die Verbriefung wurden Raten- und Wohnungsbaukredite identifiziert. Daneben ist auch die Verbriefung von Firmenkundenkrediten möglich, wenn das Kreditbeurteilungssystem des Originators den Anforderungen der Ratingagenturen gerecht wird.

Vorteile bei der Anwendung der Asset Securitisation weisen eindeutig die Großbanken und die großen Institute aus der Gruppe der Regional- und sonstigen Kreditbanken auf. Zum einen verfügen in der Regel nur diese Banken über Kreditbeurteilungssysteme im Firmenkreditgeschäft, welche den Ratingagenturen eine Prüfung und Bewertung des Kreditpools ermöglicht, ohne daß die einzelnen Kreditengagements offengelegt werden müssen. Lediglich sie haben deshalb die Möglichkeit, Firmenkundenkredite zu verbriefen. Zum anderen können sie bei allen geeigneten Kreditarten auf Portfoliovolumina zurückgreifen, die ihnen die alleinige Durchführung einer Asset Backed-Transaktion ermöglichen. Darüber hinaus besitzen vor allem diese auch im Investmentbanking tätigen Kreditinstitute das notwendige Know-how sowie die technischen und finanziellen Ressourcen, um auch kurzfristig eine Asset Backed-Transaktion zu realisieren.

Demgegenüber gestaltet sich für viele Institute aus der Gruppe der Regional- und sonstigen Kreditbanken, der Sparkassen und der Genossenschaftsbanken die Durchführung einer Asset Backed-Transaktion schwieriger. Denn ihre Kreditbeurteilungssysteme sind vielfach nicht geeignet, als Basis für die Bewertung eines Pools aus Firmenkundenkrediten herangezogen zu werden; mithin steht diesen Kreditinstituten nur die Verbriefung von Krediten aus dem Privatkundengeschäft offen. Dabei wiederum werden zahlreiche Banken und Sparkassen Mühe haben, ein Kreditvolumen aufzubringen, das ihnen die Durchführung einer Asset Backed-Transaktion in einem Single Originator-Vehikel erlaubt; lediglich die großen Sparkassen, wenige, sehr große Kreditgenossenschaften und diejenigen Banken, die sich auf das Privatkunden- oder Absatzfinanzierungsgeschäft spezialisiert haben, werden vom Autor diesem Kreis zugerechnet. Durch den Rückgriff auf Asset Backed-Programme, bei denen die Zweckgesellschaft als Multi Seller-Vehikel fungiert und Forderungen mehrerer Originatoren aufkauft, kann die Eintrittsbarriere „Kreditvolumen" jedoch deutlich gesenkt und der Kreis der Institute, welche die Asset Securitisation nutzen können, erweitert werden. Die Arbeit hat aufgezeigt, daß vor allem in den Banken dieser Institutsgruppen noch erhebliche Anstrengungen erforderlich sind, um sowohl die Datenbasis als auch die technische Infrastruktur und das Know-how für die Verbriefung eigener Forderungen bereitzustellen. Die breite Anwendbarkeit der Verbriefung bankeigener Forderungen in diesen Gruppen hängt deshalb vor allem davon ab, bis wann und mit welchem Aufwand die Sparkassen, die Genossenschaftsbanken und die Kreditbanken in der Lage sind, die hierfür notwendigen Vorleistungen zu erbringen. Dabei verfügen vor allem die Sparkassen und Genossenschaftsbanken mit ihrer Einbettung in den jeweiligen Verbund über eine gute Ausgangsposition; sie weisen auf der Ebene der Verbandsrechenzentren relativ homogene EDV-Systeme und Datenbasen auf und können beim Aufbau eines Multi Seller-Vehikels auf ihre übergeordneten Dachinstitute zurückgreifen. Hingegen wird sich die rasche Durchführung einer Asset Backed-Transaktion für die meisten Regional- und sonstigen Kreditbanken kleiner und mittlerer Größe schwierig gestalten, da ihnen a priori kein Partner zur Schaffung der notwendigen Infrastruktur und bei der Gründung eines Multi Seller-Vehikels zur Verfügung steht.

Die Untersuchung der Einsatzmöglichkeiten der Verbriefung bankeigener Forderungen für die deutschen Universalkreditinstitute ergab ebenfalls ein differenziertes Bild. So wurde deutlich, daß ein Teil der identifizierten Einsatzmöglichkeiten der Verbriefung bankeigener Forderungen für die deutschen Universalkreditinstitute nur von untergeordneter Bedeutung ist, weil entweder kein Bedarf zur Nutzung dieser Möglichkeiten besteht oder dieser Bedarf durch einfachere und kostengünstigere Instrumente abgedeckt werden kann. Eindrückliches Beispiel hierfür ist die Möglichkeit, durch die Verbriefung bankeigener Forderungen die Kosten des Eigenkapitals und so die Finanzierungskosten zu senken. Diesem „schlagendsten“ Argument für den Einsatz der Verbriefung bankeigener Forderungen kommt in vielen deutschen Universalkreditinstituten praktisch keine Bedeutung zu, da für sie Eigenkapital noch ein günstiges und in ausreichendem Maße vorhandenes Finanzierungsmittel ist. Daneben zeigte sich, daß den relevanten Einsatzmöglichkeiten der Asset Securitisation in Abhängigkeit von der Gruppenzugehörigkeit und der individuellen Situation eines Universalkreditinstitutes unterschiedliches Gewicht beigemessen wird. So ist z. B. die Möglichkeit, die Asset Securitisation zur Erhöhung der Eigenkapitalrentabilität und des Unternehmungswertes zu nutzen, vor allem für die Banken in der Rechtsform einer Kapitalgesellschaft von Bedeutung. Argumente wie die Schaffung eines flexiblen Wachstumspotentials, die Erhöhung der Rendite auf das Risikokapital oder die Steigerung des Ansehens haben insbesondere bei den Großbanken und den größten Regional- und sonstigen Kreditbanken Gewicht, da diese Institute aufgrund ihrer Größe und ihres Wissensvorsprungs eher in der Lage sind, die sich daraus ergebenden Chancen zu nutzen. Demgegenüber sind für die Sparkassen und Genossenschaftsbanken sowie die meisten der Regional- und sonstigen Kreditbanken die Einsatzmöglichkeiten der Verbreiterung der Investorenbasis oder der Verlagerung der Kreditrisiken zu priorisieren; meist verfügen sie gar nicht über die Voraussetzungen, um die anderen Einsatzmöglichkeiten der Asset Securitisation zu nutzen. Hingegen bietet die Aufspaltung des Kreditprozesses durch die Asset Securitisation gerade den Banken dieser Institutsgruppen die Chance, sich auf ihre individuellen Stärken, vornehmlich im Vertrieb, zu konzentrieren. Ein Nutzen hieraus ergibt sich allerdings erst dann, wenn die standardisierte und immer wiederkehrende Verbriefung bankeigener Forderungen auch für sie problemlos durchführbar ist.

Somit wird deutlich, daß die Verbriefung bankeigener Forderungen vor allem für die großen und ressourcenstarken deutschen Universalkreditinstitute von Vorteil sein wird. Zum einen verfügen diese Institute über die besseren Voraussetzungen bei Volumen, Technik und Know-how, um Asset Backed-Transaktionen mit allen geeigneten Kreditarten durchzuführen. Zum anderen müssen diese Institute die Einsatzmöglichkeiten der Asset Securitisation nutzen, um ihre Stellung auf den internationalen Finanzmärkten und im Wettbewerb um Eigenkapital zu behaupten. Vor diesem Hintergrund ist in Deutschland in der näheren Zukunft vor allem mit Asset Backed-Transaktionen der Großbanken, der großen Regionalbanken sowie einigen, auf das Konsumentenkredit- oder Absatzfinanzierungsgeschäft spezialisierten Kreditbanken zu rechnen. Hingegen werden Asset Backed-Transaktionen mit eigenen Forderungen von Sparkassen, Genossenschaftsbanken und den meisten Regional- und sonstigen Kreditbanken vorläufig noch die Ausnahme bleiben. Kurzfristig ist mit Transaktionen dieser Institute nur dann zu rechnen, wenn aufgrund eines Engpasses bei den haftenden Eigenmitteln der Druck zur Abgabe von Krediten entsteht. Nicht ausgeschlossen sind aber auch (wenige) Transaktionen mit dem Ziel der Verbreiterung der Finanzierungsbasis oder aus Gründen des Erfahrungsaufbaus.

Mit einem massiven Aufschwung der Verbriefung bankeigener Forderungen in Deutschland ist erst dann zu rechnen, wenn zwei Faktoren erfüllt sind: Erstens muß bei allen Instituten die Notwendigkeit einer risikooptimierten Gestaltung der Bilanz erkannt und die Ausrichtung am bestmöglichen Risiko-/Renditeverhältnis zu einem strategischen Oberziel der Geschäftspolitik gemacht werden. Solange diese Maxime nur für wenige privatrechtliche Universalkreditinstitute gilt und alle anderen Kreditinstitute die Asset Securitisation als einen Rettungsanker bei nicht ausreichender Eigenkapitalversorgung sehen, wird die Verbriefung bankeigener Forderungen nur eine untergeordnete Rolle bei der Finanzierung deutscher Kreditinstitute spielen. Die Diskussion um die Eigentümer- und Haftungssituation der öffentlich-rechtlichen Banken erscheint jedoch als wirkungsvoller Katalysator, um diese notwendige Erkenntnis rasch und auf breiter Front zu fördern. Zweitens müssen auch auf der breiten Front der Regionalbanken, Sparkassen und Genossenschaftsbanken die technischen Voraussetzungen für die Durchführung einer Asset Backed-Transaktion geschaffen werden. Dabei ist diesen Kreditinstituten zu empfehlen, sich konsequent mit den Einsatzmöglichkeiten der Verbriefung bankeigener Forderungen auseinanderzusetzen und frühzeitig in die Vorbereitung einer Asset Backed-Transaktion zu investieren. Denn neben der Schaffung einer langfristigen Basis für die künftige Verbriefung eigener Forderungen erhöhen die Revision der Systeme und die geschaffene Transparenz des Kreditportfolios schon heute die geschäftspolitischen Steuerungsmöglichkeiten.

Offen bleibt die empirische Überprüfung der Wirkungen der Asset Securitisation auf die deutschen Universalkreditinstitute. Dieses Forschungsvorhaben kann erst in einigen Jahren angegangen werden, wenn – bis dahin vermutlich – auf eine große Zahl von Asset Backed-Transaktionen mit eigenen Forderungen deutscher Universalkreditinstitute zurückgeblickt werden kann.

Anhang

Beispiele für die Verbriefung bankeigener Forderungen durch deutsche Universalkreditinstitute

Abbildungsverzeichnis

Tabellenverzeichnis

1 Verbriefung von Wohnungsbaudarlehen aus dem Kreditportfolio der Deutsche Bank AG: HAUS 1998-1 Limited Transaktion

Am 12. Mai 1998 plazierte die Deutsche Bank AG erstmals Mortgage Backed Securities am Kapitalmarkt, die mit Wohnungsbaudarlehen aus ihrer eigenen Bilanz unterlegt sind. Das Gesamtvolumen der Transaktion betrug rund 1,4 Mrd. DM.[1] Damit nutzte sie als eines der ersten Kreditinstitute in Deutschland die Möglichkeit, bankeigene Forderungen entsprechend dem Rundschreiben 4/97 des BAKred mit bilanzbefreiender Wirkung abzutreten. Als Käufer der Forderungen trat die HAUS 1998-1 Ltd., eine Zweckgesellschaft mit Sitz in St. Hellier, Jersey, auf. Eigentümer von HAUS 1998-1 Ltd. mit einem eingezahlten Eigenkapital von 2 DM ist die gemeinnützige Stiftung HAUS (Housing Assets Underlying Securities).[2] HAUS 1998-1 Ltd. finanzierte die Übernahme der Darlehen durch die Emission von Mortgage Backed Securities, welche aus den Zins- und Tilgungszahlungen der Darlehen bedient werden.

Die Verwaltung der Darlehen verbleibt bei der Deutsche Bank AG, wofür diese eine Servicefee in Höhe von 0,80% des ausstehenden Poolvolumens erhält.[3] Gleichzeitig führt die Deutsche Bank AG auch alle Konten im Zusammenhang mit der Transaktion. Als Treuhänder fungiert die Deloitte & Touche Wirtschaftsprüfungsgesellschaft AG, und für den Fall eines Ausfalls der Deutsche Bank AG als Serviceagent sind die Daten der einzelnen Kreditnehmer bei der Deutsche Bank Bauspar AG hinterlegt.[4] Um mögliche Schwankungen der Zahlungsströme auszugleichen, wurde ein Swap mit der Deutsche Bank AG abgeschlossen. Das Verbleiben der Funktionen als Serviceagent, Kontenstelle und Swappartner bei der Deutsche Bank AG ist jeweils an bestimmte Mindestratings geknüpft. Werden diese unterschritten, müssen die Aufgaben zu Lasten der Deutsche Bank AG von anderen Institutionen übernommen werden.[5] Die Struktur der Transaktion stellt sich wie folgt dar:

---

1 Vgl. o. V. (1998c), S. 4; Hagger (1998), S. 170ff.

2 Vgl. Fitch/IBCA (1998c), S. 1; Deutsche Bank (1998a), S. 54.

3 Vgl. Deutsche Bank (1998a), S. 46.

4 Vgl. Deutsche Bank (1998a), S. 64.

5 Vgl. Standard & Poor's (1998a), S. 2; Moody's Investors Service (1998a), S. 3.

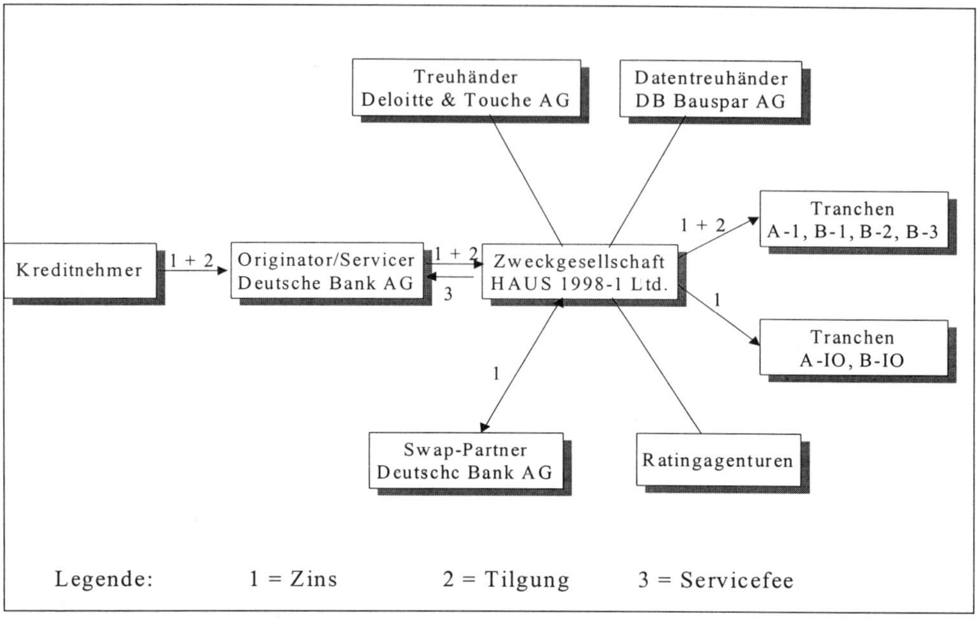

Abbildung 1: Struktur der HAUS 1998-1 Transaktion[1]

Der zugrunde liegende Forderungspool besteht aus 16.158 festverzinslichen Darlehen für die Finanzierung von Eigenheimen oder gemischt genutzten Immobilien von Privatpersonen mit einem Gesamtvolumen von 1.404.579.581,86 DM.[2] Hierbei handelt es sich fast ausschließlich um nachrangige Hypothekenforderungen, welche die Deutsche Bank AG im Rahmen ihrer gewöhnlichen Geschäftstätigkeit in Deutschland vergeben hat. Der durchschnittliche Zinssatz der Darlehen im Pool betrug zum Abtretungszeitpunkt (15. April 1998) 6,847%, die durchschnittliche Restlaufzeit lag bei 235,7 Monaten.[3] Bei der Selektion der Darlehen wurden folgende Selektionskriterien zugrunde gelegt:[4]

- Monatliche Zahlungsweise.
- Durch eine Grundschuld besichert.
- Der Darlehensbetrag ist voll ausbezahlt.
- Die Restschuld liegt nicht unter 10.000 DM.
- Der Zinssatz liegt nicht unter 5,5%.
- Das Darlehen war nie mehr als 14 Tage in Verzug.
- Der Beleihungswert beträgt zwischen 60% und 100%.

---

1 In Anlehnung an Duff & Phelps Credit Rating (1998b), S. 2; Fitch/IBCA (1998c), S. 4.

2 Vgl. Deutsche Bank (1998a), S. 3.

3 Vgl. Deutsche Bank (1998a), S. 38.

4 Vgl. Duff & Phelps Credit Rating (1998b), S. 4; Fitch/IBCA (1998c), S. 2.

• Keine Kredite, die vor 1987 vergeben wurden.

Die Diversifikation des unterliegenden Kreditpools geht aus nachfolgenden Tabellen hervor:

Beleihungswert (%)	Anzahl Kredite	Kreditvolumen (DM)	Anteil am Kreditvolumen
60,00 - 70,00	2.580	226.772.885,87	16,145%
70,01 - 80,00	4.073	341.267.240,34	24,297%
80,01 - 85,00	2.346	197.591.599,90	14,068%
85,01 - 90,00	2.533	218.049.214,02	15,524%
90,01 - 95,00	2.419	219.471.517,83	15,625%
95,01 - 100,00	2.207	201.427.123,90	14,341%
Summe	16.158	1.404.579.581,86	100,000%

Tabelle 1: Beleihungswerte der Darlehen in der HAUS 1998-1 Transaktion[1]

Darlehensbetrag (DM)	Anzahl Kredite	Kreditvolumen (DM)	Anteil am Kreditvolumen
< 50.000	6.481	225.028.709,24	16,021%
50.000,01 – 100.000,00	5.263	395.847.703,18	28,183%
100.000,01 – 150.000,00	1.901	239.602.097,11	17,059%
150.000,01 – 200.000,00	1.403	184.301.177,65	13,121%
200.000,01 – 250.000,00	472	106.807.316,37	7,604%
250.000,01 - 300.000,00	261	72.629.396,25	5,171%
300.000,01 - 350.000,00	145	47.388.487,77	3,374%
350.000,01 - 400.000,00	81	30.559.873,57	2,176%
400.000,01 - 650.000,00	97	47.407.465,25	3,375%
650.000,01 - 1.000.000,00	34	26.405.084,71	1,880%
> 1.000.000,00	20	28.602.270,76	2,036%
Summe	16.158	1.404.579.581,86	100,000%

Tabelle 2: Verteilung der Darlehensbeträge in der HAUS 1998-1 Transaktion[2]

---

1 Vgl. Deutsche Bank (1998a), S. 37.

2 Vgl. Deutsche Bank (1998a), S. 38.

Zinssatz in %	Anzahl Kredite	Kreditvolumen (DM)	Anteil am Kreditvolumen
5,501 – 6,000	2.485	213.030.748,64	15,167%
6,001 – 6,500	3.280	320.939.983,17	22,850%
6,501 – 7,000	3.839	364.870.800,23	25,977%
7,001 – 7,500	2.899	255.176.960,49	18,167%
7,501 – 8,000	2.056	155.370.085,56	11,062%
8,001 – 8,500	889	55.401.742,82	3,944%
8,501 – 9,000	497	29.001.462,47	2,065%
9,001 – 9,500	159	8.096.535,23	0,576%
9,501 – 10,000	43	2.354.196,39	0,168%
10,001 – 10,500	7	222.656,81	0,016%
10,501 11,500	4	114.410,05	0,009%
Summe/Durchschn.	16.158	1.404.579.581,86	100,000%

Tabelle 3: Zinsverteilung der Darlehen in der HAUS 1998-1 Transaktion[1]

Postleitzahl (erste Ziffer)	Anzahl Kredite	Kreditvolumen (DM)	Anteil am Kreditvolumen
0	1.894	206.881.461,03	14,729%
1	2.108	276.757.000,31	19,704%
2	1.136	103.020.002,13	7,335%
3	1.883	159.295.790,68	11,341%
4	3.139	201.746.726,18	14,363%
5	2.377	160.906.116,09	11,456%
6	1.137	88.545.540,95	6,304%
7	976	67.882.721,28	4,833%
8	435	39.439.983,78	2,808%
9	1.073	100.104.059,43	7,127%
Summe	16.158	1.404.579.581,86	100,000%

Tabelle 4: Regionale Verteilung der Darlehen in der HAUS 1998-1 Transaktion[2]

Die Darlehen im Pool sind überwiegend mit Buch- und Briefgrundschulden gesichert. Um den juristischen Aufwand gering zu halten, wurden lediglich die Darlehen ohne die dazugehörigen Grundschulden an die Zweckgesellschaft übertragen. Die Übertragung der Grundschulden zur Sicherung der Investoren erfolgt erst, wenn das Rating der

1 Vgl. Deutsche Bank (1998a), S. 38.

2 Vgl. Deutsche Bank (1998a), S. 40.

Deutsche Bank AG unter eine bestimmte Güte sinkt (sog. trigger event). Demgemäß werden die Briefgrundschulden erst dann übertragen, wenn das Rating für die langfristigen Verbindlichkeiten der Deutschen Bank auf A- (S&P, DCR, Fitch/IBCA) bzw. A3 (Moody's) sinkt, und die Buchgrundschulden verbleiben so lange im Eigentum der Deutsche Bank AG, bis das Rating für ihre langfristigen Verbindlichkeiten auf BBB+ (S&P, DCR, Fitch/IBCA) bzw. Baa1 (Moody's) herabgesetzt wird.[1]

Zur Verbesserung der Bonität der Mortgage Backed Securities wurde eine Subordinationsstruktur festgelegt, welche die Gesamtemission in sechs Tranchen aufteilt. Die erste Tranche (A-1) hat einen Anteil von 91% am gesamten Emissionsvolumen und ist von allen beauftragten Ratingagenturen mit dem bestmöglichen Rating bewertet worden. Die Bonität der ersten Tranche wird durch drei kleinere Tranchen (B-1, B-2, B-3) gestützt und reduziert deren Ausfallwahrscheinlichkeit bei einem Besicherungsniveau von 9% auf null.[2] Sämtliche Ausfälle der unterliegenden Darlehensforderungen gehen zunächst zu Lasten der Zahlungen auf die ungeratete Tranche B-3.[3] Erst wenn die Ausfälle über den Umfang dieser Tranche hinausgehen, werden die Tilgungszahlungen an die Inhaber der Tranchen B-2, B-1 und schließlich A-1 beschnitten. Da in der Transaktion kein Reservekonto vorgesehen ist, müssen sämtliche Zinszahlungen auf die unterliegenden Forderungen weitergereicht werden. Die Differenz zwischen dem gewichteten Durchschnittszinssatz des Pools und den variablen Zinsen auf die Tranchen A-1, B-1 und B-2 wird an die Tranchen A-IO und B-IO (IO: intrest only) weitergereicht. Da jeden Monat mehrere hundert Millionen DM an Darlehen aus dem Pool mit einem neuen Zinssatz ausgestattet werden, sind die Tranchen A-IO und B-IO die primären Träger des Zinsänderungsrisikos und des Risikos vorzeitiger Rückzahlungen.[4] Auch bei diesen Tranchen besteht eine Subordinationsstruktur, wobei allfällige Ausfälle zunächst zu Lasten der Tranche B-IO gehen. Die Gefahr, daß die Zinszahlungen auf den Darlehenspool aufgrund von temporären Marktzinsschwankungen auch nicht zur Bedienung der Ansprüche der Investoren in die Tranchen A-1, B-1 und B-2 ausreichen, wird durch einen Zinsswap mit der Deutsche Bank AG, der diese zur Zahlung des entsprechenden Differenzbetrages verpflichtet, abgemildert.[5]

Die Zins- und Tilgungszahlungen auf die einzelnen Tranchen sind monatlich fällig und berechnen sich auf Basis der Zins- und Tilgungszahlungen auf die einer jeweiligen

---

1 Vgl. Deutsche Bank (1998a), S. 42.

2 Vgl. o. V. (1998c), S. 4; Duff & Phelps Credit Rating (1998b), S. 4; Fitch/IBCA (1998c), S. 1.

3 Vgl. Duff & Phelps Credit Rating (1998), S. 1.

4 Vgl. o. V. (1998c), S. 4.; Deutsche Bank (1998a), S. 4; Duff & Phelps Credit Rating (1998b), S. 2; Fitch/IBCA (1998c), S. 4.

5 Vgl. Duff & Phelps Credit Rating (1998b), S. 2.

Tranche unterliegenden Darlehen. Die Laufzeit der gesamten Transaktion wird durch die Laufzeit der im Pool enthaltenen Kredite bestimmt. Erst wenn der letzte Kredit des Pools getilgt ist, kann auch die Anleihe vollständig zurückgezahlt werden. Für die gesamte Emission wird eine vollständige Rückzahlung bis spätestens Mai 2035 erwartet. Die Deutsche Bank AG hat sich jedoch ein Rückkaufrecht auf die unterliegenden Darlehen für den Fall einräumen lassen, daß das ausstehende Volumen der Mortgage Backed Securities unter 10% des Ausgabevolumens sinkt. Dieser Rückkauf ist wie eine vorzeitige Rückzahlung zu behandeln und führt zum Ausgleich der Anleiheverbindlichkeiten der HAUS 1998-1 Ltd., so daß die tatsächliche Laufzeit deutlich unter der angegebenen Maximallaufzeit liegen wird.[1] Absolut exakt kann sie jedoch nicht vorhergesagt werden. Die Ausstattungsmerkmale der einzelnen Tranchen sind in Tabelle 5 zusammengefaßt:

Tranche	Volumen (DM)	erwartete Laufzeit	Verzinsung	Rating		
				S&P	Moody's	Fitch/ DCR
A-1	1.278.167.000	4,1 Jahre	LIBOR + 17 bp	AAA	Aaa	AAA
A-IO	1.278.167.000	4,1 Jahre	WANM linked	AAAr	Aaa	AAA
B-1	56.183.000	8,3 Jahre	LIBOR + 48 bp	A	A1	A
B-2	42.137.000	8,3 Jahre	LIBOR + 93 bp	BBB	Baa2	BBB
B-IO	98.320.000	8,3 Jahre	WANM linked	BBBr	Baa2	BBB
B-3	28.092.582	4,1 Jahre	WANM	-	-	-

Tabelle 5: Ausstattung der HAUS 1998-1 Ltd. Mortgage Backed Securities[2]

Neben der Besicherung durch die nachgeordneten Tranchen waren folgende Punkte ausschlaggebend für das hervorragende Rating der Tranchen A-1 und A-IO:[3]

- Die Deutsche Bank AG verfügt über ein institutseinheitliches und rigides Bonitätsprüfungsverfahren im Hypothekargeschäft, aus dem ein Kreditportfolio mit geringem Risiko erwächst.
- Die Qualität der Kreditverwaltung und des Inkassos ist durch den großen Umfang der in der Vergangenheit getätigten Hypothekengeschäfte und durch die dezentrale Organisationsstruktur mit einer hohen regionalen Kompetenz der Verantwortlichen gekennzeichnet.

---

1 Vgl. Deutsche Bank (1998a), S. 4; Fritz (1998), S. 17; Standard & Poor's (1998a), S. 3.

2 IO: Intrest only; WANM: Weighted Average Net Mortgage Rate. Vgl. Deutsche Bank (1998a), S. 133; o. V. (1998c), S. 4; Moody's Investors Service (1998a), S. 1; o. V. (1998a), S. 28.

3 Vgl. Duff & Phelps Credit Rating (1998b), S. 4; Fitch/IBCA (1998c), S. 1ff.; Standard & Poor's (1998a), S. 1; Moody's Investors Service (1998a), S. 2.

- Die Deutsche Bank AG geht bei der Bewertung der zugrunde liegenden Hypotheken sehr konservativ vor und berücksichtigt auch mögliche Fluktuationen des Marktpreises.
- Durch die gewählte Transaktionsstruktur ist gewährleistet, daß die Emission auch nach einem Ausscheiden der Deutsche Bank AG ohne negative Folgen für die Investoren fortgesetzt werden kann.

Erklärtes Ziel dieser Transaktion war für die Deutsche Bank AG, einen Meilenstein in der Verbriefung von Hypothekenforderungen in Deutschland und Europa zu setzen und sich ein Image als Marktführer bei der Verbriefung von Hypothekenforderungen in Deutschland zu schaffen. Dies ist ihr mit einer Emissionsstruktur, die erstmalig für Europa eine ungeratete Tranche und zwei IO-Tranchen enthält, auch gelungen. Daneben sollte durch diese Emission ein Investorenkreis bei Versicherungen und Fonds aufgebaut werden, der auch für weitere Emissionen dieser Art genutzt werden kann. Durch die Verbriefung der Hypothekendarlehen konnte die Deutsche Bank AG freies Eigenkapital in Höhe von 112 Mio. DM schaffen, was ein zusätzliches Neugeschäftsvolumen von 1,4 Mrd. DM ermöglichte.[1] Durch ertragreiches Neugeschäft soll die Eigenkapitalrentabilität erhöht und zu Mitbewerbern in Europa aufgeschlossen werden. Aufgrund des relativ kleinen Anteils des verbrieften Pools am gesamten Kreditportfolio der Deutsche Bank AG sind hierzu jedoch noch zahlreiche Folgetransaktionen notwendig.[2]

2 Verbriefung von Firmenkundenkrediten aus dem Kreditportfolio der Deutsche Bank AG: CORE 1998-1 Limited Transaktion

Im Rahmen der zweiten öffentlichen Asset Backed-Transaktion seit Erscheinen des Rundschreibens 4/97 des BAKred plazierte die Deutsche Bank AG im Juli 1998 erstmals Wertpapiere, die mit Firmenkundenkrediten aus ihrem eigenen Kreditportfolio unterlegt sind. Mit einem Transaktionsvolumen von über 4,26 Mrd. DM war dies die bis dahin größte Asset Backed-Emission in Europa.[3] Als Käufer der Forderungen fungierte die CORE 1998-1 Ltd., eine Zweckgesellschaft mit Sitz in St. Hellier, Jersey, und einem eingezahlten Eigenkapital von 2 DM. Muttergesellschaft der CORE 1998-1 Ltd. ist die gemeinnützige Stiftung CORE Charitable Trust.[4] Die CORE 1998-1 Ltd. finanzierte den Kauf der Firmenkundenkredite über die Ausgabe von auf DM und auf US-$ lautenden Collateralized Loan Obligations (CLOs). Das Volumen der DM-

---

1 Vgl. o. V. (1998a), S. 28; o. V. (1998c), S. 4.

2 Vgl. o. V. (1998c), S. 4; o. V. (1998a), S. 28; Hagger (1998), S. 172.

3 Vgl. o. V. (1998b), S. 30.

4 Vgl. Deutsche Bank (1998d), S. 44.

Emission belief sich auf rd. 3,1 Mrd. DM, das Volumen der US-$-Emission lag bei 601 Mio. US-$.

Die Verwaltung der Kredite verbleibt weiterhin bei der Deutsche Bank AG. Hierfür erhält sie eine feste Gebühr in Höhe von 0,1% des ausstehenden Poolvolumens und eine erfolgsabhängige Gebühr, die sich aus dem Überschuß der Zins- und Tilgungszahlungen der Kreditnehmer über alle anderen Aufwendungen der Zweckgesellschaft (Steuern, Gebühren, Sach- und Personalkosten, Zins- und Tilgungszahlungen) ergibt.[1] Des weiteren führt die Deutsche Bank AG die notwendigen Konten für die Zweckgesellschaft. Die Funktion des Treuhänders wird von der KPMG Deutsche Treuhand-Gesellschaft AG übernommen. Die Namen und Adressen der im Pool enthaltenen Kreditnehmer sind bei der Deutsche Bank Bauspar AG als Datentreuhänder hinterlegt. Auf Anweisung des Verkäufers, der Zweckgesellschaft oder des Treuhänders bzw. bei Ausfall des Serviceagenten ist die Deutsche Bank Bauspar AG verpflichtet, diese Daten gegenüber dem Treuhänder oder der Zweckgesellschaft offenzulegen.[2] Um die aus den Festzinsvereinbarungen und auf DM lautenden Zinszahlungen der Kreditnehmer in variable und zum Teil in US-$ fällige Beträge zu tauschen, wurde mit der Deutsche Bank AG sowohl ein Zins- als auch ein Währungsswap abgeschlossen.[3] Die fortlaufende Übernahme der genannten Funktionen durch die Deutsche Bank AG ist an ihr Rating gebunden. Sollten bestimmte Mindestratings unterschritten werden, sind die jeweiligen Funktionen an andere Kreditinstitute zu vergeben.[4] Die Struktur der Transaktion stellt sich wie folgt dar:

1 Vgl. Deutsche Bank (1998d), S. 37.

2 Vgl. Deutsche Bank (1998d), S. 41.

3 Vgl. Deutsche Bank (1998d), S. 41.

4 Das Servicing ist an ein Mindestrating (Aa3/AA-) für die langfristigen Verbindlichkeiten der Deutsche Bank AG gebunden, und die Berechtigung zur Kontenführung hängt vom Rating für kurzfristige Verbindlichkeiten ab (nicht unter A-1+/P-1). Vgl. Deutsche Bank (1998d), S. 39ff.

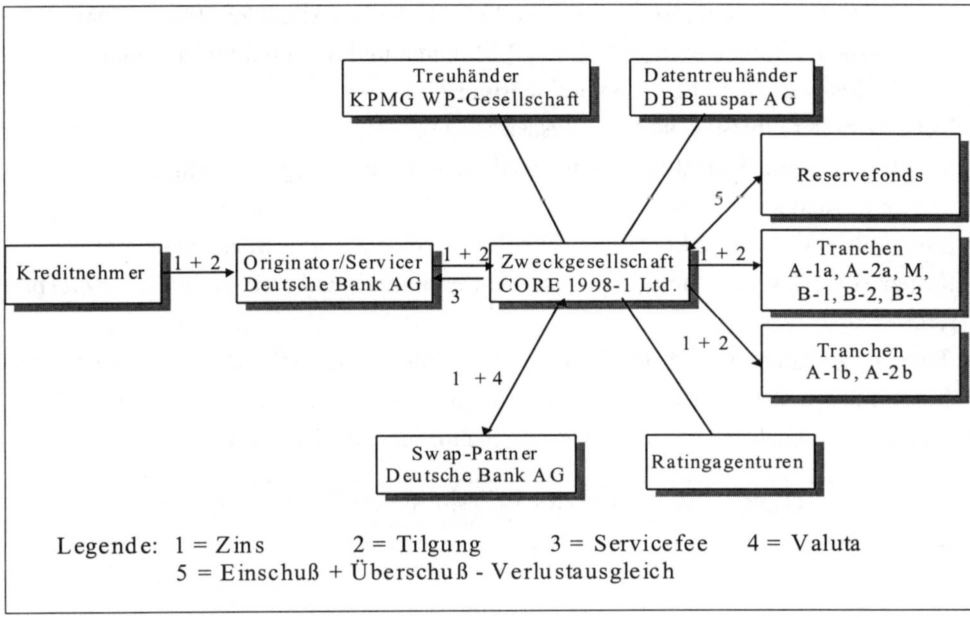

Abbildung 2: Struktur der CORE 1998-1 Transaktion

Der von CORE 1998-1 Ltd. verbriefte Pool besteht aus 5.037 Einzelkrediten aus dem Unternehmungsbereich „Unternehmen und Immobilien" (Corporate and Real Estate: CORE) der Deutsche Bank AG. Alle Darlehen sind im ordentlichen Geschäftsgang und in Übereinstimmung mit den rechtlichen und internen Richtlinien ausgereicht worden. 43% der Kredite sind durch eine oder mehrere zusätzliche Sicherheiten unterlegt.[1] Wegen des damit verbundenen Aufwandes werden diese Sicherheiten jedoch erst dann an die Zweckgesellschaft übertragen, wenn das Rating für die langfristigen Verbindlichkeiten der Deutsche Bank AG unter BBB+ (S&P) bzw. Baa1 (Moody's) fällt.[2] Das Gesamtvolumen der Kredite beläuft sich auf 4.261.721.282,90 DM.[3] Alle Kredite sind während der gesamten Laufzeit festverzinslich und hatten zum Abtretungszeitpunkt (15. Juli 1998) einen durchschnittlichen Zinssatz von 5,869% sowie eine durchschnittliche Restlaufzeit von 35,7 Monate. Bei der Selektion der Darlehen wurden folgende Selektionskriterien zugrunde gelegt:[4]

1 Diese Sicherheiten verteilen sich wie folgt: 1% durch Geld- oder geldnahe Sicherheiten, 6% durch Grundschulden, 97% durch Forderungen, Bestände oder Ausrüstung. Vgl. Deutsche Bank (1998b), S. 4.

2 Vgl. Deutsche Bank (1998d), S. 34, Standard & Poor's (1998b), S. 3.

3 Vgl. Deutsche Bank (1998b), S. 3; Deutsche Bank (1998d), S. 29; o. V. (1998b), S. 30.

4 Vgl. Deutsche Bank (1998b), S. 3; Deutsche Bank (1998c), o. S.; Deutsche Bank (1998d), S. 29f.; Standard & Poor's (1998b), S. 2.

- Die Restschuld beträgt mindestens 100.000 DM und maximal 25.000.000 DM.
- Die Restlaufzeit liegt bei mindestens 12 Monaten und maximal 60 Monaten.
- Das Darlehen hat eine Festzinsvereinbarung.
- Der interne Kreditrisikofaktor ist besser als ‚D'.[1]
- Verpflichtung zur Vorfälligkeitsentschädigung bei vorzeitiger Kündigung.
- Bisher wurden keine Wertberichtigungen auf die Darlehen gebildet.
- Zum Abtretungszeitpunkt weist das Darlehen keine Zahlungsrückstände auf.
- Keiner der Schuldner unterliegt zum Abtretungszeitpunkt einem Insolvenzverfahren.

Zur Diversifizierung des verbrieften Kreditpools hat die Deutsche Bank AG bei der Zusammenstellung des Pools auf eine breite Streuung der wichtigsten Pool-Charakteristika geachtet. Sie gehen aus den nachfolgenden Tabellen hervor:

Darlehensbetrag (TDM)	Anzahl Kredite	Kreditvolumen (TDM)	Anteil am Kreditvolumen
100,00 – 250,01	2.082	334.413,44	7,85%
250,01 – 500,00	1.209	439.496,34	10,31%
500,01 – 750,00	489	304.776,63	7,15%
750,01 – 1.000,00	340	304.007,31	7,13%
1.000,01 – 1.200,00	149	163.240,05	3,83%
1.200,01 – 2.000,00	378	599.047,54	14,06%
2.000,01 – 3.000,00	149	384.334,53	9,02%
3.000,01 – 4.000,00	56	205.480,00	4,82%
4.000,01 – 5.000,00	67	323.264,88	7,59%
5.000,01 – 10.000,00	85	637.614,08	14,96%
10.000,01 – 15.000,00	13	166.500,75	3,9%
15.000,01 – 20.000,00	15	276.245,73	6,49%
20.000,01 – 25.000,00	5	123.300,00	2,89%
Summe	5.037	4.261.721,28	100,00%

Tabelle 6: Verteilung der Darlehensbeträge in der CORE 1998-1 Transaktion[2]

---

1 Der Kreditrisikofaktor kann eine Ausprägung zwischen A (am besten) und D einnehmen. Die einzelnen Faktoren sind durch ‚plus' oder ‚minus' nochmals differenziert. Vgl. Deutsche Bank (1998d), S. 31ff.

2 Vgl. Deutsche Bank (1998d), S. 29.

Zinssatz in %	Anzahl Kredite	Kreditvolumen (TDM)	Anteil am Kreditvolumen
3,500 – 4,500	188	230.723,20	5,40%
4,501 – 5,000	893	757.680,92	17,78%
5,001 – 5,500	1.288	912.244,04	21,41%
5,501 – 6,000	1.121	883.940,68	20,74%
6,001 – 6,500	654	449.513,43	10,55%
6,501 – 7,000	427	426.203,51	10,00%
7,001 – 7,500	209	294.475,65	6,91%
7,501 – 8,000	138	117.535,63	2,76%
8,001 – 8,500	43	39.944,67	0,94%
8,501 – 9,000	35	110.027,33	2,58%
9,001 – 9,500	30	32.190,48	0,76%
9,501 – 10,000	11	7.241,74	0,17%
Summe/Durchschn.	5.037	4.261.721,28	100,00%

Tabelle 7: Zinsverteilung der Darlehen in der CORE 1998-1 Transaktion[1]

Branche	Anzahl Kredite	Kreditvolumen (TDM)	Anteil am Kreditvolumen
Chemie	300	286.943,11	6,73
Bau	290	134.693,50	3,16
Elektro	180	174.415,08	4,09
Energie, Wasser, Bergbau	267	239.378,23	5,62
Banken, Versicherungen	325	526.406,55	12,35
Ernährung, Tabak	328	422.301,52	9,91
Stahl	355	229.377,53	5,38
Maschinen-, Fahrzeugbau	697	540.663,47	12,69
sonst. verab. Industrie	734	593.921,17	13,94
Immobilien	281	433.185,30	10,16
Einzelhandel	380	232.114,86	5,45
Dienstleistungen	314	189.594,25	4,45
Großhandel	176	114.401,27	2,68
sonstige	410	144.316,45	3,39
Summe	5.037	4.261.721,28	100,00%

Tabelle 8: Branchenverteilung der Darlehen in der CORE 1998-1 Transaktion[1]

1 Vgl. Deutsche Bank (1998d), S. 30.

Hauptfiliale	Anzahl Kredite	Kreditvolumen (TDM)	Anteil am Kreditvolumen
Berlin	281	178.642,81	4,19%
Bielefeld	746	627.092,19	14,71%
Bremen	148	111.642,98	2,62%
Düsseldorf	333	338.135,98	7,93%
Essen	343	273.246,33	6,41%
Frankfurt	113	153.124,50	3,59%
Freiburg	191	160.959,48	3,78%
Hamburg	374	350.095,85	8,21%
Hannover	250	181.428,82	4,26%
Köln	234	178.038,63	4,18%
Leipzig	162	91.660,87	2,15%
Mainz	111	79.398,95	1,86%
Mannheim	196	204.913,86	4,81%
München	527	509.095,38	11,95%
Stuttgart	377	327.385,87	7,68%
Wuppertal	651	496.858,78	11,66%
Summe	5.037	4.261.721,28	100,00%

Tabelle 9: Regionale Verteilung der Darlehen in der CORE 1998-1 Transaktion[2]

Die Gesamtemission von CORE 1998-1 Ltd. ist in acht Tranchen aufgeteilt, welche alle mit einer variablen Verzinsung ausgestattet sind. Die vier ersten Tranchen (A-1a, A-1b, A-2a, A-2b) haben einen Anteil von 91,3% am gesamten Emissionsvolumen und sind jeweils mit dem bestmöglichen Rating der Agenturen Standard & Poor's und Moody's ausgestattet (AAA/Aaa). Die Tranchen A-1a und A-1b lauten auf DM, die Tranchen A-1b und A-2b sind in US-$ denominiert. Die Bonität dieser Tranchen wird durch vier kleinere Tranchen (M, B-1, B-2, B-3) unterlegt. Ausfälle bei den Zins- und Tilgungszahlungen der unterliegenden Firmenkredite gehen zunächst zu Lasten der Zins- und Tilgungszahlungen an die Investoren der Tranche mit der tiefsten Rangstelle (B-3). Erst wenn diese aufgezehrt ist, wirken sich die Ausfälle auf die Zahlungen an die Investoren der nächst höheren Tranche (B-2) aus. Für die vier ersten Tranchen ergibt sich hieraus ein Besicherungsniveau von 8,7%. Alle Tranchen werden zusätzlich durch einen Reservefonds gestützt, aus dem allfällige Ausfälle bei den Zins- und Tilgungszahlungen der Kredite ausgeglichen werden. In diesen Reservefonds zahlt die Deutsche Bank AG

1 Vgl. Deutsche Bank (1998d), S. 31.

2 Vgl. Deutsche Bank (1998d), S. 31.

zu Beginn der Transaktion 78,58 Mio. DM (1,75% des Emissionsvolumens) ein. An jedem Zahlungszeitpunkt der Transaktion wird der Reservefonds aus dem Überschuß der Zins- und Tilgungszahlungen auf die unterliegenden Kredite über die Aufwendung der Zweckgesellschaft (Steuern, Gebühren, Sach- und Personalkosten, Zins- und Tilgungszahlungen) gespeist. Sollte der Reservefonds ein Volumen von 98 Mio. DM erreichen, fließt der darüber hinausgehende Betrag dem Serviceagenten Deutsche Bank AG zu. Erst wenn das Volumen des Reservefonds nicht zum Ausgleich der Ausfälle bei den Zins- und Tilgungszahlungen im Kreditpool reicht, werden die Zahlungen an die einzelnen Tranchen in der oben dargestellten Weise gekürzt.[1]

Die Zinszahlungen auf den ausstehenden Anleihebetrag erfolgen vierteljährlich.[2] Die Tilgung der einzelnen Tranchen ist hintereinander geschaltet, d. h. die Tranchen A-2a und A-2b werden erst getilgt, wenn die Tranchen A-1a und A-1b vollständig zurückgezahlt sind. In der gleichen Weise erfolgt die Tilgung der anderen Tranchen, so daß die Tranche B-3 erst dann zurückgezahlt wird, wenn auf alle vorgelagerten Tranchen keine Außenstände mehr bestehen. Entsprechend der spätesten Fälligkeit der im Pool enthaltenen Kredite reicht die maximale Laufzeit der CLOs bis Januar 2006. Aufgrund der gestaffelten Rückzahlungen und des der Deutsche Bank AG eingeräumten Rückkaufrechts bei einem Poolvolumen unter 10% des Ursprungsbetrages liegt die erwartete Tilgung der einzelnen Tranchen jedoch deutlich vor der spätesten Fälligkeit im Kreditpool.[3] Die Ausstattungsmerkmale der einzelnen Tranchen gehen aus Tabelle 10 hervor:

1 Vgl. Deutsche Bank (1998d), S. 18.

2 Vgl. Deutsche Bank (1998d), S. 3.

3 Vgl. Deutsche Bank (1998d), S. 13ff.

Tranche	Volumen	erwartete Laufzeit	Verzinsung	Rating	
				S&P	Moody's
A-1a	600.000.000 DM	15 Monate	LIBOR + 4 bp	AAA	Aaa
A1b	475.000.000 US-$	15 Monate	LIBOR + 2 bp	AAA	Aaa
A-2a	2.221.000.000 DM	48 Monate	LIBOR + 11 bp	AAA	Aaa
A-2b	126.000.000 US-$	48 Monate	LIBOR + 9 bp	AAA	Aaa
M	85.000.000 DM	51 Monate	LIBOR + 21 bp	AA	Aa2
B-1	85.000.000 DM	54 Monate	LIBOR + 36 bp	A	A1
B-2	106.500.000 DM	60 Monate	LIBOR + 80 bp	BBB	Baa1
B-3	94.400.000 DM	66 Monate	LIBOR + 285 bp	BB	Ba2

Tabelle 10: Ausstattung der CORE 1998-1 Ltd. Collateralized Loan Obligations[1]

Bei der Beurteilung der Bonität des unterliegenden Darlehenspools stützten sich die Ratingagenturen auf das interne Kreditbeurteilungssystem der Deutsche Bank AG. Die Bewertung der Bonität eines Kreditnehmers durch die Deutsche Bank AG erfolgt stets anhand dieses internen Kreditbeurteilungssystems und ist Entscheidungsgrundlage jedes von der Deutsche Bank AG gewährten Unternehmungskredites weltweit. Anhand der Analyse und Bewertung der finanziellen Situation eines Kreditnehmers, seiner Marktstellung, seines Geschäftsumfeldes und der Qualität des Managements erfolgt eine Risikorasterung des Kreditnehmers, die sich in einem internen Kreditrisikofaktor ausdrückt.[2] Nach Meinung der Ratingagenturen ist die Qualität und Konsistenz der internen Kreditrisikofaktoren der Deutsche Bank AG dazu geeignet, eine zuverlässige Aussage über den relativen Risikogehalt der beurteilten Kredite abzugeben. Da der verbriefte Kreditpool eine ausreichende Größe und eine gute Diversifizierung aufweist,[3] war es möglich, die Beurteilung der Bonität der verbrieften Kredite anhand eines Vergleiches ihrer gewichteten durchschnittlichen Kreditrisikofaktoren mit der Bonität des Gesamtkreditportfolios der Deutsche Bank AG vorzunehmen. Eine Analyse jedes einzelnen im Pool enthaltenen Kredites war nicht erforderlich. Die Ratingagenturen kamen zu dem Urteil, daß die Bonität der verbrieften Kredite mindestens gleich gut oder besser ist als die Bonität des Gesamtkreditportfolios. Somit konnte auf der Grundlage der historischen Ausfallraten des Gesamtportfolios das Maß an zusätzlichen Sicherungslei-

---

1 Vgl. Deutsche Bank (1998c), o. S.; Deutsche Bank (1998d), o. S.

2 Vgl. Standard & Poor's (1998b), S. 2ff.; Deutsche Bank (1998c), o. S.; Deutsche Bank (1998d), S. 31ff.

3 Vgl. Standard & Poor's (1998b), S. 6.

stungen für das angestrebte Rating der Emission festgelegt werden.[1] Neben den zusätzlichen Sicherungsleistungen fußt das Rating auch auf der Kompetenz des Serviceagenten bei der Administration und dem Inkasso der verwalteten Kredite sowie auf der Stabilität der Struktur gegenüber Cash-flow-Schwankungen und anderen negativen Einflüssen auf die Transaktion und die daran Beteiligten.

Nach Angaben der Deutsche Bank AG verfolgt sie mit der Verbriefung von Forderungen aus dem eigenen Unternehmungskreditportfolio mehrere Optionen. Primäres Ziel ist die Verbesserung der Erträge und der Eigenkapitalrentabilität durch die Investition der freiwerdenden Mittel in ertragreichere Geschäftsmöglichkeiten. Daneben möchte die Deutsche Bank AG die Verbriefung eigener Forderungen nutzen, um ihren Marktanteil ohne die Deckung zusätzlicher Kapitalerfordernisse auszuweiten und die Effizienz ihres Bilanzstrukturmanagements zu erhöhen. Die Verlagerung der Marge von Zins- zu Provisionserträgen wird bewußt angestrebt. Die Deutsche Bank AG sieht die Verbriefung ihrer eigenen Forderungen als einen strategischen Ansatz und hat deshalb angekündigt, auch in Zukunft regelmäßig Forderungen aus ihrem Kreditportfolio zu verbriefen. Durch die bis dahin noch nie verbriefte Anzahl von über 5.000 Kreditnehmern in einem Firmenkreditpool konnte die Deutsche Bank AG ihr Ansehen bei den Marktteilnehmern deutlich erhöhen.[2]

3 Synthetische Verbriefung von Privat- und Firmenkundenkrediten aus dem Kreditportfolio der HypoVereinsbank Luxembourg S. A.: GELDILUX 99-1 Limited Transaktion

Die erste synthetische Verbriefung eines deutschen Kreditinstitutes wurde von der HypoVereinsbank initiiert. Am 12. Februar 1999 plazierte sie Asset Backed Securities in Form von Floating Rate Notes im Gesamtvolumen von 2,128 Mrd. Euro, deren Rendite über eine Garantie direkt an die Performance eines Referenzportfolios bei ihrer 100%igen Tochter HypoVereinsbank Luxembourg gebunden ist. Emittent der Floating Rate Notes ist die Zweckgesellschaft GELDILUX 99-1 Limited, eine Zweckgesellschaft mit Sitz in St. Hellier, Jersey und einem eingezahlten Eigenkapital von 10 DM.[3] Muttergesellschaft von GELDILUX 99-1 Limited ist die gemeinnützige Stiftung GELDILUX Charitable Trust.[4]

---

1 Standard & Poor's (1998b), S. 5. Im gesamten inländischen Portfolio gewerblicher Darlehen im Unternehmungsbereich CORE lagen die Nettoausfälle in den Jahren 1992 bis 1998 zwischen 0,19% und 0,7%. Vgl. Deutsche Bank (1998c), o. S.

2 Vgl. Deutsche Bank (1998c), o. S.; Hagger (1998), S. 172.

3 Vgl. Geldilux 99-1 Limited (1999), S. 55.

4 Vgl. Geldilux 99-1 Limited (1999), S. 55; Fitch/IBCA (1999), S. 1.

Für 94% des Emissionsvolumens dienen von der HypoVereinsbank speziell für diese Transaktion aufgelegte öffentliche Pfandbriefe als Collateral, die restlichen 6% sind durch eine Bareinlage der HypoVereinsbank Luxembourg gedeckt.[1] Die Zinszahlungen auf die Asset Backed Securities werden aus den Zinszahlungen auf die Pfandbriefe und die bei der HypoVereinsbank Luxembourg angelegte Bareinlage bestritten. Dabei erfolgte eine explizite Zuordnung der Zinsen aus dem Pfandbrief zu den Tranchen A-1 und A-2 bzw. der Zahlungen auf die Bareinlage zu den Tranchen B, C, D und E.

GELDILUX 99-1 Limited gibt gegenüber der HypoVereinsbank Luxembourg eine Garantie für die Übernahme von Ausfällen in einem festgelegten Referenzportfolio ab. Das Referenzportfolio besteht aus sogenannten „Euroloans", welche die HypoVereinsbank Luxembourg an private und gewerbliche Kunden der HypoVereinsbank in Deutschland gewährt hat. Wenn ein Darlehen aus dem Referenzportfolio nach Abschluß des Betreibungsverfahrens abgeschrieben werden muß, ist die HypoVereinsbank Luxembourg berechtigt, die Garantie in Anspruch zu nehmen. Dies führt zunächst zu einer Rückzahlung der Bareinlage an die HypoVereinsbank Luxembourg und, wenn diese aufgebraucht ist, zu einem Verkauf von Pfandbriefen, um die Verpflichtungen aus der Garantie zu erfüllen. Die ganze Emission ist mit einer Laufzeit von drei Jahren endfällig.

Zur Sicherstellung der Ansprüche der Investoren tritt GELDILUX 99-1 seine Eigentumsrechte an den Pfandbriefen und der Bareinlage an den Treuhänder KPMG Deutsche Treuhandgesellschaft AG ab. Diese Abtretung geht den Ansprüchen der HypoVereinsbank Luxembourg jedoch im Rang nach, solange die Garantie nicht abgelaufen oder die HypoVereinsbank insolvent ist.[2] Da sowohl sämtliche Collaterals (Pfandbriefe und Bareinlage) als auch die Asset Backed Securities mit einem variablen Zins ausgestattet sind, besteht kein Zinsänderungsrisiko für die Asset Backed Securities. Die US$-Zahlungen für die Tranche A-2 werden durch Goldman Sachs Mitsui Marine Derivative Products von Euro in US$ getauscht.[3] Die negative Spanne zwischen dem Zins auf die Pfandbriefe resp. die Bareinlage und den Asset Backed Securities wird durch die Gebühr für die Garantie von der HypoVereinsbank Luxembourg ausgeglichen. Diese Zahlung ist durch eine Gewährleistung der Allianz Risk Transfer N. V. zusätzlich abgesichert.[4] Um das Spreadrisiko auf die Pfandbriefe, das sich aus einer geänderten

---

1 Vgl. Fitch/IBCA (1999), S. 2ff.

2 Vgl. Fitch/IBCA (1999), S. 5; Geldilux 99-1 Limited (1999), S. 1; Standard & Poor's (1999), S. 4.

3 Vgl. Geldilux 99-1 Limited (1999), S. 81f.

4 Vgl. Fitch/IBCA (1999), S. 3; Standard & Poor's (1999), S. 4; Duff & Phelps Credit Rating (1999), S. 2; Geldilux 99-1 Limited (1999), S. 81.

Risiko/Rendite-Einschätzung der Marktteilnehmer für Pfandbriefe ergeben kann, auszugleichen, garantiert die HypoVereinsbank Risk Management Products den Rückkauf der Pfandbriefe zum Nominalwert.[1] Die Struktur der Transktion stellt sich wie folgt dar:

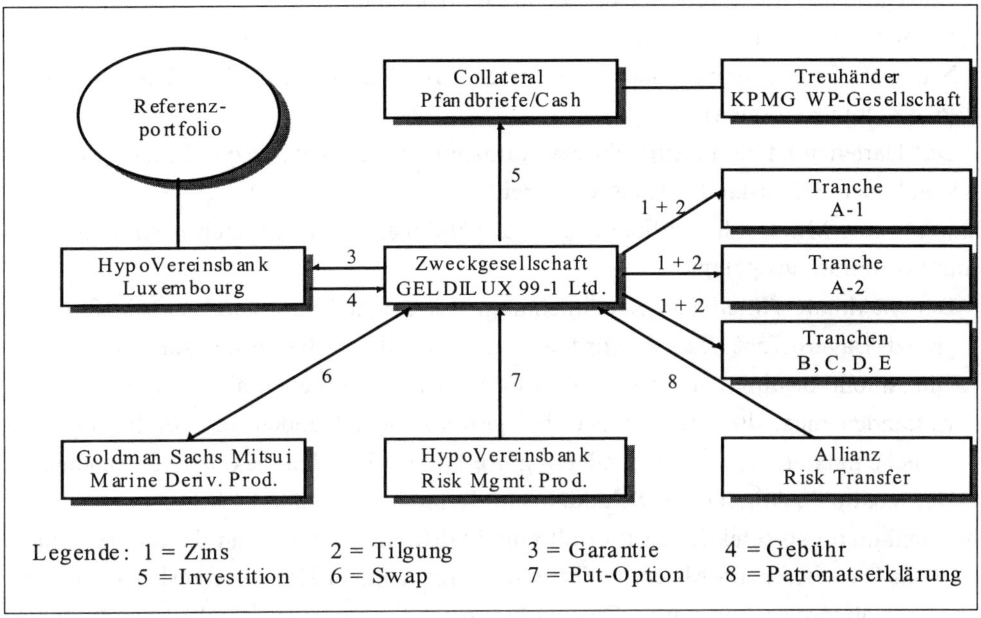

Abbildung 3: Struktur der GELDILUX 99-1 Transaktion

Im Referenzportfolio befinden sich ausschließlich Darlehen, die im Rahmen des gewöhnlichen Geschäftsbetriebes und in Übereinstimmung mit den Kreditvergabekriterien der HypoVereinsbank über das Euroloan-Programm der ehemaligen Vereinsbank International vergeben wurden.[2] Die Höchstgrenze für das Referenzportfolio ist auf 2,128 Mrd. festgelegt. Die Darlehen im Euroloan-Programm müssen einen Mindestwert von 100.000 DM haben, empfohlen ist sogar ein Mindestvolumen von 1.000.000 DM. Aus der Begrenzung der Laufzeit eines Kredites maximal zwölf Monate ergibt sich bei einer Laufzeit der Transaktion von drei Jahren eine revolvierende Struktur für das Referenzportfolio. Das heißt, die Darlehen im Pool können nach ihrem Auslaufen immer wieder durch neue Forderungen ersetzt werden, um die maximale Absicherung durch die Garantie in Anspruch nehmen zu können. Um trotzdem die bei der Berechnung des Credit Enhancements vorausgesetzte Poolqualität gewährleisten zu können,

---

1 Vgl. Geldilux 99-1 Limited (1999), S. 76; Fitch/IBCA (1999), S. 4.

2 Vgl. Standard & Poor's (1999), S. 5. Nach Auskunft der HypoVereinsbank ist dies darauf zurückzuführen, daß die Planung der Transaktion von Seiten der ehemaligen Bayerische Vereinsbank und ihre Abstimmung mit den Ratingagenturen schon vor der Fusion erfolgte.

müssen alle aktuellen und künftigen Darlehen im Referenzportfolio u. a. den nachfolgenden Selektionskriterien gerecht werden:[1]

- Das Darlehen muß auf DM oder Euro lauten.
- Der Kreditnehmer muß in Deutschland wohnhaft oder niedergelassen sein.
- Das Darlehen muß mindestens 250.000 DM betragen.
- Die maximale Laufzeit beträgt 364 Tage.
- Nur Darlehen an gewerbliche oder private Kunden (keine öffentlichen oder Non-Profit Organisationen).
- Das Darlehen ist zum Zeitpunkt der Aufnahme in den Referenzpool nicht im Rückstand oder Gegenstand eines Rechtsstreits.

Um stets eine Mindestdiversifizierung zu gewährleisten, wurden auch bestimmte Konzentrationslimite festgelegt:[2]

- Der maximale Anteil von Kreditnehmern aus einem Bundesland ist wie folgt begrenzt: Bayern 75%, Baden-Württemberg 30%, jedes andere Bundesland 15%.
- Die Anteile bestimmter Branchen im Referenzpool sind ebenfalls limitiert: Bei Privatkunden max. 40% je Branche, bei gewerblichen Kunden aus der Immobilienbranche max. 45%, bei allen anderen gewerblichen Kunden max. 8% je Branche.
- Der maximale Anteil eines Schuldners im Referenzpool ist auf 1% begrenzt.

Für Ausfälle im so selektierten Portfolio muß GELDILUX 99-1 erst dann aufkommen, wenn das Darlehen nach Abschluß der Betreibung[3] von der HypoVereinsbank voll oder teilweiese abgeschrieben wird.[4] Dies stellt ein relativ strenges „Credit Event“ dar, da die HypoVereinsbank gehalten ist, die Durchsetzung ihrer Ansprüche zunächst auf dem gewöhnlichen Inkassoweg vorzunehmen.

Dennoch ist das von den Ratingagenturen geforderte Credit Enhancement relativ hoch. Bei der Ermittlung der Bonität des Referenzportfolios konnten sich die Ratingagenturen aufgrund der geringen Ratingdichte in Deutschland nicht auf die Ratings einzelner Kreditnehmer stützen. Durch die Fusion und die damit verbundene Umstellung des internen Kreditbeurteilungssystems schied auch ein Rückgriff auf das interne Ratingsystem der Hypovereinsbank aus, weshalb die Ratingagenturen bei ihrer Bonitätsbeurteilung primär auf die historische Performance des Euroloan-Portfolios und der

---

1 Vgl. Geldilux 99-1 Limited (1999), S. 65f.; Standard & Poor’s (1999), S. 6.

2 Vgl. Fitch/IBCA (1999), S. 3; Duff & Phelps Credit Rating (1999), S. 4, Geldilux 99-1 Limited (1999), S. 66; Standard & Poor’s (1999), S. 6.

3 Dies dauert durchschnittlich drei Jahre.

4 Vgl. Fitch/IBCA (1999), S. 3; Duff & Phelps Credit Rating (1999), S. 5.

HypoVereinsbank insgesamt zurückgriffen.[1] Die tatsächlichen Verluste im Euroloan-Portfolio waren in der Vergangenheit sehr gering, 1996 mußten nur 1,7 Basispunkte, 1997 nur 1,2 Basispunkte und 1998 nur ein Basispunkt abgeschrieben werden. Damit lagen die Werte des Euroloan-Portfolios deutlich unter den Werten des Gesamtkreditportfolios der HypoVereinsbank.[2] Darüber hinaus nahmen die Ratingagenturen für solche Bonitätselemente wie die Verwertungsquote oder die Zeit bis zum Abschluß der Betreibung (erst dann darf die Garantie gezogen werden) wesentlich konservativere Werte an, als sie bisher in der Praxis der HypoVereinsbank anzutreffen waren.[3] Nach der Festlegung des Credit Enhancements durch die Ratingagenturen konnte die Emission wie folgt strukturiert werden:

Tranche	Volumen (Euro/US$)	Laufzeit (endfällig)	Verzinsung	Rating		
				S&P	Moody's	Fitch/ DCR
A-1	1.747.800.000	3 Jahre	EURIBOR + 20 bp	AAA	Aaa	AAA
A-2	400.000.000	3 Jahre	LIBOR + 20 bp	AAAr	Aaa	AAA
B	58.085.000	3 Jahre	EURIBOR + 40 bp	A	A2	A
C	22.340.000	3 Jahre	EURIBOR + 100 bp	BBB	Baa2	BBB
D	33.510.000	3 Jahre	EURIBOR + 250 bp	BB	Ba3	BB
E	20.107.553	3 Jahre	residual	-	-	-

Tabelle 11: Ausstattung der GELDILUX 99-1 Limited Floating Rate Notes[4]

Die Gesamtemission von GELDILUX 99-1 Limited teilt sich in sechs Tranchen auf, die alle mit einem variablen Zinssatz ausgestattet sind. Lediglich die Tranche A-2 ist in US$ nominiert, sie verzinst sich auf LIBOR-Basis. Alle anderen Tranchen lauten auf Euro und haben den EURIBOR als Zinsfuß. Die beiden A-Tranchen mit ihrem AAA-Rating sind untereinander gleichrangig und den Tranchen B, C, D und E im Rang vorgestellt, was für die bevorrechtigten Tranchen ein Besicherungsniveau von 6% ergibt.

Die nachrangigen Tranchen weisen eine Hirarchie von Tranche B nach Tranche E auf, was bedeutet, daß Ziehungen aus der Garantie zunächst zu Lasten der Investoren in die Tranche E gehen. Erst wenn diese aufgezehrt ist, wirken sich die Ziehungen auf die Zahlungen an die Investoren in der nächsthöheren Klasse aus. Andere Maßnahmen zur Kreditverbesserung sind in der Transaktion nicht enthalten. Durch die Anlage der den

---

1 Vgl. Duff & Phelps Credit Rating (1999), S. 6; Fitch/IBCA (1999), S. 2f.; Standard & Poor's (1999), S. 6f.

2 Vgl. Geldilux 99-1 Limited (1999), S. 61.

3 Vgl. Fitch/IBCA (1999), S. 3.

4 Vgl. Geldilux 99-1 Limited (1999), S. 1ff.

Tranchen B, C, D und E zugrundeliegenden Mittel bei der HypoVereinsbank Luxembourg sind die Ratings dieser Tranchen an das Rating der HypoVereinsbank gebunden. Für die Tranchen A-1 und A-2, die sich auf die Pfandbriefe der HypoVereinsbank als Collateral stützen, wurde dieser „Link“ durch die an ein Rating-Trigger[1] geknüpfte Verkaufsoption der HypoVereinsbank Risk Management Products aufgelöst.[2]

Erklärtes Ziel der HypoVereinsbank bei der Initiierung und Plazierung von GELDILUX 99-1 Limited war die Freisetzung von haftendem Eigenkapital. Für die durch die Garantie abgesicherten Kredite konnte die HypoVereinsbank die volle Grundsatz I-Entlastung erlangen und freies Eigenkapital in Höhe von 300 Mio. DM schaffen. Die Transaktion fiel nicht unter das Rundschreiben des Bundesaufsichtsamtes für das Kreditwesen zur Verbriefung bankeigener Forderungen, da keine Darlehen aus der Bilanz der HypoVereinsbank verbrieft wurden. Die Struktur als solche ist auch nicht revolvierend, da sowohl die Garantie als auch die Vermögenswerte der Zweckgesellschaft über die gesamte Transaktionsdauer unverändert bleiben – lediglich der Referenzpool ist revolvierend. Nach Angaben der HypoVereinsbank spielten Aspekte des Risikomanagements bei der Strukturierung dieser Transaktion keine Rolle.

---

1 Das Rating der HypoVereinsbank sinkt unter A/A-.

2 Vgl. Duff & Phelps Credit Rating (1999), S. 2; Fitch/IBCA (1999), S. 5; Standard & Poor’s (1999), S. 5.

Literaturverzeichnis

Aber, Jack W. (1987): Securitization: Promise and Opportunity for Lenders, in: Commercial Lending Review, Vol. 2, Iss. 4, Fall 1987, S. 21-30

Aber, Jack W. (1988): Securitization in the Retail Banking World, in: Journal of Retail Banking, Vol. 10, Iss. 1, Spring 1988, S. 5-12

Adlung, Klaus (1995): GEMS German Mortgage Securities B.V.: Neue Möglichkeiten durch Verkauf nachrangiger Forderungen, in: Der Langfristige Kredit, 46. Jg., Heft Nr. 16 + 17, 1995, S. 546-549

Adrian, Reinhold/Heidorn, Thomas (1996): Der Bankbetrieb, 14., völlig neu konzipierte Auflage, Wiesbaden 1996

Albert, Howard W. (1991): Asset Securitization: Benefits for All Banks, in: The Bankers Magazine, Vol. 174, Iss. 6, November/December 1991, S. 16-20

Allen, Craig M./Thomas, Annie (1991): Securitisation of assets: a corporate strategy and its implications, in: Asset Securitisation: Theory and Practice in Europe, ed. by Charles Stone, Anne Zissu and Jess Lederman, London 1991

Almond, Steve (1991): The UK Accounting Treatment of Securitisations, in: International Securitisation, ed. by Zoe Shaw, Basingstoke 1991, S. 305-318

Altrock, Frank/Rieso, Sven (1997): Asset Backed Securities zur Refinanzierung von Kreditinstituten – eine finanzierungstheoretische Analyse, Diskussionsbeitrag 97-06 des Instituts für Kreditwesen an der Westfälischen Wilhelms-Universität Münster, Dezember 1997

Ames, Chris (1994): Credit Enhancement Alternatives, in: Supplement to Corporate Finance 10/94: Guide to Securitization 1994, S. 12-16

Ames, Chris (1995): Introduction to Collateralized Mortgage Obligations, in: The Handbook of Mortgage Backed Securities, ed. by Frank J. Fabozzi, Chicago, Ill. 1995, S. 263-292

Anderson, James S. (1995): Asset Securitization: An Overview for Issuers and Investors, in: TMA Journal, Vol. 15, Iss. 6, Nov./Dec. 1995, S. 38-42

Arbeitskreis "Finanzierung" der Schmalenbach-Gesellschaft (1992): Asset Backed Securities – Ein neues Finanzierungsinstrument für deutsche Unternehmen?, in: Zeitschrift für betriebswirtschaftliche Forschung, 44. Jg., Heft 6, 1992, S. 495-530

Arora, Rahul/Leszczynski, Andrew (1996): Put your Assets to Work, in: Financial Executive, Vol. 11, Iss. 2, March/April 1996, S. 43-46

Arthur Andersen/Andersen Consulting (1992): Das schweizerische Bankwesen an der Schwelle zum Jahr 2000, Zürich 1992

Artopoeus, Wolfgang (1996): Kreditrisiken aus bankaufsichtlicher Sicht, in: Bankinformation/Genossenschaftsforum, 23. Jg., Heft 12, 1996, S. 14-18

Ashauer, Günter (1993): Das Einlagengeschäft, in: Obst/Hintner: Geld-, Bank- und Börsenwesen, 39. Aufl., hrsg. von Norbert Kloten und Johann Heinrich von Stein, Stuttgart 1993, S. 505-525

Asset Finance Group, The First Boston Corporation (1989): Securitizing Credit Card Receivables, in: The Asset Securitization Handbook, ed. by Phillip L. Zweig, Homewood, Ill. 1989, S. 91-122

Atzwanger, Michael P. (1993a): Securitising Commercial Loans by Pooling (Part 1), in: Journal of International Banking Law, Iss. 11, 1993, S. 461-467

Atzwanger, Michael P. (1993b): Securitising Commercial Loans by Pooling (Part 2), in: Journal of International Banking Law, Iss. 12, 1993, S. 499-507

Axel, Frank (1994): Eigenkapitalausstattung und Eigenkapitalbeschaffung – Probleme für ostdeutsche Sparkassen, in: Zeitschrift für das gesamte Kreditwesen, 47. Jg., Heft 6, 1994, S. 280-282

Baetge, Peter (1996): Bankbetriebslehre, Berlin 1996

Bär, Hans Peter (1997): Asset Securitisation: die Verbriefung von Finanzaktiven als innovative Finanzierungstechnik und neue Herausforderung für Banken, Schriftenreihe "Bank- und finanzwirtschaftliche Forschungen", Band 262, Bern 1997

Bär, Hans Peter (1998a): Schweiz: Attraktiver Markt für Asset-Backed Securities, in: Die Bank, Heft 4, April 1998, S. 242-244

Bär, Hans Peter (1998b): Pionierleistung in der Verbriefung, in: Schweizer Bank, Heft 9, 1998, S. 38-39

Barmat, Joan (1990a): Securitization: An Overview, in: The Handbook of asset-backed securities, ed. by Jess Ledermann, New York 1990, S. 3-21

Barmat, Joan (1990b): Automobile Loan Securitization, in: The Handbook of asset-backed securities, ed. by Jess Ledermann, New York 1990, S. 227-242

Barmat, Joan (1990c): Credit-Card Receivable-Backed Securities, in: The Handbook of asset-backed securities, ed. by Jess Ledermann, New York 1990, S. 273-291

Bartlet, Niklas (1994): Risiken und Risikomanagement von Asset-Backed Securities, unveröffentlichte Diplomarbeit an der Wissenschaftlichen Hochschule für Unternehmensführung in Koblenz, 1994

Basel Committee on Banking Supervison (1999): A new Capital Adequacy Fraumework, Consultative Paper, issued by Bank for International Settlement, Basel, 1999

Bäsch, Herbert (1992): Jahresabschlußanalyse bei Universalbanken: Grenzen und Möglichkeiten im Lichte neuer Rechnungslegungsvorschriften, Wiesbaden 1992

Baums, Theodor (1992): Asset-Backed Finanzierungen im deutschen Wirtschaftsrecht, Arbeitspapier des Instituts für Handels- und Wirtschaftsrecht, Osnabrück 1992

Baums, Theodor (1993): Asset-Backed Finanzierungen im deutschen Wirtschaftsrecht, in: Wertpapier-Mitteilungen, Zeitschrift für Wirtschafts- und Bankrecht, 47. Jg., Heft 1, 1993, S. 1-11

Baums, Theodor (1994): Asset Securitization in Europe, in: Forum Internationale, No. 20, 1994, S. 1-21

Bavaria Securitisation Limited (1998): Multi Currency Asset-Backed Euro-Commercial Paper Programme ECU 5.000.000 (ECP Information Memorandum), o. O., 22.1.1998

Bayerische Landesbank (1998): Asset-Backed Securities für Sparkassen, o. O., 1998

BBE-Unternehmensberatung GmbH (1996): BBE-Branchenreport Konsumentenkredite, Jahrgang 1996, Köln 1996

Beaumont, Rupert (1995): Securitisation in the United Kingdom, in: International Asset Securitisation, ed. by Joseph J. Norton, Mitchell S. Dupler and Paul R. Spellman, London 1995, S. 41-62

Becker-Birk, Hans-Henning (1994): Die Kommunen und ihre Sparkassen, in: Zeitschrift für das gesamte Kreditwesen, 47. Jg., Heft 17, 1994, S. 837-839

Benner, Wolfgang (1988): Asset Backed Securities – eine Finanzinnovation mit Wachstumschancen?, in: Betriebswirtschaftliche Forschung und Praxis, Heft 5, 1988, S. 403-417

Benthien, Klaus (1993): Risikomanagement im gewerblichen Kreditgeschäft, in: Handbuch Firmenkundengeschäft, hrsg. von Klaus Juncker und Erich Priewasser, Frankfurt am Main 1993, S. 303-320

Berblinger, Jürgen (1996): Marktakzeptanz des Rating durch Qualität, in: Handbuch Rating, hrsg. von Hans E. Büschgen und Oliver Everling, Wiesbaden 1996, S. 21-110

Berger, Allen N./Herring Richard J./Szegö, Giorgio P. (1995): The role of capital in financial institutions, in: Journal of Banking & Finance, No. 19, 1995, S. 393-430

Berger, Allen N./Udell, Gregory F. (1993): Securitization, Risk, and the Liquidity Problem in Banking, in: Structural Change in Banking, ed. by Michael Klausner and Laurence J. White, Homewood, Ill. 1993, S. 227-291

Berndsen, Jürgen (1991): Asset Backed Securities – Ein interessantes Refinanzierungsinstrument für deutsche Finanzgesellschaften, in: Finanzierung, Leasing, Factoring, 38. Jg., Heft 5, 1991, S. 190-193

Beshouri, Christopher P./Nigro, Peter J. (1995): Securitization of Small Business Loans, in: The Journal of Small Business Finance, 4 (1), 1995, S. 1-29

Bessis, Joël (1998): Risk Management in Banking, Chichester 1998

Betsch, Oskar/Brümmer, Ekkehard/Hartmann, Egbert/Wittberg, Volker (1997): Kreditwürdigkeitsanalyse im Firmenkundengeschäft, in: Die Bank, Heft 3, März 1997, S. 150-155

Bette, Klaus (1987): Europäische Factoring-Föderation im Entstehen, in: Finanzierung, Leasing, Factoring, 34. Jg., Heft 6, 1987, S. 252-253

Bhattacharya, Sudipto/Thakor, Anjan V. (1993): Contemporary Banking Theory, in: Journal of Financial Intermediation, No. 3, 1993, S. 2-50

Bizer, Heinz-Rudi (1992): Das Nutzungsverhalten der privaten Sparkassenkunden im Passiv- und Kreditgeschäft, in: Sparkasse, 109. Jg., Heft 2, 1992, S. 98-102

Blanke, Stephan (1997): Bewertung von Banken anhand des "Increase in Shareholder-Value Modells" (IiSV), in: F & M Strategie, III/1997, S. 12-16

Böhmer, Martina (1996): Die arbitragefreie Bewertung von Asset-Backed Securities und der zugrundeliegenden Finanzaktiva mittels eines zeit- und zustandsdiskreten optionsbasierten Ansatzes, Europäische Hochschulschriften, Reihe V, Volks- und Betriebswirtschaftslehre, Band 1968, Frankfurt am Main 1996

Bonsall, David C. (1990): Legal Aspects and Considerations, in: Securitisation, ed. by David C. Bonsall, London 1990, S. 13-43

Bonsall, David, C. (1993): Asset Securitisation in the United Kingdom and Other Jurisdictions – Main Considerations, in: The Global Asset Backed Securities

Market, ed. by Charles Stone, Anne Zissu and Jess Lederman, Chicago, Ill. 1993, S. 235-264

Bordeaux-Groult, Robert/von Dryander, Christof (1995): Asset Securitization in France and Germany, in: International Asset Securitisation, ed. by Joseph J. Norton, Mitchell S. Dupler and Paul R. Spellman, London 1995, S. 185-213

Borden, Sara/Sarkar, Asani (1996): Securitizing Property Catastrophe Risk, in: Current Issues in Economics and Finance, Vol. 2, No. 9, August 1996, S. 1-6

Brakensiek, Thomas (1991): Die Kalkulation und Steuerung von Ausfallrisiken im Kreditgeschäft der Banken, Schriftenreihe des Instituts für Kreditwesen an der Westfälischen Wilhelms-Universität Münster, Band 44, Frankfurt am Main 1991

Brakensiek, Thomas (1993): Instrumente zur Steuerung des Ausfallrisikos im Kreditgeschäft, in: vbo-Informationen, Nr. 3/1993, S. 63-72

Brandt, Gerold (1996): Die Renaissance des (öffentlichen) Pfandbriefs, in: Der Langfristige Kredit, 47. Jg., Heft 5+6, 1996, S. 146-151

Braun, Heike (1993): So profitieren Bankkunden von der Selbstbedienung, in: Capital, Heft 4, 1993, S. 132-136

Bretzger, Thomas Michael (1991): Die Anwendung statistischer Verfahren zur Risikofrüherkennung bei Dispositionskrediten, Studienreihe der Stiftung Kreditwirtschaft an der Universität Hohenheim, Band 9, Stuttgart 1991

Breuer, Rolf-E. (1993): Das Effektengeschäft, in: Obst/Hintner: Geld-, Bank- und Börsenwesen, 39. Aufl., hrsg. von Norbert Kloten und Johann Heinrich von Stein, Stuttgart 1993, S. 525-575

Brewer, Russel B./Iseley, Linda S. (1990): Credit Enhancement for Asset-Backed Transactions, in: The Handbook of asset-backed securities, ed. by Jess Ledermann, New York 1990, S. 127-139

ten Brink, Manfred (1996): Ratingverfahren aus der Sicht der beurteilten Bank, in: Handbuch Rating, hrsg. von Hans E. Büschgen und Oliver Everling, Wiesbaden 1996, S. 273-287

Brooks, Nigel A. L. (1990): Systems and Securitization, in: Bank Management, Vol. LXVI, No. 3, March 1990, S. 32-36

Bryan, Lowell L. (1988): Structured Securitized Credit: A Superior Technology for Lending, in: Journal of Applied Corporate Finance, 1988, Vol. 1, No. 3, S. 6-19

Bühler, Wilhelm/Feuchtmüller, Wolfgang/Vogel, Michael (Hrsg.) (1987): Securitization: Der Trend zum Wertpapier, Schriftenreihe des Institutes für Kredit- und Versicherungswirtschaft, Band 17, Wien 1987

Buerger, Theodor V. (1991): The Risks of Asset-Backed Securities: Lessons from History, in: International Securitisation, ed. by Zoe Shaw, Basingstoke 1991, S. 14-32

Büschgen, Hans E./Mindner, Rudolf (1994): Das kleine Börsen-Lexikon, 20., aktualisierte Auflage, Düsseldorf 1994

Büschgen, Hans E. (1995): Bankmarketing, Düsseldorf 1995

Büschgen, Hans E. (1998): Bankbetriebslehre – Bankgeschäfte und Bankmanagement, 5. vollst. überarbeitete und erweiterte Auflage, Wiesbaden 1998

Bund, Stefan (1999): Der Euro erleichtert den Handel mit neuen Finanzdiensten, in: Handelsblatt, Nr. 197 v. 12.10.1999, S. B 2

Bundesaufsichtsamt für das Kreditwesen (1996): Rundschreiben 12/96: Behandlung von GNMA-Anleihen (Ginnie Maes), FNMA-Anleihen (Fannie Maes), FHLMC-Anleihen (Freddie Macs) und SLMA-Anleihen (Sallie Maes), Berlin, 30.9.1996

Bundesaufsichtsamt für das Kreditwesen (1997a): Rundschreiben 4/97: Veräußerung von Kundenforderungen im Rahmen von Asset-Backed Securities Transaktionen durch deutsche Kreditinstitute, Berlin, 19.3.1997

Bundesaufsichtsamt für das Kreditwesen (1997b): Anschreiben zum Rundschreiben 4/97, Berlin, 20.5.1997

Bundesaufsichtsamt für das Kreditwesen (1998): Rundschreiben 13/98: Veräußerung von Kundenforderungen im Rahmen von Asset-Backed Securities Transaktionen durch deutsche Kreditinstitute, ergänzender Hinweis zum Rundschreiben 4/97 vom 19. März 1997, Berlin, 25.8.1998

Butler, Rick (1996): Dustup at the securitizers' ball, in: Institutional Investor, October 1996, S. 41-43

Cantor, Richard/Demsetz, Rebecca (1993): Securitization, Loan sales, and the Credit Slowdown, in: Federal Reserve Bank of New York, Quarterly Review, Vol. 18, No. 2, Summer 1993, S. 27-38

Carlstrom, Charles T./Samolyk, Katherine A. (1993): Examining the Microfoundations of Market Incentives for Asset-Backed Lending, in: Federal Reserve Bank of Cleveland, Ohio: Economic Review, Vol. 9, No. 1, 1993, S. 27-38

Carlstrom, Charles T./Samolyk, Katherine A. (1995): Loan sales as a response to market-based capital constraints, in: Journal of Banking & Finance, No. 19, 1995, S. 627-646

Chadha, Ajay B. (1998): Securitization/Asset Backed Securities – Einsatzmöglichkeiten im Rahmen des Risiko-/Portfoliomanagements, in: Hanker, Peter: Management von Marktpreis- und Ausfallrisiken: Instrumente und Strategien zur Risikominimierung in Banken, Wiesbaden 1998, S. 301-310

Chammah, Walid A. (1991): An Overview of Securitization, in: Asset Securitization – International Financial and Legal Perspectives, ed. by Joseph Norton and Paul R. Spellman, Oxford 1991, S. 1-15

Chapman, Matt (1997): Using Securitization to Maintain Small Business Market Share, in: USBanker, September 1997, S. 68

Chinloy, Peter (1995): Public and Conventional Mortgages and Mortgage Backed Securities, in: Journal of Housing Research, Volume 6, Issue 2, 1995, S. 173-196

Chu, Franklin J. (1993): The Security of the Asset-Backed Market, in: The Bankers Magazine, Vol. 176, Iss. 3, May/June 1993, S. 57-61

Citibank Credit Card Master Trust I (1996): Prospekt für die Zulassung zum Börsenhandel mit amtlicher Notierung der DM 1.000.000.000 Kreditkarten-Inkassoschuldverschreibungen der Klasse A, Serie 1996-4, New York 1996

Commerzbank (Hrsg.) (1996): Asset-Backed-Securities, Frankfurt am Main 1996

Comptroller of the Currency (1997a): Asset Securitization, Comptroller's Handbook, Washington 1997

Comptroller of the Currency (1997b): Securitization – Guidelines for National Banks, Bulletin 96-52, 26.11.1997

Connor, Jeff (1991): Securitisation in Australia and New Zealand, in: International Securitisation, ed. by Zoe Shaw, Basingstoke 1991, S. 144-162

Cooper, Philip/Westphalinger, Wolfgang (1992): The fiscal view, in: Euromoney, 1992

Couret, Alain (1996): France, in: Asset-backed Securitization in Europe, ed. by Theodor Baums and Eddy Wymeersch, London 1996, S. 71-85

Cox, Kenneth (1990): Introduction and Overview, in: Securitisation, ed. by David C. Bonsall, London 1990, S. 1-12

Coym, Peter (1997): Eigenkapitalschonende Finanzierungstechniken, in: Börsen-Zeitung, Nr. 42 v. 1.3.1997, S. B 4

Credit Suisse Financial Products (1997): CreditRisk+ – A Credit Risk Management Framework, o. O., 1997

Currie, Antony (1998a): Learning to play around with loans, in: Euromoney, May 1998, S. 123-126

Currie, Antony (1998b): Is this the biggest show in town?, in: Euromoney, June 1998, S. 107-114

Curtin, William J./Deckoff, Stephen H. (1990): Asset-Backed Securities: An Attractive Addition to the Low-Duration Sector of the Fixed Income Market, in: The Handbook of asset-backed securities, ed. by Jess Ledermann, New York 1990, S. 195-225

Dambach, Hermann T. (1995): Structured Finance als Strategie, in: Die Bank, Heft 9, September 1995, S. 532-534

Dambach, Hermann T. (1998): Securitization von Projektfinanzierungsdarlehen, in: Die Bank, Heft 7, Juli 1998, S. 437-439

Dannemann, Jochen (1997): Möglichkeiten für Sparkassen durch Asset Backed Securities, unveröffentlichte Diplomarbeit an der Universität Hohenheim, 1997

de Senerpont Domis, Olaf (1997): OCC Gives National Banks Guidelines for Managing Asset Securitization Risk, in: American Banker, Vol. 162, Iss. 219 v. 13.11.1997, S. 2

DeLiban, Nancy/Lancaster, Brian P. (1995): Understanding Nonagency Mortgage Security Credit, in: Journal of Housing Research, Volume 6, Issue 2, 1995, S. 197-216

Dentinger, Jerry (1996): Advantages of Multi-Seller Conduits, in: Supplement to Corporate Finance 12/1996: Guide to Securitization 1996/97, S. 5-8

Deutsche Bank (1993): Rhein-Main Securitisation Limited, Multi-Currency Asset-Backed Commercial Paper Programm, o. O., 1993

Deutsche Bank (1998a): HAUS 1998-1 Limited (Emissionsprospekt), o. O., 1998

Deutsche Bank (1998b): Erste deutsche CLO (Collateralized Loan Obligation): Core 1998-1, Frankfurt am Main 1998

Deutsche Bank (1998c): CORE 1998-1 Limited, Asset Backed Schuldverschreibung 1998-2005, Präsentationsunterlagen, o. O., Juli 1998

Deutsche Bank (1998d): CORE 1998-1 Limited (Emissionsprospekt), o. O., 1998

Deutsche Bank (1999): Synthetic CLOs and Their Role in Balance Sheet Management, o. O., 11. März 1999

Deutsche Bundesbank (1995): Verbriefungstendenzen im deutschen Finanzsystem und ihre geldpolitische Bedeutung, in: Monatsbericht März 1995, 47. Jg., Nr. 3, 1995, S. 19-33

Deutsche Bundesbank (1996a): Kreditentwicklung nach Kreditnehmern und Bankengruppen, in: Monatsbericht Oktober 1996, 48. Jg., Nr. 10, 1996, S. 49-63

Deutsche Bundesbank (1996b): Bankenstatistik Richtlinien, Frankfurt am Main 1996

Deutsche Bundesbank (1997a): Statistisches Beiheft zum Monatsbericht 1: Bankenstatistik, April 1997

Deutsche Bundesbank (1997b): Asset-Backed Securities in Deutschland: Die Veräußerung und Verbriefung von Kreditforderungen durch deutsche Kreditinstitute, in: Monatsbericht Juli 1997, 49. Jg., Nr. 7, 1997, S. 57-67

Deutsche Bundesbank (1997c): Schreiben der Deutschen Bundesbank an die Kreditinstitute, Bankstatistik: Vordrucke, Frankfurt am Main, 26.6.1997

Deutsche Bundesbank (1998a): Statistisches Beiheft zum Monatsbericht 1: Bankenstatistik, März 1998

Deutsche Bundesbank (1998b): Monatsbericht März 1998, 50. Jg., Nr. 2, 1998

Deutsche Bundesbank (1998c): Geschäftsbericht 1997, Frankfurt am Main 1998

Deutsche Bundesbank (1998d): Statistisches Beiheft zum Monatsbericht 2: Kapitalmarktstatistik, Juni 1998

Deutsche Morgan Grenfell (1998): Prospects for Mortgage Securitisation in Germany – Dawn of a New Era, London 1998

Dewulf-Verstraeten, Sylvie (1992): Removing Loans from Banks Balance Sheets – An Overview, in: Journal of International Banking Law, Iss. 8, 1992, S. 300-314

DG Bank (1998): Asset Backed Securities (ABS), Darstellung einer modernen Finanzierungsform. Eine Information für den FinanzVerbund, o. O., April 1998

Dickler, Robert A. (1991): Asset-Backed Securities: Chancen und Risiken, in: Corporate Finance, hrsg. von Hans-Jacob Krümmel und Bernd Rudolph, Frankfurt am Main 1991, S. 107-132

Dierolf, Günther (1994): Tendenz zum Rechtsformwechsel bei Kreditgenossenschaften?, in: Zeitschrift für das gesamte Kreditwesen, 47. Jg., Heft 15, 1994, S. 737-742

Dietz, Jürgen/Füser, Karsten/Schmidtmeier, Susanne (1996): Kreditwürdigkeitsprüfung durch neuronale Netze, in: Sparkasse, 113. Jg., Heft 11, 1996, S. 523-527

Dietz, Jürgen/Füser, Karsten/Schmidtmeier, Susanne (1997): Neuronale Kreditwürdigkeitsprüfung im Konsumentenkreditgeschäft, in: Die Betriebswirtschaft, 57. Jg., Heft 4, 1997, S. 475-489

Dinkelmann, Reto (1995): Kriterien und Instrumente zur Risikofrüherkennung im Firmenkundengeschäft der Banken, Schriftenreihe "Bank- und finanzwirtschaftliche Forschungen", Band 213, Bern 1995

Ditandy, Jürgen (1997): Asset Backed Securities, Manuskript eines Vortrages gehalten auf der EUROFORUM-Konferenz "Asset Backed Securities", Düsseldorf, 7.10.1997

Dobson, Andrew (1992): Accounting for Asset Sales: Time for a Conclusion, in: Butterworths Journal of International Banking and Financial Law, May 1992, S. 203-205

Dombret, Andreas R. (1987): Securitization, in: Zeitschrift für das gesamte Kreditwesen, 40. Jg., Heft 8, 1987, S. 326-330

Dombret, Andreas R. (1988): Die Verbriefung als innovative Finanzierungstechnik, 2., überarbeitete Auflage, Frankfurt am Main 1988

Dresdner Kleinwort Benson (1999): Asset Backed Securities – up and running, London 1999

Drucarczyk, Jochen (1993): Theorie und Politik der Finanzierung, 2. Aufl., München 1993

Drucarczyk, Jochen (1998): Unternehmensbewertung, 2. Aufl., München 1998

Drzik, John/Strothe, John (1997): Kreditpreisgestaltung in ineffizienten Märkten, in: Die Bank, Heft 11, 1997, S. 680-683

Dübel, Achim/Pfeiffer, Ulrich (1996): Risikogewichtete Eigenkapitalanforderungen und die Risiken des gewerblichen Hypothekarkredites in Europa, Frankfurt am Main 1996

Duff & Phelps Credit Rating (1997): Repeat Offering Securitisation Entity Funding No.2 Limited (Rating Report), London, 1997

Duff & Phelps Credit Rating (1998a): Kaiserplatz 259 DEM 6.200.000.000 Credit Default Swap (Ratingbericht), London 1998

Duff & Phelps Credit Rating (1998b): Haus 1998-1 Limited (Ratingbericht), London 1998

Duff & Phelps Credit Rating (1999): HypoVereinsbank Luxemburg (‚HVL') – Geldilux 99-1 Limited Programme (Ratingbericht), London 1999

Dugan, Ann (1990): Finding a way through the maze, in: Euromoney, April 1990, S. 97-100

Dupler, Mitchell S./Numaker, Barbara A./Palache, Robert/Wilson, Andrew (1991): Transplanting US Structures to the UK, in: Asset Securitization – International Financial and Legal Perspectives, ed. by Joseph Norton and Paul R. Spellman, Oxford 1991, S. 319-339

Edwards, Ben (1994): Investors in search of a market, in: Euromoney, April 1994, S. 65-69

Egger, Uwe-Peter (1994): Franchising – Existenzgründungen sicherer machen, in: Kreditpraxis, 22. Jg., Heft 2, 1994, S. 14-16

Ehelebracht, Karsten (1989): Neue Wege im Mengenkreditgeschäft, in: Bankinformation/Genossenschaftsforum, 16. Jg., Heft 10, 1989, S. 31-34

Eichholz, Rainer/Nelgen, Marcus (1992): Asset Backed Securities – ein Finanzierungsinstrument auch für den deutschen Markt?, in: Der Betrieb, 45. Jg., Heft 16, 1992, S. 793-797

Eichwald, Berthold (1993): Die Kreditarten, in: Obst/Hintner: Geld-, Bank- und Börsenwesen, 39. Aufl., hrsg. von Norbert Kloten und Johann Heinrich von Stein, Stuttgart 1993, S. 413-491

Eller, Roland/Spindler, Christian (1994): Zins- und Währungsrisiken optimal managen, Sparkassenhefte des Deutschen Sparkassen- und Giroverbandes, Nr. 138, Stuttgart 1994

Elmgren, Kenneth N. (1995): An Overview of Securitisation, in: International Asset Securitisation, ed. by Joseph J. Norton, Mitchell S. Dupler and Paul R. Spellman, London 1995, S. 1-21

Engellandt, Frank/Lütje, Gudrun (1996): Rechtsnatur und Bilanzierung von Asset-Backed Securities-Transaktionen, in: Die Wirtschaftsprüfung, 49. Jg., Heft 14, 1996, S. 517-521

Erne, Roland (1992): Das Swapgeschäft der Banken, Untersuchungen über das Spar-, Giro- und Kreditwesen, Abt. B, Rechtswissenschaften, Band 83, Berlin 1992

Europäische Zentralbank (1998): Die einheitliche Geldpolitik in Stufe 3: Allgemeine Regelungen für die geldpolitischen Instrumente und Verfahren der ESZB, Pressenotiz, Frankfurt am Main, 18.9.1998

Everding, Matthias (1993): Kostenmanagement in Kreditinstituten, Frankfurt am Main 1993

Everling, Oliver (1992): Credit Rating durch internationale Agenturen, Wiesbaden 1992

Everling, Oliver (1993): Asset Securitisation in Europa, in: Die Bank, Heft 2, Februar 1993, S. 82-86

Fabozzi, Frank J. (Ed.) (1995): The Handbook of Mortgage Backed Securities, Chicago, Ill. 1995

Fabozzi, Frank J./Modigliani, Franco (1992): Mortgage & Mortgage-Backed Securities Markets, Boston, Mass. 1992

Fabozzi, Frank J./Modigliani, Franco (1996): Capital markets: institutions and instruments, 2. ed., Upper Saddle River, N. J. 1996

Fabris, Giampaolo (1994): Die Anwendung der modernen Portfoliotheorie im strategischen Risk-Management eines Kreditinstitutes: konzeptionelle Ansätze, Publikation der Swiss Banking School, Band 89, Bern 1994

Falter, Manuel (1997): Die Praxis des Kreditgeschäfts, 15., neubearb. Aufl., Stuttgart 1997

Feeney, Paul C. (1995): Securitization – Redefining the Bank, New York 1995

Findeisen, Klaus-Dieter (1998): Asset-Backed Securities im Vergleich zwischen US-GAAP und HGB, in: Der Betrieb, 51. Jg., Heft 10, 1998, S. 481-488

Fitch Investors Service (1996): Rating Franchise Loan Securitizations, New York 1996

Fitch Investors Service (1997a): R.O.S.E Funding (Rating Report), New York 1997

Fitch Investors Service (1997b): R.O.S.E. Funding No. 2 Ltd. (Rating Report), New York 1997

Fitch/IBCA (1997c): Bank Collateralized Loan Obligations: An Overview, New York 1997

Fitch/IBCA (1998a): Kaiserplatz 259 (Ratingbericht), New York 1998

Fitch/IBCA (1998b): Project Funding Corp. I (Ratingbericht), New York 1998

Fitch/IBCA (1998c): HAUS 1998-1 Ltd. (Ratingbericht), New York 1998

Fitch/IBCA (1999): GELDILUX 99-1 Limited (Pre-Sale Ratingbericht), New York 1999

Flach, Uwe E./Arlt, Ursula (1998): Die Rentenmärkte in der EWU, in: Handbuch EURO: Analysen und Strategien für Bank- und Finanzmanagement, hrsg. von Johann Heinrich von Stein, München 1998, S. 285-309

Fleischer, Klaus (1994): Kreditabwicklung bei vorzeitiger Kündigung, in: Kreditpraxis, 20. Jg., Heft 6, 1994, S. 24-26

FMH-Finanzberatung (1998): Konditionenübersicht über 79 Anbieter von Wohnungsbaukrediten, Frankfurt am Main, 14.4.1998

Foraita, Oliver (1998): Lückenbüsser für den Staat?, in: Schweizer Bank, Heft 8, 1998, S. 20-21

Franck, Stéphane/Poppe, Norbert (1996): Scoring: Einsatz für kleine Firmenkunden, in: Kreditpraxis, 22. Jg., Heft 2, 1996, S. 32-35

Franke, Günter (1993): Finanzmärkte: Interdependenzen und Entwicklungen, in: Obst/Hintner: Geld-, Bank- und Börsenwesen, 39. Aufl., hrsg. von Norbert Kloten und Johann Heinrich von Stein, Stuttgart 1993, S. 1053-1070

Franke, Günter/Hax, Herbert (1994): Finanzwirtschaft des Unternehmens und Kapitalmarkt, 3. Auflage, Berlin 1994

Frankel, Tamar (1991): Securitization. Structured Financing, Financial Assets Pools, and Asset-Backed Securities, Boston, Mass. 1991

Frankel, Tamar (1993): Securitization: Its Effect on Bank Structure, in: Structural Change in Banking, ed. by Michael Klausner and Laurence J. White, Homewood, Ill. 1993, S. 309-337

Fritz, Hans-Jürgen (1998): Die Verbriefung von Bankaktiva, Manuskript eines Vortrages gehalten auf der IIR-Konferenz "Asset-Backed Securities", Offenbach, 24.9.1998

Früh, Andreas (1995): Asset Backed Securities – Securitization am Finanzplatz Deutschland, in: Betriebs-Berater, 51. Jg., Heft 3, 19.1.1995, S. 105-109

Fugel, Herbert (1991): Legal aspects of asset securitisation in Germany, in: Asset Securitisation: Theory and Practice in Europe, ed. By Charles Stone, Anne Zissu and Jess Lederman, London 1991, S. 373-377

Gaumert, Uwe (1997): Eigenkapital-Management in deutschen Kreditinstituten, Berlin 1997

Gaus, Hubert/Wurster, Hermann (1994): Entwicklungen bei EDV-Architekturen der Rechenzentralen, in: Bankinformation/Genossenschaftsforum, 21. Jg., Heft 2, 1995, S. 4-10

GELDILUX 99-1 Limited (1999): Offering Circular, o. O., 5.2.1999

GEMS German Mortgage Securities B.V. (1995): Informationsmemorandum zur DM 380.000.000 6,25% Serie A-2 Teilschuldverschreibung von 1995/2000, o. O., 7.4.1995

Gerhard, Stephan (1996): Im Firmenkundengeschäft: Instrumente zur Begrenzung von Kreditrisiken, in: Bankinformation/Genossenschaftsforum, 23. Jg., Heft 10, 1996, S. 46-48

Gerhard, Stephan (1997): GENO-FBS als Unterstützungsinstrument für das Kreditrating, in: Bankinformation/Genossenschaftsforum, 24. Jg., Heft 10, 1997, S. 42-46

Glogowski, Eberhard/Münch, Manfred (1990): Neue Finanzdienstleistungen: Bankenmärkte im Wandel, 2. Aufl., Wiesbaden 1990

Gold, David, L./Schlueter, Julie P. (1993): Credit Risks and Their Analysis in Asset Securitization, in: The Global Asset Backed Securities Market, ed. by Charles Stone, Anne Zissu and Jess Lederman, Chicago, Ill. 1993, S. 153-167

Grafemeyer, Andreas (1998): Banken betreten ABS-Neuland, in: Börsen-Zeitung, Nr. 151 v. 11.8.1998, S. 1

Gray, Gavin (1991): Europeans see sense in securitisation, in: Corporate Finance, August 1991, S. 31-34

Greenbaum, Stuart I./Thakor, Anjan V. (1995): Contemporary financial intermediation, Fort Worth 1995

Groß, Hermann/Knippschild, Martin (1995): Risikocontrolling in der Deutsche Bank AG, in: Risikomanagement in Kreditinstituten, hrsg. von Bernd Rolfes u. a., Schriftenreihe des Zentrums für Ertragsorientiertes Bankmanagement, Band 5, Frankfurt am Main 1995, S. 69-109

Großmann, Jochen (1990): Erscheinungsformen und Auswirkungen der Verbriefungstendenz im Bankgewerbe, Europäische Hochschulschriften, Reihe VI, Band 1055, Frankfurt am Main 1990

Grüger, Wolfgang (1987): Strategische Maßnahmen zur Förderung des Image einer Bankengruppe am Beispiel der Kreditgenossenschaften, in: Handbuch Bankmarketing, hrsg. von Joachim Süchting und Eckart van Hooven, Wiesbaden 1987, S. 325-334

Grundmann, Wolfgang (1992): Die Einlagensicherungssysteme, in: Zeitschrift für das gesamte Kreditwesen, 45. Jg., Heft 24, 1992, S. 1134-1138

Güde, Udo (1995): Die Geschäftspolitik der Sparkassen, 6. Aufl., Stuttgart 1995

Gumbart, Roland (1995): Qualitätsanalyse von Darlehensbeständen, in: Die Wirtschaftsprüfung, 48. Jg., Heft 9, 1995, S. 305-313

Hahn, Roland H. (1996): Nutzen und Grenzen von Rating – Die Sicht einer Großsparkasse, Manuskript eines Vortrages gehalten auf dem 31. Treffen des Langfristigen Kredits, Wiesbaden, 24.10.1996

Häuselmann, Holger (1997): Steuerrechtliche Probleme bei der ABS-Transaktion, Manuskript eines Vortrages gehalten auf der EUROFORUM-Konferenz "Asset Backed Securities", Düsseldorf, 6.10.1997

Hagger, Euan (1998): The quest for securitization, in: Euromoney, September 1998, S. 170-176

Heinen, Edmund (1969): Zum Wissenschaftsprogramm der entscheidungsorientierten Betriebswirtschaftslehre, in: Zeitschrift für Betriebswirtschaft, 39. Jg., Heft 4, 1969, S. 207-220

Henderson, John (1993): Get the Most from your Balance Sheet, in: Corporate Finance, November 1993, S. 18-20

Henderson, John (1994): Practical Guide to Securitization, in: Corporate Finance, March 1994, S. 19-22

Henke, Sabine/Burghof, Hans-Peter/Rudolph, Bernd (1998): Credit Securitization and Credit Derivatives: Financial Instruments and the Credit Risk Management of Middle Market Commercial Loan Portfolios, CFS Working Paper Nr. 98/07, o. O., January 1998

Henscher, Frank (1998): Entlastungseffekte für Kreditinstitute durch Asset-Backed Securities?, in: Sparkasse, 115. Jg., Heft 8, 1998, S. 386-388

Hermann, Christiane (1997): BHW stößt in neue Dimensionen vor, in: Börsen-Zeitung, Nr. 78 v. 23.4.1997, S. 7

Hermanns, Wolfgang (1992): Gewinnmanagement bei Sparkassen, Stuttgart 1992

Herrhausen, Alfred (1987): Securitization, in: Zeitschrift für das gesamte Kreditwesen, 40. Jg., Heft 8, 1987, S. 330-336

Herrmann, Hans-Joachim (1996): Asset backed securities als innovatives Finanzierungsinstrument deutscher Leasinggesellschaften, in: Finanzierung, Leasing, Factoring, 41. Jg., Heft 6, 1996, S. 240-246

Herrmann, Hans-Joachim (1997): Asset backed securities als innovatives Finanzierungsinstrument, in: Wirtschaftsstudium, Heft 3, 1997, S. 223-227

Herzog, Walter (1990): Zinsänderungsrisiken in Kreditinstituten: eine Analyse unterschiedlicher Steuerungskonzepte auf der Grundlage eines Simulationsmodells, Wiesbaden 1990

Hielscher, Udo/Laubscher, Horst-Dieter (1989): Finanzierungskosten. Kostenbestandteile, Kostenvergleiche und Usancen der Industriefinanzierung, 2. Auflage, Frankfurt am Main 1989

Hielscher, Udo/Ohl, Hanns-Peter (1994): Asset-Backed Securities, in: Meilensteine im Management, Band 4, hrsg. von Hans Siegwart, Stuttgart 1994

Hölscher, Reinhold (1987): Risikokosten-Management in Kreditinstituten, Schriftenreihe des Instituts für Kreditwesen an der Westfälischen Wilhelms-Universität Münster, Band 36, Frankfurt am Main 1987

Hölscher, Reinhold (1996): Preisuntergrenzen in der Marktzinsmethode, in: Die Bank, Heft 4, April 1996, S. 230-235

Hölzle, Henning/Kuhn, Jürgen (1997): Strukturelemente von ABS-Transaktionen, Manuskript eines Vortrages gehalten auf der EUROFORUM-Konferenz "Asset Backed Securities", Düsseldorf, 7.10.1997

Holzscheck, Knut/Hörmann, Günter/Daviter, Jürgen (1982): Praxis des Konsumentenkredits, Köln 1982

Honegger, Beat (1996): Britische NatWest verbrieft Unternehmenskredite, in: Finanz und Wirtschaft, Nr. 76 v. 28.9.1996, S. 29

Hörter, Steffen (1998): Shareholder Value-orientiertes Bank-Controlling, Studienreihe der Stiftung Kreditwirtschaft an der Universität Hohenheim, Band 20, Sternenfels 1998

Hourican, Thomas P. (1990a): Overview of Rating Agency Criteria for Asset-Backed Transactions, in: The Handbook of asset-backed securities, ed. by Jess Ledermann, New York 1990, S. 23-40

Hourican, Thomas P. (1990b): Receivable-Backed Commercial Paper, in: The Handbook of asset-backed securities, ed. by Jess Ledermann, New York 1990, S. 315-323

Howley, John G. (1996): How Sales of Workout Loans Can Maximize Returns, in: The Journal of Lending & Credit Risk Management, April 1996, S. 47-51

Hüfner, Peter (1997): Neue Regeln für Asset-Backed Securities, in: Die Bank, Heft 7, Juli 1997, S. 433- 435

Hull, Everette D. (1989a): The Complete Story on Securitization of Bank Assets: Part 1, in: The Journal of Commercial Bank Lending, No. 11, November 1989, S. 20-30

Hull, Everette D. (1989b): The Complete Story on Securitization of Bank Assets: Part 2, in: The Journal of Commercial Bank Lending, No. 12, December 1989, S. 16-26

Humpert, Werner (1998): ABS-Transaktionen vor dem Durchbruch, in: Börsen-Zeitung, Nr. 56 v. 21.3.1998, S. B 6

Hüttemann, Petra (1997): Kreditderivate im europäischen Kapitalmarkt, Wiesbaden 1997

Ihle, Gerhard-Christoph (1996): Germany, in: Asset-backed Securitization in Europe, ed. by Theodor Baums and Eddy Wymeersch, London 1996, S. 87-98

ING Barings (1996a): NatWest Bank Loan Securitisation: An Analysis, o. O., 1996

ING Barings (1996b): International Asset Backed Market Review, Fourth Quarter 1996

ING Barings (1997): Asset Securitization: current techniques and emerging market applications, ed. by John Henderson, London 1997

J.P. Morgan & Co. (1997): Introduction to CreditMetrics, New York 1997

J.P. Morgan Securities (1997a): Product Brief: Collateralized Bond Obligations ("CBOs"), London 1997

J.P. Morgan Securities (1997b): Bank Balance Sheet CLOs: A Rapidly Developing Securitization Product, New York, 24.11.1997

J.P. Morgan Securities (1998): ABS 1997 Review and 1998 Outlook, New York, 9.1.1998

Jahrmann, Fritz-Ulrich (1996): Finanzierung, 3. Aufl., Herne 1996

Jakobs, Norbert (1997): Asset-Backed Securities: Steuerliche Rahmenbedingungen, Manuskript eines Vortrages gehalten auf der EUROFORUM-Konferenz "Asset Backed Securities", Düsseldorf, 26.5.1997

Jeaneau, S. (1996): Der Markt für internationale forderungsunterlegte Wertpapiere, in: Bank für Internationalen Zahlungsausgleich, Entwicklung des internationalen Bankgeschäfts und der internationalen Finanzmärkte, Basel 1996, S. 41-52

Juncker, Klaus/Rüschen,Thomas (1991): Das Sortiment der Unternehmensfinanzierung, in: Der Langfristige Kredit, 42. Jg., Heft 22/23, 1991, S. 41-52

Kane, Gregory D. (1995): Accounting for Securitized Assets, in: The CPA Journal, Vol. 65, Iss. 7, July 1995, S. 44-47

Kau, James B./Keenan, Donald C. (1995): An Overview of the Option-Theoretic Pricing in Mortgages, in: Journal of Housing Research, Volume 6, Issue 2, 1995, S. 217-244

Keighley, Jonathan E. (1993): Risks in Securitisation Transactions, in: The Global Asset Backed Securities Market, ed. by Charles Stone, Anne Zissu and Jess Lederman, Chicago, Ill. 1993, S. 99-108

Kersten, Wolf B./Enders, Harald (1996): Erkenntnisse zum Konsum- und Finanzverhalten privater Haushalte, in: Bank-Magazin, Heft 12, 1996, S. 10-12

KKB Bank AG (1990): Informations-Memorandum über die Verbriefung eines Bestandes von Ratenkrediten der KKB Bank AG, Düsseldorf, in Form eines Schuldscheindarlehens in Höhe von DM 300.000.000, Düsseldorf 1990

Kleindienst, Alwin/Fritz, Hans-Jürgen (1996): Mit Leasingforderungen an den Kapitalmarkt gehen, in: Handelsblatt, Nr. 81 v. 25.4.1996, S. B 14

Knipp, Thomas: Der Markt für Asset-Backed Securities wächst – und damit das Kreditrisiko, in: Handelsblatt, Nr. 171 v. 4.9.1996, S. 40

Koberstein-Windpassinger, Carmen (1997): Rundschreiben des Bundesaufsichtsamtes für das Kreditwesen vom 19. März 1997 zur Veräußerung von Kundenforderungen im Rahmen von Asset-Backed Securities-Transaktionen durch deutsche Kreditinstitute, Manuskript eines Vortrages gehalten auf der EUROFORUM-Konferenz "Asset Backed Securities", Düsseldorf, 26.5.1997

Köhler, Herbert/Heinrich, Walter (1996): Pragmatisches Konzept für Kreditüberwachung, in: Betriebswirtschaftliche Blätter, 45. Jg., Heft 11, 1996, S. 520-523

Kolbeck, Rosemarie (1971): Bankbetriebliche Planung: Planungsmöglichkeiten bei Kreditbanken, Sparkassen und Kreditgenossenschaften, Schriftenreihe für Kreditwirtschaft und Finanzierung, Band 11, Wiesbaden 1971

Köller, Karsten von (1996): Nutzen und Grenzen des Ratings – die Sicht einer Hypothekenbank, in: Der Langfristige Kredit, 47. Jg., Nr. 23, Dezember 1996, S. 711-714

Köllhofer, Dietrich/Sprißler, Wolfgang (1993): Informationswesen und Kontrolle im Bankbetrieb, in: Obst/Hintner: Geld-, Bank- und Börsenwesen, 39. Aufl., hrsg. von Norbert Kloten und Johann Heinrich von Stein, Stuttgart 1993, S. 782-910

König, Andreas/van Aerssen, Rick (1997): Das Rundschreiben des Bundesaufsichtsamtes für das Kreditwesen zur "Veräußerung von Kundenforderungen im Rahmen von Asset-Backed Securities-Transaktionen durch deutsche Kreditinstitute", in: Wertpapier-Mitteilungen, Zeitschrift für Wirtschafts- und Bankrecht, 51. Jg., Heft 38, 1997, S. 1777-1785

Kopff, Gary J. (1993): Auto Loan Securitization: A Case Study of the U.S. Auto Finance Industry, in: The Global Asset Backed Securities Market, ed. by Charles Stone, Anne Zissu and Jess Lederman, Chicago, Ill. 1993, S. 109-126

Kopff, Gary J./Lent, Jeremy (1989): Securitization: The Future of C&I Lonas, in: The Journal of Commercial Bank Lending, No. 6, June 1989, S. 28-34

Kopff, Gary J./Lent, Jeremy (1990): Management Challenges in the Age of Securitization, in: The Handbook of asset-backed securities, ed. by Jess Ledermann, New York 1990, S. 153-176

Kranz, Michael (1994): Erfahrungen mit dem Konsumentenkredit in der Rezession, in: Bank und Markt, 23. Jg., Heft 4, 1994, S. 27-32

Krob, Bernhard (1998): Moderne Kreditrisikosteuerung mit Kreditderivaten und Verbriefungsprodukten, Manuskript eines Vortrags gehalten im Hause der Landesgirokasse, Stuttgart, 10.6.1998

Kroll, Markus J. (1993a): Securitisation – Arbitrage in der Unternehmensfinanzierung, in: Der Schweizer Treuhänder, 67. Jg., Heft 10, 1993, S. 759-765

Kroll, Markus J. (1993b): Liquidität und Eigenmittelrendite verbessern, in: Schweizer Bank, Heft 10, 1993, S. 89-92

Kroll, Markus J. (1994): Ein ungewohnt finanziertes Handelsunternehmen, Securitization im Nicht-Bankenbereich, in: Neue Zürcher Zeitung, Nr. 157 v. 8.7.1994, S. 20

Kuck, Harald (1997): Die 100 größten deutschen Kreditinstitute, in: Die Bank, Heft 7, Juli 1997, S. 444-445

Kunadt, Rainer/Zweygart, Volker (1998): Controlling im Firmenkundengeschäft, in: Bankinformation/Genossenschaftsforum, 25. Jg., Heft 5, 1998, S. 28-32

Küppers, Wolfhard (1997): Asset-Backed Securities mit Banken-Assets, Manuskript eines Vortrages gehalten auf der EUROFORUM-Konferenz "Asset Backed Securities", Düsseldorf, 7.10.1997

Kusserow, Berthold/Dittrich, Kurt (1997): Rechtsprobleme bei Asset-Backed Securities-Transaktionen deutscher Kreditinstitute unter besonderer Berücksichtigung datenschutzrechtlicher Aspekte, in: Wertpapier-Mitteilungen, Zeitschrift für Wirtschafts- und Bankrecht, 51. Jg., Heft 38, 1997, S. 1786-1799

Laderman, Elizabeth S./Schmidt, Ronald H./Zimmermann, Gary C. (1991): Location, Branching, and Bank Portfolio Diversification: The Case of Agricultural Lending, in: Federal Reserve Bank of San Fransisco (Ed.): Economic Review, Winter 1991, S. 24-38

Lambsdorff, Otto Graf (1993): Soll der Staat Bankgeschäfte betreiben?, in: Zeitschrift für das gesamte Kreditwesen, 46. Jg., Heft 13, 1993, S. 602

Langstaff, Richard/Fritz, Hans-Jürgen (1996): Curtain Rises on German Securitization, in: Supplement to Corporate Finance 12/96: Guide to Securitization 1996/97 , S. 12-13

Laternser, Stefan (1997): Asset backed securities im Portfoliomanagement, Schriftenreihe "Bank- und finanzwirtschaftliche Forschungen", Band 245, Bern 1997

Lee, Peter (1994): Bottomless pit or bargain basement, in: Euromoney, December 1994, S. 40-44

Lee, Sun C. (1991): Kapitalmobilisierung durch Sekuritisation der hypothekarisch gesicherten Darlehensforderung, Europäische Hochschulschriften, Reihe II, Band 1118, Frankfurt am Main 1991

Lehrbaß, Frank B. (1997): Die modellmäßige Bewertung von Krediten mit Ausfallrisiko, in: Zeitschrift für das gesamte Kreditwesen, 50. Jg., Heft 8, 1997, S. 165-370

Lelogeais, Jean-Louis/Fleming, Gregory (1991): What Next for Asset Securitization?, in: Commercial Lending Review, Vol. 6, No. 9, 1991, S. 45-52

Lerbinger, Paul (1987): Asset Backed Securities am US-Kapitalmarkt, in: Die Bank, Heft 6, Juni 1987, S. 310-315

Levedag, Rolf/Drew, Don (1997): Startschuß für das Asset-Backed Financing, in: Börsen-Zeitung, Nr. 176 v. 13.9.1997, S. B 9

Lewtan, Stuart/Fink, Lisa/Johnson, Lois C. (1990): Systems Requirements for Asset-Backed Transactions, in: The Handbook of asset-backed securities, ed. by Jess Ledermann, New York 1990, S. 109-125

LGT Bank in Lichtenstein (1997): Asset-Backed Securities als Instrument zur Begrenzung der Eigenkapitalkosten, in: LGT Micro Research „DAX-Banken untergewichten" v. 15.10.1997, S. 12-17

Lindstädt, Hagen (1997): Bestandsdynamik im Konsumentenkreditgeschäft, in: Die Bank, Heft 6, Juni 1997, S. 350-352

Lockwood, Larry J./Rutherford, Ronald C./Herrera, Martin J. (1996): Wealth effects of asset securitization, in: Journal of Banking & Finance, No. 20, 1996, S. 151-164

Luce, Edward (1998): ABS on slow track in Europe, in: Financial Times, 29.6.1998, S. 26

Magg, Kersten (1998): Sparkassenrechtliche Probleme bei der Asset-Securitization, unveröffentlichte Diplomarbeit an der Berufsakademie Stuttgart, 1998

Mainert, Alf (1993): Geldmarkt, in: Obst/Hintner: Geld-, Bank- und Börsenwesen, 39. Aufl., hrsg. von Norbert Kloten und Johann Heinrich von Stein, Stuttgart 1993, S. 1189-1206

Malaponti, Giovanni/Wessels, Thorsten (1998): Asset-Backed-Securities als Instrument für Sparkassen, in: SparkassenZeitung, 61. Jg., Nr. 7 v. 17.1.1998, S. 6

Mändle, Eduard (1992): Gewinn in Genossenschaften, in: Genossenschaftslexikon, hrsg. von Eduard Mändle und Walter Swoboda, Wiesbaden 1992, S. 314-316

Mansson, Fredrik (1993): Credit Enhancement, in: The Global Asset Backed Securities Market, ed. by Charles Stone, Anne Zissu and Jess Lederman, Chicago 1993, S. 169-177

Markowitz, Harry M. (1952): Portfolio Selection, in: Journal of Finance, Vol. 7, 1952, S. 77-91

Markowitz, Harry M. (1991): Portfolio Selection, Efficient Diversification of Investments, 2nd Edition, Cambridge 1991

Marsland-Shaw, Lionel J./Selzer, Donald E. (1990): How Rating Agencies view Asset-backed debt, in: Securitisation, ed. by David C. Bonsall, London 1990, S. 131-166

Masters, Blythe (1998): Credit Derivatives and the Management of Credit Risk, The Electronic Journal of Financial Risk, Vol. 1 No. 2, March/April 1998, S. 1-16

May, Jeffrey (1997): Asset-Backed Securities Market: Within Germany & Globally, Manuskript eines Vortrages gehalten auf der EUROFORUM-Konferenz "Asset Backed Securities", Düsseldorf, 6.10.1997

McCarthy, Teresa (1995): Mortgage-Backed Securities Performance: No time For Complacency as Quality of Collateral Deteriorate, Moody's Investors Service, Structured Finance, Special Report, New York 1995

Meiswinkel, Christoph (1989): Asset-Backed Securities, Mitteilungen aus dem Institut für das Spar-, Giro- und Kreditwesen an der Universität Bonn, Nr. 32, Bonn 1989

Merrill Lynch & Co. (1997): Securitisation in Europa, o. O., 1997

Merrill Lynch & Co. (1998): ABS in Euroland: Full Speed Ahead? The Impact of EMU on the ABS Market Development in Europe, o. O., 1998

Merrill Lynch & Co. (1999): International ABS/MBS Weekly, o. O., 1999

Meyer, Claus/Isenmann, Sabine (1993): Bankbilanzrichtlinie-Gesetz: ein Handbuch für den Jahresabschluss, Stuttgart 1993

Möller, Klaus (1997): Asset-Backed-Securities, in: Sparkasse, 114. Jg., Heft 2, 1997, S. 86-89

Möller, Klaus (1998): Asset-Backed-Securities – Bankaufsichtsrechtliche Voraussetzungen, Manuskript eines Vortrages gehalten auf dem Seminar „Asset-Backed-Securities: Ein neues Verbundprodukt?“, Köln, 15.5.1998

Monroe, Ann (1991): Edgy over Asset-Backeds, in: Global Finance, Vol. 5, Januar 1991, S. 64-66

Moody's Investors Service (1996): Credit Analysis of Structured Securities, New York 1996

Moody's Investors Service (1997a): Repeat Offering Securitisation Entity Funding No.2 Limited (Ratingbericht), New York 1997

Moody's Investors Service (1997b): Bavaria Securitisation Limited (Ratingbericht), New York 1997

Moody's Investors Service (1998a): HAUS 1998-1 Limited Mortgage-Backed Notes (Ratingbericht), New York 1998

Moody's Investors Service (1998b): Silver Tower Funding Limited/Silver Tower US Funding LLC (Ratingbericht), New York 1998

Mortag, Jürgen (1997): Die Finanzierung von Handelsforderungen und die Refinanzierung über Conduits, Manuskript eines Vortrages gehalten auf der EUROFORUM-Konferenz "Asset Backed Securities", Düsseldorf, 7.10.1997

Moss, Barbara J. (1989): The benefits and risks of the asset securitization for commercial banks, Newark, Del. 1989

Mucknauer, Klaus (1994): Asset Backed Securities – Konstruktion und Bilanzierung unter besonderer Beachtung von Collateralized Mortgage Obligations, Diplomarbeit an der Wirtschaftsuniversität Wien 1994

Müller, Reinhold (1994): Tauwetter in deutschen Bilanzen, in: TopBusiness, Juli 1994, S. 140-146

Munsberg, Friedrich (1996): Der Markt für Jumbo-Pfandbriefe, in: Der deutsche Pfandbrief – Ein attraktives Anlagemedium für Investoren, hrsg. vom Verband deutscher Hypothekenbanken, Bonn 1996, S. 33-40

Murfeld, Egon (1997): Spezielle Betriebswirtschaftslehre der Grundstücks- und Wohnungswirtschaft, 2. Aufl., Hamburg 1997

Naughton, Collin (1998): Securitization Technology Advances Through Europe, in: Standard & Poor's Structured Finance, May 1998, S. 13-16

Nautz, Dieter/Wolters, Jürgen (1996): Die Entwicklung langfristiger Kreditzinssätze: Eine empirische Analyse, in: Kredit und Kapital, 29. Jg., Heft 4, 1996, S. 481-510

Nieschlag, Robert/Dichtl, Erwin/Hörschgen, Hans (1997): Marketing, 18., durchges. Aufl., Berlin 1997

o. V. (1989): Securitization Strategies for the Regional Bank, in: The Bankers Magazine, Vol. 172, Iss. 3, May/June 1989, S. 10-14

o. V. (1994): "Einheitsaktie keine Gefahr für Unabhängigkeit", in: Handelsblatt, Nr. 203 v. 20.10.1994, S. 16

o. V. (1996a): BK Vision setzt auf den neuen Konzernchef, in: Handelsblatt, Nr. 46 v. 5.3.1996, S. 18

o. V. (1996b): LG Wohnbau-Förder-Programm '96, in: Der Langfristige Kredit, 47. Jg., Heft 7, 1996, S. 199

o. V. (1996c): NatWest blooms with $5bn global loan sale, in: Euroweek v. 1.11.1996, S. 1-3

o. V. (1996d): NatWest breaks new ground with $5bn corporate loan securitisation, in: Euroweek, 27.9.1996, S. 3

o. V. (1996e): Natwest kauft Aktien zurück, in: Frankfurter Allgemeine Zeitung, Nr. 176 v. 31.7.1996, S. 15

o. V. (1996f): Sieben Jahre Vorbereitung für VW-Anleihe, in: Börsen-Zeitung, Nr. 22 v. 3.2.1996, S. 30

o. V. (1996g): Verbriefung von Krediten der National Westminster – Straffung der Bilanz, in: Neue Zürcher Zeitung, Nr. 224 v. 26.9.1996, S. 14

o. V. (1997a): "Der Euro katapultiert die hiesigen Kapitalmärkte in die Weltliga", in: Frankfurter Allgemeine Zeitung, Nr. 88 v. 16.4.1997, S. 26

o. V. (1997b): ABS vor Durchbruch in Deutschland, in: Börsen-Zeitung, Nr. 72 v. 16.4.1997, S. 21

o. V. (1997c): ABS-Regeln sind verläßlicher Rahmen, in: Börsen-Zeitung, Nr. 134 v. 17.7.1997, S. 6

o. V. (1997d): Asset Backed Capital plant DM-Debüt, in: Handelsblatt, Nr. 49 v. 11.3.1997, S. 48

o. V. (1997e): Asset-Backed Securities vor dem Durchbruch, in: Der Langfristige Kredit, 48. Jg., Heft 16 + 17, 1997, S. 542-543

o. V. (1997f): Aufseher und Kreditgewerbe einigen sich, in: Handelsblatt, Nr. 84 v. 2./3.5.1997, S. 31

o. V. (1997g): Banken nutzen Möglichkeiten zur Wertsteigerung nicht aus, in: Frankfurter Allgemeine Zeitung, Nr. 145 v. 22.10.1997, S. 35

o. V. (1997h): Banken und Aufsicht ringen um Bedingungen neuartiger Anleihen, in: Frankfurter Allgemeine Zeitung, Nr. 48 v. 26.2.1997, S. 26

o. V. (1997i): Bankenaufsicht erlaubt bald Forderungsverkauf, in: Handelsblatt, Nr. 73 v. 14.4.1997, S. 31

o. V. (1997j): Commerzbank: Bis 2000 bei Aktien 22% Rendite, in: Handelsblatt, Nr. 229 v. 27.11.1997, S. 22

o. V. (1997k): Der Euro verändert die Struktur der europäischen Rentenmärkte, in: Frankfurter Allgemeine Zeitung, Nr. 289 v. 12.12.1997, S. 31

o. V. (1997l): Deutsche Bank bezieht Position in Europa, in: Die Welt, Nr. 72 v. 3.4.1997

o. V. (1997m): Eigenkapitalrentabilität in der deutschen Kreditwirtschaft, in: Der Langfristige Kredit, 48. Jg., Heft 24, 1997, S. 1207-1216

o. V. (1997n): Eine neue Anleiheform drängt auf den deutschen Rentenmarkt, in: Frankfurter Allgemeine Zeitung , Nr. 157 v. 10.7.1997, S. 21

o. V. (1997o): Erneut auf Hilfe angewiesen?, in: Handelsblatt, Nr. 219 v. 13.11.1997, S. 20

o. V. (1997p): Erster festverzinslicher ABS-Jumbo, in: Börsen-Zeitung, Nr. 126 v. 9.7.1997, S. 8

o. V. (1997q): Fannie Mae dominiert den amerikanischen Hypothekenmarkt, in: Frankfurter Allgemeine Zeitung, Nr. 72 v. 26.3.1997, S. 28

o. V. (1997r): In der Immobilienfinanzierung werden alternative Wege beschritten, in: Frankfurter Allgemeine Zeitung, Nr. 62 v. 14.3.1997, S. 47

o. V. (1997s): Kreditgewerbe und Berliner Aufseher suchen Einigung, in: Handelsblatt, Nr. 80 v. 25./26.4.1997, S. 33

o. V. (1997t): Londoner Analysten begrüßen den bayerischen Fusionsplan, in: Frankfurter Allgemeine Zeitung, Nr. 168 v. 23.7.1997, S. 21

o. V. (1997u): Mit neuen Anleiheformen können Banken ihr Eigenkapital schonen, in: Frankfurter Allgemeine Zeitung, Nr. 161 v. 17.7.1997, S. 21

o. V. (1997v): Nat West sells $5.5bn Rose 2 CLO in smooth follow-up to debut transaction, in: Euroweek, 10.10.1997, S. 10

o. V. (1997w): Neues Bewertungsmodell für Banktitel, in: Börsen-Zeitung, Nr. 205 v. 25.10.1997, S. 19

o. V. (1997x): Neues Finanzinstrument stößt auf großes Bankeninteresse, in: Handelsblatt, Nr. 106 v. 6.6.1997, S. 106

o. V. (1997y): Neues Modell berücksichtigt Eigenkapitalkosten, in: Der Langfristige Kredit, 48. Jg., Heft 23, 1997, S. 760

o. V. (1997z): Regeln der Aufsicht, in: Handelsblatt, Nr. 95 v. 21.5.1997, S. 25

o. V. (1997aa): Regeln für ABS-Transaktionen, in: Börsen-Zeitung, Nr. 94 v. 21.5.1997, S. 1

o. V. (1997ab): Renditeziel sehr hoch, in: Handelsblatt, Nr. 75 v. 18.4.1997, S. 18

o. V. (1997ac): Schweizer Börse läßt Asset-Backed Securities zu, in: Handelsblatt, Nr. 203 v. 22.10.1997, S. 25

o. V. (1997ad): Schweizer Börse sieht attraktiven Markt für Asset-Backed Securities, in: Handelsblatt, Nr. 204 v. 23.10.1997, S. 43

o. V. (1997ae): Securitizing the future of Europe's banks, in: Institutional Investor, January 1997, S. 84-85

o. V. (1997af): Sumitomo Bank verkauft notleidende Kredite, in: Frankfurter Allgemeine Zeitung, Nr. 232 v. 7.10.1997, S. 21

o. V. (1997ag): Weg frei für ABS-Transaktionen, in: Börsen-Zeitung, Nr. 94 v. 21.5.1997, S. 3

o. V. (1998a): Deutsche Bank bietet Anleiheneuheit an, in: Handelsblatt, Nr. 91 v. 15.5.1998, S. 28

o. V. (1998b): Deutsche Bank plant erste mit Firmenkrediten unterlegte DM-Emission, in: Handelsblatt, Nr. 138 v. 22.7.1998, S. 30

o. V. (1998c): Deutsche Bank verbrieft erstmals Teile der Bilanz, in: Börsen-Zeitung, Nr. 90 v. 13.5.1998, S. 4

o. V. (1998d): Dresdner Bank arrangiert ABS-Programm, in: Frankfurter Allgemeine Zeitung, Nr. 80 v. 4.4.1998, S. 24

o. V. (1998e): Dresdner mit Asset Backed Securities, in: Börsen-Zeitung, Nr. 65 v. 3.4.1998, S. 16

o. V. (1998f): Kreditkarten: Schnell verzückt, in: Finanztest, Nr. 5, Mai 1998, S. 22-26

Obay, Lamia (1996): An Investigation of the Relationship Between the Adoption of Financial Innovations By U.S. Banks and their Financial Performance: The Case of Asset Securitization, Dissertation, Washington, D.C. 1996

Ocampo, Juan M.(1989): The ABCs of Asset Securitization, in: The Bankers Magazine, Vol. 172, Iss. 3, May/June 1989, S. 5-9

Oditah, Fidelis (1996): Great Britain, in: Asset-backed Securitization in Europe, ed. by Theodor Baums and Eddy Wymeersch, London 1996, S. 99-122

Oertle, Matthias (1993): Asset Securitization in der Schweiz, in: Schweizerische Zeitschrift für Wirtschaftsrecht, 65. Jg., Heft 4, 1993, S. 153-171

Ohl, Hanns-Peter (1993): Asset-Backed Securities – Ein innovatives Instrument zur Finanzierung deutscher Unternehmen, Schriftenreihe für Kreditwirtschaft und Finanzierung, Band 17, Wiesbaden 1993

Parkinson, Steve (1991): The Impact of Loan Selling on the Profit and Loss Account and Balance Sheet, in: Asset Securitization – International Financial and Legal Perspectives, ed. by Joseph Norton and Paul R. Spellman, Oxford 1991, S. 261-269

Paul, Stephan (1991): Zur Finanzierung über Asset Backed Securities, in: Semesterbericht des Instituts für Kredit- und Finanzwirtschaft an der Ruhr-Universität Bochum, Nr. 34 , 1991, S. 21-32

Paul, Stephan (1993): Asset Backed Securtities, in: Die Betriebswirtschaft, 53. Jg., Heft 6, 1993, S. 848-850

Paul, Stephan (1994): Bankenintermediation und Verbriefung, Schriftenreihe des Instituts für Kredit- und Finanzwirtschaft der Universität Bochum, Band 20, Wiesbaden 1994

Paul, Stephan (1995a): Mortgage Backed Securities – Ein alternativer Finanzierungsweg auch für deutsche Banken?, Manuskript eines Vortrages am IKF, 22. Mai 1995

Paul, Stephan (1995b): Ansätze zur Erklärung der Existenz und der Verdrängung von Kre-ditinstituten, in: Banken, Konjunktur und Politik, Beiträge zur Geschichte deutscher Banken im 19. und 20. Jh., hrsg. von Manfred Köhler, Bochumer Schriften zur Unternehmens- und Industriegeschichte, Band 4, Essen 1995, S. 156-173

Paul, Stephan/Fehr, Peter (1996a): Hypothekenpfandbriefe versus MBS (I) – Konkurrenz oder Komplementarität, in: Die Bank, Heft 6, Juni 1996, S. 351-356

Paul, Stephan/Fehr, Peter (1996b): Hypothekenpfandbriefe versus MBS (II), in: Die Bank, Heft 7, Juli 1996, S. 404-407

Pauluhn, Burkhard (1992): Kreditkarten in Deutschland, in: Finanzierung, Leasing, Factoring, 39. Jg., Heft 4, 1992, S. 21-32

Pavel, Christine A. (1986): Securitization, in: FRB Chicago Economic Perspectives, ed. by the Federal Reserve Bank of Chicago, Ill., July/August 1986, S. 16-31

Pavel, Christine A. (1989): Securitization, The Analysis and Development of the Loan-Based/Asset-Backed Securities Market, Chicago, Ill. 1989

Pavel, Christine A./Phillis, David S.(1987): A Profile of Banks that Sell Loans, in: The Journal of Commercial Bank Lending, No. 12, August 1987, S. 10-18

Perridon, Louis/Steiner, Manfred (1997): Finanzwirtschaft der Unternehmung, 9., überarb. und erw. Aufl., München 1997

Peters, Herbert (1993): Geldmarktgeschäfte, in: Obst/Hintner: Geld-, Bank- und Börsenwesen, 39. Aufl., hrsg. von Norbert Kloten und Johann Heinrich von Stein, Stuttgart 1993, S. 737-742

Peters, Markus (1995): Asset-Backed-Securities, in: Zeitschrift für das gesamte Kreditwesen, 48. Jg., Heft 15, 1995, S. 750-753

Peters, Markus/Bernau, Oliver (1995): Asset Backed Securities – eine Umfrage unter Banken, in: Die Bank, Heft 12, Dezember 1995, S. 714-717

Pfeifer, Uwe (1991): Management bankbetrieblicher Erfolgsrisiken unter besonderer Berücksichtigung des Zinsänderungsrisikos, Rheinfelden 1991

Philipp, Tad (1994): Moody's Review Process for Commercial Mortgage-Backed Transactions, Moody's Investors Service, Structured Finance, Special Report, New York 1994

Plewka, Harald/Höppner, Thomas (1997): Gesetz zur Fortsetzung der Unternehmenssteuerreform, in: Neue Wirtschaftsbriefe, Nr. 50 v. 8.12.1997, S. 4465-4472

Poczka, Roland (1998): Asset backed Securities aus der Sicht der Investoren, Manuskript eines Vortrages gehalten auf dem Seminar „Asset-Backed-Securities: Ein neues Verbundprodukt?“, Köln, 18.5.1998

Pollock, Philip R./Stadum, Edward M./Holtermann, Gordon C. (1991): Die Sekuritisierung und ihre Zukunft in Deutschland, in: Recht der internationalen Wirtschaft, 37. Jg., Heft 4, 1991 , S. 275-281

Popp, Stefan (1990): Absatzwege für Bankdienstleistungen, Studienreihe der Stiftung Kreditwirtschaft an der Universität Hohenheim, Band 7, Stuttgart 1990

Porter, Michael E. (1987): From Competitive Advantage to Corporate Strategy, in: Harvard Business Review, May-June 1987, S. 43-59

Priewasser, Erich (1994): Die Priewasser-Prognose, Bankstrategien und Bankmanagement 2009, Frankfurt am Main 1994

Prognos AG (1993): Untersuchung zur Verschuldung, Überschuldung und Schuldnerberatung in Nordrhein-Westfalen, hrsg. vom Ministerium für Arbeit, Gesundheit und Soziales des Landes Nordrhein-Westfalen, Landessozialbericht, Band 4: Verschuldung, Überschuldung und Schuldnerberatung, o. O., 1993

Quéré, Michel (1990): Securitisation in France: Titrisation, in: Securitisation, ed. by David C. Bonsall, London 1990, S. 265-287

Rams, Andreas (1997): Aktienrückkauf – Flexibilisierung der Unternehmensfinanzierung, in: Die Bank, Heft 4, 1997, S. 216-221

Rappaport, Allen/Wyatt, Robert W. (1993): An Overview of the Securitization of SBA Guaranteed Loans Originated By Commercial Banks, in: Small Business Economics, No. 5, 1993, S. 215-220

Regerbis, Edith (1991): Offene Kreditlinien im standardisierten Mengengeschäft der Kreditinstitute, Schriften zum deutschen und ausländischen Geld-, Bank- und Börsenrecht, Band 21, Frankfurt am Main 1991

Regnery, Peter (1994): Bankenaufsicht, Bankeneigenkapital und Wettbewerb, Stuttgart 1994

Reich, Robert I./Sewright, Charles W. (1989): The Bank Role, in: The Asset Securitization Handbook, ed. by Phillip L. Zweig, Homewood, Ill. 1989, S. 385-415

Rek, Peter F. (1997): Neuere Entwicklungen in der Asset Securitisation bei Banken und Unternehmen, Manuskript eines Vortrages gehalten auf der EUROFORUM-Konferenz "Asset Backed Securities", Düsseldorf, 6.10.1997

Repeat Offering Securitisation Entity Funding No. 2 Limited (1997): Offering Circular, o. O., 23.10.1997

Reuter, Arnold (1996): Kredit-Rating und Kreditrisiko-Analyse, in: Betriebswirtschaftliche Blätter, 45. Jg., Heft 7, 1996, S. 321-326

Rinze, Jens Peter/Klüwer, Arne Cornelius (1998): Securitisation – praktische Bedeutung eines Finanzierungsmodells, in: Betriebs-Berater, 53. Jg., Heft 34, 20.8.1998, S. 1697-1704

Rittinghaus, Hans-Rudolf/Makowka, Thomas (1997): Sinneswandel mit Signalwirkung, in: Handelsblatt, Nr. 96 v. 22.5.1997, S. B 8

Rittinghaus, Hans-Rudolf/Makowka, Thomas/Hellmann, Ursula (1997): Asset Backed Securities Transaktionen für deutsche Kreditinstitute, in: Sparkasse, 114. Jg., Heft 3, 1997, S. 133-140

Rittinghaus, Hans-Rudolf/Scheel, Johannes (1993): Das neue Instrument der Asset Backed Transaktionen, in: Sparkasse, 110. Jg, Heft 10, 1993, S. 475-477

Rizzi, Joe/Maza, Michael (1994): Securitization as a Funding Strategy, in: Supplement to Corporate Finance 10/94: Guide to Securitization 1994, S. 2-5

Rizzi, Joe/Maza, Michael/Hayes, Kevin (1995): Opening a Door to the US Capital Markets, in: Supplement to Corporate Finance 10/95: Guide to US Capital Raising 1995/96, S. 18-20

Rohrer, Bernt W. (1992): Deutsche Pfandbriefe sind besser als Mortgage-Backed-Securities, in: Das Wertpapier, Heft 21, 1992, S. 24-26

Rohrer, Bernt W. (1994): Pfandbrief und Mortgage-Backed Securities, in: Der Langfristige Kredit, 45. Jg., Heft Nr. 3, 1994, S. 39-40

Rolfes, Bernd/Bellmann, Klaus/Napp, Udo (1988): Darstellung und Beurteilung von Zinsänderungsrisiken, in: Bank und Markt, 17. Jg., Heft 12, 1988, S. 12-16

Rosenthal, James A./Ocampo, Juan M. (1988): Securitization of Credit – Inside the New Technology of Finance, New York 1988

Rossen, Jörg (1996): Genossenschaftsbanken setzen auf Scoring im Kreditgeschäft, in: Kreditpraxis, 22. Jg., Heft 6, 1996, S. 31-37

Roundtree, James (1995): Accounting for Asset Securitisation, in: International Asset Securitisation, ed. by Joseph J. Norton, Mitchell S. Dupler and Paul R. Spellman, London 1995, S. 215-222

Rubenstein, Peter (1995): Moody's Sees Rising Credit Risks In Mortgage-Backed Securities, Moody's Investors Service, Structured Finance, Special Report, New York 1995

Rudolph, Bernd (1994): Ansätze zur Kalkulation von Risikokosten für Kreditgeschäfte, in: Handbuch Bankcontrolling, hrsg. von Henner Schierenbeck und Hubert Moser, Wiesbaden 1994, S. 887-904

Salomon Brothers Inc (1995): Guide to Mortgage-Backed Securities, o. O., 1995

Salomon Brothers Inc (1997): The Asset-Backed Securities Market: Overview and Update – March 1997, o. O., 1997

Sampson, Kurt (1997): Rating von Asset-Backed-Securities, Manuskript eines Vortrages gehalten auf der EUROFORUM-Konferenz "Asset Backed Securities", Düsseldorf, 6.10.1997

Sargent, Patrick C. (1995): Commercial Mortgage Securitization, in: International Asset Securitisation, ed. by Joseph J. Norton, Mitchell S. Dupler and Paul R. Spellman, London 1995, S. 101-159

Schäfer, Rainer (1990): Verbriefung nimmt weiter zu, in: Die Bank, Heft 11, November 1990, S. 604-609

Scharmann, Gerwin (1997): ABS-Transaktionen für Konsumentenkredite, Manuskript eines Vortrages gehalten auf der EUROFORUM-Konferenz "Asset Backed Securities", Düsseldorf, 7.10.1997

Scheidl, Karl (1993): Die Geschäftsbanken, in: Obst/Hintner: Geld-, Bank- und Börsenwesen, 39. Aufl., hrsg. von Norbert Kloten und Johann Heinrich von Stein, Stuttgart 1993, S. 216-258

Schierenbeck, Henner (1993): Controlling, in: Obst/Hintner: Geld-, Bank- und Börsenwesen, 39. Aufl., hrsg. von Norbert Kloten und Johann Heinrich von Stein, Stuttgart 1993, S. 911-939

Schierenbeck, Henner (1997a): Ertragsorientiertes Bankmanagement, 5. vollst. überarb. und erweit. Auflage, Band 1: Grundlagen, Marktzinsmethode und Rentabilitäts-Controlling, Wiesbaden 1997

Schierenbeck, Henner (1997b): Ertragsorientiertes Bankmangement, 5. vollst. überarb. und erweit. Auflage, Band 2: Risiko-Controlling und Bilanzstruktur-Management, Wiesbaden 1997

Schnabel, Helmut (1996): Die Funktion des Rating für deutsche Industrieunternehmen als Emittenten, in: Handbuch Rating, hrsg. von Hans E. Büschgen und Oliver Everling, Wiesbaden 1996, S. 305-325

Schneider, Dieter (1992): Investition, Finanzierung und Besteuerung, 7. vollst. überarb. und erw. Aufl., Wiesbaden 1992

Schneider, Uwe H./Eichholz, Rainer/Ohl, Hanns-Peter (1992): Die aufsichtsrechtliche Bewertung von Asset Backed Securities, in: Zeitschrift für Wirtschaftsrecht, 13. Jg., Heft 20, 1992, S. 1452-1459

Schöchle, Sabine (1992): Kartengebundene Zahlungssysteme in Deutschland, Hamburg 1992

Schöck, Volker (1992): Asset Securitization der Banken in Deutschland – Motivation, Risiken und aufsichtsrechtliche Regelungen, unveröffentlichte Diplomarbeit an der Universität Hohenheim, Stuttgart 1992

Scholl, Martin/Müller, Roger (1998): Risikogerechte Preise, in: Schweizer Bank, Heft 1, 1998, S. 40-47

Scholz, Detlef (1998): Rating von Strukturierten Finanzierungen, Manuskript eines Vortrages gehalten auf der IIR-Konferenz "Asset Backed Securities", Offenbach, 24.9.1998

Scholz, Hellmut/Lwowski, Hans-Jürgen (1994): Das Recht der Kreditsicherung, 7., neuberab. und erweit. Aufl., Berlin 1994

Schulte, Reinhard (1995): Asset Backed Securities, in: Wirtschaftswissenschaftliches Studium, Heft 3, März 1995, S. 152-154

Schulte-Kemper, Hubert (1990): Regionale Schwerpunkte – ein konzentriertes Risiko für das Hypothekengeschäft?, in: Der Langfristige Kredit, 41. Jg., Heft 16+17, 1990, S. 542-543

Schwanitz, Johannes (1996): Elastizitätsorientierte Zinsrisikosteuerung in Kreditinstituten, Schriftenreihe des Zentrums für Ertragsorientiertes Bankmanagement, Band 7, Frankfurt am Main 1996

Schwarcz, Steven L. (1993): Structured Finance, A Guide to the Principles of Asset Securitization, 2nd edition, New York 1993

Schwarcz, Steven L. (1997): Die Alchemie der Asset Securitization, in: Der Betrieb, 50. Jg., Heft 26, 1997, S. 1289-1297

Schweizer Börse (1997): Asset-Backed Securities als neue Anlagemöglichkeit (Medienmitteilung) , Zürich, 21.10.1997

Schweizer Börse (1998): Asset-Backed Securities. Ein Überblick für den Investor, Zürich 1998

Securities and Exchange Commission (1992): Protecting Investors: A Half Century of Investment Company Regulation, Washington, D.C. 1992

Seiz, Günter (1992): Gewinnverwendungsziele bei Genossenschaften, in: Genossenschaftslexikon, hrsg. von Eduard Mändle und Walter Swoboda, Wiesbaden 1992, S. 320-322

Sengera, Jürgen (1997): Neuer Markt für Sparkassen, in: SparkassenZeitung, 60. Jg., Nr. 68 v. 5.9.1997, S. 1

Sengera, Jürgen (1998): Verstärkte Verbriefungstendenzen in Europa, in: Börsen-Zeitung, Nr. 165 v. 29.8.1998, S. B 3

Sharpe, William F. (1963): Simplified Model of Portfolio Analysis, in: Management Science, Vol. 9, 1963, S. 277-293

Shaw, Zoe (Ed.) (1991): International Securitisation, The scope, development and future outlook for asset-backed finance, Basingstoke 1991

Sheehy, Robert L. (1994): Mortgage-Backed Securities – Where is the MBS market going?, in: Der Langfristige Kredit, 45. Jg., Heft Nr. 2, 1994, S. 36-38

Sieweck, Jörg (1996): Verbraucher verschulden sich nur noch sehr vorsichtig, in: Sparkasse, 113. Jg., Heft 10, 1996, S. 472-476

Silver Tower Funding Limited (1998): DEM 4.000.000.000 Multi-Currency Asset Backed Euro Commercial Paper Programme (Information memorandum), o. O., May 1998

Silver, Daniel B./Axilrod, Peter J. (1989): Pushing Technology to its Limits: Securitizing C&I Loans, in: The Bankers Magazine, Vol. 172, Iss. 3, May/June 1989, S. 16-21

Sinkey, Joseph F. (1992): Commercial bank financial management in the financial-services industry, 4th edition, New York 1992

Sloper, David (1992): Asset-backed securities – an investor's perspective, in: International Securitisation, ed. by Helena Morissey, London 1992, S. 131-150

Smallmann, Joseph/Selby, Michael (1990): Asset-backed Securitisation, in: Securitisation, ed. by David C. Bonsall, London 1990, S. 242-264

Spiegel-Verlag (1996): Spiegel-Dokumentation: Soll und Haben 4, Hamburg 1996

Spong, Kenneth (1990): Banking Regulation – Its Purposes, Implementation, and Effects, 3rd Edition, ed. by the Federal Reserve Bank of Kansas City, Kansas City 1990

Standard & Poor's (1997): Repeat Offering Securitisation Entity Funding No.2 Limited (Rating Report), New York 1997

Standard & Poor's (1998a): Haus 1998-1 Ltd. (Rating Report), New York 1998

Standard & Poor's (1998b): CORE 1998-1 Limited (Pre Sale Report), New York 1998

Standard & Poor's (1998c): Global CBO/CLO Criteria: Market Innovations, New York 1998

Standard & Poor's (1999): Geldilux 99-1 Limited (Pre-Sale Report), New York 1999

Stein, Stefan (1997): Anforderungen an die Firmenkundenwerbung, in: Bank und Markt, 26. Jg., Heft 7 1995, S. 20-323

Steiner, Manfred/Padberg, Max (1994): Neuere Finanzprodukte zur Steuerung des Zinsänderungsrisikos, in: Handbuch Bankcontrolling, hrsg. von Henner Schierenbeck und Hubert Moser, Wiesbaden 1994, S. 757-778

Stewart, Jules (1997a): New themes are here to stay, in: Euromoney, July 1997, S. 129-134

Stewart, Jules (1997b): Turning away from common stock, in: Euromoney, December 1997, S. 137-138

Süchting, Joachim (1987): Verrechnungspreise im Bankbetrieb, in: Rechnungswesen im Dienste der Bankpolitik, hrsg. von Jürgen Krummnow und Matthias Metz, Stuttgart 1987, S. 199-208

Süchting, Joachim (1992): Bankmanagement, Stuttgart 1992

Tacke, Helmut R. (1997): Asset Backed Securities – Refinanzierungsmöglichkeiten für deutsche Leasinggesellschaften?, in: Der Betrieb, SPEZIAL 8/1997 , Beilage zu Heft 18 v. 2.5.1997, S. 8-10

Taylor, Paul G. (1995): Credit Ratings on International Asset-Backed Securities, in: International Asset Securitisation, ed. by Joseph J. Norton, Mitchell S. Dupler and Paul R. Spellman, London 1995, S. 161-169

Taylor, Paul G. (1997): Exploring the Role of the Rating Agency, Manuskript eines Vortrages gehalten auf der EUROFORUM-Konferenz "Asset Backed Securities", Düsseldorf, 26.5.1997

Tesher, David C./Zogheb, Richard J./Bogler, Rita M./Leung, Corwin (1996): Cash Flow CBO/CLO Transaction Rating Criteria: 1996 Update, in: Standard & Poor's Structured Finance, November 1996, S. 20-31

Theisen, Manuel Ren (1991): Der Konzern: betriebswirtschaftliche und rechtliche Grundlagen der Konzernunternehmung, Stuttgart 1991

Thießen, Friedrich (1994): Securitization, Kapitallenkung und die Rolle der Banken, in: Zeitschrift für das gesamte Kreditwesen, 47. Jg., Heft 14, 1994, S. 682-689

Thomas, Karl/Treutler, Hans-Jürgen (1993): Kapitalmarkt, in: Obst/Hintner: Geld-, Bank- und Börsenwesen, 39. Aufl., hrsg. von Norbert Kloten und Johann Heinrich von Stein, Stuttgart 1993, S. 1206-1239

Thompson, John K. (1995): Securitisation – An International Perspective, OECD-Publications, Paris 1995

Tipke, Klaus/Lang, Joachim (1996): Steuerrecht, 15., völlig überarb. Aufl., Köln 1996

Tomalla, Ralf-Georg (1987): Notwendigkeit und Maßnahmen der Eigenkapitalbildung in Bankgenossenschaften, Veröffentlichungen der Forschungsstelle für Genossenschaftswesen an der Universität Hohenheim, Band 2, Stuttgart 1987

Tönsmann, Henning (1997): Warum ist die Zeit reif für ABS-Finanzierungsformen?, Manuskript eines Vortrages gehalten auf der 4. EUROFORUM-Jahrestagung "Asset Backed Securities", Düsseldorf, 27.5.1997

Trestler, Christoph (1999): Kreditderivate und Verbriefung, Manuskript eines Vortrages gehalten auf der EUROFORUM-Konferenz "Asset Backed Securities", Düsseldorf, 7.6.1999

Troberg, Peter/Bund, Stefan (1996): Bausparkassen und europäischer Binnenmarkt, in: Der Langfristige Kredit, 47. Jg., Heft 14, 1996, S. 430-433

Turwitt, Mathias (1999): Asset-backed Finanzierungen und und handelsbilanzielle Zuordnung, Wiesbaden 1999

Twinn, C. Ian (1994): Asset-backed securitisation in the United Kingdom, Bank of England Quarterly Bulletin, May 1994, S. 134-143

Ulrich, Peter/Hill, Wilhelm (1979): Wissenschaftstheoretische Grundlagen der Betriebswirtschaftslehre, in: Wissenschaftstheoretische Grundfragen der Wirtschaftswissenschaften, hrsg. von Hans Raffée und Bodo Abel, München 1979, S. 161-190

Uphues, Leonhard/Verleger, Arnd (1997): Der Verkauf von Finanzforderungen am Beispiel der CC-Bank AG, Mönchengladbach, Manuskript eines Vortrages gehalten auf der EUROFORUM-Konferenz "Asset Backed Securities", Düsseldorf, 7.10.1997

Van Deventer, John (1990): Towards Securitisation – Trends in the International Financial Markets, in: Securitisation, ed. by David C. Bonsall, London 1990

Vogel, Michael (1988): Asset Backed Securities (ABS), in: Östereichisches Bank-Archiv, 36. Jg., Nr. 5, 1988, S. 485-486

Voigt, Heinz (1992): Auslandsgeschäft der genossenschaftlichen Bankengruppe, in: Genossenschaftslexikon, hrsg. von Eduard Mändle und Walter Swoboda, Wiesbaden 1992, S. 33-35

von Stein, Johann Heinrich/Gondring, Hanspeter (1986): Ansätze zur Entwicklung von Bilanz-Struktur-Management-Konzeptionen für kleine und mittlere Universalbanken, in: Planung und Prognose im Dienstleistungsunternehmen, hrsg. von Gerald Hammer et al., Vorträge des Workshops vom 11./12. Oktober 1984 an der Fakultät für Wirtschaftswissenschaften der Universität Karlsruhe, Karlsruhe 1986

von Stein, Johann Heinrich/Hummel, Detlef (1993): Sonder- und alternative Finanzierungsformen, in: Obst/Hintner: Geld-, Bank- und Börsenwesen, 39. Aufl., hrsg. von Norbert Kloten und Johann Heinrich von Stein, Stuttgart 1993, S. 491-504

von Stein, Johann Heinrich/Kerstien, Heinrich/Gärtner, Ulrich (1993): Bankunternehmungspolitik, in: Obst/Hintner: Geld-, Bank- und Börsenwesen, 39. Aufl., hrsg. von Norbert Kloten und Johann Heinrich von Stein, Stuttgart 1993, S. 761-781

von Stein, Johann Heinrich/Bund, Stefan (1997): Bankbetriebslehre, in: Gabler Wirtschafts-Lexikon, 14. Auflage, Wiesbaden 1997, S. 390-393

Volkswagen Car Lease No. 1 Limited (1996): Prospekt für die Zulassung zum Börsenhandel mit amtlicher Notierung an der Frankfurter Wertpapierbörse der

DM 500.000.000 Leasinginkasso-Schuldverschreibungen von 1996/1999, St. Hellier 1996

Vortmann, Jürgen (1996): Neue Urteile zur vorzeitigen Kündigung von Kreditverträgen, in: Bank Magazin, Heft 5, 1996, S. 61-63

Wächtershäuser, Manfred (1971): Kreditrisiko und Kreditentscheidung im Bankbetrieb, Wiesbaden 1971

Wagner, Manfred (1989): Autofinanzierungen – aussteigen oder einsteigen?, in: Sparkasse, 106. Jg., Heft 11, 1989, S. 525-529

Waschbusch, Gerd (1992): Die handelsrechtliche Jahresabschlußpolitik der Universalaktienbanken, Schriften zur Bilanz- und Steuerlehre, Band 12, Stuttgart 1992

Weber, Walter (1992): Margenerfordernisse im gewerblichen Realkredit, in: Der Langfristige Kredit, 43. Jg., Heft 16 + 17, 1992, S. 543-545

Weber-Schwidrowski, Andreas/Engel, Hans-Georg (1996): Der Charme der Asset-Backed-Securitisation, in: Börsen-Zeitung, Nr. 192 v. 5.10.1996, S. 18

Weller, Michael/Wulfken, Jörg (1992): Eine in Deutschland wenig bekannte Finanzierung, in: Handelsblatt, Nr. 184 v. 23.9.1992, S. 16

Wertschulte, Josef F. (1996): Der Pfandbrief und seine Zukunft, in: Der Langfristige Kredit, 47. Jg., Heft 3, 1996, S. 70-74

Wheeler, Christopher (1991): The accounting aspects of securitisation in the United Kingdom, in: Asset Securitisation: Theory and Practice in Europe, ed. by Charles Stone, Anne Zissu and Jess Lederman, London 1991, S. 535-551

Wiese, Götz Tobias (1998): Steuerliche Behandlung von Securitisations, in: Betriebs-Berater, 53. Jg., Heft 34, 20.8.1998, S. 1713-1720

Willburger, Andreas (1997): Asset Backed Securities im Zivil- und Steuerrecht, Steuerfragen der Wirtschaft, Band 5, Köln 1997

Wilson, Don (1994): Asset Securitization: Strategic Questions Your Bank Should Ask Now, in: Commercial Lending Review, Vol. 9, Iss. 3, Summer 1994, S. 4-11

Wilson, Thomas C. (1997): Measuring and Managing Credit Portfolio Risk: Part I: Modelling Systematic Default Risk, in: Journal of Lending & Credit Risk Management, Juli 1997, S. 61-72

Wittebort, Suzanne (1991): Asset-backeds come of age, in: Institutional Investor, December 1991, S. 80

Wood, Jack/Mason, Sarah (1994): Securitzing via Multi-Seller Vehicles, in: Supplement to Corporate Finance 10/94: Guide to Securitization 1994, S. 6-11

Wulfken, Jörg/Weller, Michael (1992): Securitisation als neue Finanzierungsform, in: Die Bank, Heft 11, November 1992, S. 644-647

Wulfken, Jörg (1993): Ausgewählte rechtliche Probleme bei der Strukturierung von Securitisations, in: Europäische Integration und globaler Wettbewerb, hrsg. von Martin Henssler et al., Heidelberg 1993, S. 365-376

Yacik, G. (1988): Citicorp Offers Securitization of McAssets, in: American Banker, 2.3.1988

Zimmermann, Gebhard/Jöhnk, Thorsten (1998): Shareholder-Value- oder Stakeholder-Ansatz als Zielkonzeption für öffentlich-rechtliche Kreditinstitute?, in: Zeitschrift für das gesamte Kreditwesen, 51. Jg., Heft 6, 1998, S. 277-280

Zimmermann, Heinz (1995): Riskantere Banken, in: Finanzmarkt und Portfoliomanagement, 9. Jg., Heft 2, 1995, S. 149-154

Zöllner, Wolfgang (1987): Wertpapierrecht, 14. Aufl., München 1987

Zwätz, Dietrich (1997): Lockere Sitten bei Kreditvergabe, in: Handelsblatt, Nr. 199 v. 16.10.1997, S. 23